DE LA PROPRIÉTÉ

DES NOMS ET DES TITRES

Origine des noms et des titres. — Procédure des changements de noms.
Protection de la propriété des noms et des titres. — Du nom commercial.

PAR

J. A. LALLIER

DOCTEUR EN DROIT, AVOCAT A LA COUR D'APPEL

———

Ouvrage couronné par la Faculté de Droit de Paris
et par l'Académie de Législation de Toulouse

———

PARIS

A. GIARD, LIBRAIRE-ÉDITEUR

16, rue Soufflot, 16

1890

DE LA PROPRIÉTÉ

DES NOMS ET DES TITRES

DE LA PROPRIÉTÉ

DES NOMS ET DES TITRES

Origine des noms et des titres. — Procédure des changements de noms.
Protection de la propriété des noms et des titres. — Du nom commercial.

PAR

J. A. LALLIER

Docteur en Droit, Avocat a la Cour d'Appel

Ouvrage Couronné par la Faculté de Droit de Paris

(Concours de doctorat, 1889. — Médaille d'or)

PARIS

A. GIARD, LIBRAIRE-ÉDITEUR

16, rue Soufflot, 16

1890

EXTRAIT DU RAPPORT SUR LE CONCOURS DE DOCTORAT

Lu par M. LARNAUDE, professeur agrégé de la Faculté de Droit,

DANS LA SÉANCE DU MARDI 30 JUILLET 1889

La Faculté avait mis au concours, pour l'année scolaire 1888-1889, la question suivante : « De la propriété des noms et des titres ». Elle a jugé le mémoire unique qui lui a été présenté pleinement digne de recevoir la récompense dont elle dispose, et elle attribue à son auteur une médaille d'or.

C'est un sujet aux aspects multiples que celui de « la propriété des noms et des titres ». A quoi ne touche-t-il pas, en effet? L'histoire de la formation des noms dans notre pays, celle de la naissance des titres, ne se confondent-elles pas avec le développement même de notre ancienne constitution politique et de notre état social? A un autre point de vue, le nom ne forme-t-il pas un des derniers vestiges de cette communauté d'intérêts, de devoirs et de droits, qui ont fait jouer à la famille un rôle si puissant autrefois? Le nom ne constitue-t-il pas, considéré sous cet aspect, la dernière des propriétés collectives? La théorie du nom et des titres a, sans doute, à l'heure présente, un moins grand intérêt. Elle soulève, néanmoins, encore aujourd'hui, une foule de questions dans le droit civil, le droit criminel, le droit administratif. Le droit commercial et industriel y intervient aussi, pour nous montrer cette évolution curieuse et significative du nom, qui prend aujourd'hui dans le commerce toute l'importance qu'il avait autrefois au point de vue social et politique, preuve frappante de la différence de plus en plus profonde qui sépare les deux sociétés.

Des aperçus que je viens de signaler l'auteur du mémoire n'a laissé, à vrai dire, aucun inexploré. Sans doute, il n'a pas vu, ou il a volontairement négligé les côtés sociaux, politiques et historiques que présentait le sujet. Mais, sur tous les points d'ordre purement juridique, il a montré des qualités qu'on apprécie particulièrement à la Faculté de droit, la netteté du plan, l'ampleur des discussions, l'indépendance et la fermeté du jugement, qui font le bon jurisconsulte.

. . . .

L'acquisition et la transmission des noms et des titres *lui fournissent la matière d'une dissertation excellente. C'est dans cette partie de son sujet que l'auteur rencontre cette curieuse question du droit d'aînesse et de masculinité en matière de titres. Le titre fait-il partie intégrante du nom, de sorte qu'il ne puisse en être détaché? Dès lors tous les enfants y succéderont également. A-t-il une existence distincte? On concevra pour sa transmission des règles spéciales, sauf à rechercher où elles se trouvent et si elles existent encore aujourd'hui. C'est à cette dernière idée que s'arrête M. Lallier, et il arrive ainsi à reconnaître dans notre législation un droit d'aînesse et de masculinité et à faire revivre pour les enfants naturels les incapacités qui les frappaient autrefois. Cette solution paraît bien imposée par la Charte de 1814, mais elle prouve deux choses : d'abord, que cette propriété des titres n'a guère de la propriété que le nom, et aussi combien est minime son importance aujourd'hui, puisque la loi y tolère des privilèges qu'elle a sévèrement proscrits partout ailleurs.*

Avec la théorie des changements des noms et des titres, M. Lallier aborde une partie très moderne et très vivante de son sujet. Quelle est l'influence du mariage quant au nom? Quels effets produit le divorce? Et lorsqu'on veut abdiquer la propriété d'un nom, lui faire subir une métamorphose, pour éviter des confusions regrettables ou ces allusions malignes, si fréquentes dans le pays classique du rire, quels sont les droits respectifs de l'autorité publique et des tiers? Qu'arrivera-t-il, lorsque, faisant revivre ce mode primitif et si simple de l'ac-

quisition de la propriété, on s'emparera d'un nom ou d'un titre déjà portés par d'autres ? Quels seront, alors, les droits des intéressés, les devoirs du ministère public ? Et la question du pseudonyme, celle des noms de roman, qui ont fait naître déjà des difficultés et des procès, quelle solution convient-il de leur donner ? Rien n'est plus intéressant que la lecture de cette partie du mémoire. Je citerai aussi dans la théorie de la preuve des noms et des titres une dissertation pleine de sens juridique et de finesse sur le champ respectif d'application de l'action d'état et de l'action en rectification de l'état civil.

A la fin de son travail, M. Lallier aborde la question du nom commercial. Cette dernière partie clôt dignement un sujet auquel elle se rattache, sans doute, mais que, toutefois, on en concevrait indépendante et distincte. C'est ici, en effet, que l'idée de propriété est surtout visible. Car, dans le nom ordinaire, il manque à ce droit son caractère principal, l'intérêt pécuniaire, qui justement fait la base essentielle de la propriété du nom commercial. M. Lallier nous raconte patiemment, avec la jurisprudence, la genèse et l'évolution de ce droit nouveau, qui n'est qu'une partie détachée de la propriété industrielle et commerciale, cette création du droit moderne. Il nous décrit aussi les attaques, les usurpations sans nombre dont elle est l'objet, les ruses, les fourberies, que la fraude, avec son inépuisable fécondité d'invention, multiplie autour d'elle. Et, sans qu'il s'en rende compte, l'auteur fait ainsi repasser devant nos yeux le tableau de ce qu'a dû être, dans l'humanité primitive, la lutte pour l'établissement de ce droit, qui est le palladium des sociétés modernes, je veux dire la propriété individuelle.

. . . .

DE LA PROPRIÉTÉ

DES NOMS & DES TITRES

INTRODUCTION

1. — Il importe de prévenir, dès le début de cet ouvrage, les méprises que son titre même pourrait occasionner. Noms et qualifications nobiliaires ne sont pas susceptibles d'une véritable propriété, parce qu'ils ne sont pas des biens, parce que, pris en eux-mêmes, ils sont dépourvus de valeur.

Le nom est avant tout la marque extérieure de la personnalité et comme l'étiquette qui distingue les uns des autres les membres d'une société bien organisée. Le nom adhère à la personne ; il est invariable et perpétuel de sa nature. On ne peut pas plus se dépouiller de son nom qu'on ne peut abdiquer sa personnalité pour en revêtir une autre. Les tiers seraient exposés à des méprises sans fin et victimes de fraudes sans nombre, si chacun pouvait faire abstraction de son passé et renaître à la vie sociale sous un nom nouveau. En conséquence les changements de noms sont prohibés par la loi dans un intérêt public, à cause des abus dont ils sont l'occasion.

Mais les changements de noms ont une gravité particulière quand ils constituent l'envahissement du nom d'autrui. Non content de dissimuler son identité en délais-

sant le nom qui le distingue aux yeux du public, l'usurpateur emprunte la personnalité d'autrui. Le changement de nom, en pareil cas, peut provoquer des rapprochements fâcheux, entraîner des confusions préjudiciables ; il ne lèse pas seulement l'intérêt public, il porte
atteinte à un intérêt privé. Aussi sa répression n'est-elle
pas confiée seulement aux dépositaires de l'ordre public ;
elle peut être poursuivie par ceux dont le nom est envahi
et la personnalité compromise.

Le tribun Challan a nettement distingué les deux
points de vue auxquels peuvent être envisagés les changements de noms, et il les a rapprochés dans une formule
heureuse dont toute cette étude ne sera que le développement : « Soit que l'on considère le nom comme propriété
des citoyens ou comme principe d'ordre, il est nécessaire
de lui donner une sanction, puisque l'envahir serait une
violation de propriété et le changer une dérogation à
l'ordre public [1] ».

2. — Nous apercevons dès lors ce qu'on a appelé la
propriété des noms : c'est le droit qu'a toute personne
de porter un nom et d'en interdire l'usage aux tiers.
Mais le droit de porter un nom se confond presque avec
l'obligation où l'on est de le conserver et de le subir, et l'interdiction de s'emparer du nom d'autrui, n'est qu'une forme
de la prohibition des changements de noms. Aussi, comme
l'observe M. Labbé, « les règles de la législation, en matière
de noms, s'expliquent très bien par la considération du
but des dénominations individuelles, sans qu'il soit nécessaire de faire intervenir le principe de la propriété....
Mais, ajoute-t-il finement, on a été bien aise d'entourer
le nom de famille de l'auréole d'inviolabilité qui convient

---

(1) Discours au Corps législatif (loi du 11 germinal, an XI).

à la propriété [1] ». On a cru voir quelque analogie entre le droit qu'a chacun de nous de préserver son nom des atteintes des tiers, et la propriété qui est de sa nature un droit exclusif; et l'on a expliqué le respect dû au nom par l'idée d'une propriété dont il serait l'objet.

Au fond ce n'est pas le nom qui mérite la protection de la loi, mais seulement la personne à laquelle l'abus du nom peut préjudicier. Le nom n'a par lui-même aucune valeur ; il emprunte tout son prix à la personne qu'il distingue. Le seul énoncé du nom d'un individu éveille l'idée des qualités et des défauts que la voix publique lui prête : il ne faut pas que des tiers puissent, en usurpant ce nom, l'entourer d'une fâcheuse notoriété, ou bénéficier du crédit qu'il inspire, du respect qui s'y attache. En outre les noms étant héréditaires conservent dans les familles, comme un patrimoine moral, des souvenirs d'honneur et d'estime que des étrangers ne doivent pas être admis à partager. Voilà à quoi se ramène la notion de la propriété du nom.

3. — En résumé, le nom n'est pas susceptible de propriété parce qu'il n'est pas un bien. Ce n'est point là pure question de mots. Il s'en faut, en effet, que les droits d'une personne sur son nom soient aussi étendus, aussi complets que ceux d'un propriétaire sur sa chose ; que les atteintes dont un nom peut être l'objet, soient aussi strictement réprimées que les atteintes portées à la propriété. « Le propriétaire, d'après MM. Aubry et Rau, peut à volonté user et jouir de sa chose, en disposer matériellement... et enfin exclure les tiers de toute participation à l'exercice de ces facultés [2] ». Ajoutons que la propriété

---

(1) S. 1884, 2, 21.
(2) Tome II, p. 170, n° 190.

est de sa nature un droit absolu, exclusif et perpétuel, c'est-à-dire que les différentes facultés qui la constituent, présentent ce triple caractère. Voyons donc si les attributs essentiels et les caractères de la propriété se retrouvent dans le droit de porter un nom.

Chacun use de son nom pour se faire connaître, pour se distinguer du reste de ses semblables, et jouit du crédit et de l'estime dont ce nom peut être entouré. Mais cette jouissance, cet usage ne sont pas exclusifs. Sans doute, il n'est rien qui soit plus complétement et plus exclusivement à nous que notre personnalité dont notre nom est l'indice ; mais pour que le droit de porter un nom fût exclusif, il faudrait que le nombre des appellations individuelles fût égal à celui des individus. Or, le système actuel de désignation des personnes conduit à une répétition nécessaire de la même appellation appliquée à différents individus ; le même nom appartient le plus souvent à plusieurs personnes, sinon à plusieurs familles, et est en tous cas susceptible d'une diffusion presque indéfinie.

Le droit au nom n'étant pas exclusif ne saurait être absolu : nul ne peut se servir de son nom que de la manière et dans la mesure où il ne nuira pas à la réputation et n'usurpera pas le crédit d'un tiers auquel appartient le même nom.

Quant au caractère de perpétuité, nous le retrouvons en matière de nom, mais avec une particularité vraiment singulière : la propriété est perpétuelle en ce sens que nous ne pouvons pas en être dépouillés malgré nous, mais il nous est loisible d'y renoncer quand bon nous semble. Il n'est pas si aisé de se défaire d'un nom ; on est, de père en fils, contraint de subir le nom de sa famille et réduit, pour le délaisser, à recourir aux moyens organisés par la loi. La perpétuité du droit au nom n'est qu'une forme de la prohibition des changements de noms.

Le droit de disposition est nul ou presque nul en matière de nom. D'abord parce qu'on ne saurait disposer d'une chose ou d'un droit dont on n'a pas la propriété exclusive : l'emploi de notre nom par nos homonymes peut occasionner des confusions fortuites qu'il nous est malaisé de prévenir; mais du moins pouvons-nous mettre obstacle à la diffusion de notre nom, nous opposer à la cession qu'un de nos homonymes en consentirait à des tiers. En outre et surtout la nature même et la destination du nom le rendent incessible. Le nom adhère à la personne ; il est le reflet des qualités personnelles. En conséquence on ne peut pas plus céder son nom qu'on ne peut communiquer à autrui sa personnalité. Aussi les cessions de noms, en matière civile, sont-elles presque entièrement dépourvues d'effets. Au contraire, le nom commercial empruntant aux établissements qu'il désigne une valeur propre, appréciable en argent et différente de la valeur morale que lui imprime la personnalité qu'il distingue, est susceptible de cession.

Quant au droit de réprimer les usurpations dont le nom est l'objet, d'exclure les tiers de toute participation aux avantages qu'il porte en lui, il est loin d'être absolu. Pas d'intérêt, pas d'action. Le nom n'ayant pas de valeur propre, l'usurpation du nom pris en lui-même n'autorise pas toujours une réclamation en justice. L'emploi abusif d'un nom n'est pas un but, mais un moyen ; il tend à l'usurpation de la personnalité d'autrui ; il aboutit à nuire à l'honneur, à la réputation, au crédit d'autrui. Le préjudice causé à la personne par l'abus du nom appelle toujours une réparation : mais l'abus du nom ne nuit pas nécessairement à la personne ; car le nom n'est qu'un pâle reflet, une image confuse de la personnalité. Il est tels noms si vulgaires que leur envahissement, leur abus ne cause un réel préjudice à ceux qui les portent que quand il se produit dans des conditions spéciales de temps et de lieu. Pour triompher dans leur réclamation, les intéressés ne doivent pas seulement établir que leur adversaire est sans droit au nom litigieux : il leur faut justifier d'un intérêt précis et sérieux.

Nous sommes donc bien loin de la notion nette et rigoureuse de la propriété. Aussi, ceux qui déclarent le nom susceptible de propriété, s'empressent-ils d'ajouter que c'est une propriété *sui generis*. Cet aveu nous suffit, et nous ne querellerons pas sur les termes : « Du moment que le mot propriété n'a pas ici sa signification ordinaire, dit excellemment M. Labbé, nous avons devant nous une figure de langage et *non la base d'un raisonnement juridique* [1] ». L'expression de *propriété des noms* est d'ailleurs commode et nous l'emploierons volontiers.

4. — Toutefois nous ne saurions restreindre cette étude à la propriété des noms, au sens précis du mot. Il nous faudra envisager le nom en lui-même et dans sa destination, raison d'être de sa perpétuité : car ce principe supérieur influe, avons-nous vu, sur l'étendue et les applications pratiques du droit de retirer d'un nom les avantages qu'il comporte. Mais nous nous préoccuperons avant tout de la propriété du nom, de son fondement, de sa preuve et de la protection qui lui est due. Quoique plus générale, plus compréhensive, l'idée de la perpétuité du nom est en effet moins féconde en conséquences pratiques que l'idée de la propriété du nom. Sans doute le nom, pour rappeler les paroles du tribun Challan, est toujours

(1) S. 1884, 2, 21.

« un principe d'ordre » ; le changement de nom est toujours « une dérogation à l'ordre public ». Mais en fait, les mutations irrégulières de noms ne trouvent guère d'obstacle que dans l'opposition des tiers auxquels elles préjudicient. L'intérêt privé, en matière de noms, joue un rôle bien plus important que l'intérêt public [1].

Nous diviserons notre sujet en quatre parties.

Dans une première partie nous rechercherons l'origine des noms patronymiques, l'origine du droit des familles aux noms dont elles font usage, le fondement de la propriété des noms. Nous exposerons les règles qui, à une époque reculée, ont présidé au choix des dénominations individuelles ; nous montrerons sous quelles influences elles se sont fixées et perpétuées dans les familles. A côté du nom proprement dit ou nom patronymique, commun à tous les rejetons d'une même souche, nous signalerons l'existence des prénoms qui distinguent les uns des autres les membres d'une même famille.

Nul ne peut délaisser le nom qu'il tient de sa naissance. Toutefois le Gouvernement peut autoriser les changements de noms. Nous étudierons successivement les conditions auxquelles la loi subordonne les changements qu'elle autorise, et les obstacles qu'elle oppose aux changements de noms opérés sans son aveu. Nous signalerons notamment l'opposition que peuvent faire les légitimes porteurs d'un nom au Décret par lequel le chef de l'État concède ce nom à des tiers, et les actions dont ils sont armés contre les usurpateurs de leur nom. Nous ferons ainsi connaître, en développant le principe général de

---

(1) Nous verrons que la propriété des noms n'est pas née de la prohibition des changements de noms, mais qu'historiquement elle lui est antérieure.

l'immutabilité du nom, les deux manifestations principales de la propriété des noms.

La troisième partie sera consacrée à la preuve des noms. Comment détermine-t-on quel est le nom qu'un individu, eu égard à la famille dont il fait partie, a le droit de porter ou est forcé de subir?

Dans une quatrième partie, nous envisagerons plus spécialement la propriété du nom, au sens précis du mot, c'est-à-dire les différentes atteintes qui peuvent être portées aux noms, et la protection dont la loi les entoure. Nous terminerons par une étude succincte du nom commercial, opposant ainsi aux dénominations des non-commerçants dont le sens et la destination sont précis et restreints, le nom commercial que son utilité et sa valeur particulière exposent à des atteintes plus graves et rendent digne de garanties plus sérieuses.

5. — Les titres nobiliaires pris en eux-mêmes, abstraction faite des noms illustres qu'ils décorent ou des actions d'éclat dont ils peuvent avoir été le prix, ont une valeur intrinsèque. C'est parce que les titres constituaient sous les gouvernements monarchiques qui les conféraient, d'éminentes distinctions honorifiques, que leur abus a été réprimé par la loi pénale. La prohibition des usurpations de titres, édictée dans un intérêt d'ordre public, a donc été inspirée par une considération très différente de celle qui explique la défense de changer de nom.

Mais que faut-il entendre par propriété des titres? C'est le droit de porter un titre légalement acquis. Ce droit implique-t-il la faculté pour le possesseur d'un titre d'en interdire l'usage aux tiers qui l'ont usurpé? Pas absolument ; le petit nombre des qualifications nobiliaires entraîne la répétition fréquente des mêmes titres; les titres sont, moins encore que les noms, l'objet d'un droit exclusif. Aussi un comte authentique ne peut-il poursuivre tous les aventuriers qui usurpent son titre, car cette usurpation ne lui cause aucun préjudice; il n'a d'action que contre ceux qui lui empruntent à la fois son nom et son titre, son nom titré. C'est en tant que les titres forment une dépendance et comme un complément ou un appendice décoratif des noms, que le droit d'en faire usage peut être débattu entre les particuliers. La propriété des titres se ramène dès lors à la propriété des noms titrés : usurper un titre n'est rien de plus qu'usurper un nom ; c'est susciter une confusion préjudiciable à autrui ; c'est s'introduire dans une famille honorable ou illustre à laquelle on ne se rattache par aucun lien. Ainsi envisagé, le titre nous apparaît comme un surcroît de désignation des individus, un élément de l'identité des personnes.

Il y a donc entre les noms et les titres un lien intime. Nous n'avons garde de prétendre que les titres font partie intégrante des noms; cette erreur a conduit des auteurs modernes à bouleverser sans raison valable la matière des titres ; mais pratiquement le titre ne peut aller sans un nom qui lui serve de support; le droit de porter un titre suppose établi le droit de faire usage du nom sur lequel il est assis.

Aussi ne séparerons-nous pas l'étude des titres de celle des noms. Au point de vue historique, l'apparition des noms et la formation des titres se confondent, et il serait impossible de les étudier isolément (1ʳᵉ Partie : *De l'acquisition et de la transmission des noms et des titres*). Les usurpations de titres et certains changements de noms sont prohibés par la même disposition légale et sous la même sanction ; les mêmes actions sont ouvertes par la loi à ceux auxquels ils préjudicient (2ᵉ Partie : *Des changements de noms et des usurpations de titres*). Enfin tous les développements que nous consacrons à la preuve des noms, s'appliquent sans réserve à la preuve des titres (3e Partie : *De la preuve des noms et des titres*).

A la vérité, la multiplicité et l'extrême complexité des règles d'acquisition et de transmission des titres, les difficultés spéciales de leur preuve, appelleront des détails circonstanciés et des distinctions minutieuses. Peut-être trouvera-t-on disproportionnés les développements que nous consacrons à des questions qui sont indifférentes au plus grand nombre. Sans doute, on nous objectera que le gouvernement actuel ne peut pas conférer de nouveaux titres, et que la Chambre des Députés est depuis plus de six ans saisie d'une proposition tendant à l'abolition des titres existants. Tant que cette loi ne sera pas votée, les questions de droit nobiliaire conserveront un intérêt pratique incontestable, car les familles nobles maintiennent avec un soin jaloux l'intégrité de leurs titres. L'abrogation des titres serait d'ailleurs une mesure aussi injuste qu'inefficace. A ceux qui affectent d'y voir des qualifications surannées, appelées à disparaître devant l'indifférence et le mépris, nous rappellerons avec quel empressement on les sollicitait il y a vingt ans à peine, avec quelle faveur fut accueillie la loi du 28 mai 1858, rétablissant des pénalités contre ceux qui les usurpaient. On éprouve un profond étonnement à voir, en 1860, Amédée Thierry, le Baron Dupin, M. Boulay de la Meurthe, appeler de leurs vœux, aux applaudissements du Sénat, le jour où Napoléon III, remettant en vigueur les Statuts du premier Empire, attacherait des titres à l'exercice des principales fonctions publiques. Quelle doit donc être leur valeur pour les familles dans lesquelles ils répondent à de réelles illustrations, puisque tant d'hommes les convoitent si ardemment !

PREMIÈRE PARTIE

De l'acquisition et de la transmission des noms et des titres

---

CHAPITRE PREMIER

Des noms

SECTION I

ACQUISITION DES NOMS

NOTIONS GÉNÉRALES

6. — « Il y a, dit Montesquieu, des peuples chez lesquels les noms distinguent les familles ; il y en a où ils ne distinguent que les personnes, ce qui n'est pas si bien [1] ».

Le nom étant la marque de la personnalité, doit avant tout distinguer chaque individu de la masse de ses semblables ; c'est là son but essentiel, et il n'en eut pas d'autre à l'origine. Les noms qui désignent aujourd'hui les familles, furent d'abord destinés à remédier à l'insuffisance du nom individuel unique.

(1) *Esprit des Lois*, XXIII, 4.

Dans les sociétés primitives, chez les peuples barbares, chaque individu ne porte qu'un seul nom. Mais à mesure que les hommes étendent le cercle de leurs relations, comme les appellations adoptées par l'usage ne peuvent être innombrables, le système du nom unique devient une source de confusions. Le besoin du nom additionnel, d'un surcroît de désignation individuelle se fait sentir : d'où la pratique des noms multiples. Chaque personne reçoit plusieurs noms : dès lors, chez les peuples mêmes qui n'affectent qu'un petit nombre de mots à la désignation des individus, les combinaisons variées dont ils sont susceptibles, permettent de multiplier presque à l'infini les appellations individuelles.

Mais les noms additionnels ne servent pas seulement à préciser l'identité des personnes ; ils répondent à une utilité différente. Bien loin qu'ils soient arbitrairement choisis, des règles invariables président à leur détermination ; et les circonstances auxquelles ils sont empruntés, ont un intérêt notable. Ici, c'est en indiquant la filiation de celui qu'on veut désigner, en ajoutant à son nom celui de son père, qu'on lui donne une appellation plus précise. Chez tous les peuples slaves, chaque personne porte, outre son propre nom, le nom de son père, avec la finale *vitsch*, qui marque la filiation. En France même, à l'époque où s'introduisit l'usage des noms additionnels, et bien qu'ils fussent généralement empruntés à des circonstances différentes, l'indication du nom paternel fournit parfois un surcroît de désignation des individus : *Joannes Petri*, Jean, fils de Pierre. Ailleurs les noms additionnels furent d'abord purement fantaisistes ; mais ils cessèrent promptement d'être individuels, pour se conserver dans les familles, sans aucune altération. C'est ainsi que chez nous tout individu ajoute à son nom personnel le

nom additionnel porté par son père, sans aucune désinence spéciale destinée à marquer la filiation.

Ce nom, indéfiniment perpétué dans les familles n'indique pas seulement la filiation immédiate des personnes,
mais rappelle toute la suite de leurs auteurs, et révèle
même les liens qui les unissent à leurs parents collatéraux. Les noms de famille, usités d'abord comme noms
additionnels, et destinés à suppléer à l'insuffisance du
nom unique, ont donné satisfaction à des besoins multiples, quand leur patrimonialité se fut établie. Ils n'ont pas
seulement l'avantage, qui fait tout leur prix d'après
Montesquieu, « de donner aux hommes l'idée d'une
chose qui semble ne devoir pas périr, et d'inspirer
à chaque famille le désir d'étendre sa durée ». Ils ont une
utilité pratique plus sérieuse. Les liens de parenté sont,
entre les membres d'une même famille, une source de
droits, d'obligations, de charges, parfois d'incapacités; or,
la communauté du nom rappelle ou révèle la communauté
d'origine, et empêche que les liens de parenté soient oubliés dans les familles et passent inaperçus aux yeux
des tiers. Toutefois l'utilité première du nom de famille
est restée son utilité capitale : il permet de ne pas multiplier outre mesure les noms individuels ; distingués
par leur nom patronymique des tiers qui ne leur
sont pas unis par le sang, les membres d'une même
famille n'ont plus qu'à se distinguer les uns des autres
par l'emploi d'un nom particulier.

7. — Avant d'exposer le système anomatologique de notre droit, il ne sera pas inutile de rappeler à grands traits
les règles qui présidaient chez les Grecs et les Romains
à la désignation des individus, et de montrer comment le
nom répondait chez eux à sa double utilité.

Les Grecs ne portaient qu'un seul nom qu'ils recevaient

peu de jours après leur naissance. Un nom unique pouvait
à la rigueur suffire à distinguer les personnes, dans des
cités où les hommes libres étaient peu nombreux, A la
vérité les enfants étaient souvent désignés sous le nom
de leur père, avec indication de leur filiation, mais ce n'é-
tait là qu'un périphrase, et non une mention complétant
l'identité des personnes, une appellation ajoutée au nom individuel pour suppléer à son insuffisance ; car ces deux
noms n'étaient guère employés simultanément. Il semble
même qu'un enfant n'était pas désigné sous son propre
nom, tant qu'il ne l'avait pas illustré. C'est ainsi qu'Alci-
biade, dans sa jeunesse, est toujours appelé fils de Clinias.

Si les Grecs ne connaissaient pas le nom de famille, du
moins cherchaient-ils, par la formation ou le choix des
noms individuels, à marquer la filiation des personnes.
Parfois le nom d'un fils était dérivé de celui de son père ;
le plus souvent l'enfant recevait le nom de son grand-
père. Suivant un usage très répandu, le nom du grand-
père paternel était attribué à l'aîné des fils, celui du
grand-père maternel au cadet ; aux puînés, les noms d'ascendants plus éloignés [1].

Les surnoms n'étaient pas inconnus des Grecs ; mais au
lieu de s'ajouter aux noms, ils se substituaient à eux. Pla-
ton, dont le nom était Aristoclès, n'est jamais désigné
que par son surnom, dérivé de πλατύς (large), que lui
avait valu la largeur de ses épaules. Démosthène, dans
son enfance, avait été surnommé le Bègue, mais il sut
faire prévaloir son nom [2].

---

(1) Dareste. *Plaidoyers civils de Démosthène. Introduction*, p. XXII. Cf.
Salverte, *Essai sur les noms*, T. 1er, p. 125.

(2) Salverte (*loc. cit.*, p. 127) observe avec raison que les surnoms grecs
ne s'ajoutant pas aux noms, on a pris parfois pour deux personnages différents tel personnage historique qui est désigné tantôt sous son nom et tantôt
sous son surnom.

8. — Le système romain, beaucoup plus savant, était assurément préférable au mode de désignation des individus usité chez les Grecs ; mais ses complications aggravées d'âge en âge, finirent par faire du nom romain une suite démesurée d'appellations et de qualificatifs. Les peuples du Latium furent-ils jamais réduits à l'usage des noms individuels uniques ? C'est probable, et l'on ne voit pas comment ils auraient échappé à la loi commune : mais la question divise les savants. Si haut que l'on remonte dans la vie de ces peuples, et en faisant abstraction de certains noms qui appartiennent à la légende plus qu'à l'histoire, on ne rencontre que des noms doubles. Plus tard ils furent triples : le nom romain se composait essentiellement de trois éléments qui s'énonçaient dans l'ordre suivant : *Prænomen, nomen gentilitium* et *cognomen.*

Le *nomen gentilitium* appartenait à tous les membres d'une même *gens* [1]. Le *prænomen* precédait le *gentilitium;* à l'origine, il distinguait les uns des autres les membres de la *gens.* Mais avec le temps, le nombre des *prænomen* reçus à Rome, et surtout des *prænomen* usités dans les *gens,* fut si restreint [2], qu'on dut recourir pour distinguer les individus à l'emploi du *cognomen.* Les familles patriciennes qui en avaient usé les premières, furent promptement imitées par les familles plébéïennes. C'est ainsi que les éléments du nom romain furent portés de deux à trois.

Du *cognomen,* il faut rapprocher l'*agnomen* « ou sur-

(1) Tous les *gentilitium* se terminaient en *ius.* Cette désinence invariable, a-t-on supposé avec vraisemblance, indique qu'ils sont dérivés des noms individuels (Salverte, *loc. cit.,* t. 1er, p. 196).

(2) Certaines *gens* s'étaient réduites à l'emploi de deux ou trois *prænomen* si bien que, parfois, tous les fils d'un même père portaient le même *prænomen.*

nom donné par le Sénat, ou le peuple, ou par acclamation de l'armée, à un général victorieux [1]».Il s'ajoutait au *cognomen*, ou bien en tenait lieu à ceux qui n'en avaient pas reçu.

Ce système de désignation des citoyens romains était déjà trop compliqué, puisque, sans parler de l'*agnomen* qui, de l'aveu même de M. Michel, « était sans utilité au point de vue de l'individualisation [2] », le *prœnomen* était devenu l'accompagnement ordinaire et superflu de certains *gentilitium*. Bien plus, l'usage s'introduisit de porter des *cognomen* multiples. On admit d'abord la transmission à l'aîné des fils du *cognomen* paternel qui lui tenait lieu de *cognomen* personnel; mais avec le temps, ce *cognomen* devint patrimonial et se transmit indistinctement à tous les membres d'une même famille qui se distingua par son emploi des autres branches de la *gens*. Telle fut la destinée du *cognomen* Scipio, affecté à une des branches de la *gens* Cornélia. A ce *cognomen* commun, chaque membre de la famille ajoutait un *cognomen* particulier. Chaque branche d'une même famille pouvait à son tour ajouter au *gentilitium* et au *cognomen* commun à toute la famille, un second *cognomen* qui lui était spécial; les *cognomen* individuels restaient néanmoins nécessaires. Il y avait là une source de multiplication indéfinie des *cognomen*.

L'agnomen ou surnom d'honneur, décerné par le peuple ou le Sénat aux généraux victorieux, pouvait être déclaré transmissible : nouvelle source de *cognomen* communs à toute une famille.

L'adoption enfin, était une cause de multiplication des

(1) M. H. Michel. *Du droit de cité romaine*, tome Ier, p. 216.
(2) *Ibid.*

cognomen. L'adoption entre vifs d'abord. L'adopté prenait le *prœnomen*, le *nomen gentilitium* et l'*agnomen* de l'adoptant, et conservait, à titre de *cognomen* supplémentaire, soit son ancien *gentilitium* avec la désinence *anus,* soit le *cognomen* spécial de la famille dont il faisait partie, soit même, à partir d'une certaine époque, et le nom de sa *gens*, et le *cognomen* de sa famille d'origine. L'adoption testamentaire ensuite et surtout : c'était l'institution faite sous la condition, pour l'institué, de prendre le nom du testateur : « Elle entraînait un changement de *prœnomen* : l'adopté prenait celui de l'adoptant. Elle n'entraînait pas de changement de *gentilitium* : le *gentilitium* de l'adoptant pris par l'adopté, avait, dans le nom complet de celui-ci, le caractère et la fonction d'un *cognomen* [1] ». Une personne était-elle l'objet de plusieurs adoptions testamentaires, le nombre de ses *cognomen* allait toujours croissant.

Cette pluralité de *cognomen* avait sa raison d'être : tel *cognomen* indiquait avec précision la *gens* ou la division ou subdivision de la *gens* à laquelle une personne appartenait ; tel autre rappelait une action d'éclat qui avait valu à une famille un *agnomen* transmissible, ou révélait les changements qui s'étaient accomplis dans la condition de la personne qu'il désignait, les adoptions dont elle avait été l'objet. Mais ces avantages n'étaient-ils pas contrebalancés par les inconvénients d'un système si compliqué de désignation des individus ? Dans l'impossibilité où l'on était d'appliquer à une personne la multitude de ses noms, il fallait faire un choix entre eux. A supposer même qu'on pût tomber d'accord sur la détermination du nom qui devenait l'appellation ordinaire d'un individu, les variations

---

(1) M. Michel, *loc. cit.* p. 291.

incessantes auxquelles était sujet le nom romain, venaient
fréquemment dérouter les tiers. « A partir du n^e siècle
de notre ère, nous dit M. Bouché Leclercq, le système
anomatologique des Romains se détraque, les noms s'ac-
cumulent sans règle ni mesure... On rencontre un consul
de l'an 169 orné de 38 noms. Il était difficile en pareil
cas de dire quels étaient les noms dont on se servait
réellement [1] ».

Pour avoir voulu donner satisfaction à des besoins secondaires, le nom romain manquait son but principal,
et ne fournissait même pas la désignation invariable et
sûre des individus.

ANCIEN DROIT

9. — Les Gaulois et les Francs, comme tous les peuples primitifs, ne portaient que des noms individuels; le
nom patronymique leur était inconnu. Mais tandis que les
Gaulois qui subirent d'une façon durable l'influence
romaine, adoptèrent sinon le système romain dans sa pu-
reté, du moins la pratique des noms multiples, les barbares, bien loin d'emprunter aux Romains leurs appellations compliquées, implantèrent dans nos pays l'usage
du nom unique. « Chez les Français qui habitaient le nord
de la Loire et sur lesquels l'influence romaine n'agissait
pas aussi puissamment, on ne portait en général qu'un

(1) *Manuel des institutions romaines*, p.467, note3. — *Add.* Salverte. *loc. cit.*
Tome Ier, p. 207 et 208: « En conservant la multiplicité des noms romains, on
en retint tous les inconvénients et pas un seul avantage... Dans le second
et le troisième siècles, les fastes offrent de plus en plus des magistrats qui
semblent n'avoir que des noms individuels. Dans la suscription des épîtres de
Saint-Cyprien, plusieurs personnages porteurs du même surnom, Saturninus par
exemple, se distinguent par les mots, *un autre*, et *un autre encore*, plutôt que
d'employer les noms et prénoms romains qui eussent si facilement prévenu
toute confusion. »

nom [1]». En réalité, c'est seulement en Italie que se conserva l'usage des prénoms, noms et surnoms latins.

Il y a lieu de croire que les noms des barbares
étaient tous significatifs, ou du moins qu'ils l'avaient tous
été, mais que le sens s'en était perdu. Comment le nom
était-il choisi? A quel moment était-il imposé aux enfants?
N'était-il pas permis de délaisser le nom qu'on avait reçu
pour en prendre un autre qui répondît aux dignités dont
on était investi ou rappelât les exploits qu'on avait accomplis ? Toutes questions qui ne nous intéressent que de
très loin et que nous ne nous attarderons pas à élucider,
car les usages des barbares, en matière de noms, cédèrent
complétement devant les prescriptions de l'Église.

10. — Les chrétiens dans la primitive Église ne changeaient pas de nom quand ils étaient admis au baptême.
Quelques-uns toutefois se faisaient gloire de porter les
noms injurieux ou déshonorants que la haine et le mépris
des païens leur attribuaient. Mais d'assez bonne heure
l'Église encouragea l'usage de donner aux nouveaux baptisés des noms portés par des chrétiens : il était naturel
de leur imposer les noms des personnes qui les présen-
taient au baptême, et qui, aux époques de persécutions,
répondaient de la sincérité de leur conversion (plus tard
les parrains et marraines).

Toutefois les Hébreux, les Grecs, les Romains, attachés
aux noms usités dans leurs familles, ne se soumirent pas
volontiers à la pratique des noms de baptême ; et saint
Jean Chrysostome, au IVᵉ siècle, déplorait que ce pieux
usage ne se répandît pas davantage [2]. Enfin Grégoire le
Grand, au VIᵉ siècle, transformant en précepte ce qui
n'avait été jusque-là qu'un vœu de l'Église, ordonna dans

(1) M. de Wailly. *Éléments de paléographie.* Tome Iᵉʳ, p. 188.
(2) *Homil. XIII, in epist. ad Corinth.*

son Sacramentaire que toute personne admise au baptème
reçût non pas seulement le nom d'un chrétien, mais le
nom d'un saint.

Ce précepte fut d'abord peu obéi; les barbares conver-
tis au christianisme attachaient un prix singulier à leurs
noms nationaux et ne se résignaient pas à les abandonner. La prescription de saint Grégoire le Grand était
d'ailleurs d'une application peu pratique. Quand un adulte
nouvellement converti recevait un nom de saint, il continuait néanmoins à être connu et désigné sous le nom
qu'il avait jusque-là porté. Or on sait que, primitivement,
le baptème n'était pas conféré aux enfants, et que des personnes instruites des vérités de la religion, différaient de
le recevoir jusqu'à une époque voisine de leur mort.
Aussi des enfants élevés dans la foi chrétienne étaient-ils
désignés sous des noms d'origine barbare, auxquels, par
la suite, les noms de baptème ne se substituaient pas sans
peine. Guérard nous signale cette persistance du nom
barbare chez des personnages ecclésiastiques, indifférem-
ment désignés dans les actes sous leur nom primitif ou
sous leur nom de baptème [1].

Quand l'usage fut complétement reçu de baptiser les
enfants aussitôt après leur naissance, et, en même temps,
de leur imposer un nom, il s'en fallut qu'on leur donnât
toujours des noms de saints. « Qu'on en juge, dit Salverte [2], par les noms des rois de Lombardie, des rois
d'Espagne, des empereurs d'Allemagne, et des rois de
France, au xe siècle et même au xie : on ne connaissait
guère alors de saint Hugues, de saint Robert, et encore
moins de saint Charles : saint Henri n'est pas mort plus

(1) *Cartulaire de Saint-Père de Chartres*. Prolégomènes, p. XCII, et
p. 142.

(2) *Essai sur les noms*, t. I, p. 215.

de vingt ans avant le premier roi de France qui ait porté
ce nom; et saint Louis évêque est moins ancien que le
roi saint Louis ». Guérard, de son côté, nous apprend
que la plupart des noms propres appartiennent aux langues du nord [1].

Ce n'est guère qu'au xvie siècle que le précepte de l'É-
glise fut complétement observé [2] : et cela parce que les
noms qui étaient restés en usage en dépit des prescriptions de Grégoire le Grand, devinrent avec le temps
des noms de saints, par la canonisation de ceux qui
les avaient reçus.

11. — Le nom de baptême était et est resté pour l'É-
glise le nom par excellence, le seul nom véritable. Les
noms de famille ne sont énoncés dans les actes ecclésiastiques que comme un surcroît de désignation des personnes; et les évêques ne signent jamais que de leurs
prénoms suivis de l'indication de leur siége épiscopal.

L'Église ne reconnut jamais les noms additionnels ou
surnoms; on peut même dire qu'elle ralentit leur développement et entrava leur transmission dans les familles.
Non pas qu'elle fît à leur emploi une opposition systéma-
tique; mais à une époque où les actes étaient le plus souvent rédigés par des clercs, il suffisait que l'Église ne
tînt pas compte des noms de famille pour que leur usage
eût quelque peine à se généraliser et leur transmissibilité à s'établir. Les premiers surnoms qui s'ajoutèrent
aux noms de baptême furent considérés comme des appellations accessoires et surérogatoires : « Au xe et surtout au
xie siècle, nous dit M. de Wailly, les surnoms sont an-

---

(1) *Cartul. de Saint-Père de Chartres*. Prolégomènes, p. XCI.

(2) C'est au xvie siècle aussi que s'introduisit l'habitude d'imposer aux
enfants plusieurs noms de baptême pour les placer sous l'intercession de
plusieurs saints.

noncés par les formules *appellatus, cognominatus, nuncu-- patus* ou *qui vocor, qui, vocatur, qui vocabatur* ». D'après Guérard [1], les surnoms étaient précédés quelquefois du mot *prænomine*, rarement de ceux de *cognomine* et *agnomi- ne* : « *Vir nomine Girardus, prænomine Caper* ». Ainsi le nom de baptême, notre prénom, était alors le nom pro- prement dit, le *nomen ;* et le surnom, aujourd'hui le nom de famille, correspondait à l'un des noms d'ordre secondaire qui faisaient cortége au *nomen gentilitium* des Romains : *cognonem, agnonem* et même *prænomen.*

L'influence de l'Église en matière de noms a été très sérieuse ; elle s'est exercée pendant une longue suite de siècles. Il ne faut cependant pas s'en exagérer l'impor- tance ; il ne faut pas croire que le christianisme, en faisant prédominer le nom de baptême, ait bouleversé les traditions romaines. Elles étaient depuis longtemps aban- données : les barbares n'avaient pas eu de peine à subs- tituer au système anomatologique romain, la pratique du nom unique, car les Romains abandonnant leurs appella- tions compliquées, en étaient presque venus d'eux-mêmes à l'usage du nom unique. En cet état, que fit l'Église ? Aux noms d'origine barbare, elle chercha à substituer les noms de saints. Si elle n'échoua pas dans sa tâche, il ne lui fallut guère moins de dix siècles pour la mener à bien. Mais en définitive, elle ne toucha pas au fond des choses, elle ne changea pas le mode de désignation des individus, que les barbares avaient implanté en Gaule. Bien loin de renverser le système barbare, l'Église l'af- fermit et contribua à perpétuer la pratique du nom uni- que en refusant toute importance aux noms additionnels, aux noms de famille, qui devaient néanmoins conquérir la prééminence.

(1) *Cart. de Saint-Père, Proleg.,* p.CXIII.

12. — Les noms additionnels ou surnoms, bientôt transformés en noms patronymiques, ne tardèrent pas à s'ajouter aux noms de baptême [1]. Le souvenir des pratiques romaines fut assurément très étranger à leur admission ; ils naquirent spontanément sous l'influence de besoins sociaux. Non pas que nos pères, quand s'affermit un état de choses plus stable et plus régulier, aient ressenti le besoin de révéler par la communauté du nom, le lien qui unissait les membres d'une même famille ; mais le nombre restreint des noms qu'il était d'usage de donner lors du baptême, entraînait des répétitions fréquentes et occasionnait des confusions [2]. Le nom patronymique se présenta d'abord sous la forme d'un nom additionnel destiné à mieux préciser l'identité des individus, d'un nom personnel ; la patrimonialité ne s'en établit qu'avec le temps.

A quelle époque apparurent les noms additionnels ? D'où se tiraient-ils ? « A la fin du xe siècle, ou au commencement du xie, dit M. de Wailly [3], les surnoms se multiplièrent peu à peu ; mais cet usage qui, pour les rois, remonte à Pépin le Bref [4], ne devint général pour les particuliers qu'au xiiie siècle. Il ne s'est pas d'ailleurs introduit à la même époque dans les différentes provinces. En Languedoc, Guillaume III prit pour la première fois vers l'an 1030, le surnom de Montpellier dont il était seigneur ; ce fut également au xie siècle, que les nobles

---

(1) Nous nous occuperons désormais des noms de famille ; les noms de baptême ou prénoms feront l'objet d'une étude séparée (Voyez n°s 38 et 39).

(2) Salverte rapporte que dans certaines villes dont tous les habitants furent baptisés le même jour, tous les hommes reçurent le nom du même saint, toutes les femmes celui de la même sainte.

(3) *Éléments de Paléographie,* I, p. 188.

(4) Avant Pépin le Bref, on peut citer Charles Martel, son père, et Pépin le Gros ou d'Héristal, son grand'père ; ce dernier avait pour aïeul Pépin le Vieux ou de Landen, mort en 640.

commencèrent dans plusieurs provinces à prendre des
surnoms qui étaient tirés de leurs terres ou de quelques
sobriquets...Les surnoms ne devinrent communs en Bour-
gogne que vers le milieu du xiiie siècle ». Ainsi donc, et bien
que les rois et les nobles aient souvent porté comme
noms additionnels de véritables sobriquets, les nobles, les
feudataires empruntèrent de préférence leurs surnoms
aux fiefs dont ils étaient investis. En énonçant le domaine sur lequel s'exerçait leur souveraineté, ils en
prenaient personnellement le nom ; en un mot le nom
de leur fief qu'ils employaient pour révéler leur dignité
féodale, leur servait de nom propre. « Aussi, ajoute
M. de Wailly, ce sont en général les nobles qui, dans
les différentes provinces de France, ont, les premiers,
adopté l'usage des surnoms.... On voit encore au xve siècle plusieurs roturiers qui n'ont pas de surnoms ».

Quand ces derniers serfs, ou vilains recoururent aux
noms additionnels, ils les tirèrent parfois du lieu d'où ils
étaient originaires [1], de la terre sur laquelle ils étaient
fixés ; comme les nobles, ils empruntaient à la terre les
noms qu'ils ajoutaient à leur nom de baptême. Ces deux
noms étaient reliés l'un à l'autre par la particule *de*, indicative de lieu. Mais tandis que les seigneurs rappelaient
la domination dont ils étaient investis sur leurs domaines,
les manants énonçaient seulement le lieu de leur origine
ou de leur résidence. La particule *de* placée en tête de
nom propres, avait donc une valeur et un sens très
différents, suivant que ces noms, traduits en latin [2], pre-

---

(1) Cf. M. Henri Michel. *Du droit de cité romaine*, p. 178. Le *gentilitium*
de nombreuses *gens* romaines était tiré du lieu de leur origine.

(2) Je dis : *traduits en latin*, car les noms additionnels étaient empruntés à
la langue vulgaire : « Il est permis de croire, dit M. de Wailly (*loc. cit.*, II,

naient la forme du génitif : « Seigneur de tel lieu », ou
celle de l'ablatif : « natif de tel lieu ».

Toutefois, tandis qu'il n'était guère de nobles qui
ne tirassent leur nom d'une terre, et souvent d'une terre
titrée, la plupart des roturiers devaient le leur à des
circonstances diverses, à leurs qualités physiques ou morales, à leurs difformités ou à leurs travers, très souvent
à leur profession [1]. C'était la malignité publique qui leur
appliquait leurs surnoms, bien plutôt qu'ils ne les choisis-
saient.

13. — Le mode même d'acquisition, d'attribution des
noms additionnels, était exclusif de leur transmissibilité.
S'agissait-il des roturiers, à chacun le surnom qui lui
convenait. Quant aux noms des nobles qui se tiraient des
domaines, la transmission en était naturelle et presque
nécessaire, par suite de la patrimonialité des bénéfices ;
mais elle ne s'opérait pas indistinctement au profit de
tous les enfants : à l'aîné le fief avec son nom ; les puînés prenaient le nom du domaine qui leur était dévolu,
ou de la femme qu'ils épousaient, plus exactement de la
terre qu'elle leur apportait. Pour n'en citer qu'un illustre

---

p. 66), que les surnoms ont plus ou moins varié pendant longtemps, ou du
moins qu'ils n'étaient fixés que dans la langue vulgaire, et que, pour les
exprimer en latin, on pouvait en altérer la forme, pourvu qu'on en conservât
la signification...On rencontre au xiii° siècle, des surnoms en langue vulgaire
sur des sceaux d'ailleurs en latin : la forme latine n'était donc pas celle qui
servait habituellement pour les surnoms ».

(1) « Les rustiques et les serfs », dit du Tillet, cité par La Roque (*Origine
des noms*, p. 49), « qui n'étaient pas capables de fiefs, prirent leurs surnoms
du ministère où ils s'employaient, des lieux, des métairies qu'ils habitaient,
des métiers qu'ils exerçaient ». Parfois un fils ajoutait à son nom celui de son
père, avec indication de sa filiation : Jean fils de Pierre, en latin : *Joannes
Petri*. — Add. Guérard. *Cart. de Saint Père de Chartres* : Prolégom.,
p. XCIII.

exemple, la maison de Bourbon issue de Robert, comte
de Clermont, sixième fils de saint Louis, doit son nom à
la terre de Bourbon qu'apporta à ce prince, en 1272, Béa-
trix de Bourgogne, dame de Bourbon et de Charolais.

14. — Peu à peu cependant naquit le nom patronymique ; la transmission des noms additionnels du père à
ses enfants fut progressivement reçue. A en croire Guérard [1], les surnoms étaient déjà héréditaires au xiᵉ siècle,
à une époque où leur usage n'était pas encore généralisé.
Mais cet auteur avoue lui-même qu'il n'existait peut-être
aucun lien de parenté entre plusieurs personnes auxquelles avait été attribué le même surnom, d'ailleurs vulgaire. Que s'il paraît démontré que, dès cette époque, un
père et ses deux fils ont été connus sous le même surnom de Bonnes-mains (*Bonis-manibus*), on ne saurait
conclure de cet exemple isolé que l'hérédité des surnoms
était déjà admise. Ce n'est guère qu'au milieu du xiiiᵉ siècle qu'ils devinrent patrimoniaux. Les noms de seigneuries eux-mêmes passèrent indistinctement à tous les
enfants du possesseur du domaine, le titre de noblesse
qui pouvait les décorer, ou la qualité de seigneur, étant
seul réservé, avec le fief, à l'aîné des enfants mâles [2].

15. — La patrimonialité des noms additionnels s'est établie
spontanément, naturellement, par suite d'influences ou de
tendances presque instinctives que nous avons consta-
tées à Rome et que nous retrouvons à l'heure actuelle.

---

(1) *Loc. cit.*, Prolégomènes, p. XCVII.

(2) La Roque. *Traité de l'origine des noms,* chap. 32 : « La succession des
surnoms des seigneurs et gentilshommes n'était anciennement attribuée qu'au
fils aîné qui héritait du principal fief. Les puînés prenaient leurs surnoms
de la principale terre de leur partage qu'ils habitaient. Depuis, les surnoms,
ont été continués dans chaque lignée afin de mieux connaître les familles ».
Cette idée trouvera son développement dans la matière des titres (nᵒ 55).

Aujourd'hui encore on est porté à perpétuer dans les familles certains noms dont l'hérédité n'est cependant pas la règle : les prénoms d'abord dont un usage très répandu amène la répétition ou le retour, l'aîné des fils recevant souvent le prénom de son grand-père, sinon de son père [1]; les sobriquets ensuite que, par une pente presque fatale, la malignité publique conserve aux enfants de ceux qui les ont mérités. C'est cette tendance, encore vivace aujourd'hui, qui transforma les noms additionnels, simples surnoms personnels à l'origine, en noms de famille ; c'est par suite de cette tendance si générale, qu'il s'est rencontré, à des époques où la patrimonialité des noms n'était pas encore la règle, des familles dans lesquelles le même surnom était simultanément porté par un père et ses enfants.

16. — Les noms additionnels, devenus patrimoniaux, cessèrent d'être seulement un surcroît de désignation des individus. Ils répondirent à une utilité nouvelle ; ils reçurent dans l'estime du public et aux yeux de ceux qui les portaient une valeur singulière. Pour tous nos anciens auteurs, pour Montesquieu même, dont nous avons cité au début de ce chapitre une phrase célèbre, le nom patronymique ne s'ajoute pas seulement au nom du baptême pour le compléter, pour préciser l'identité des personnes ; il constitue le nom de la famille opposé à celui de l'individu. « Les surnoms, nous dit La Roque, enchérissent par-dessus les noms propres *pour le discernement des familles* ». Et ailleurs : « Les surnoms et les armes ont été continués dans chaque lignée *afin de mieux connaître les*

---

(1) C'est un usage identique qui, chez les Grecs, entraînait sinon l'hérédité complète des noms, du moins le retour, à une génération d'intervalle, des mêmes noms dans les familles.

familles [1] ». A Rome déjà, on avait ajouté un prix particulier à certains noms illustres. Mais les Romains étaient
attachés à ces noms à cause des souvenirs glorieux qu'ils
rappelaient. Au contraire les formules empruntées à La
Roque nous prouvent que les noms valent à ses yeux
moins encore par le lustre qui peut les décorer que par
l'utilité pratique à laquelle ils répondent : ils servent au
discernement des familles, ils révèlent la parenté, ils prouvent la filiation ; par là même ils servent à établir la
noblesse de race. C'est là, n'en doutons pas, ce qui a fait
la valeur des noms patronymiques.

Les noms perpétués dans les familles servaient de base
aux généalogies : or, c'était en établissant la généalo-
gie de sa famille, qu'on la rattachait à une origine nobiliaire ; c'était en remontant la suite de ses ancêtres, qu'on
additionnait ses quartiers de noblesse, et qu'on justifiait
d'une extraction assez brillante pour être admis
dans certains ordres ou promu à certaines dignités. Voilà
comment le nom devint l'héritage le plus précieux des
familles. « *In armis et nomine nobilium,* disait Balde,
remanet memoria et splendor genituræ [2] ». Aussi les nobles conservaient-ils leurs noms avec un soin jaloux, et
les préservaient-ils de toute atteinte. Nous n'en voulons
pour preuve que le fait suivant rapporté par Boucheul,
dans son *Commentaire de la coutume du Poitou* (art. 1er) :
L'enregistrement de lettres patentes conférant à un individu issu d'un père roturier et d'une mère noble le nom
et les armes de sa famille maternelle, rencontra l'opposition « des membres de la famille de la mère qui remon-
traient que l'impétrant était roturier, et que s'il prenait

---

(1) *Traité de l'origine des noms,* chap. XXXII.
(2) *Ap.* Boucheul, art. 1er de la Cout. du Poitou, no 29.

leurs noms et armes, on pourrait croire à la fin qu'eux seraient aussi peu nobles que lui ».

Nous n'oublierons pas, dans la suite de nos explications, que la patrimonialité des noms additionnels est née spontanément, qu'elle a été affermie, complétée par des considérations d'intérêt privé.

L'usage seul créa le nom patronymique ; et la conservation des noms dans les familles fut si communément reçue, si exactement observée, qu'elle conduisit au principe de l'immutabilité du nom. Cent ans avant que les changements de noms fussent prohibés sous une sanction pénale, la règle était que nul ne pouvait changer de nom sans l'agrément du roi [1]. Mais ce n'était pas dans l'intérêt de l'ordre public et pour conserver la preuve de l'identité des personnes, que le roi s'était attribué le pouvoir de surveiller les mutations de noms. C'était dans l'intérêt des particuliers et pour prévenir les usurpations que ces changements pouvaient constituer. Le président Chassanée nous en fournit la preuve manifeste : *«Mutatio nominis videtur prohibita sine scitu principis ; sed illa est licita quæ damnum et fraudem alteri non infert* [2]*»*. Aussi, quand le roi concédait un nom, était-ce toujours sous réserve des droits des tiers porteurs de ce nom; et c'est seulement à la fin du XVIe siècle, après qu'il se fut attribué le pouvoir de réglementer les changements de noms dans un intérêt général et supérieur, qu'on rencontre des chartes royales contenant concession parfaite et définitive

---

(1) Vᵉ Charte de Louis XI, datée de Boutigny, en août 1474, qui autorise Jéhan Decaumont, son notaire, à signer « de Chaumont »; et la charte d'octobre 1474 permettant à Olivier le Mauvais de s'appeler Olivier le Daim (*Ordonances des rois de France de la troisième race*, tome XVIII, pag 40 et 53)

(2) *Ap.* La Roque. *Traité de l'orig. des noms,* chap. XXX.

de noms, nonobstant l'opposition possible des intéressés[1].
Gardons-nous donc de croire que la propriété des noms
soit née de leur immutabilité prescrite par la loi pénale
dans un intérêt général. La loi n'a fait que sanctionner
après coup une règle qu'elle n'avait pas posée ; l'immutabilité des noms a été dictée par l'intérêt des familles
jalouses de les conserver intacts : et l'intérêt privé est demeuré le plus sûr garant de leur fixité[2].

17.— Ce n'est pas toutefois que les changements de
noms n'aient été très fréquents dans l'ancien droit : si l'on
conservait soigneusement les noms qui permettaient de
revendiquer une origine nobiliaire, on délaissait volontiers
ceux qui assignaient à leurs possesseurs une extraction roturière. Les noms terriens étant généralement usités dans
les familles nobles, le vulgaire leur prêtait une valeur intrinsèque, et considérait notamment la particule comme
un indice de noblesse. Aussi, en dépit de la règle, depuis
longtemps acceptée, de l'immutabilité du nom patronymique, des familles pourvues d'un nom transmissible,
lui substituaient le nom des domaines, principalement des
terres nobles qu'elles acquéraient[3]. Cet usage n'était
pas répandu seulement dans les familles dont le nom originaire n'était point terrien ; mais les cadets des plus
illustres maisons, qui auraient dû tenir à honneur d'en
conserver le nom, l'échangeaient contre celui d'une sei-

(1) Voy. Ordonnance de novembre 1572 accordant à Philibert de Blancha-
fort les noms et armes de Créqui.

(2) Quand Loyseau proteste contre les changements de noms, ce n'est pas
dans l'intérêt de l'ordre public ; il s'indigne qu'on répudie un si précieux héritage (*Ordres*, XI, nᵒˢ 51 à 57).

(3) Cet usage s'imposait notamment dans les familles qui aspiraient à la
noblesse titrée, car on ne pouvait appliquer un titre nobiliaire qu'à un nom
de fief et point à un nom de personne. Voyez, nᵒ 55 comment on en arriva
à décorer d'un titre un nom patronymique.

gneurie. Leur conduite était d'ailleurs dictée par un motif spécial : un principe essentiel du droit nobiliaire, le principe de l'indivisibilité des titres, ne permettait pas que le même nom fût décoré de plusieurs titres au profit de différents membres de la même famille. Réduits à porter sans l'accompagner d'aucune qualification nobiliaire, le nom patronymique de leur famille, les cadets de grande maison préféraient y substituer le nom d'une seigneurie érigée en dignité. Ils s'élevaient ainsi de la simple noblesse à la noblesse titrée, à la haute noblesse.

Ainsi ce sont des considérations d'ordre nobiliaire qui expliquent à la fois et le soin jaloux avec lequel certains noms étaient conservés, et l'empressement avec lequel certains autres noms étaient délaissés et voués à l'oubli.

18. — Le fait de porter un nom qui ne fût pas d'origine foncière, n'était cependant pas la preuve d'une extraction roturière. Les noms de certaines familles d'ancienne noblesse étaient de véritables sobriquets. On cite quelques familles de vieille race, qui avaient conservé comme noms patronymiques des noms d'origine barbare, pour marquer l'antiquité de leur noblesse, antérieure à la féodalité [1]. Parfois même un nom qui, de prime abord, peut paraître roturier, est au contraire indicatif de seigneurie : le mot *Danse* qu'on trouve dans les noms Danse de Villoison, Danse de Froissy, est une contraction de *dominus :* seigneur de Villoison, de Froissy. Par contre les noms terriens n'étaient pas inaccessibles

---

(1) De Costou. *Orig. Etym. et Signif. des noms propres*, p. 17 à 25 : Quelques nobles adoptèrent comme nom additionnel celui d'un de leurs ancêtres : d'où les noms empruntés à des radicaux tudesques et germaniques. Cf. La Roque, *Orig. des noms*, chap. XXX:« Jacques Thézart, baron de Tournebu, se tint fort offensé de ce qu'on avait ajouté le *de* à son ancien et illustre nom ».

aux roturiers qui avaient fréquemment reçu le nom du
domaine auquel ils étaient attachés. Néanmoins ces
noms étaient très recherchés ; nobles et roturiers ne
manquaient pas de se parer de ceux des domaines qu'ils
acquéraient. Tout au plus ces noms auraient-ils dû s'a-
jouter au nom patronymique ; en fait, ils se substituaient
à lui et finissaient par le faire oublier.

19. — Il y a tout lieu de croire que l'édit d'Amboise
du 26 mars 1555 (art. 8) qui prohiba les changements de
noms en général, tendit surtout à mettre un terme
aux acquisitions de noms terriens : « Pour éviter la
« supposition des noms et des armes, défenses sont
« faites à toutes personnes de changer leurs noms
« et armes, sans avoir lettres de dispenses et permis-
« sion, à peine d'être punies comme faussaires et d'être
« exauthorez de tout degré et privilège de noblesse ».
Il importait, au milieu des troubles qui agitèrent la France
au XVIe siècle, que l'identité des personnes fût exactement déterminée. La fixité des noms propres commençait à intéresser l'ordre public. On a contesté la valeur
de l'Édit de 1555 qui ne fut pas enregistré par tous les
Parlements et ne figure pas dans les anciens recueils
d'ordonnances [1] ; on a discuté son étendue d'application,
et prétendu qu'il ne défendait pas les changements de
noms aux roturiers, mais seulement aux nobles, puisqu'il
visait les changements d'armoiries et édictait, à titre de
pénalité, la déchéance des priviléges de noblesse [2] . Ces

_____

(1) Merlin, *Répertoire*, Promesse de changer de nom. — L'édit de 1555 fut
enregistré en la Cour des Aides de Normandie, le 24 Avril 1556.

(2) La Cour de Cassation a eu occasion d'invoquer l'édit de 1555, dans
une hypothèse où les lois plus récentes n'étaient pas applicables, pour interdire à une famille roturière l'usage d'un nom usurpé (Req. 16 novembre
1824, aff. de Préaux : D, 24, 486).

controverses sont oiseuses : la règle de l'immutabilité du nom patronymique n'est pas écrite dans l'édit de 1555 qui n'a fait que sanctionner ce principe depuis longtemps établi par l'usage. Loin de créer la règle de la transmission des noms de famille, il fut même impuissant à la compléter, car il ne fut pas obéi.

20. — Les États-Généraux de 1614 s'étant élevés contre l'abus des noms terriens (art. 162 des cahiers), l'ordonnance de 1629, connue sous le nom de code Michaud, renouvela en termes plus précis, dans son article 211, la prohibition contenue dans l'édit d'Amboise ; elle fit défense *aux gentilshommes* de signer du nom de leurs seigneuries à peine de nullité de leurs actes et contrats. Cette défense ne devait pas être ouvertement violée, mais assez adroitement tournée. La jurisprudence du Parlement de Paris interpréta l'ordonnance de 1629 en ce sens que les gentils-hommes ne pouvaient signer du seul nom de leurs terres, mais qu'il leur était permis de faire figurer le nom de leurs seigneuries à la suite de leur nom de famille. Cette interprétation n'allait pas à l'encontre des termes de l'ordonnance ; elle avait l'immense avantage de régulariser, en le tenant pour légal, un usage trop profondément enraciné pour pouvoir être utilement combattu ; elle supprimait en même temps ses conséquences les plus fâcheuses.

21. — Désormais les noms terriens s'ajoutèrent, s'incorporèrent aux noms patronymiques au lieu de se substituer à eux. Plusieurs noms terriens pouvaient même s'ajouter les uns aux autres. Non pas que le propriétaire de plusieurs domaines en pût prendre concurremment tous les noms ; mais les cadets de famille, quand ils prenaient un nom de seigneurie, devaient retenir le nom pa-

tronymique et le nom de fief de leur père[1]. Ainsi les noms terriens servaient à distinguer les branches des familles et les divisions et subdivisions de ces branches. De même à Rome, les *cognomen* communs qui s'ajoutaient les uns aux autres de génération en génération, distinguaient des branches de la *gens* et leurs subdivisions.

Les généalogistes des XVIIe et XVIIIe siècles s'appliquèrent à retrouver le nom primitif des familles pour l'imposer comme nom général à toutes leurs branches. La recherche en était parfois malaisée. A en croire M. Borel d'Hauterive[2], les Montmorency de Fosseux qui relevèrent en 1767, le titre de duc de Montmorency, s'avisèrent qu'ils n'appartenaient à cette illustre famille, qu'à l'extinction de la première maison ducale, sous Louis XIII. En outre, le fréquent usage du même prénom dans certaines familles, a parfois fait prendre pour des noms patronymiques de simples noms de baptême. Il semble aujourd'hui démontré que le nom de Bouchard, longtemps considéré comme le nom primitif des Montmorency, n'était qu'un prénom usité dans cette maison avec ceux de Mathieu et d'Hervé : si cette famille a jamais eu d'autre nom que son nom de seigneurie, il nous est inconnu. La récente publication des *Ecrits inédits* de Saint-Simon[3] nous signale un problème analogue à propos du nom de Nompar usité dans la maison de Caumont, d'où sont sortis les ducs de la Force et le duc de Lausun : « Le nom de Nompar, nous dit Saint-Simon, qui n'est ny nom propre ny nom de baptesme, est inconnu dans la branche de Laforce avant le premier duc...

---

(1) Voy. l'application de cette idée dans un arrêt de Rennes, 4 juin 1878 : S. 79, 2, 10.

(2) *Annuaire de la noblesse*, 1860, p.281.

(3) Tome 7, p. 302.

Pour la branche de Lausun, il en n'est aucun qui ne l'ait porté, et les deux premiers l'ont porté unique : Nompar de Caumont. Que peut-ce être que ce nom affecté avec une suitte jamais interrompue depuis quatre siècles et plus ? C'est encore ce que l'antiquité cache dans ses ténèbres ». Il y a lieu de croire que ce nom, porté d'abord sans accompagnement de prénom, n'était lui-même qu'un nom de baptême : son usage répété a fini par l'incorporer au nom patronymique. De même à Rome, certains *prænomen* devinrent l'accompagnement habituel et comme partie intégrante des *gentililium*.

22. — L'ordonnance de 1629 s'adresse aux gentilshommes et parle des noms de seigneuries. En faut-il conclure que l'usage des noms terriens n'était pas accessible aux roturiers ; que les terres non nobles ne donnaient pas leurs noms à leurs possesseurs ? La conséquence ne serait pas logique. Le silence de l'ordonnance de 1629 à l'égard des roturiers, ne résulte pas de ce qu'ils s'abstenaient de changer de noms : ils convoitaient plus encore que les nobles les noms d'origine foncière. Au dire de Montaigne, les noms roturiers étaient «les plus idoines à la falsification [1] ». A en croire le président Hénault [2], l'ordonnance de 1629 enjoignit aux gentilshommes de signer de leur nom de famille « pour les distinguer des roturiers à qui on avait permis de prendre le nom des fiefs qu'ils possédaient ». Enfin Loyseau nous apprend que nobles et roturiers, prenaient sans être inquiétés les noms des seigneuries par eux acquises [3]. Il est donc avéré que les roturiers pou-

---

(1) *Essais*, I, 46. Cf. Marivaux. *Les paysans parvenus*, 1re Partie : « Ils avaient pris des noms de terres, et, du véritable, je crois qu'ils ne s'en souvenaient plus eux-mêmes ».

(2) *Abrégé chronologique*, année 1629.

(3) *Ordres*, XI, n° 57.

vaient porter le nom des terres nobles qu'ils possédaient.

Mais une terre roturière donnait-elle son nom à son possesseur ? La question ne semble pas avoir préoccupé nos anciens auteurs ; en fait, il est certain que les roturiers se paraient du nom de simples métairies. On ne saurait méconnaître l'importance de cet usage universellement accepté ; car l'usage, en matière de nom, était tout puissant sous l'ancien droit ; il a prévalu contre les dispositions de l'édit de 1555 et de l'ordonnance de 1629. Comment donc déclarer dépourvue de tout effet une pratique qui n'a jamais été entravée ? Quelques arrêts cependant ont refusé de consacrer des acquisitions du nom de terres roturières, sous prétexte que les adjonctions de noms terriens s'accomplissaient « par application des usages du régime féodal [1] » : or les usages de la féodalité ne pouvaient s'appliquer aux terres non nobles. Mais les usages de la féodalité n'avaient rien à faire avec l'acquisition des noms terriens ; ils permettaient seulement aux possesseurs de fiefs de s'en qualifier seigneurs : d'ailleurs l'emploi de cette qualification, bien loin de faciliter l'adjonction du nom terrien au nom patronymique, a parfois paru en être exclusif [2]. Ajoutons que la jurisprudence a plusieurs fois déclaré régulière l'acquisition du nom d'une terre roturière [3].

23. — On comprendra la sagesse des prescriptions de l'ordonnance de 1629, quand on saura que les possesseurs

(1) Cass., 15 janv. 1861 : D. 61, 1, 176 ; Cass., 10 mars 1862 : D. 62, 1, 219 ; Cass., 20 nov. 1866 ; D. 66, 1, 419 ; Orléans, 14 août 1860 ; D. 60, 2, 172 ; Paris, 28 juin 1867 : D. 67, 2, 93 ; Bourges, 8 janv. 1839 : D. 89, 2, 270.

(2) Voy. n° 26.

(3) Limoges, 9 avril 1878 : S. 78, 2, 195.

successifs d'une même terre en conservaient le nom après
l'avoir aliénée ; d'où il suit que le même nom était simultanément porté par plusieurs familles, tant nobles que roturières [1]. Il était donc indispensable que le nom primitif des familles figurât dans les actes à titre principal,
pour prévenir les confusions [2].

24. — L'addition d'un nom terrien restait donc un
mode toléré sinon pleinement légal, de modifier un nom
de famille sans l'agrément du roi. Demandons-nous maintenant à quelles conditions cette addition de nom s'opérait : car on peut, de nos jours, pour établir son droit
à nom terrien, avoir à justifier de l'accomplissement de
ces conditions.

A quel titre fallait-il détenir une terre pour pouvoir en
prendre le nom ? Cette faculté appartenait sans conteste au
propriétaire du sol. Toutefois, quand il s'agissait d'une
terre noble, l'acquéreur ne pouvait prendre le nom de
son nouveau domaine, qu'autant que le vendeur ne s'en
était pas réservé la justice [3] ; il n'y avait pas là d'obstacle à ce que les roturiers prissent le nom des fiefs par eux
acquis, car ils pouvaient être titulaires des droits de justice seigneuriale.

S'il était nécessaire, pour se parer du nom d'un fief,

---

(1) Montaigne, *Essais*. Chap. des noms. — Cf. Loyseau. *Ordres*, X, n° 57.

(2) La jurisprudence actuelle admet qu'une même terre ait pu donner son
nom à plusieurs familles (Cass., 14 nov. 1832 : S. 33, 1, 324 ; Cass., 15 déc.,
1845 : S. 46, 1, 81) ; mais les tribunaux ne manquent pas, quand ils reconnaissent à une famille un nom terrien, de lui interdire de le porter isolément
(Nîmes, 7 juillet 1829 : S. 30, 2, 4 ; Rennes, 20 février 1880 : S. 81, 2, 30,
confirmé en Cassation, S. 82, 1, 115).

(3) Voy. Dalloz, 1889, 2, 270, note sous un arrêt de Bourges du 8 janv. 1889,
avec les autorités citées à l'appui : « Si le fief vendu avait un nom distinct
de celui du village ou du lieu sur lequel la justice avait été retenue, l'acquéreur pouvait incorporer le nom de ce fief à son nom de famille ».

d'en détenir la justice, il semble que cette condition était
suffisante. La Cour de Cassation a jugé que le nom titré de
marquis de Falletans avait été régulièrement acquis par
un sieur Garnier qui avait été, pendant quelque temps,
engagiste de la haute et moyenne justice du marquisat de
ce nom. Le marquis de Falletans dépossédé de ses domaines
situés en Franche-Comté, alors que le roi d'Espagne était
maître de cette province, avait été réintégré dans ses droits
par le roi de France. Celui qui, dans l'intervalle, avait été
engagiste de la justice de ce fief, en avait pris le nom et
le titre, que ses descendants ont été admis à conserver [1].

25. — Le possesseur d'une terre en prenait-il le nom,
en ce faisant, il usait d'un droit. Il n'avait qu'à le porter,
pour qu'il fût à lui ; il ne l'acquérait pas par un usage
prolongé, mais se l'appropriait par le seul jeu de sa
volonté. Toutefois, si le nom ne s'acquérait pas par la
possession, celle-ci était la manifestation de la volonté de
l'acquérir [2]. En conséquence, quand on recherche aujour-
d'hui si une personne a droit à un nom terrien, la possession de ce nom par ses ancêtres doit être prise en considération ; mais les conditions, les caractères de cette
possession s'apprécient tout autrement que s'il s'agissait
d'une possession acquisitive : la durée en est indifférente,
mais il faut tenir compte de sa continuité.

Nous disons que la volonté d'acquérir le nom clairement

---

(1) Req., 15 déc. 1845 : S., 46, 1, 81. — Cette décision est sujette à caution :
« L'engagement, dit La Roque (*Traité de la noblesse*, chap. 83) transféra seulement l'usufruit et les droits utiles, et non les honorables, en tant qu'ils peuvent être séparés des profits, en sorte qu'un engagiste ne doit jamais prendre
le titre des terres de son engagement ». — L'engagement, d'après Dalloz
(*Rep. alph., Domaines engagés*, n° 1), était une convention par laquelle le
roi abandonnait la jouissance d'un des domaines de la couronne, moyennant
un prix, et sous la condition expresse et perpétuelle de la faculté de rachat.

(2) Cass., 25 mai 1869 : S. 69, 1, 308.

manifestée, peu importe la durée de la possession qui la
révèle. C'est ainsi qu'une famille a été reconnue propriétaire du nom d'une terre qu'elle avait acquise en 1788, à
la veille du jour où les noms terriens allaient être proscrits [1]. Il ne s'ensuit pas qu'une famille ait pu acquérir un nom quelque temps porté, puis abandonné sans
motif ; car cette interruption dans l'emploi du nom, est
une preuve que cette famille n'entendait pas se l'approprier.
La durée de la possession n'est réellement indifférente
que quand une circonstance indépendante de la volonté
des intéressés (nous faisons allusion aux prohibitions des
lois révolutionnaires) a rendu l'emploi du nom impossible,
et en a déterminé l'abandon.

26. — On a parfois contesté que les possesseurs de fiefs
qui en ont porté le nom précédé des mots sieur ou seigneur,
aient eu l'intention d'incorporer ce nom à leur nom patronymique : il y aurait eu là l'indication d'une qualité plutôt qu'un
nom, l'affirmation de prérogatives féodales plutôt qu'une
mention destinée à fixer l'identité. Cette objection est
sans portée : les possesseurs de fiefs de dignité en acquéraient le nom titré, sans que l'intercalation du titre fût
un obstacle à l'adjonction du nom de fief au nom patronymique ; pourquoi donc une simple seigneurie n'aurait-
elle pu donner son nom à son propriétaire, qu'autant que
ce dernier ne s'en serait pas qualifié seigneur ?

N'oublions pas d'ailleurs que le propriétaire d'une
terre noble n'en pouvait prendre le nom qu'à la condition d'en avoir la justice : or c'était à la même condition
qu'il pouvait s'en dire seigneur. Pour acquérir un nom
de fief, il aurait donc fallu satisfaire à deux conditions
presque inconciliables : être en droit de se qualifier sei-

(1) Cass., 14 nov. 1832 ; S. 33, 1, 324.

gneur de ce fief, et ne pas user de cette faculté. Ajoutons
que c'était dans les actes seulement et non dans la pratique de la vie ordinaire qu'on prenait les qualifications
de sieur ou seigneur : or c'était avant tout l'usage habituel des noms terriens qui les transformait en noms additionnels. En fait on constate que des noms de fiefs se
sont transmis à tous les enfants de personnes qui les
avaient portés précédés des mots sieur et seigneur ; c'est
la meilleure preuve que l'emploi de ces qualifications
n'était pas exclusif de l'incorporation des noms de terre
aux noms patronymiques [1].

27. — Les adjonctions de noms terriens n'étaient pas
les seuls changements de noms qui s'effectuaient sans l'agrément du roi. Sans parler d'usurpations flagrantes que rien ne
légitimait, certains usages s'étaient introduits qu'on avait
fini par tolérer. C'est ainsi que dans les pays où la coutume admettait l'anoblissement par les mères, en Champagne notamment, le mari, sans prétexte de terre, prenait le nom de sa femme, et le transmettait accolé au
sien, aux enfants nés du mariage. En outre, comme le
vulgaire attachait à la particule une réelle valeur nobiliaire, les nouveaux anoblis qui n'avaient point de terre
dont ils pussent prendre le nom, appliquaient le *de* à
leur nom patronymique. Cette étrange pratique qui consistait à faire figurer en tête d'un nom de personne une
particule indicative de lieu, n'a jamais été régulière : elle
est critiquée par Saint-Simon, et condamnée par une déclaration du 3 mars 1699 [2] qui défend aux anoblis de
mettre le *de* devant leurs noms.

(1) Angers, 23 mars 1876: S. 76, 2, 283. — En sens contraire, Cass., 5 janvier 1863: S. 63, 1, 191 ; Orléans, 14 août 1860: D. 60, 2, 172.

(2) Saint-Simon. *Mémoires*, édition de 1856-58, tome III, p. 399. — Quant
à la déclaration du 3 mars 1699, elle ne condamnait pas expressément l'abus de

DROIT INTERMÉDIAIRE ET DROIT MODERNE.

28. — Les lois révolutionnaires renouvelèrent en l'aggravant la règle de l'immutabilité des noms patronymiques : elles supprimèrent la faculté d'acquérir des noms terriens.

Dans l'opinion suivant laquelle un fief pouvait seul donner son nom à son propriétaire, l'usage des noms terriens fut aboli dans la nuit du 4 août, les terres nobles ayant été dépouillées de toute prééminence qui fût pour leurs possesseurs une source de prérogatives [1]. De l'aveu de tous, les additions de noms ne furent plus possibles passé le 23 juin 1790. Un décret des 19-23 juin 1790, abolissant la noblesse et les titres, portait dans son article 3 : « Aucun citoyen ne pourra prendre que le vrai nom de sa famille ». C'est dans ce texte qu'on a lu la prohibition d'acquérir désormais des noms additionnels, et de porter ceux qu'on avait antérieurement acquis.

Il s'en faut toutefois que les possesseurs de ces noms les aient déposés pour revenir à leur nom patronymique, toujours inconnu du public, souvent oublié dans les familles. On sait l'apostrophe de Mirabeau au journaliste qui l'avait désigné sous le nom de Riquetti : « Avec votre

la particule, mais elle laissait en vigueur, en Franche-Comté, un édit de Philippe IV, du 4 juillet 1650, dont l'article 330 interdisait aux anoblis l'usage de la particule. — Cf. La Roque. *Orig. des noms*, chap. 32; x S'il est défendu de changer de nom sans la permission du roi, cette défense doit aussi s'étendre sur ceux qui ajoutent à leur nom une particule ». En sens contraire, M. de Neyremand : *La particule et sa valeur nobiliaire.*

(1) Cass., 15 janv. 1861 : S. 61, 1, 273; cet arrêt dénie à une famille la propriété du nom d'une terre qu'elle avait acquise en février 1790.

Riquetti, vous avez désorienté l'Europe pendant trois jours ». Comment d'ailleurs auraient fait ceux qui n'avaient qu'un nom terrien ? On se contenta d'ordinaire de délaisser la particule qui révélait trop clairement l'origine foncière du nom : le marquis de Lafayette devint Lafayette.

L'article 3 du décret des 19-23 juin 1790 n'édictait aucune sanction. Les peines encourues par ceux qui changeaient de noms ou faisaient usage de noms additionnels, ne sont pas davantage contenues dans la loi du 26 septembre —16 octobre 1791, portée cependant pour procurer une sanction au décret de 1790 : elle réprime seulement l'emploi des titres nobiliaires.

29. — En fait la licence et la confusion ne furent jamais plus complètes. A la condition de ne pas prendre une dénomination féodale, chacun changeait de nom à sa fantaisie. Un Décret vint approuver et encourager ce désordre. La citoyenne Goux qui avait figuré dans une cérémonie publique la déesse de la liberté, vint réclamer à la barre de la Convention que le nom de Liberté lui fût décerné à titre de récompense nationale : opposition de Merlin qui trouvait les noms de Liberté et d'Égalité trop sublimes pour être portés par des mortels. Néanmoins, sur l'exclamation de Romme, que *chacun était libre de prendre le nom qui lui plaisait le mieux*, l'ordre du jour fut adopté (24 brumaire an II). La décision de l'Assemblée, aux termes de laquelle chacun pouvait changer de nom par une simple déclaration à la municipalité de son domicile, fut portée au procès-verbal de la séance, et promulguée en forme de loi (Décr. des 24-26 brum., an II).

30. — Ce régime de liberté devait durer quelques mois à peine. Robespierre tombé, Bréard, soupçonné d'être son ami, se livra contre les Jacobins à de violentes invec-

tives, s'attaquant surtout à ceux qui cachaient leur passé sous des noms d'emprunt; il proposa en finissant de décréter qu'aucun homme « ne pourrait porter à l'avenir d'autre nom que celui de son père », et demanda que le comité de législation fût chargé de la rédaction de cette loi. C'était le 4 fructidor, an II : le surlendemain, la loi préparée par la comité était votée par l'Assemblée sur le rapport de Cambacérès. La violente sortie de Bréard n'avait été qu'un prétexte à l'abrogation du décret de brumaire. Les auteurs de la loi nouvelle avaient surtout visé les émigrés qui déjà rentraient en France et se soustrayaient aux poursuites, en se dissimulant sous des noms d'emprunt.

La loi du 6 fructidor, an II, réprimait à la fois les changements de noms et l'usage des noms additionnels. « Aucun citoyen, déclare l'article 1er, ne pourra porter de nom autre que ceux exprimés dans son acte de naissance; ceux qui les auraient quittés seront tenus de les reprendre ». Ainsi les noms pris à la faveur du décret de brumaire devaient être déposés. Toutefois l'effet rétroactif de la loi de fructidor n'était pas absolu : elle enjoignait à tout citoyen qui avait changé de nom, de reprendre celui que lui assignait son acte de naissance ; elle ne s'appliquait pas aux enfants nés dans l'intervalle des 26 brumaire au 6 fructidor, qui avaient reçu dans cet acte un autre nom que celui de leur famille. Non seulement ces enfants n'étaient pas tenus de reprendre le nom de leurs parents, mais ils n'en avaient pas le moyen ; car la loi de fructidor ne donnait pas au Gouvernement le pouvoir d'autoriser les changements de noms [1].

---

(1) Voy. no 124, opinion contraire de le C. de Cass. (16 nov. 1824 ; S, 25, 1, 148),

L'article 2 a trait aux noms additionnels : « Il est défendu d'ajouter aucun surnom à son propre nom, à moins qu'il n'ait servi jusqu'ici à distinguer les membres d'une même famille, sans rappeler les qualifications féodales et nobiliaires [1] ». Par application de ce texte, tout nom additionnel emprunté à une terre noble, et porté autrefois avec un titre ou avec la simple qualification de sieur ou seigneur, était proscrit, servît-il même à distinguer les branches d'une même famille. Au contraire, les noms empruntés aux terres roturières restaient en usage quand ils répondaient à l'utilité prévue par la loi. D'ailleurs tout nom additionnel pouvait être conservé quand il distinguait les membres d'une même famille, fût-il même emprunté à une autre circonstance que la possession d'une terre, de telle sorte que l'ancien droit ne l'eût pas reconnu. Mais la loi de fructidor permettait seulement de conserver les surnoms antérieurement usités ; elle n'autorisait pas leur acquisition dans l'avenir ; c'est ce qui résulte des mots : « à moins qu'il n'ait servi *jusqu'ici* [2] ».

La loi de fructidor n'interdisait explicitement ni implicitement l'emploi de la particule. Elle pouvait continuer à figurer en tête des noms que cette loi ne proscrivait pas ; sinon, elle devait disparaître avec eux. Mais en fait son usage fut universellement abandonné ; nombre de personnes purent même, en la supprimant, conserver des noms

---

(1) Il ne semble pas que la disposition de la loi de fructidor, qui autorisait l'emploi de certains surnoms, ait jamais eu d'application pratique ; elle n'a été invoquée que par des familles qui ne pouvaient p..s s'en prévaloir (Cass., 5 janv. 1863 : D. 63, 1, 452).

(2) Les autres textes de la loi de fructidor fixent les peines applicables à ceux qui contreviennent à ses dispositions ; l'étude des pénalités contenues en l'article 259 du Code pénal nous fournira l'occasion de rappeler celles que prononçait la loi du fructidor. Voy. n° 144.

qu'elles auraient dû délaisser; d'autres se contentèrent de l'incorporer à leur nom dont l'orthographe seule se trouva changée.

31. — Aujourd'hui presque toutes les familles ont repris les noms terriens que la loi de fructidor avait proscrits. Aucune loi cependant n'a expressément restitué ces noms aux intéressés. Mais on estime généralement que laRestauration,en rétablissant les anciens titres, a ramené l'usage des noms terriens qui leur servaient de support : du même coup l'emploi des noms de simples seigneuries est redevenu licite [1]. Quant aux noms de terres roturières que la prudence avait fait délaisser, la loi de fructidor ne les visait pas, car ils ne rappelaient pas les qualifications féodales : on aurait pu les garder; il était naturel qu'on les reprît.

Si les noms additionnels régulièrement acquis sous l'ancien régime, ont été restitués à leurs possesseurs, l'acquisition des noms terriens est restée impossible. Cette interdiction résulte aussi bien de l'article 1er que de l'article 2 de la loi de fructidor, et, à défaut de ces textes, elle s'induirait de la loi du 11 germinal, an XI, sur les changements de noms.

32. — Nous arrêtons ici ce rapide historique de la question du nom, en citant pour mémoire la loi du 11 germinal, an XI, qui règle encore aujourd'hui la matière des changements de noms, et fera l'objet d'une étude principale. Nous savons maintenant sur quoi se fonde la propriété des noms : elle résulte de la prise de possession dont ils ont été l'objet à l'époque où s'est introduit le principe de leur transmission, de leur conservation dans les

---

(1) La question de savoir si la loi de fructidor n'a pas été abrogée dans son ensemble en 1814 sera étudiée plus loin (Nos 144 et 150).

familles : sauf les changements de noms régulièrement accomplis dans l'intervalle. A cet égard, et sans parler des change ments autorisés par le gouvernement, encore possibles aujourd'hui, nous avons signalé les exceptions que comportait dans l'ancien droit le principe de l'immutabilité des noms, et observé qu'un décret de la Convention a permis de donner aux enfants nés dans l'intervalle du 26 brumaire au 6 fructidor, an II, d'autres noms que ceux de leurs familles.

33. — Jusqu'au commencement de ce siècle, les juifs allemands établis en France, ne s'étaient pas soumis à la coutume du nom patronymique : ils portaient le nom d'un personnage biblique, avec celui de leur résidence. Le décret du 20 juillet 1808 prescrivit à tout juif français ou résidant en France, d'adopter un nom patrony-- mique pris en dehors des noms de villes ou des noms de l'ancien testament, et de faire choix d'un prénom, avec injonction de déclarer, dans les trois mois, à la municipalité du lieu de son domicile ou de sa résidence, les nom et prénom choisis. Des décrets de 1811 et de 1813 contiennent des dispositions analogues applicables aux habitants des provinces conquises en Hollande et dans l'Allemagne du nord, qui ne connaissaient pas non plus le nom patronymique.

Enfin une loi des 23-24 mars 1882, constituant l'état civil des Musulmans en Algérie, les astreint à faire choix d'un nom patronymique. Cette loi n'ouvre pas à chaque indigène, maître de ses droits, la faculté de prendre un nom qu'il transmettra à ses enfants ; mais le choix du nom, dans chaque famille, est laissé à l'ascendant paternel le plus éloigné, et, à son défaut, à l'oncle paternel le plus âgé ou au frère aîné, maître d'imposer le nom par lui fixé à ses descendants, ses neveux, ou ses frères (art. 2). Faute par les intéressés de procéder eux-mêmes à ce choix, un nom patronymique leur est attribué par le commissaire à la constitution de l'état civil.

SECTION II

RÈGLES DE TRANSMISSION DES NOMS PATRONYMIQUES

34. — Tout légitime porteur d'un nom le transmet à ses enfants. Aussi les enfants dont les auteurs sont connus ne reçoivent-ils pas de nom dans leur acte de naissance ; on ne leur impose que des prénoms car le nom de leurs parents leur appartient de droit [1]. Toutefois les enfants légitimes ne prennent que le nom de leur père et point celui de leur mère, alors même que, suivant l'usage de certaines provinces, la famille serait connue sous les noms réunis des deux époux [2]. En vain objecterait-on que l'article 57 du Code civil exige la mention dans l'acte de naissance d'un enfant, du nom de sa mère aussi bien que de celui de son père ; qu'il n'y a plus aujourd'hui de parenté agnatique, et que les enfants appartiennent à la famille de leur mère au même titre qu'à celle de leur père. Si toute personne pouvait porter réunis les noms de ses deux auteurs, les noms propres, après quelques générations, seraient démesurés. Comment d'ailleurs rompre avec une tradition constante ? Sous notre ancien droit, dans les cas exceptionnels où les enfants prenaient le nom de leur mère, ils le tenaient de leur père auquel ce nom

---

(1) Art. 57, C. civ. Les enfants naturels dont la filiation n'est pas établie, reçoivent au contraire un nom en même temps que des prénoms (art 58).

(2) Nîmes, 15 décembre 1810 : S. 11, 2, 260 ; Besançon, 6 février 1866 . S. 66, 2, 75.

avait été préalablement communiqué [1]. Ajoutons qu'en fait, les femmes mariées font usage du nom de leurs maris, et sont ainsi connues sous le même nom que leurs enfants : dès lors la règle qui interdit la transmission du nom des mères à leurs enfants légitimes, n'a rien de rigoureux.

35. — L'enfant naturel dont la filiation est établie, a droit au nom de ses parents. Il prend le nom de celui de ses auteurs qui l'a reconnu. Est-il reconnu par ses deux auteurs, comme, faute de mariage, la mère ne porte pas le nom du père, comme il n'a pas été fondé de famille dont l'enfant puisse prendre le nom, il portera réunis le nom de son père et celui de sa mère. On ne voit pas pourquoi le nom de son père s'imposerait plutôt à lui, dans le cas surtout où reconnu d'abord par sa mère, il aurait fait usage du nom de cette dernière, avant qu'intervînt la reconnaissance du père [2].

Si l'on suppose qu'un époux procède à la reconnaissance d'un enfant naturel qu'il a eu avant son mariage, cet enfant sera-t-il admis à prendre le nom de son auteur ? M. Bouvy [3] le lui refuse, en invoquant l'art. 337 du Code civil. Or l'article 337 ne met pas obstacle à la constatation de la filiation naturelle que le nom ne fera que révéler ; il écarte celles des conséquences de la reconnaissance qui préjudicieraient aux enfants nés du mariage, mais ne vise que les dommages pécuniaires et point le préjudice mo-

---

(1) Voy. n° 27.

(2) En ce sens Laurent, *Droit civil*, IV, n° 121, p. 187. — M. Bouvy (*Des noms de personnes*) laisse aux tribunaux le sens de déterminer lequel des noms de ses deux auteurs l'enfant naturel prendra, comme lui étant le plus avantageux. M. Demolombe enfin (*Paternité et filiation*, n° 543) impose à l'enfant le nom de son père.

(3) *Des noms de personnes*, p. 29.

ral dont ils pourraient avoir à souffrir. On lit, en effet, dans l'exposé des motifs, « qu'il ne peut dépendre d'un des époux de changer, après son mariage, le sort de sa famille légitime, en appelant des enfants naturels *qui demanderaient une part de ses biens* ». L'article 337 ne met donc pas obstacle à l'acquisition par un enfant naturel du nom de son auteur.

Quel est le nom des enfants dont la filiation n'est pas établie ? L'article 58 du Code civil dispose que, quand un enfant trouvé est remis à l'officier de l'état civil, un procès-verbal est dressé énonçant les noms qui lui sont donnés ; ce qui veut dire qu'outre des prénoms, un nom lui est imposé. L'enfant naturel régulièrement déclaré, mais non reconnu, doit aussi recevoir un nom en même temps que des prénoms. Par qui ce nom sera-t-il choisi ? Par le déclarant, comme les prénoms, s'il s'agit d'un enfant naturel. L'enfant trouvé, au contraire, aux termes d'une circulaire du ministre de la justice du 30 juin 1812, ne reçoit pas son nom et ses prénoms de la personne qui l'a découvert, mais de l'officier de l'état civil auquel il a été remis, ou des administrateurs de l'hospice où il a été porté.

Mais comment ce nom sera-t-il choisi ? La circulaire de 1812 prescrit de ne pas donner aux enfants trouvés un nom qui leur rappelle le malheur de leur naissance [1], ou qui appartienne à une famille existante. L'officier de l'état civil, les administrateurs de l'hospice s'appliqueront donc à former un nom purement fantaisiste. M. Salveton admet qu'une personne charitable peut donner son nom à l'enfant [2] : il n'en est rien ; on ne peut ainsi disposer de

---

(1) L'usage était autrefois de donner aux enfants trouvés des noms rappelant leur origine (De Costou. *Orig. étym. et signif. des noms propres*, p. 420.)

(2) *Du nom*, p. 335.

son nom, et les tiers, porteurs de ce nom, pourraient en interdire l'usage à l'enfant trouvé. Quant au nom d'un enfant naturel non reconnu, le déclarant le fixera à son gré, mais en se conformant sans doute aux prescriptions de la circulaire de 1812. Le plus souvent, il indiquera le nom même de la mère ; mais cette indication, que l'officier de l'état civil est libre d'accepter mais qu'il ne peut exiger, ne saurait conférer à l'enfant le droit de faire usage du nom de sa mère ; il lui faut établir sa filiation à l'égard de cette dernière. La Cour de Bruxelles a même jugé que, quand on a donné comme prénom à un enfant le nom de famille d'un individu en vue de l'indiquer comme père, cet individu peut obtenir la suppression de ce nom et même des dommages-intérêts [1].

Le plus simple est de ne donner aux enfants naturels non reconnus et aux enfants trouvés que des prénoms dont l'un leur servira de nom et sera par eux transmis à leurs enfants [2]. Ainsi le vœu de l'article 58 est suffisamment rempli. Si plus tard la filiation de ces enfants vient à être établie, ils auront droit aux noms de leurs auteurs ; et le nom qu'ils auront jusque-là porté reprendra dans leur acte de naissance le rôle d'un simple prénom. Leur a-t-il été donné un nom de fantaisie ? ce nom devra être effacé de leur acte de naissance par voie de rectification.

36. — Les enfants incestueux ou adultérins, dans les cas exceptionnels où leur filiation se trouve établie, contre le vœu de la loi, ont droit aux noms de leurs auteurs com-

---

(1) Bruxelles, 5 janvier 1807 ; S. 1807, 2, 62.

(2) En ce sens Sirey, à propos de l'arrêt précité de la Cour de Bruxelles (S. 1807, 2, 62). L'enfant naturel a pour nom le dernier de ses prénoms, celui sous lequel il est désigné dans la pratique ; les prénoms qui précèdent celui-là, restent purement et simplement des prénoms.

me des enfants naturels simples [1]. Les enfants adultérins peuvent d'ailleurs être reconnus par celui de leurs auteurs qui n'est pas engagé dans les liens du mariage.

37. — L'acquisition par l'adopté du nom de l'adoptant pourrait être considérée comme une véritable addition de nom s'accomplissant en dehors des conditions ordinaires et sans l'agrément du gouvernement. Nous l'envisagerons cependant comme une hypothèse de dévolution du nom que nous rapprocherons du cas où la transmission s'en opère au profit des descendants par le sang.

Claude de Ferrière, dans son *Dictionnaire de Droit et de Pratique*, nous apprend que l'adoption romaine n'était pas en usage dans l'ancien droit : il nous parle seulement d'une adoption, d'ailleurs très rare, qui se réalisait par lettres du Prince, et qui ne conférait ni la puissance paternelle à l'adoptant ni à l'adopté le titre d'héritier, mais qui faisait de ce dernier un successeur à titre de donation ou de legs universel. « Nous avons encore, ajoute-t-il, une autre espèce d'adoption parmi nous, qui est l'institution qui se fait d'une personne à charge de porter le nom et les armes du donateur ou du testateur [2] ». L'étude de la transmis-

---

(1) En tous autres cas, les enfants adultérins ne peuvent prendre le nom de leurs parents (Paris, 22 mars 1828 : S. 29, 2, 75). La Cour de Douai a admis un frère à faire radier le nom de sa famille de l'acte de naissance de l'enfant adultérin de son frère (26 déc. 1835 : S., 37, 2, 188).

(2) Cette adoption existait déjà à Rome. On appelait *adoption testamentaire* l'institution d'héritier faite sous la condition que l'héritier institué prendrait le nom du testateur. Mommsen a prétendu qu'à l'origine, sous la république, « l'adoption testamentaire était une véritable adoption qui produisait tous les effets de l'adoption entre vifs ». M. Michel (*Du droit de cité romaine*, p. 241 et suiv.) a au contraire démontré que l'adoption testamentaire n'avait jamais eu de pareils effets, mais qu'elle pouvait être suivie d'un acte du pouvoir législatif en vertu duquel l'institué était considéré comme ayant quitté sa famille d'origine pour entrer dans celle du disposant. Cette décision du pouvoir législatif pouvait d'ailleurs intervenir en dehors de toute adoption

sion des titres nous fournira l'occasion d'examiner de plus
près cette institution qui n'a aucune ressemblance avec
l'adoption moderne, imitée de l'adoption romaine [1].

Aux termes de l'article 347 du Code civil, « l'adoption confère le nom de l'adoptant à l'adopté, en l'ajoutant au nom
propre de ce dernier ». « Nul ne pouvant être adopté par
plusieurs sinon par deux époux » (art. 344, 1er al.), l'adoption n'est plus comme à Rome l'occasion d'additions de noms
répétées. Mais une personne adoptée par deux époux prendra à la fois le nom du mari et celui de la femme. Les
femmes qui adoptent transmettent en effet leur nom de
fille et non celui de leur mari [2].

On ne pourrait convenir, lors de l'adoption, que l'adopté
ne joindrait pas à son nom celui de l'adoptant : dès que
sont établis entre deux personnes des rapports de filiation
même artificiels, le fils porte nécessairement le nom de
son père. Mais il faut reconnaître qu'il n'existe aucun
moyen de contraindre l'adopté à porter le nom de l'adoptant : de l'aveu de tous les auteurs, le fait de délaisser
ce nom n'est pas une faute grave de nature à faire
tomber l'adoption. Cela étant, nous pouvons nous demander si le nom de l'adoptant s'impose aux descendants de
l'adopté. A n'en pas douter, ses enfants nés après l'adoption doivent être inscrits sous ce nom ajouté au nom
paternel. Quant aux enfants de l'adopté déjà nés lors de
l'adoption, qu'ils soient à ce moment majeurs ou mineurs,

testamentaire. On s'explique en tous cas que l'institution à charge de prendre
le nom et les armes du disposant, ait été appelée adoption par nos anciens
auteurs puisqu'à Rome déjà elle était désignée sous ce nom.

(1) Voy. nos 68 et suiv. — Cf. nos 118 et suiv. *De l'autorisation de changer de nom sollicitée par un légataire ou donataire auquel ce changement
a été imposé.*

(2) Demolombe, VI, no 145 ; Aubry et Rau, VI, § 560 ; note 10.

le nom de l'adoptant leur appartient [1], mais, s'ils ne le portent pas, on ne peut le leur imposer [2].

L'adopté ne saurait porter isolément le nom de l'adoptant ; il commettrait, en ce faisant, une véritable usurpation de nom, et s'exposerait à l'action des parents de l'adoptant, et, en général, à l'action des tiers, porteurs de son nom [3]. Mais l'adopté peut obtenir du gouvernement le droit de faire exclusivement usage du nom de l'adoptant [4].

Quant à s'opposer à la simple adjonction au nom de l'adopté du nom de l'adoptant, les parents de ce dernier n'en ont pas le moyen.

A supposer l'adoption entachée d'une cause de nullité, les parents de l'adoptant et, plus généralement, les tiers, porteurs de son nom, peuvent-ils faire tomber l'adoption, en se fondant uniquement sur l'intérêt qu'ils ont à interdire ce nom à l'adopté ? La Cour de Grenoble a décidé négativement. C'est là une des faces d'une question plus

---

(1) Cons. d'État, 12 janvier 1854.

(2) Aux termes de l'article 359, C. civ., l'adoption doit, dans un certain délai, être inscrite sur les registres de l'état civil du lieu où l'adoptant est domicilié. Cette formalité, qui rend l'adoption définitive, est tout à fait insuffisante au point de vue de la transmission du nom. On pourrait, en cette matière, prescrire l'accomplissement d'une formalité analogue à celle qui suit les changements de noms autorisés par le chef de l'État : mention de l'addition de nom serait faite en marge des actes de l'état civil de l'adopté et de ses enfants. L'adopté lui-même veillerait à l'exécution de cette prescription, en tant qu'il s'agirait de ses propres actes et de ceux de ses enfants mineurs ; ses enfants majeurs seraient libres, en faisant opérer la mention en marge des actes les concernant, de profiter de l'addition de nom.

(3) M. Tillette de Mautort, adopté par M. de Clermont-Tonnerre, faisait exclusivement usage du nom de ce dernier, la Cour de Paris, par arrêt du 5 décembre 1857, le rappela à l'observation de l'article 347, C. civ. Add. Bordeaux, 4 juin 1862 (S., 63, 2, 6). Un enfant naturel non reconnu ou un enfant trouvé doit, en cas d'adoption, conserver le nom dont il a fait usage jusque-là.

(4) Cons. d'État, 18 juillet 1873 : S. 75, 2, 160.

complexe qui sera examinée plus loin dans son ensemble [1].

SECTION III

DES PRÉNOMS.

38. — Le prénom est un nom donné aux enfants dans leur acte de naissance (art. 57, C. civ.) ; il est destiné à figurer en tête de leur nom patronymique (*prænomen*), et à les distinguer des autres membres de leur famille. Le nombre des prénoms que peut recevoir un enfant n'est pas limité ; le choix en est laissé aux parents ou, plus exactement, au déclarant [2].

Le choix du déclarant n'est, du reste, pas absolument libre, comme nous l'allons voir.

Sous l'ancien droit, les curés, qui rédigeaient les actes de baptême, n'admettaient d'autres prénoms que les noms de saints. Pendant la Révolution, la fantaisie et l'extravagance purent se donner carrière [3]. Non content d'imposer aux enfants les noms de personnages célèbres de l'antiquité, qui n'étaient nullement en rapport avec leur condition, on leur appliqua comme prénoms les noms de personnages contemporains ; sans parler des prénoms grotesques dont les parents faisaient choix.

La loi du 6 fructidor, an II, qui supprima le système de liberté inauguré en matière de noms par le Décret de brumaire, laissa libre le choix des prénoms. Mais le pre-

---

(1) 27 mars 1843 : S. 43, 2, 505. Voy. n° 171.

(2) Sauf quand il s'agit d'enfants trouvés. Voy. n° 35.

(3) Un décret du 20 sept. 1790 avait enlevé aux curés, pour la remettre à des officiers publics, la tenue des registres de l'état civil.

mier titre de la loi du 11 germinal, an XI, est tout entier consacré à leur réglementation.

Art. 1er. — « A compter de la publication de la présente loi, les noms en usage dans les différents calendriers et ceux des personnages connus de l'histoire ancienne, pourront seuls être reçus comme prénoms... ; il est interdit aux officiers publics d'en admettre aucun autre dans les actes ». Ce n'est pas aux calendriers, mais aux listes hagiographiques, telles qu'elles sont arrêtées dans les différents cultes reconnus en France, qu'il faut recourir pour reconnaître si un nom peut servir de prénom. Mais quand peut-on dire d'un personnage qu'il est connu dans l'histoire ancienne ? C'est bien délicat : en tous cas ce n'est pas au savoir des officiers de l'état civil qu'il faut s'en rapporter.

39. — Art. 2. — « Toute personne qui porte actuellement comme prénom, soit le nom d'une famille existante soit un nom quelconque qui ne se trouve pas compris dans la désignation de l'article précédent, pourra en demander le changement, en se conformant aux dispositions de ce même article ». L'abandon des prénoms dont l'article 1er prohibe l'emploi, n'est que facultatif pour ceux qui les ont appréhendés ; mais il est toujours possible, même pour ceux qui les ont reçus dans leur acte de naissance. Aux termes de l'acticle 3, le changement de prénom ne requiert pas, comme le changement de nom, l'autorisation du gouvernement, mais s'effectue par voie de rectification des actes de l'état civil. C'est le seul cas où un changement de prénoms soit possible : il faut qu'il s'agisse de prénoms interdits par la loi de germinal, et reçus avant que cette loi ait été portée. Il résulte des termes de l'article 2 : « Toute personne qui porte *actuellement...* », que les prénoms qui, par la suite, seraient don-

nés aux enfants au mépris de l'article 1er, ne pourraient être déposés. L'observation de la loi de germinal n'est donc procurée que par le refus des officiers de l'état civil de faire figurer dans les actes les prénoms dont elle prohibe l'emploi. A plus forte raison est-il impossible de changer de prénom, quand la loi de germinal a été obéie : une lettre ministérielle du 25 mars 1858 décide avec raison que, « la loi de germinal, an XI, ne s'appliquant qu'aux noms, on ne peut être autorisé à changer de prénoms [1] ». Et cependant l'article 1er de la loi de germinal ne met pas obstacle aux choix malheureux : nombre de prénoms peuvent être donnés aux enfants, grotesques en eux-mêmes ou formant avec le nom de famille un fâcheux assemblage [2].

D'ailleurs si l'on est nécessairement désigné, dans les actes importants [3], sous tous les prénoms qu'on a reçus, on peut, dans la pratique habituelle de la vie, en porter d'autres. On n'est, à raison de ce fait, exposé à aucune pénalité, mais seulement à l'action des tiers, quand le pré-

(1) V° Officiel des 11 et 12 janvier 1870 : Un sieur Franck est dans l'intention de demander l'autorisation d'ajouter au prénom de son fils Jean-Baptiste, celui de Charles sous lequel il a toujours été connu. Je ne sache pas que cette demande ait été accueillie.

(2) J'admets cependant qu'on puisse, par voie de rectification, rétablir l'orthographe exacte d'un prénom, altérée par un officier de l'état civil ignorant. En matière de noms, la voie de la rectification, distincte du changement de nom autorisé par le gouvernement, permet à un individu de rétablir dans son acte de naissance un nom autre que celui sous lequel il a été inscrit ; une telle rectification ne peut se concevoir en matière de prénoms. On a au nom de ses parents un droit antérieur à la rédaction de son acte de naissance, tandis que c'est la rédaction même de cet acte qui confère les prénoms. On pourrait toutefois prouver que l'officier de l'état civil n'a pas fait figurer dans l'acte les prénoms que le déclarant lui a indiqués.

(3) L'article 13 de la loi du 25 ventôse, an XI, inflige une amende au notaire qui omet un des prénoms d'une partie dans un acte, ou qui en intervertit l'ordre.

nom usurpé, par sa réunion au nom de famille, constitue une appellation identique à celle d'autrui. A plus forte raison, et bien qu'on porte habituellement en tête de son nom patronymique le prénom qui figure le dernier dans l'acte de naissance, rien ne met obstacle à ce qu'on fasse usage d'un quelconque des prénoms sous lesquels on a été déclaré.

CHAPITRE II

De l'acquisition et de la transmission des titres.

40. — Les questions que nous venons d'étudier à propos des noms se posent au sujet des titres, mais avec des complications particulières. La propriété des noms résulte le plus souvent de leur acquisition primitive. Toute personne ayant nécessairement un nom, nous avons pu tenir pour bien établie la propriété des noms depuis longtemps usités dans les familles, et n'insister que sur les acquisitions relativement récentes, qui se sont effectuées par dérogation à la règle de l'immutabilié du nom.

Les titres de noblesse, au contraire, n'appartiennent qu'au petit nombre : pour en faire un légitime emploi, il ne suffit pas de s'en être emparé, il faut les avoir obtenus. Si l'acquisition des titres se perd parfois dans la nuit des temps, de telle sorte que la preuve n'en peut résulter que de la possession prolongée, elle est le plus souvent de date récente. Les détenteurs de titres peuvent avoir à prouver qu'ils en ont été régulièrement investis. Nous aurons donc à étudier en détail les modes d'acquisition des titres.

A un autre point de vue, tandis que la transmission des noms s'opère de la façon la plus simple, la dévolution des titres présente d'inextricables difficultés. Non seulement les titres anciens et les titres modernes obéissent à des règles différentes, mais la transmission de chaque titre, lors de sa collation, a pu être soumise à des conditions particulières. Il ne nous suffira pas d'ailleurs de dégager les règles qui présidaient à la dévolution des titres tant anciens que modernes, au moment de leur constitution, pour leur en faire respectivement l'application : on se demande en effet si ces règles peuvent encore être suivies. La forme du gouvernement actuel n'entrave-t-elle pas leur exact fonctionnement ? En outre et surtout, les titres réduits au rôle de simples distinctions honorifiques ne répondent plus à aucune souveraineté territoriale. Ne faut-il pas n'y voir, avec M. Lévesque[1], qu'une simple annexe ou dépendance du nom, se transmettant avec lui et comme lui ? Doit-on, au contraire, combien qu'ils aient perdu de leur importance première, les soumettre encore à leurs règles primitives de transmission ?

SECTION I

MODES D'ACQUISITION ET DE TRANSMISSION DES ANCIENS TITRES

§ 1. – *De la simple noblesse et de la noblesse titrée.*

41. — Les titres de noblesse étaient dans l'ancien droit des qualifications réservées à quelques-uns des membres d'une classe privilégiée, *la noblesse.* Ils supposaient chez ceux qui étaient investis du droit de les porter, une qualité préexistante qui en était comme le support, *la noblesse.* Ce mot désignait à la fois et une qualité et la classe de ceux auxquels cette qualité appartenait[2]. Les titres ne

---

(1) *Droit nobiliaire français au XIX° siècle*, Paris 1866.

(2) D'après Littré, le mot *noblesse*, dans le sens qui nous intéresse ici, a deux acceptions ; il désigne : 1° Le rang et la qualité de ceux qui sont élevés au-dessus des roturiers, soit par leur naissance, soit par des lettres du prince ; 2° tout le corps des hommes qualifiés nobles.

pouvaient appartenir qu'aux nobles : si les nobles n'étaient pas tous titrés, eux seuls pouvaient l'être.

La noblesse, qualité latente et personnelle, qui ne se manifeste par aucun signe extérieur, c'est-à-dire par un titre, n'existe plus aujourd'hui ; car les immunités, les priviléges, par lesquels les nobles s'élevaient au-dessus des roturiers, ont été abolis. La loi ne connait plus aujourd'hui que les détenteurs de titres. Nous n'avons garde toutefois, au point de vue historique et social, de contester l'existence de la noblesse non titrée. Réservant le titre dont une personne peut être investie à l'aîné de ses enfants mâles, à l'exclusion de ses filles et de ses fils puînés, nous ne saurions prétendre que le fils aîné recueille à lui seul la noblesse de la famille : les fils puînés ont une part égale aux souvenirs glorieux qui l'illustrent. Mais aujourd'hui qu'elle est déchue de ses prérogatives, la simple noblesse n'est plus rien aux yeux de la loi ; le jurisconsulte ne la connaît pas et ne peut se préoccuper que des titres dont la loi réglemente le port.

Nous éviterons donc de nous servir des expressions de simple noblesse et de noblesse titrée, aujourd'hui dépourvues de sens. Nous nous garderons surtout d'appliquer le mot noblesse à l'ensemble des détenteurs de titres, et pour deux raisons : d'abord parce que des familles non titrées peuvent être de très bonne noblesse, au sens traditionnel du mot ; ensuite et surtout parce que le législateur moderne, réglementant la matière des titres, a évité l'emploi de l'expression « titres de noblesse ». Napoléon Ier a créé des titres, rien de plus, et c'est à tort qu'on parle aujourd'hui de la noblesse impériale : cette expression ne saurait en tous cas désigner que les détenteurs actuels de titres, car les membres des familles gratifiées d'un titre sous le premier empire, auxquels ce titre n'est pas dévolu, ne se distinguent en rien des autres citoyens. En outre, le mot noblesse a été effacé de la loi du 28 mai 1858, pour bien marquer que les titres constituaient des distinctions purement nominales et ne supposaient pas, chez ceux qui en étaient investis, une qualité, une condition particulière [1].

42. — Cependant le Gouvernement de la Restauration n'évita pas l'emploi du mot noblesse ; l'article 71 de la Charte était ainsi conçu : « La noblesse ancienne reprend ses titres ; la nouvelle conserve les siens ». Cela revenait à dire que l'usage des titres tant anciens que modernes était reconnu par la loi. On ne peut faire grief à Louis XVIII d'avoir prononcé le mot de *noblesse,* bien que la chose n'eût plus rien de réel et de saisissable ; mais, ce qui était plus grave, il ne renonçait pas au droit de conférer la noblesse comme une faveur distincte de la collation des titres. « Le roi fait des nobles à volonté, ajoutait l'article 71 de la Charte, mais il ne leur confère que des rangs et des honneurs, sans aucune exemption des charges et des devoirs de la société ». Non content d'anoblir par des dispositions particulières les personnes qui avaient mérité ses faveurs, comme Joseph Cadoudal, père de Georges Cadoudal, auquel une ordonnance du 12 octobre 1814 conféra « les titres et qualités de noble pour jouir des droits, honneurs et prérogatives attachés à ce titre », Louis XVIII, par ordonnance du 14 octobre 1814, prépara l'agrégation à la noblesse des descendants de trois membres successifs de la légion d'honneur. On se demande quels étaient « ces rangs et ces honneurs », « ces droits et ces prérogatives » qui étaient attachés « aux titres et qualités de noble ». Vraisemblablement ils se réduisaient à la faculté de se

---

(1) Il n'est pas jusqu'au titre même de cet ouvrage, tel qu'il a été fixé par la Faculté de Droit, qui n'implique que l'expression « *titre de noblesse* » doit être évitée.

qualifier *noble*. Vaine épithète assurément ; mais pas plus
vaine, nous dira-t-on, que les titres de duc, de comte ou
de marquis, qui ne sont plus que de simples étiquettes.
Sans doute ; mais l'usage des titres proprement dits est
réglementé et leur possession protégée ; la façon même
dont ils se portent en fait comme une dépendance et
un appendice décoratif des noms. Rien de tel pour l'épithète de noble.

43. — Peut-être objectera-t-on que toute personne, si
humble que fût sa noblesse, pouvait se parer autrefois de
la qualification d'écuyer [1] ; qu'il n'y avait pas à proprement
parler de noblesse non titrée; en un mot que, par l'emploi
de cette qualification dont l'usage doit lui être exclusivement réservé, la simple noblesse se révèle aujourd'hui,
qu'elle existe aux yeux de la loi. Mais nous verrons que
ce titre, délaissé depuis le commencement du siècle, n'a
pas, à proprement parler, d'existence légale [2].

44. — Certains écrivains, qui prétendent scrupuleuse-
ment conserver les traditions nobiliaires, M. de Sémainville, M. de Chergé, M. de Neyremand [3], tiennent pour
tellement surannée la qualification d'écuyer qu'ils n'hési-
tent pas à lui préférer la particule dite nobiliaire. Nous
avons appris quelle était sa valeur en étudiant l'origine

(1) En fait, cette qualification a été prise par quelques-unes des personnes
anoblies par Louis XVIII, quand elles n'avaient pas droit à un titre plus
élevé.

(2) Voy. n° 82.

(3) « De nos jours où la noblesse n'est plus qu'une distinction honorifique , contester aux anoblis l'emploi de la particule ou en nier le caractère, ce serait en quelque sorte leur retirer la noblesse tout en la leur accordant, ou plutôt ce serait annuler la concession même en la privant du seul
élément extérieur qui puisse lui donner du prix » (De Neyremand. *La particule et sa valeur nobiliaire*). Cf. de Chergé. *Lettres d'un gentilhomme sur
la loi du* 28 *mai* 1858.

des noms patronymiques [1]. Il est impossible de prétendre
que la noblesse non titrée se distingue aujourd'hui par l'emploi de la particule, et pour plusieurs motifs. D'abord parce
que des familles de très ancienne noblesse ne se soucièrent
jamais d'en faire usage ; ensuite parce que, à l'époque où
s'introduisirent les noms additionnels, elle fut prise par
des serfs et des vilains ; enfin parce que, dans tout le
cours de l'ancien droit, les additions de noms terriens
fournirent aux roturiers le moyen d'acquérir la particule.
D'ailleurs si elle avait été réservée aux nobles, si elle
avait été une preuve ou un indice de noblesse, son envahissement eût été réprimé par les édits royaux dirigés
contre les usurpateurs de noblesse : or, ils ne visent jamais
que l'emploi abusif de la qualification d'écuyer.

Il est indéniable cependant que l'erreur qui a cours
aujourd'hui sur le sens et la valeur de la particule, n'était
pas moins répandue dans l'ancien droit. Si la particule
n'accompagnait pas nécessairement les noms des nobles,
elle les décorait le plus souvent. La noblesse féodale, en
effet, était avant tout une noblesse militaire ; et le service
militaire était dû par le vassal à son suzerain à raison
du domaine qu'il tenait de lui. On peut donc dire qu'à
l'origine, si tous les nobles ne prirent pas de noms terriens, il n'y en avait aucun qui n'eût un domaine dont il
pût prendre le nom. On s'explique dès lors que les noms
d'origine foncière et, d'une manière générale, les noms
précédés de la particule indicative de lieu, aient eu, aux
yeux du vulgaire, une valeur intrinsèque. De là l'usage,
qui s'est perpétué jusqu'à la fin de l'ancien droit, de prendre le nom des domaines qu'on possédait ; de là l'habitude
des personnages anoblis par la possession des offices

---

(1) Voy. nos 12 et 18.

d'appliquer sans détour la particule à leur nom patronymique, quand ils n'avaient pas de terre dont ils pussent prendre le nom. La contagion gagna les plus
illustres familles ; celles qui ne vouèrent pas à l'oubli
leur nom primitif y ajoutèrent la particule et parfois
même le décorèrent d'un titre qu'elles portaient jusque-
là en tête d'un nom additionnel : les Bérenger, marquis de
Gua, les Chabot, comtes de Jarnac, les Dreux, marquis de
Brézé devinrent marquis de Bérenger, comtes de Chabot, marquis de Dreux-Brézé.

45. — Est-il étonnant qu'une erreur si vivace se soit
perpétuée de nos jours ? Sous la Restauration, pour donner quelque prix aux lettres de noblesse concédées par le
roi, on estima que les nouveaux anoblis pouvaient décorer
leur nom de la particule. La préhension de la particule
par les anoblis était déjà irrégulière sous l'ancien droit[1] ;
mais elle est encore plus choquante aujourd'hui que toute
modification quelconque apportée à un nom doit être autorisée par décret rendu en la forme des réglements d'administration publique. Comment admettre dès lors que
des lettres d'anoblissement valaient concession de la
particule [2] ? Il y a plus : on a vu nombre de personnes, au
lieu de lettres d'anoblissement, solliciter purement et
simplement la particule, que le roi accordait sans consulter
le Conseil d'État. Enfin, par un abus plus inconcevable
encore, des personnages titrés par Napoléon Ier prirent la

(1) Voy. n° 27.
(2) Le tribunal de Sisteron, le 21 novembre 1859, a été jusqu'à ordonner
j'insertion de la particule dans l'acte de naissance d'un sieur Laplane, né en
1770, qui avait obtenu, le 7 septembre 1816, des lettres de noblesse (Borel
d'Hauterive, *Annuaire de 1861*, p. 330). Cf. jugt. de Saint-Omer du 16 déc.
1859 et arrêt de Douai du 18 août 1860 (D. 60, 2, 215) : le fils du sieur Laplane, fort du jugement du Tribunal de Sisteron, obtint du Tribunal de Saint
Omer la rectification de son propre acte de naissance.

particule, sous la Restauration, pour relier leur nom à leur titre : tels le Comte de Lanjuinais, le Comte de Chollet, le Comte de Partonneaux.

Louis-Philippe ne délivra pas de lettres d'anoblissement; il ne concéda pas non plus la particule. Sous son règne, le Conseil d'État adopta même cette étrange jurisprudence, que l'addition de la particule ne pouvait pas être autorisée par ordonnance rendue dans les formes prescrites par la loi de germinal, sous prétexte qu'il n'y avait là ni une addition, ni un changement de nom [1].

Sous le second Empire, le Conseil d'État ne se départit pas de cette jurisprudence ; il admettait l'addition à un nom d'un autre nom précédé de la particule, mais point la concession de la particule isolée. En revanche, Napoléon III s'attribua le pouvoir de la conférer, sans consulter le Conseil d'État, comme il faisait des titres. Si l'on ajoute que la loi de 1858 (art. 259 C. pén.) édicta les mêmes pénalités contre les usurpateurs de la particule que contre les usurpateurs de titres ; que le décret du 8 janvier 1859 appela le conseil du Sceau à donner son avis sur les concessions de noms précédés de la particule comme sur les collations de titres, on conviendra que la Restauration et le second Empire ont fourni de sérieux arguments à ceux qui attribuent à la particule une valeur nobiliaire. Quelques nobles ou anoblis, qui l'avaient u surpée, pris d'inquiétude quand ils se virent menacés par la loi pénale, demandèrent au conseil du Sceau de déclarer que la particule leur appartenait de droit [2]. Il y était assez disposé, nous apprend un article de la *Gazette de France* du 21 novembre 1865 : « Le Conseil du Sceau

---

(1) Voy. n° 126.
(2) Borel d'Hauterive. *Annuaire de la noblesse*, 1863, p. 346.

croit que la particule confère une sorte de noblesse, en quoi il est, du reste, de l'avis de la foule, plus que jamais portée à croire que la particule a une signification nobiliaire ».

Mais les déclarations très nettes faites au cours des travaux préparatoires de la loi de 1858 et l'interprétation que la jurisprudence a donnée de son texte protestent contre cette opinion. Si le nouvel article 259 punit à la fois l'usurpation des titres et l'abus de la particule, sa double disposition est dictée par des motifs différents. La loi protége les titres, pour conserver leur prix à des distinctions conférées par le chef de l'État. Si elle réprime l'envahissement de la particule, ce n'est pas pour en réserver l'usage exclusif aux nobles, c'est pour maintenir l'intégrité des noms, et tarir la source la plus féconde des changements irréguliers, en décourageant la vanité. Nous verrons que les Tribunaux, à très juste raison, infligent les pénalités de l'article 259 aux nobles, aux anoblis qui s'attribuent indûment la particule [1].

Il y a d'ailleurs, pour la solution de la question qui nous occupe, une considération qui prime toutes les autres. La loi n'est pas toute puissante; elle ne peut pas conférer rétroactivement la noblesse; elle ne peut pas donner de la naissance à des gens de mince extraction. Quand même le législateur moderne aurait estimé que la particule n'appartient qu'aux nobles et qu'ils y ont tous droit, on pourrait toujours soutenir, l'histoire en main, que nombre de gens la portaient dans l'ancien droit, qui appartenaient sans conteste à la roture.

46. — La particule n'étant pas réservée aux nobles, le titre d'écuyer qu'eux seuls peuvent prendre à bon droit,

_____
(1) Voy. n° 149.

étant hors d'usage, nous ne parlerons pas de la noblesse prise en elle-même, abstraction faite des titres. Il
est telles circonstances cependant où, encore aujourd'hui,
on peut avoir à prouver la noblesse de ses ancêtres. On a
vu que, dans les coutumes où le ventre anoblissait, en
Champagne notamment, le mari roturier prenait le nom
de sa femme, quand elle était noble, et le transmettait à
ses enfants accolé au sien : la Cour de Besançon a refusé
de sanctionner cet ancien usage, faute que les intéressés
justifiassent de la noblesse de leur ascendante [1]. De même,
d'après une opinion que nous discuterons plus loin, les
nobles restèrent autorisés, après l'ordonnance de 1579,
à se parer des titres attachés aux domaines qu'ils acquéraient : or la Cour d'Agen, le 28 décembre 1857 [2], a refusé le titre de baron de Saint-Loup au sieur Codère de
Lacan qui n'établissait pas que son père, acquéreur en
1787 de la baronnie de Saint-Loup, fût noble et capable de
prendre le titre attaché à ce fief. Il serait superflu cependant, en vue d'aussi minces intérêts pratiques, d'entrer
dans le détail des procédés d'acquisition et des modes de
preuve de la simple noblesse.

Nous ne parlerons pas non plus de la dérogeance
que faisait perdre la noblesse. Sans doute elle entraînait en même temps la perte du titre que le noble
pouvait porter. Mais, d'après une opinion très accréditée,
noblesse et titre n'étaient pas définitivement perdus : la
noblesse sommeillait, le droit au titre n'était que suspendu.
La dérogeance, qui résultait de l'exercice de certaines professions, répugne tellement aux idées modernes que les
tribunaux n'hésiteront pas à reconnaître aujourd'hui des
titres autrefois délaissés par suite de dérogeance.

(1) 6 février 1866 : S. 66, 2, 75.
(2) Sirey, 58, 2, 97.

Nous ne saurions au contraire nous dispenser d'étudier les modes d'acquisition des titres. Non pas que des titrés puissent encore être conférés aujourd'hui, surtout dans les formes usitées sous l'ancien régime. Mais les possesseurs de titres, pour justifier du droit qu'ils ont de les porter, peuvent avoir à prouver qu'ils en ont été régulièrement investis.

§ 2. — Des dénominations que forment les titres.

47. — Les titres de duc, marquis et comte, avant d'appartenir aux souverains féodaux, furent portés par les fonctionnaires et les officiers des rois des deux premières races. « Au vi[e] siècle, nous apprend M. de Wailly, on donnait le titre de duc aux gouverneurs des provinces; ceux qui avaient le gouvernement des cités, portaient celui de comte..... Les marquis furent d'abord les gouverneurs des marches ou frontières [1] ».

Les gouverneurs de provinces portaient donc, depuis une époque reculée, les titres de duc, comte et marquis [2]; ce sont les mêmes titres qui leur appartenaient sous l'empire de Charlemagne. Mais le pouvoir de l'empereur dans

---

(1) Éléments de paléographie, tome 1er, p. 185-186. — Le titre de vicomte ne se rencontre guère avant l'année 814: les vicomtes apparurent dans les provinces situées au sud de la Loire; ils étaient les lieutenants des comtes.

(2) Ces titres appartenaient concurremment à des fonctionnaires qui n'étaient pas préposés au gouvernement de circonscriptions territoriales; les Comtes du Palais notamment, sous les rois des deux premières races, exercèrent la plus haute magistrature. Mais au point de vue des origines de la féodalité, les titres ne nous intéressent, qu'en tant qu'ils étaient portés par des gouverneurs de provinces.

les provinces ne s'exciçait pas seulement par les ducs, les marquis et les comtes, « tous magistrats résidants, nommés par l'empereur lui-même ou ses délégués et chargés d'agir en son nom ». A côté d'eux étaient répartis dans les provinces « les bénéficiers ou vassaux de l'empereur qui tenaient de lui quelquefois héréditairement, le plus souvent à vie, plus souvent encore sans stipulation ni règle, des terres dans l'étendue desquelles ils exerçaient un peu en leur propre nom, un peu au nom de l'empereur, une certaine juridiction et presque tous les droits de la souveraineté [1] ». Au fond, les pouvoirs des gouverneurs de provinces n'étaient guère mieux définis que ceux des bénéficiers, ni l'étendue de leurs circonscriptions territoriales exactement délimitée. « Il serait facile, dit M. Guizot, de construire pour l'empire de Charlemagne une carte administrative, d'y placer des ducs, des comtes, des vicaires, des centeniers, des échevins, et de les distribuer sur le territoire hiérarchiquement organisés; mais ce ne serait qu'un vaste mensonge ». L'institution des *missi dominici* était en réalité le rouage le plus important de l'administration sous Charlemagne; c'est par elle qu'a été quelque temps maintenue l'homogénéité de l'empire.

Nous n'avons pas à exposer comment se transforma le pouvoir des fonctionnaires et des officiers royaux ; à montrer comment les fonctions de duc et de comte, toujours révocables à l'origine, devinrent patrimoniales et se rapprochèrent peu à peu des bénéfices, accompagnées qu'elles étaient de concessions de terres : à la longue la fonction devint l'accessoire et la dotation le principal. Il nous suffira de signaler les modifications que subirent les

---

(1) M. Guizot, *Histoire de la civilisation en France*, tome II, p. 129.

dénominations applicables aux gouverneurs de provinces et les extensions qu'elles reçurent.

Les titres de duc, comte et marquis se portèrent d'abord isolés, sans être suivis du nom d'une ville ou d'une province. C'est seulement quand les fonctions publiques devinrent patrimoniales, « quand la succession des comtés fut autorisée par Charles le Chauve, qu'on rencontre le titre de comte suivi d'un nom de ville ou de canton [1] ». Les Vicomtes, ou suppléants des comtes, n'ayant pas de circonscription spéciale à administrer, c'est généralement d'un nom de ville qu'il firent suivre leur titre, le nom de la ville où ils résidaient. Ducs, marquis et comtes ajoutèrent plutôt à leur titre le nom d'un canton, d'une province.

Quand la situation des fonctionnaires royaux se fut complétement transformée, quand ils furent indépendants du pouvoir royal, leurs titres, de simples dénominations d'officiers publics qu'ils étaient, devinrent les qualifications d'autant de détenteurs de la souveraineté [2].

Il s'en faut que cette transformation profonde dans l'état politique de la France se soit opérée sans confusion. Les fonctionnaires, en usurpant le pouvoir à leur profit, ne conservèrent pas sous leur domination l'intégralité des territoires confiés à leur administration. Les *vassi domi-*

---

(1) M. de Wailly, *loc. cit.* M. de Wailly fait allusion à l'édit de Kiersy-sur-Oise de 877 ; en réalité, la patrimonialité des fonctions publiques s'introduisit lentement et progressivement, et ne fut pas le résultat d'un acte du pouvoir royal.

(2) Loyseau, *Seigneuries*, I, 79 : « Il faut noter que quelque commandement ou puissance publique qu'eussent les ducs, marquis et comtes de leur première institution, si est-ce qu'ils ne l'avaient que par forme d'administration, comme officiers, et non pas en propriété comme seigneurs ; mais pour l'affinité qu'il y a entre la puissance des officiers et celle des seigneurs, il a été facile à nos anciens ducs et comtes de changer leur office en seigneurie ».

nici ou *regales*, les grands propriétaires fonciers, les seigneurs (*seniores*) se firent une situation indépendante et se taillèrent des domaines où ils régnèrent en souverains; ils usurpèrent d'ailleurs les titres autrefois réservés aux officiers royaux et qui étaient devenus comme la marque de la souveraineté [1]. Le territoire de la France se partage en une multitude de marquisats, de comtés, bien plus nombreux que l'Empire de Charlemagne n'avait jamais compris de circonscriptions administratives confiées à des marquis et à des comtes [2].

48. — A l'époque où se forme la féodalité, le titre de baron est donné à certains seigneurs, le nom de baronnie à certains fiefs. « Le mot *baro* désignait en latin des valets de dernier ordre. Nos premières lois entendent par barons des hommes sans distinction; cependant, dès le vi[e] siècle, les grands du royaume de Bourgogne reçoivent le nom de *baro* ou *faro* [3] ». Ce mot, sous les rois de la seconde race, désignait les principaux seigneurs, les plus hauts personnages, les conseillers et les compagnons ordinaires du roi; c'était un titre générique qui convenait aux hauts officiers et aux principaux fonctionnaires que leurs emplois pouvaient revêtir déjà des titres spéciaux de duc, marquis, comte et vicomte. Mais si le titre de baron était très ancien, la féodalité seule créa les baronnies; l'administration des provinces n'avait jamais été confiée à des officiers revêtus du titre spécial de baron.

On a contesté parfois que les baronnies fussent des fiefs titrés, faute qu'elles correspondissent à d'anciennes circonscriptions administratives. Comment donc expliquer

(1) Loyseau, *Seigneuries*, VII, n° 17.
(2) Quelques seigneurs cependant ne prirent aucun titre; de là les fiefs non titrés, les simples seigneuries.
(3) M. de Wailly. *Éléments de paléographie*, t. I, p. 186.

leur formation? Quand les officiers royaux usurpèrent à leur profit la souveraineté qu'ils exerçaient jusque-là par délégation, les grands propriétaires, les vassaux du roi, qui se rendirent également indépendants, ne s'attribuèrent pas tous les titres précis de comte ou de marquis : ils se contentèrent parfois du terme générique de baron ; leur domaine fut appelé baronnie.

Toutefois le titre de baron, en se précisant, ne fut point exclusivement réservé aux possesseurs de baronnies ; il conserva un sens général et servit à désigner les vassaux immédiats du roi [1] : « Il y a, nous dit Loyseau, deux significations de baron : l'une générale, comme quand on dit Barons de France, qui signifie les vassaux immédiats de la couronne, en ayant les droits de souveraineté, soient ducs, marquis, comtes ou seigneurs de principautés ; l'autre particulière pour signifier particulièrement les seigneurs de terres érigées en baronnies [2] ». Dans un autre passage, Loyseau marque clairement comment le titre de baron, de général qu'il était, devint spécial : « D'autant qu'il y avait lors plusieurs fiefs relevant de la couronne qui n'étaient duchés, marquisats ni comtés, et *qui n'avaient autre dignité que le terme général de baron*, de là est venu qu'à la succession du temps ce terme a été pris pour une particulière espèce de dignité [3] ».

Le titre de baron fut pris « comme une particulière espèce de dignité » par deux catégories de seigneurs : les uns relevant directement de la couronne, auxquels ce titre

---

(1) Voy. n° 51, la distinction entre les fiefs relevant de la couronne et les arrière-fiefs.

(2) Loyseau, *Seigneuries*, VII, n°s 32 et suiv.

(3) *Ordres*, VI, n°s 57 et 58. — Le mot baronnie avait également un sens général ; il désignait les terres mouvant de la couronne.

était en outre applicable dans son sens général ; les autres qui n'étaient que des arrière-vassaux. Les barons de cette dernière catégorie devinrent en peu de temps si nombreux que les vassaux immédiats de la couronne échangèrent ce titre contre la qualification de sire : Sire de Bourbon, de Beaujeu, de Coucy.

49. — Le titre de prince, aux yeux de la foule, est aujourd'hui le plus éminent des titres, et celui de baron le plus modeste. Loyseau les rapproche au contraire et leur assigne une origine analogue, sinon identique. Voici quel est son raisonnement.

Le titre de baron, donné primitivement aux officiers et fonctionnaires les plus élevés en dignité, aux serviteurs du roi, si honorable qu'il fût, ne convenait pas aux souverains féodaux : il rappelait leur ancienne dépendance. Le titre de prince leur convenait bien mieux, car principauté est synonyme de souveraineté [1]. Donc ducs, comtes et marquis devenus indépendants étaient princes ; étaient princes aussi les seigneurs souverains qui n'avaient pas de titre spécial. Parmi ces derniers, plusieurs prirent le titre générique de baron ; d'autres, plus logiques, se parèrent du titre de prince bien mieux approprié à leur nouvelle condition. N'est-il pas vrai que le titre de prince a la même origine que celui de baron [2] ?

---

(1) Loyseau, *Ordres*, VII, n° 6. « Depuis que les Empereurs romains se sont qualifiés princes, ce mot n'a plus signifié en latin la simple primauté, mais la puissance souveraine ». Add. (*Seigneuries*, II, n°s 13 et suiv.) les subtilités dans lesquelles se perd Loyseau, distinguant quatre sortes de princes, c'est-à-dire quatre sortes de personnes exerçant la souveraineté à des titres différents. Au chapitre V, n° 77 du même traité, Loyseau va jusqu'à prétendre que si les rois d'Angleterre ont érigé la terre de Galles en principauté au profit de leur fils aîné, c'est pour marquer, en l'investissant du titre de prince, que la souveraineté doit lui être dévolue.

(2) Loyseau cependant ne les met pas sur le même pied : « La principauté est le titre et le nom d'une certaine seigneurie que du Tillet dit être moin-

Écoutons Loyseau lui-même : « Cette espèce de seigneurie est extraordinaire et extravagante, étant venue à mon avis de ce que les ducs et comtes s'étant faits souverains princes par l'usurpation des droits de souveraineté, à leur exemple, les autres grands seigneurs, vassaux de la couronne, qui n'avaient titres de ducs ni de comtes, ayant pareillement usurpé les droits de souveraineté de leurs seigneuries, se sont par conséquent titrés et qualifiés du nom général de princes, n'ayant point de titre particulier de dignité et afin d'être distingués des simples seigneurs qui n'avaient pas comme eux l'exercice de la souveraineté [1] ».

Cette explication de l'origine du titre de prince ne doit pas être acceptée. Que le mot *princeps* éveille l'idée de souveraineté, c'est très contestable : il convient parfaitement à tous les personnages notables, principaux. Mais que, dès le début de la féodalité, les vassaux de la couronne aient compris que ce titre répondait exactement à leur situation nouvelle, et s'en soient en conséquence emparés, c'est inadmissible en raison ; et c'est contredit par les faits.

Le titre de prince a d'abord été pris par les seigneurs comme un qualificatif brillant, une épithète illustre ; mais c'est seulement au xvie siècle qu'on rencontre des sei-

---

dre que comté, mais plus grande que baronnie et vicomté » (*Seigneuries*, VII, n°s 72 et suiv.). C'est l'opinion à laquelle il se range sans toutefois la motiver ; il fait de la principauté la dernière des hautes seigneuries et de la vicomté la première des médiocres seigneuries.

(1) *Seigneuries*, VII, n° 32 ; cf. V, n° 73 et *Ordres* VII, n°s 14 et 23. — Add. Laroque. *De la noblesse et de ses diff. esp.*, chap. 83 : « Les barons du royaume étaient pris pour princes ». « Le mot prince, dans sa signification première, nous dit encore M. de Wailly (*Éléments de paléographie*, I, 185), convenait seulement aux grands feudataires, jouissant de l'autorité suprême ».

gneuries appelées principautés, dont les possesseurs avaient droit, par le fait seul de l'érection d'un domaine en cette dignité, au titre spécial, précis, de *prince*.

D'après Guillaume de Jumièges [1], les seigneurs qui relevaient directement des premiers ducs de Normandie, se qualifiaient *princes*; et quand Guillaume Longue-Épée se maria en 921, nous apprend Dudon [2], les plus grands seigneurs, désignés sous le nom d'*optimates*, et une foule de *principes* lui firent escorte. Les mots *principes*, *optimates* n'étaient que des épithètes [3]; la qualification de *princeps* n'était assurément pas prise par les seigneurs indépendants pour marquer la souveraineté dont ils étaient investis sur un domaine : d'abord parce qu'elle n'était pas suivie de l'énonciation d'une terre; ensuite parce que les *optimates* avaient le pas sur les *principes*. En résumé, et comme le dit parfaitement Lalanne [4], « il n'y eut pas de terres érigées en principautés parmi les grands fiefs ou les anciens fiefs immédiats de la couronne ; quelques grandes familles *changèrent cette qualification en titre*, et l'appliquèrent à des seigneuries en en modifiant l'acception ». Dès lors le titre du seigneur se tira de la dignité de sa terre, suivant les règles ordinaires.

Ces principautés de formation toute spontanée furent bien plus nombreuses qu'on ne saurait croire : il n'est guère d'anciennes principautés qui ne soient nées de l'u-

---

(1) Dans le recueil des *Historiæ Normanorum scriptores antiqui* d'André Duchesne.

(2) Dudon. *Hist. des Normands*, insérée dans le recueil de Duchesnes.

(3) Lalanne, *Dictionn. hist. de la France*, au mot *prince* : « Il y avait en Berry des seigneurs qui se qualifiaient *princes* dans les actes ; les plus anciennes chartes bretonnes mentionnent aussi dans le même sens des *principes* qui sont tantôt les rois et les comtes de la province, tantôt les seigneurs de paroisses ». Add. M. de Wailly. *Élém. de paléographie*, tome Ier, p. 184.

(4) *Dictionnaire historique de la France*, au mot *prince*.

surpation [1]. Mais leur existence servit de prétexte à
l'érection régulière de quelques domaines en principautés. Au dire de Loyseau, René Chopin cite sept ou
huit érections de ce genre, sur la coutume d'Anjou, au
titre de la prévention du prince. C'est ainsi que la terre de
Guéménée fut érigée en principauté en faveur de Louis
de Rohan.

Ces érections étaient très recherchées, quelle que fût la
valeur intrinsèque du titre de prince, « bien que certaines
terres eussent le titre de principauté sans être pour cela
des terres souveraines [2] ». Mais, nous dit Loyseau [4], « l'équivoque d'entre les princes et les seigneurs de principauté,
ou, pour mieux dire, d'entre les princes de race (princes
du sang ou princes étrangers) et les princes à cause de
leur terre érigée en principauté, est cause que plusieurs
princes (de race) craignant qu'on révoque en doute leur
qualité, et plusieurs grands seigneurs qui désirent être
tenus pour princes, sont fort curieux de faire ériger une
de leurs terres en principauté. » Les princes étrangers
surtout, qui pouvaient craindre que leur titre fût discuté
en France, recherchaient de telles érections.

Tant il est vrai qu'on se contentait d'une vaine étiquette,
puisque le titre de prince, emprunté à une seigneurie,
n'équivalait pas à celui que la naissance donnait aux
membres des maisons souveraines. Les princes du sang,
quand apparurent les premières principautés, ne man-
quèrent point d'affirmer qu'ils étaient, par leur dignité,
élevés bien au-dessus des possesseurs de ces seigneuries,

---

(1) C'est au XVIIe siècle seulement qu'Honoré Grimaldi s'intitula prince de
Monaco ; ses ancêtres n'étaient que les seigneurs de Monaco.

(2) De Sémainville, *Code de la nobl. franç.*, p. 681. Cela achève de condamner la théorie construite par Loyseau.

(3) *Seigneuries*, v. n° 77.

et surent parfois le faire comprendre au roi en un langage empreint d'une rude franchise [1].

Nous ne saurions donc trop nous élever contre l'erreur aujourd'hui si commune qui fait considérer le titre de prince comme le plus éminent des titres. Napoléon Ier, à la vérité, en a fait le premier des titres impériaux [2]. Mais quant aux titres princiers qui datent de l'ancien régime, Loyseau, au commencement du XVIIe siècle, les plaçait après la dignité de comte; à la fin de l'ancien droit, ils étaient plus considérés, et venaient dans l'estime du public aussitôt après celle de duc. Le titre de prince appartenait à plusieurs maisons illustres qui, loin de le préférer à tout autre, le laissaient confondu parmi les titres secondaires dont l'énumération ne se retrouverait que dans les actes importants. Les marquis de Gallifet étaient princes de Martigues et d'Anet. Dans plusieurs maisons ducales le titre de prince appartenait au fils aîné du chef du nom et des armes.

50. — Si nous avons rapproché le titre de prince, qui n'apparut guère qu'au XVIe siècle, des titres que la féodalité avait empruntés à l'organisation administrative de l'empire de Charlemagne, c'est que tous ces titres ont un caractère commun; ils se composent d'un double élé-

---

(1) « Tant s'en faut, dit Loyseau (*Ordres*, VII, n° 85), que ces petites seigneuries érigées en principautés produisent l'ordre et le rang de prince, qu'au contraire les duchés et comtés les devancent sans difficulté. Et il me souvient d'une rencontre du comte de Saint-Paul, prince du sang, de la maison de Bourbon, qui dit au roi François, lui demandant son avis sur l'érection d'une telle principauté, que Sa Majesté ne pouvait faire de princes qu'à la reine ».

(2) Le titre de prince a conservé ce rang dans la hiérarchie impériale, mais c'est sous le titre de princes-ducs que Louis XVIII a appelé à la pairie les princes du premier empire, le titre de duc étant le plus éminent des titres de la pairie.

ment : d'abord d'une qualification qui le plus souvent a précédemment appartenu à un fonctionnaire royal (duc, marquis, comte, vicomte), ou bien des dénominations de baron ou de prince dont l'origine est différente : c'est là le titre proprement dit. A la suite du titre est énoncé un nom de lieu, ville ou province, parfois le nom même de la circonscription dont les porteurs du titre ont été successivement les administrateurs préposés par le roi et les souverains indépendants. Ces deux mots sont reliés l'un à l'autre par la particule *de*. Le titre est l'indice de la souveraineté : le nom de terre indique le lieu sur lequel cette souveraineté s'exerce. Telle est l'origine des dénominations que forment les titres: origine toute féodale comme l'on peut voir. Tout autres étaient le sens et l'origine des titres de chevalier et d'écuyer ; ils obéissaient d'ailleurs à des règles toutes spéciales qui feront l'objet d'une étude séparée [1].

51. — Il est impossible de fixer l'importance respective des titres que nous venons d'énumérer, et d'établir entre eux une hiérarchie. Tandis que les différentes dénominations attribuées aux officiers publics, sous la dynastie carlovingienne, correspondaient à des circonscriptions d'inégale importance, ce qui établissait entre ces fonctionnaires, sinon un lien de subordination, du moins une hiérarchie de dignité, la valeur relative des titres fut absolument méconnue sous la féodalité. Autrefois les ducs gouvernaient les provinces les plus étendues ; les marquis préposés à la garde des provinces frontières, particulièrement exposées, l'emportaient sur les comtes ; « les vicomtes, auparavant que l'usurpation des grands seigneurs eût renversé le bel ordre et la discipline primitive des fiefs [2] »,

(1) Voy. nos 72 à 83.
(2) Loyseau, *Seigneuries*, VII, n° 2.

étaient les lieutenants des comtes. Au contraire, les officiers publics, les vassaux du roi, les seigneurs, quand ils se
furent soustraits à l'autorité royale, n'aspirèrent d'abord
à rien moins qu'à un entière indépendance, partant à une
complète égalité. Bientôt les plus faibles d'entre ces souverains, menacés par leurs voisins, et craignant de perdre
tout le fruit de leur usurpation, se recommandèrent à un
seigneur plus puissant, lui offrirent leurs services en échange de sa protection, et devinrent ses vassaux. Tel seigneur, auquel ses voisins s'étaient recommandés, se sou-
mit à son tour à un rival plus redoutable. Ainsi se forma la féodalité : ce qui la caractérise essentiellement c'est
la hiérarchie des terres [1]. Des circonscriptions territoriales
s'étagent, dont les possesseurs sont subordonnés les uns
aux autres, l'inférieur jurant fidélité au supérieur dont
il tient ou est censé tenir son fief. D'échelon en échelon
on remonte jusqu'au roi, chef suprême de la féodalité.
Aussi la féodalité ne reçut-elle son couronnement que
le jour où Hugues Capet monta sur le trône. L'existence
même de la dynastie carlovingienne protestait contre la
féodalité ; les successeurs de Charlemagne ne sanctionnè-
rent point le morcellement de leur empire, qu'ils n'avaient
pas su empêcher. La féodalité n'eut réellement de chef
que le jour où la couronne fut déférée à Hugues Capet
par ses pairs assemblés à Noyon, le 3 juillet 987 [2].

(1) « L'hérédité des fiefs et l'établissement général des arrière-fiefs étei-
gnirent le gouvernement politique et formèrent le gouvernement féodal ; au
lieu de cette multitude de vassaux que les rois avaient eus, ils n'en eurent plus
que quelques-uns dont les autres dépendirent » (Montesquieu. *Esprit des
Lois*, XXX, 32).

(2) Voy. *Ordonnances des rois de France de la troisième race*, tome 21,
p. VI. « S'il est vrai qu'en fait le titre du roi ne fût plus qu'un vain mot, la
royauté subsistait ; les lois de l'État constataient ses droits... Le dernier his-
torien de cette triste époque, Richer, atteste que, même sous les derniers

La féodalité n'est pas née seulement de la superposition d'une multitude de petits États qui avaient d'abord prétendu conquérir une complète indépendance, mais dont les possesseurs durent se soumettre les uns aux autres : elle a été aussi le résultat d'un mouvement inverse. Les seigneurs les plus riches en terres, ne pouvant surveiller et défendre des territoires trop étendus, démembraient leurs domaines et constituaient des arrière-fiefs au profit de leurs descendants ou de leurs principaux serviteurs. Ils appliquaient des titres aux seigneuries qu'ils formaient ainsi ; et leur vassal se titrait de la dignité de sa terre. Ainsi donc les seigneurs titrés, au début de la féodalité, devaient leurs titres à des circonstances diverses : soit à des fonctions administratives devenues patrimoniales dans leurs familles ; soit à l'usurpation (très fréquente de la part des *vassi dominici* et des *seniores*) des titres correspondant à ces fonctions ; soit enfin à la concession en arrière-fief d'une seigneurie décorée d'un de ces titres.

De tous ces seigneurs titrés, les plus élevés dans la hiérarchie féodale étaient ceux qui n'étaient séparés du roi par aucun intermédiaire, ceux dont les terres mouvaient directement de la couronne : sans qu'il y eût à tenir compte de la dignité de leur fief. Voilà pourquoi l'ancienne hiérarchie des titres ne fut pas conservée par la féodalité. Tous les ducs à la vérité (ils n'étaient d'abord qu'au nombre de trois) allèrent à l'hommage direct du roi. Parmi les comtes, beaucoup ne connurent jamais d'intermédiaire qui les séparât du roi; mais plusieurs allèrent à l'hommage des ducs. Les vicomtes au contraire

règnes de la seconde race, les droits de la royauté paraissaient quelquefois respectés, et il en donne des exemples »,

ne tinrent guère que des arrière-fiefs : on cite les vicomtés qui mouvaient de la couronne. Quant aux baronnies,
« elles n'étaient qu'au nombre de trois, Bourbon, Beaujeu
et Coucy, d'après l'auteur du *Grand Coutumier* (livre II,
chap. 27), et l'auteur du *Guidon du praticien*, au titre
des fiefs [1] ». Nous parlons ici des baronnies vraiment di-
gnes de ce nom, des seigneuries mouvant de la couronne,
dont les titulaires, n'ayant « d'autre dignité que le terme
général de baron » commun à tous les vassaux immédiats du roi, le prirent « pour une particulière espèce de
dignité ».

Il était donc impossible, sous la féodalité, de soumettre
les titres à une hiérarchie. Tandis que des ducs, des
comtes, des vicomtes et des barons étaient égaux entre
eux, certains vicomtes l'emportaient sur des comtes.

Plus tard, quand les titres ne correspondirent plus à
aucune souveraineté effective, quand ils ne furent plus
que des dénominations brillantes, on chercha à en établir
la gradation pour trancher des questions de préséance.
Loyseau, La Roque [2] et tant d'autres avec eux, ont vainement dépensé dans cette tentative les ressources de leur
esprit ingénieux. La prééminence appartenait sans conteste au titre de duc à cause de la pairie qui y était attachée, ou tout au moins dont il pouvait seul être accompagné. Mais à supposer deux ducs et pairs, l'un dont la
famille était depuis plus longtemps en possession du titre
de duc, l'autre dont la pairie était plus ancienne, lequel
avait le pas sur l'autre ? Le titre de marquis, si l'on re-
montait aux origines de la féodalité, devait l'emporter
sur celui de comte : ce que certains auteurs refusaient

---

(1) Loyseau, *Seigneuries*, chap. VII. — D'autres auteurs citaient quatre
baronnies, qui étaient Coucy, Craon, Sully et Beaujeu.

(2) *Traité de la noblesse et de ses diff. espèces*, chap. 83.

d'admettre, observant que la pairie avait parfois appartenu à des comtes, jamais à des marquis[1]. Le titre
de prince qui, au xvie siècle, prenait rang après celui
de comte, à la fin de l'ancien droit, venait après celui
de duc. Enfin les auteurs, en mettant au dernier rang
le titre de baron, ne manquaient pas d'observer qu'un
baron, à prendre ce titre dans son sens primitif, pouvait
l'emporter sur un comte ou un marquis. On aurait pu,
à la vérité, pour fixer la hiérarchie des titres, invoquer divers édits ou arrêts du conseil privé rendus à
la fin du xvie siècle, qui déterminaient l'importance que
devait avoir un domaine pour être érigé en dignité[2].
Mais ces édits n'ayant jamais été suivis, leur autorité
était presque nulle.

52. — S'il n'était pas possible de soumettre les titres à
une hiérarchie, pouvait-on du moins les classer ? Loyseau
échoua également dans cette tentative. Il rangea les seigneuries titrées en deux grandes catégories : d'une part,
celles qui relevaient immédiatement de la couronne ; de
l'autre celles qui ne constituaient que des arrière-fiefs.
Les domaines soumis à l'obédience royale se divisaient en
deux classes : ceux qui avaient de tout temps formé de
grands fiefs, et ceux qui n'étaient plus séparés du roi
par suite de la réunion à la couronne des seigneuries intermédiaires. Pour parler le langage même de Loyseau,
« les premiers relevaient *de la couronne* » ; les autres
« relevaient simplement *du roi* par suite de la réunion

---

(1) Loyseau, *Seigneuries*, V. n° 32.

(2) Voy. Dalloz Alph. *Usurpation*, n°⁵ 30, 31, 33 et 34. — Add. Edit d'Henri III
de mars 1582, aux termes duquel une terre ne pouvait être érigée en duché-
pairie que si son revenu annuel s'élevait à 8000 écus. Cf. les articles 102 à
106 de la coutume de Normandie de 1583, qui classaient les fiefs d'après
l'importance du droit de relief qu'ils devaient.

qui avait été faite à la couronne de duchés ou des comtés d'où ils dépendaient ». Aux premiers, Loyseau réservait la dénomination de *hautes seigneuries*, celles-là seules « participant des honneurs de la souveraineté [1] » ; les fiefs relevant simplement du roi et les arrière-fiefs étaient confondus sous le nom de *médiocres seigneuries* [2].

Rien de plus logique que cette classification : mais comment ranger sous ces deux chefs toutes les terres titrées? A l'époque où Loyseau écrivait, il n'existait plus de vicomtés et de baronnies relevant de la couronne: il les met donc dans la classe des *médiocres seigneuries* [3], réservant le nom de *hautes seigneuries* aux duchés, marquisats, comtés et principautés [4]. Or il est avéré que nombre de comtés et de marquisats et la plupart des principautés n'étaient tenus qu'en arrière-fief. Loyseau, pour justifier sa classification, en est réduit à distinguer les dignités honoraires des dignités réelles et proprement dites [5], et se perd dans des subtilités. En dépit de ses explications, il est manifeste que les titres, dont la hiérarchie était impossible à établir, ne se prêtaient pas non plus à une classification.

§ 3. — *De la concession des titres par la royauté.*

53.—Nous avons décrit à grands traits les débuts de la féodalité pour faire connaître l'origine des dénominations

---

(1) *Seigneuries*, VI, n° 10.

(2) Les seigneuries non titrées formaient une troisième catégorie.

(3) *Seigneuries*, VII, 70. Mais Loyseau fait cette réserve expresse que, « s'il se trouvait une baronnie qui relevât de la couronne, comme il y en avait autrefois, elle serait sans doute du nombre des grandes seigneuries ».

(4) *Ibid.*, VI, n° 8 et suiv.

(5) *Seigneuries*, VI, n° 9. *Ordres*, X, n° 2 et 3.

qui constituent les titres, bien plutôt que l'origine même du droit de certaines maisons aux titres dont elles font usage aujourd'hui. S'il existe encore actuellement des familles issues des fonctionnaires de l'Empire de Charlemagne, ou des anciens *vassi dominici*, ou même de ces arrière-vassaux auxquels de puissants seigneurs concédèrent des fiefs titrés, en est-il une seule qui porte encore son titre primitif? On peut dire que tous les anciens titres actuellement en usage sont dus à la faveur royale. La royauté en effet, à une époque très reculée, se réserva le privilège exclusif de conférer et la noblesse et les titres.

Pour priver les souverains féodaux du droit de démembrer leurs domaines et de les diviser en arrière-fiefs concédés à leurs enfants ou à leurs serviteurs, le roi n'eut qu'à invoquer un principe essentiel du droit féodal. Nul seigneur ne pouvait démembrer, amoindrir, *abréger* son fief, sans l'assentiment de tous les seigneurs supérieurs, y compris le roi : car l'affaiblissement du moindre fief pouvait compromettre la prestation des services que le suzerain était en droit d'exiger, et diminuer ses ressources ; du bas en haut de l'échelle des fiefs, tous les seigneurs suzerains, et le roi lui-même, pouvaient avoir à souffrir de l'amoindrissement du pouvoir d'un arrière-vassal. C'est en vertu de ce principe que l'affranchissement d'un serf réclamait le concours de tous les seigneurs supérieurs. A plus forte raison, la concession d'un arrière-fief (qu'un titre y fût ou non attaché) devait-elle être prohibée. Dès le xiiie siècle, au roi seul appartenait de concéder des arrière-fiefs, partant de conférer des titres par voie d'inféodation ; et jusqu'à la fin de l'ancien droit la concession royale resta le seul mode d'acquisition des titres. Les méprises sur ce point ne sont que trop fréquentes chez les auteurs modernes. Il était

bien telles circonstances où l'obtention des lettres de collation d'un titre était plus facile ; mais ces lettres étaient
toujours nécessaires.

54. — La royauté n'usa guère du mode primitif de collation des titres, qui consistait à concéder un fief de dignité dont le concessionnaire prenait le titre ; ce procédé eût
été singulièrement dispendieux. Elle avait un moyen de
flatter également et à meilleur marché l'amour propre de
ses serviteurs : c'était d'ériger en dignité un fief qui leur
appartenait. En faisant d'un domaine un duché ou un
comté, les rois conféraient à son propriétaire le titre de
duc ou de comte [1].

Mais il s'en fallait que ces duchés et comtés eussent l'importance territoriale des anciens fiefs pourvus
des mêmes dignités ; et leurs possesseurs, loin d'être de
véritables souverains, n'avaient guère que des droits de
justice. Pour conserver aux titres quelque ressemblance
avec les dignités féodales, et les empêcher de dégénérer
en distinctions purement nominales, des édits déjà cités [2]

---

(1) Le mode primitif de collation des titres ne se maintint qu'en matière
d'apanages ; mais les rois avaient bien soin de déclarer l'apanage réversible à la
couronne à l'extinction de la descendance du prince apanagé. Quant aux domaines érigés en dignité, « ils ne s'advisaient d'en stipuler la réversion, pour
ce que ce n'étaient pas terres qu'ils baillassent de leur domaine, mais qui
étaient de l'ancien patrimoine de ces seigneurs » (Loyseau, *Seigneuries*, V, 68).
Cependant un édit de juillet 1566 décida que les terres érigées en duché, marquisat ou comté feraient réversion à la couronne en cas de décès du titulaire
sans postérité mâle. Un édit de mars de 1582, enchérissant sur la rigueur de
cette disposition, déclara que toute terre érigée en duché-pairie, ferait retour
à la couronne au décès du titulaire, soit qu'il eût ou qu'il n'eût pas d'enfants
mâles. Ces édits étaient dictés par la crainte de voir renaître la féodalité qui,
à la faveur des guerres religieuses, avait cherché à reconquérir ses prérogatives passées. Mais on évitait l'effet de ces dispositions par des clauses insérées dans les lettres patentes.

(2) Voy. n° 51.

déterminèrent l'importance que devaient avoir les seigneuries pour que les différents titres pussent y être joints :
mais leurs prescriptions ne furent jamais suivies.

D'ailleurs, les anciens fiefs eux-mêmes étaient bien
déchus de leur importance première. Dès le xiv⁰ siècle,
l'édifice féodal s'était disloqué. Le pouvoir royal toujours
croissant avait arraché aux vassaux de la couronne les
prérogatives souveraines ; l'édifice de la féodalité, qui n'a-
vait reçu son achèvement que par l'avènement de la
dynastie capétienne, avait été comme écrasé sous son
couronnement. En même temps qu'ils voyaient décroître
leur puissance, les vassaux de la couronne cessaient de
devoir au roi les services dont ils étaient autrefois tenus.
Le service militaire notamment, le plus important des
services dus par le fief, et qui se mesurait à son étendue et
au chiffre de sa population, s'était complétement transformé. La guerre de cent ans, guerre internationale, avait suspendu les luttes des seigneurs, et fait tomber en désuétude
les règles qui déterminaient avec précision dans quelle
mesure et pour quelle durée le vassal devait aide et secours
à son suzerain ; les armées permanentes avaient été ins-
tituées. Dès lors c'en était fait de la féodalité.

C'est parce que les titres ne répondaient plus à aucune
souveraineté sur un domaine ; parce qu'ils ne supposaient
plus, chez ceux qui les portaient, des ressources en terre
et en hommes suffisantes pour répondre des services dus
autrefois pour les fiefs, qu'ils purent être joints par la
royauté à des seigneuries d'ordre secondaire. Mais dès
lors leur caractère devait totalement se transformer.

55. — Les titres pendant longtemps n'avaient rien eu
de commun avec les noms ; ils n'étaient pas destinés à
les décorer. Les titres féodaux précédèrent de beaucoup l'apparition des noms additionnels ; ils leur ressemblaient, ils

pouvaient en tenir lieu: mais ce n'étaient pas des noms. Quand l'usage des surnoms s'introduisit, les titres en restèrent distincts. Beaucoup de nobles qui, en qualité de souverains féodaux, se disaient seigneurs, barons, ou comtes de tels ou tels domaines, reçurent des surnoms, véritables sobriquets, analogues à ceux auxquels presque tous les roturiers doivent leurs noms. La plupart des sei_ gneurs, à la vérité, prirent le nom de terre même qui entrait dans la composition de leur titre; mais dans ce cas encore, nom et titre restèrent distincts. Le nom du domaine répondait alors à une double utilité, formant d'abord un nom terrien, constituant ensuite un titre. C'est par suite de cette distinction très logique, quoique subtile en apparence, qu'un Montmorency, par exemple, se dénommait Bouchard ou Hervé de Montmorency, Sire de Montmorency.

Puis la patrimonialité des surnoms s'établit. Certains nobles n'avaient jamais eu d'autre nom que celui de leur fief; c'est ce nom qu'ils transmirent à leurs enfants. Quant à ceux qui avaient reçu un surnom distinct du nom de leur seigneurie, outre ce surnom ils donnèrent à leurs enfants leur nom de fief qui, dans l'usage, s'était incorporé au surnom pour former avec lui le nom de la famille [1]. Néanmoins titre et nom étaient toujours parfaitement distincts. Non seulement le titre proprement dit, la qualification féodale prise *in abstracto*, était réservé à l'aîné des enfants mâles, le nom de fief en tant que nom terrien devenant seul le patrimoine commun de toute la famille; mais le détenteur du titre prenait dans deux acceptions différentes le nom du fief qui lui était dévolu, marquant

(1) Beaucoup de familles, avons-nous dit, laissaient tomber dans l'oubli leur nom primitif, quand il n'était pas d'origine foncière.

ainsi le double rôle que jouait ce nom : le chef de la branche aînée de la maison de Rochechouart s'intitulait Aimery ou Giraud de Rochechouart, vicomte de Rochechouart : ses frères puînés prenaient simplement le nom de Rochechouart, en y ajoutant le titre qu'ils pouvaient avoir personnellement acquis [1]. La différence était si marquée entre le nom et le titre que, quand une femme, héritière d'un titre, l'apportait à son mari, ses parents collatéraux, sans contester au mari le droit de porter le titre, lui refusaient celui de prendre le nom dont ils entendaient se réserver l'usage exclusif [2].

Mais quand les titres cessèrent d'être la marque de prérogatives souveraines sur un domaine dont l'énonciation suivait, ils ne furent plus guère qu'un appendice décoratif des noms patronymiques au profit de l'aîné des mâles dans chaque famille [3]. Dès lors, pour concéder un titre, il était inutile de recourir à l'érection d'une terre en dignité ; il suffisait au roi d'autoriser celui qu'il voulait gratifier d'un titre, à le faire figurer en tête de son nom patronymique. La concession du titre, de réelle qu'elle était auparavant, devenait personnelle.

(1) C'est au XIIIᵉ siècle que nous voyons le nom de Rochechouart, distingué du titre de vicomte de Rochechouart, passer à Guillaume, second fils d'Aimery VIII, vicomte de Rochechouart, lequel fut la souche de Rochechouart-Mortemart. Jusque-là le nom de Rochechouart n'avait jamais été séparé du titre de vicomte.

(2) Au XVᵉ siècle, la dernière héritière de la branche aînée des vicomtes de Rochechouart ayant épousé le sire de Pontville, les Rochechouart-Mortemart contestèrent à ce dernier le nom de Rochechouart ; de même quand la dernière héritière de Rohan épousa Henri Chabot.

(3) Il y avait, à partir du XVIᵉ siècle, un lien si étroit entre le nom et le titre, qu'on disait toujours *le nom*, pour désigner le titre ou le nom titré d'une personne ; notamment, l'institution à charge de prendre *les noms et armes* du disposant avait toujours pour but d'assurer la conservation d'un nom titré.

On n'en vint là qu'assez tard, et encore ce ne fut pas sans détour. Comment mettre en tête d'un nom de personne un titre qui appelait après lui un nom de lieu précédé de la particule? On prit le biais suivant : on donna le nom de sa famille à un domaine qui, sous ce nom, était érigé en dignité[1]. Les terres, après avoir pendant longtemps donné leurs noms à leurs propriétaires, recevaient les noms patronymiques de ceux-ci. C'est ainsi que la ville et le marquisat d'Ancre, auxquels le maréchal d'Ancre avait emprunté son nom, reçurent le nom d'Albert quand les biens du maréchal, confisqués par le roi, eurent été donnés au duc de Luynes, de la maison d'Albert [2]. Cent ans plus tard, les Bec-de-Lièvre faisaient ériger la seigneurie de Tréambert en marquisat sous le nom de Bec-de-Lièvre, et la Gâcherie devenait le marquisat de Charette.

Ce n'est guère qu'à la fin du règne de Louis XV que la royauté conféra des dignités transmissibles sans érection de terre ; mais, sous Louis XIV déjà, on appliquait sans scrupule des titres à des noms patronymiques. Ainsi en était-il du moins de ceux que les gentilshommes usurpaient de l'aveu tacite du roi. Saint-Simon, par deux endroits, se moque de MM. Dreux et Chamillart qui se titrèrent marquis de Dreux et comte de Chamillart. Encore eurent-ils la précaution de prendre la particule, indispensable pour relier le titre au nom : « Le *de* s'usurpait pour qui voulait, depuis quelque temps, mais de marqui-

---

(1) Voilà bien qui prouve combien on était attaché au nom primitif de sa famille, puisqu'on cherchait à le décorer d'un titre, même quand ce n'était pas un nom terrien, au lieu d'y ajouter ou d'y substituer le nom d'une seigneurie titrée.

(2) La rivière qui traverse la ville s'appelle toujours l'Ancre.

7

ser ou de comtiser son nom bourgeois de famille, c'en
fut le premier exemple... On en rit tout bas, mais tout
haut personne n'osait omettre les titres ni les *de* [1]. » Mais
quand le Camus, neveu du cardinal, se titra marquis, il
ne prit même pas la particule ; sans doute parce qu'elle
ne pouvait figurer en tête d'un nom qui commençait par
l'article *le*, sans contracter avec lui.

56. — Les lettres patentes de collation des titres devaient être vérifiées et enregistrées au Parlement, à la
Cour des Aides et à la Chambre des Comptes de la province où les terres érigées en dignité étaient situées ; à
ceux du domicile du gentilhomme, quand les collations
devinrent personnelles. Les simples lettres d'anoblissement
étaient soumises aux mêmes formalités qui, pour elles, se
comprenaient mieux : l'enregistrement au Parlement, « à
cause du droit différent introduit par plusieurs coutumes
pour les nobles » ; l'enregistrement à la Cour des Aides
et à la Chambre des Comptes, « à cause de la diminution
des droits du roi [2] », et parce que la connaissance des
questions d'usurpation de noblesse avait été dévolue aux
Cours des Aides. Mais quand un titre était conféré à une
personne déjà noble, sa condition juridique n'était point
changée, ni les droits du roi diminués : la vérification et
l'enregistrement des lettres patentes étaient du moins
l'occasion de constater la régularité de la concession du
titre, et avaient l'avantage d'en conserver la preuve.

Un titre non vérifié pouvait d'ailleurs être porté par
celui qui l'avait obtenu, mais ne devenait transmissible

---

(1) *Mémoires*. Edition de 1856, tome III, p. 399. Cf. tome II, p. 314 :
« C'est le premier exemple de deux noms de bourgeois se décorer d'eux-
mêmes et *sans prétexte de terre*, du nom de marquis et de comte. »

(2) Loyseau, *Ordres*, V, n° 57.

que par l'enregistrement. Aussi, pour justifier de la propriété d'un ancien titre, ne suffit-il pas d'en produire les lettres de collation ; il faut prouver son enregistrement. Quand La Chesnaye-Desbois mentionne une collation de titre, il ne manque jamais de faire suivre la date des lettres patentes de celle de leur enregistrement. Les titres conférés sous Louis XIV qui, faute de vérification, auraient dû rester personnels, sont très nombreux : le chancelier Séguier était duc non enregistré de Villemor ; les lettres patentes qui érigèrent la baronnie de Nogent d'Artault en duché-pairie sous le nom de la Vieuville, au profit de Charles de la Vieuville, portaient qu'en cas de non-enregistrement, le titre de duc passerait néanmoins à son fils aîné. Ainsi fut fait ; mais il ne passa pas à son petit-fils.

Saint-Simon, après avoir parlé des ducs et pairs et des ducs non pairs vérifiés, consacre quelques lignes dédaigneuses aux ducs non vérifiés : « Pour ne laisser aucune des trois sortes de ducs connus en France sans quelque explication, j'ajouterai un mot des ducs non vérifiés que l'usage appelle mal à propos à brevet, puisqu'ils n'ont pas de brevet, mais des lettres comme les autres qui ne sont pas vérifiées, et qui par conséquent n'opèrent rien de réel ni de successif, mais de simples honneurs de Cour, sans rang et sans existence dans le royaume [1]. » N'allons pas croire, comme ces lignes pourraient le faire penser, que le titre des ducs à brevet était personnel parce qu'ils négligeaient de se soumettre à la formalité de l'enregistrement. Leurs brevets n'étaient pas susceptibles d'enregis-

---

(1) Edition de 1856-1858, tome XI, p. 303. — La pairie pouvait du reste être attachée à un duché non enregistré ; d'où une quatrième espèce de ducs.

trement, et la transmission de leur titre nécessitait l'obtention, à chaque génération, de nouvelles lettres royales : c'était là précisément ce qui constituait leur infériorité.

57. — On a souvent écrit que le possesseur d'un fief de dignité pouvait en prendre le titre. Cet usage, quoique très répandu, était toléré plutôt que légal.

Les lettres portant érection d'une terre en dignité étaient délivrées à une famille déterminée : le titre était conféré au possesseur actuel de la terre et devait passer à ses descendants mâles par ordre de primogéniture. Les termes mêmes des lettres de collations des titres interdisaient aux acquéreurs d'une terre titrée d'en prendre la dignité.

En outre, et par application d'un principe traditionnel du droit féodal, suivant lequel les titres étaient attachés à la possession des fiefs, celui qui aliénait la terre érigée en dignité à son profit ou au profit de ses ancêtres, devait cesser d'en porter le titre ; et même, à prendre à la lettre certains édits déterminant l'importance que devaient avoir les seigneuries pour que les dignités féodales y fussent jointes, le simple démembrement d'une terre titrée entraînait la perte du titre.

Il faut reconnaître toutefois que, pendant toute la féodalité, les nobles, acquéreurs de fiefs, se titraient de leur dignité. Quant aux roturiers, la propriété des terres nobles ne leur fut pas d'abord accessible. L'usage contraire s'introduisit insensiblement, quand les croisades eurent ruiné les familles nobles dont les domaines allèrent aux mains des roturiers : Beaumanoir, au chapitre 48 de la coutume de Beauvaisis, nous fait connaître dans quelles circonstances et à quelles conditions, « un homme de poeste peut tenir franc fief en foi et hommage et com-

ment il le doivent deservir ». Mais les roturiers n'étaient
pas, par l'acquisition des fiefs, immédiatement investis
de la noblesse et du titre attaché à leur domaine. Il résulte du chapitre 143, livre I, des Etablissements de Saint-
Louis, qu'un fief ne se divisait « gentiment », c'est-à-dire
suivant les règles applicables aux nobles, qu'entre les
descendants au quatrième degré de l'acquéreur ; et cela
parce que l'acquéreur, ses enfants, petits-enfants et
arrière-petits-enfants restaient roturiers. Mais le quatrième
partage avait lieu entre nobles ; en d'autres termes, les
descendants au quatrième degré de l'acquéreur du fief
étaient anoblis, et celui d'entre eux auquel le fief était
dévolu en prenait le titre[1]. Jusqu'à leur agrégation à la
noblesse, les roturiers, détenteurs de fiefs, pouvaient seulement se dire propriétaires de telle seigneurie, de tel
comté, sans avoir le droit de se qualifier seigneurs ou
comtes ; et ils étaient astreints au paiement du droit de
franc-fief, car, étant inaptes à remplir les obligations
d'un vassal, le fief, entre leurs mains, était amoindri,
abrégé[2].

58. — Dans le courant du xvie siècle, les usurpations
de noblesse s'étant multipliées à la faveur des guerres
religieuses, la royauté prit des mesures contre les usurpateurs ; bien plus, l'ordonnance de Blois de 1579, dans son
article 258, visa expressément l'anoblissement des roturiers par la possession des fiefs, et tarit cette source

(1) On dit parfois que la noblesse et le titre étaient acquis « à la tierce
fois » ; cette expression donnerait à penser que le descendant au troisième
degré de l'acquéreur du fief était noble et avait droit au titre. Or, les Etablissements de saint Louis nous disent que les enfants du roturier se partageaient
le fief également après que l'aîné en avait pris moitié ; cela *jusqu'à la tierces
fois.*

(2) Voy. Ordonnance de 1275, sur les amortissements et abrégements de
fiefs.

devenue régulière d'acquisition de la noblesse et des titres : « Les roturiers et non nobles achetant fiefs nobles ne seront pour ce anoblis ni mis au rang et degré des nobles, de quelque revenu et valeur que soient les fiefs par eux acquis 1.» La possession des fiefs restait accessible aux roturiers, mais ne leur conférait ni la noblesse ni les titres [2]. Cette réforme était rationnelle : depuis que les détenteurs de fiefs n'étaient plus tenus d'aucune obligation ni redevables d'aucun service, ils ne méritaient plus de jouir des privilèges attachés à la noblesse.

Quant aux nobles qui acquéraient des fiefs, l'ordonnance de 1579 ne les visait pas. On en conclut généralement que la possession des fiefs de dignité demeura au profit des nobles un mode d'acquisition des titres. Cette opinion est conforme à la tradition féodale ; et, si nous en croyons M. de Semainville [3], elle aurait été consacrée par un arrêt du Parlement de Paris, du 9 décembre 1595, qui reconnaît à un avocat général la dignité d'un fief par lui acquis. Mais on aperçoit la gravité des conséquences auxquelles elle conduit : « Tout noble, même d'une noblesse non transmissible, nous dit M. de Semainville,

(1) Par exception, dans les provinces de Bigorre et de Béarn, la possession des fiefs anoblissait les roturiers ; cette règle avait été maintenue dans ces provinces lors de leur réunion à la France. — En outre certains fiefs de dignité, dits baronnies de coutume, mouvant de la couronne, conféraient à leur acquéreur et la noblesse et le titre attaché à la glèbe. — Enfin la possession d'un fief anoblissait le roturier auquel le roi le donnait « pour récompense de services et de mérites » ; et quand « le roi, sachant la condition du possesseur, le recevait à foi et hommage. » (La Roque. *De la nobl. et de ses diff. esp.*, chap. XVIII)

(2) « On croirait injurieux, dit La Roque (*De la noblesse et de son orig.*, chap. III), que ce qui est fait pour le service de l'homme relevât sa condition. » Cf. *De la noblesse et de ses diff. esp*, chap. XVIII.

(3) *Code de la noblesse française*, p. 301.

pouvait tenir noblement toute espèce de fief : et, une fois
possesseur d'un fief noble, il échangeait sa noblesse personnelle et conditionnelle contre la noblesse réelle, parfaite et héréditaire attachée à sa chevalerie, sa baronnie, son comté [1]. » Il y a plus : il suffisait aux roturiers,
qui voulaient prendre le titre de leurs domaines, d'obtenir la simple noblesse par l'acquisition d'un office qui la
conférait [2] ; et l'ordonnance de Blois ne leur était plus
applicable. Mais alors la possession des fiefs restait, contre le vœu de cette ordonnance, une cause de multiplication des nobles.

Toutefois il est difficile de condamner absolument cette
pratique : il faut ici faire la part des traditions féodales
et du droit nouveau introduit en matière de titres. En
fait les nobles prenaient la dignité des fiefs par eux
acquis, mais la royauté et les légistes la leur refusaient.
L'acquisition des titres par la possession des terres nobles était presque une nécessité en pleine féodalité ; avec
le temps, elle devint illogique et incompatible avec la nature nouvelle des titres. Depuis que les fiefs n'avaient plus
d'importance territoriale, qu'ils n'étaient plus débiteurs
de services, la collation des titres par l'érection d'une
terre en dignité était un procédé suranné, un détour puéril. Ce n'était plus la terre qui était titrée ; mais en réalité le titre était conféré à une personne, à une famille

(1) *Ibid.*, p. 260. — On peut observer en outre que la noblesse titrée, à la
différence de la noblesse simple, était communiquée par la femme à son mari
roturier, et, par l'intermédiaire de ce dernier, transmise aux enfants nés du
mariage.

(2) Voy. M. de Costou. *Origine, étymol. et signif. des noms propres,*
p. 227 : Le père de Casimir Périer, propriétaire du château et du marquisat de
Vizille, désireux d'en prendre le titre, avait acheté la charge de greffier en
chef de la Chambre des Comptes de Grenoble ; il était en passe de devenir
marquis de Vizille quand éclata la Révolution.

qui avait mérité la faveur royale [1]. Il était inadmissible que l'aliénation du domaine portât le titre dans une autre maison.

Rencontre-t-on des documents législatifs défendant aux nobles de prendre la dignité des fiefs par eux acquis ? Aucun texte à la vérité n'est conçu en termes aussi impératifs que l'article 258 de l'ordonnance de Blois, refusant la noblesse aux roturiers possesseurs de terres nobles ; mais quelques-uns sont très significatifs. Une déclaration du 3 mars 1699, qui applique aux usurpateurs de noblesse, dans la province de Bourgogne, les peines prononcées par l'édit de 1634, interdit « à toutes personnes de prendre les titres de marquis, comte, vicomte ou autres semblables, sans une concession expresse, ou une possession plus que centenaire ». Une déclaration analogue du 8 décembre 1699, applicable en Flandre, Hainaut et Artois, dispose dans son article 4, qu' « il est défendu *à ceux qui deviennent propriétaires* d'une terre ou d'un fief dont le nom est le surnom d'une famille noble, d'en porter le nom et les armes, ne leur étant permis que de se dire seigneurs d'une pareille terre. Et il est encore défendu *aux roturiers* qui ont des terres d'en porter les titres honorifiques, à moins de cent florins par contravention. » Ces deux déclarations, applicables à des provinces récemment réunies à la France, ne font qu'y prescrire l'observation d'une règle en vigueur dans le reste du royaume et dont nous trouvons la trace dans les auteurs et dans la jurisprudence. Un arrêt du Parlement de Paris, du 13 août 1663, fait défense « *à tous propriétaires* de se qualifier barons, comtes, marquis, et d'en prendre la couronne et les armes,

_____

(1) La Roque. *De la noblesse et de ses diff. esp.*, chap. XX : « Selon les clauses des érections qui sont *stricti juris*, elles (les dignités féodales) ne s'étendent pas à ceux qui n'ont pas mérité cette grâce. »

sinon en vertu de lettres patentes bien et dûment enregistrées à la Cour ». Nous rencontrons dans La Roque des passages non moins décisifs : « Lorsque les terres s'aliènent,
les acheteurs doivent recourir à la grâce du prince, s'ils
veulent relever ces qualités (les dignités féodales)..... Le
noble même qui obtient un fief par achat, donation, contrat ou succession légitime, ne peut retenir le titre dans
sa famille sans le bénéfice on indult du roi [1]. » Et ailleurs,
parlant des acquéreurs de terres qui en prennent les
armes : « Encore faut-il que la famille dont on relève les
armes soit éteinte et que le prince l'autorise par ses
lettres [2]. » Ajoutons que des familles nobles se sont souvent soumises à cette exigence : quand Marie de Rohan
donna au duc de Luynes, son fils né de son premier
mariage, le duché de Chevreuse qui lui avait été attribué
pour ses reprises dans la succession de Claude de Lorraine,
son second mari, mort en 1657, le duc de Luynes ne se
titra pas duc de Chevreuse. Ce titre ne fut porté que par
son fils, Charles Honoré d'Albert, après qu'il eut obtenu,
en Décembre 1667, des lettres qui confirmaient à son
profit « les titres de duché sur Chevreuse [3] ». De même,
au xviiie siècle, nous voyons les Chabot, se soumettant à
l'art. 4 de l'ordonnance du 8 décembre 1699, se qualifier
seigneurs de la Vicomté de Vaux, sans prendre le titre de
Vicomte.

---

(1) *De la noblesse et de ses diff. esp.*, chap. XX. La Roque s'appuie sur un
passage de Baquet encore plus explicite : « *Si quis nobilis emptione, dona-
tione, aliove contractu quam beneficio aut indulto vel successione legitima,
baronatum, comitatum alium ve majorem dignitatem obtineat, eamque in
familia sua retinere cupiat, regis soleat accedere confirmatio.* »

(2) *Traité de l'origine des noms*, chap. XXXIV.

(3) *Add.* les exemples cités par La Roque: *De la nobl. et de ses diff. esp.*,
chap. XVIII, *in fine*.

On comprend cependant que les interprètes se soient mépris sur la légalité de l'usage contraire, assurément très répandu : d'abord parce que l'acquéreur d'une terre titrée obtenait facilement d'en prendre la dignité, lorsqu'il était noble, vu que « les droits du roi » n'en devaient pas être diminués ; en outre parce qu'il n'encourait aucune pénalité lorsqu'il prenait le titre de son fief sans l'agrément du roi. On observera en effet que l'article 4 de la déclaration du 8 décembre 1699 défendait à tous acquéreurs de terres d'en prendre les noms[1], mais n'édictait de peines que contre les roturiers. Il n'y a rien là de contradictoire : si la prohibition s'adressait à toutes personnes, les pénalités ne menaçaient que les roturiers, car eux seuls, par l'envahissement d'un titre, usurpaient la noblesse[2].

59. — La règle qui imposait au propriétaire d'une seigneurie érigée en dignité au profit de sa famille, d'en déposer le titre quand il l'aliénait, fut, elle aussi, souvent méconnue[3]. Nous voyons à la vérité le titre de marquis d'Albert cesser de figurer au nombre des qualifications nobiliaires de la maison d'Albert de Luynes, quand le comte de Toulouse se fut rendu acquéreur du marquisat de ce nom le 18 mai 1695 ; mais bien peu de nobles se montraient si exacts observateurs de la loi. Une famille, qui aliénait une terre titrée, avait seulement le droit d'en conserver le nom, suivant la règle admise pour les noms terriens en

(1) Par nom, il faut entendre ici le titre, le nom titré.
(2) Voy. n° 143 le développement de cette idée.
(3) Dans la rigueur des principes, les nobles qui, en 1789, possédaient encore les fiefs érigés en dignité au profit de leur famille, en avaient seuls conservé les titres. Passé 1789, le caractère de la noblesse titrée s'étant modifié et les terres n'ayant plus aucune prééminence les unes sur les autres, la propriété du titre est devenue indépendante de la possession du fief.

général : c'est très régulièrement que le comte de Clermont, comte de Tonnerre, se dénomma comte de Clermont-Tonnerre après l'aliénation du comté de Tonnerre, à la fin du xvııᵉ siècle [1]. Mais le plus souvent le vendeur d'un fief en gardait le titre en même temps que le nom [2].

C'est par suite de l'inobservation de la double règle que nous avons posée au début, vendeurs et acquéreurs conservant sans droit ou prenant indûment la dignité des fiefs aliénés, que les mêmes terres ont titré successivement plusieurs familles. En Dauphiné notamment, le même titre appartient à dix ou douze maisons différentes. La jurisprudence moderne admet la légalité de cette pratique que la monarchie n'a point entravée : elle reconnaît et protège la propriété d'un titre fondée sur l'acquisition d'une terre de dignité, quand la noblesse de l'acquéreur est établie [3].

60. — L'usurpation caractérisée, flagrante, fut aussi une source féconde d'acquisition des titres sous l'ancien droit. Autant la royauté réprimait rigoureusement les usurpations de simple noblesse, qui préjudiciaient au trésor par suite des exemptions de charges et d'impôts dont jouissaient les simples nobles, autant elle était indifféren-

---

(1) Arrêt de Paris du 5 décembre 1857. Voy. *le Droit* du 6.

(2) Quelques familles, sans conserver le nom titré du fief par elles vendu, en déposaient le nom (qu'elles auraient pu garder comme nom terrien ordinaire) et appliquaient le titre à leur nom patronymique ou à un autre nom additionnel. C'est ainsi que, la terre de Montmorillon ayant cessé en 1688 d'appartenir à la famille de Montmorillon-Quatrebarbes, celle-ci ne conserva que son glorieux surnom avec le titre de marquis. Ces transpositions de titres étaient absolument irrégulières.

(3) Affaire de Falletans, Req. 15 déc. 1845 : S. 46, 1, 81. — Dalloz alph., *Usurpation*, nᵒ 9. — Borel d'Hauterive, *Annuaire* de 1857, p. 347. — *Add.* Agen, 28 déc. 1857 : Dal. 59, 2, 90.

te à l'usurpation par les gentilshommes des dignités féodales. Il était telles hypothèses où l'usurpation d'un
titre, tout illégale qu'elle fût, était au moins colorée d'un
prétexte, ou justifiée par la tradition féodale. Mais sou·
vent aussi des gentilshommes s'emparaient de titres auxquels ils n'avaient même pas l'apparence d'un droit.

On voit, dans le cours des xviie et xviiie siècles, de simples seigneurs se qualifier comtes ou marquis, ou même
princes, comme le seigneur de Monaco. Puis, que ce titre
figurât dans une lettre autographe du roi, ou dans le contrat de mariage de l'usurpateur, signé par le prince, et
l'on voyait là une confirmation suffisante de sa dignité. Et
cependant ce n'était pas un acte quelconque du roi, mais
seulement des lettres patentes dûment enregistrées, qui
pouvaient contenir collation d'un titre. Le roi d'ailleurs, si
l'on en croit Saint-Simon, « avait déclaré depuis longtemps
que sa signature aux contrats de mariage était donnée
simplement pour l'honneur, sans approuver, donner, confirmer quoi que ce soit dans ces actes, ni donner aucun
poids à ce qui s'y mettait. » De même, quand un titre
avait été accolé à un nom dans un brevet militaire, on
le tenait pour légitimement acquis. Enfin l'étiquette exigeait que les nobles fussent présentés à la cour sous un
certain titre ; à cet effet, on attribuait à ceux qui n'en
avaient point des titres qu'ils ne manquaient pas de conserver.

Tous ces titres, bien plus encore que ceux qui résul-
taient de lettres patentes non enregistrées, n'auraient dû
être que personnels. La transmissibilité s'en établit cependant, notamment par suite de l'usage de présenter les fils à
la cour sous les titres qu'on avait attribués aux pères. Per-

(1) Voy. no 143.

sonnels aussi auraient dû être certains titres de courtoisie,
attachés à la possession de quelques charges civiles et militaires, et portés notamment par les ambassadeurs. Mais
les fils de ces officiers ou fonctionnaires n'avaient garde de
les délaisser. Une lettre écrite le 8 juin 1748 par M. de Clai-
rambault à M. le Tourneur, premier commis de la Guerre,
au sujet de l'usurpation du titre de marquis par un officier,
nous revèle combien ces titres usurpés étaient nombreux :
« Ce titre, comme celui de comte ou de baron, est devenu aussi prodigué et aussi commun que celui d'abbé
pour les ecclésiastiques sans abbaye. Il est vrai que ces
titres n'étant pas soutenus par leurs vrais fondements,
qui sont les lettres patentes d'érection registrées, soit pour
le sujet, soit pour ses ancêtres, ne sont utiles que pour les
adresses de lettres et la conversation avec les inférieurs. »
Seul le titre de duc avait été respecté par les usurpateurs ; à cause des honneurs de cour auxquels il donnait
droit et de la pairie qui pouvait y être attachée, ceux qui y
prétendaient étaient rigoureusement astreints à faire la
preuve de leur droit [1].

61. — Toutes ces usurpations étaient-elles couvertes par
une possession centenaire ? Il faut sans hésiter répondre
non. La possession prolongée pouvait bien faire disparaître les traces de l'usurpation ; elle ne conférait pas le droit
au titre. A la vérité un noble qui ne rapportait pas les
lettres de collation de son titre, et dont la possession était
exempte de fraude, était maintenu dans la jouissance pai-
sible de ce titre : mais comment en aurait-il été autrement,

---

(1) Nous signalerons par la suite, comme de véritables usurpations, l'emploi par les cadets de familles nobles de titres inférieurs à ceux de leurs aînés
(n° 63) ; l'appréhension par des héritiers collatéraux de titres non relevés à
leur profit (n° 67) ; l'emploi de titres étrangers non autorisés (n° 108).

puisque les auteurs des usurpations les plus flagrantes n'étaient pas inquiétés ?

Peut-être, pour soutenir que les titres s'acquéraient par la possession centenaire, sera-t-on tenté d'invoquer la déclaration du 3 mars 1699, qui interdisait « à toutes personnes de prendre les titres de marquis, comte, vicomte ou autres semblables, sans une concession expresse ou une possession plus que centenaire ». Mais cette déclaration, applicable à des territoires récemment annexés à la France (la Bourgogne et la Franche-Comté), garantissait aux habitants de ces provinces la jouissance des titres usités dans leurs familles depuis plus de cent ans, mais n'impliquait pas que la même tolérance pût être invoquée dans le reste du royaume .

§ 4. — *De la transmission des anciens titres de noblesse.*

62. — Les règles qui présidaient à la dévolution des anciens titres doivent encore être suivies ; leur étude présente donc un intérêt pratique incontestable.

La propriété des titres se fondant sur la possession des fiefs de dignité, un titre ne pouvait être dévolu qu'aux héritiers de son premier concessionnaire, propriétaires successifs du fief sur lequel il était assis. Il ne pouvait appartenir qu'à une seule personne à la fois; il était indivisible comme le fief lui-même [2]. Ce principe

---

(1) On sait que la déclaration de 1699 laissait purement et simplement en vigueur en Bourgogne et en Franche-Comté un édit de Philippe IV de 1650. — Voy. M. Levesque. *Dr. nob. fr. au XIXᵉ s.*, n° 108. En sens contraire, Trib. de la Seine, 6 mars 1872 : Borel d'Hauterive, *Annuaire de 1873*, p. 231.

(2) La Roque. *De la nobl. et de ses diff. esp.*, chap. XXV : « Comme la souveraineté est indivisible en France, ç'a été sur ce modèle que par la plupart des

fondamental reçut une première atteinte, quand l'acquéreur d'une terre et son ex-propriétaire en portèrent concurremment le nom titré ; il fut plus directement violé
quand les fils puînés d'un noble titré accolèrent des qualifications nobiliaires usurpées à leur nom de famille que
leur frère aîné seul pouvait porter décoré d'un titre. A la
vérité la division des titres ne fut jamais érigée en système ; les puînés ne furent jamais admis à prendre des
titres inférieurs à celui de leur aîné ; encore moins les
enfants d'un noble titré pouvaient-ils porter tous, du
vivant de leur père ou après sa mort, un titre égal au
sien. Ce sont là des inventions toutes modernes ; mais les
licences qu'on prenait dans l'ancien droit avec la règle
de l'indivisibilité des titres, ont ouvert la porte aux abus
que nous constatons de nos jours.

I. — Transmission des titres en ligne directe descendante.

63. — La simple noblesse était parfois personnelle ; les
titres au contraire étaient toujours transmissibles quand
ils étaient fondés sur des lettres patentes enregistrées. La
dévolution d'un titre se faisait à la descendance mâle, par
ordre de primogéniture, de son concessionnaire. Les
fils puînés d'un possesseur de titre étaient nobles, mais
n'avaient droit à aucun titre. Ce qui fait dire à Rivarol,
dans ses Mémoires, à propos de la nuit du 4 août, avec
plus d'esprit d'ailleurs que de vérité : « Les cadets de
bonne maison, qui n'ont rien, furent ravis d'immoler leurs

---

coutumes les fiefs ont été déclarés non partageables... Cela est exprimé dans
l'ancien droit et coutumier français : « *Nam proprie feudum individuum est,*
« *feudum consortii impatiens, ut regnum, ducatus, marchia* », dit M. Cu-
jas sur le second livre des fiefs. »

trop heureux aînés sur l'autel de la patrie. » N'était-ce rien que leurs priviléges de simple noblesse qu'ils avaient abdiqués, en sacrifiant les titres de leurs aînés ?

Nous parlerons plus loin du titre de chevalier que les cadets de famille s'attribuaient parfois, à tort ou à raison, mais dont, en tous cas, ils pouvaient faire usage sans porter atteinte à l'indivisibilité du fief. Quant à la qualification d'écuyer, elle leur appartenait sans conteste [1].

Quand une famille possédait plusieurs titres, les puînés ne se partageaient-ils pas les titres secondaires, en laissant à leur aîné le titre principal avec le maître fief? Il n'y avait là rien de nécessaire : « Tout se réglait, pour la transmission des fiefs de dignité, par la coutume de la province et par le partage adopté pour la succession [2]. » L'attribution d'un domaine à un puîné était pour lui l'occasion d'en prendre le titre; mais la règle était que tous les fiefs du père passaient avec leurs titres à l'aîné des fils. M. Maury rappelle que Maximilien de Béthune, duc de Sully, laissa en mourant, outre le duché de Sully, les principautés de Henrichemont et de Boisbelle, les marquisats de Rosny et de Conti, la baronnie de Bontin, les vicomtés de Meaux et de Breteuil, tous fiefs de dignité dont il avait les titres, « et que son fils puîné n'eut pas la moindre part de ce vaste domaine qui resta à l'aîné [3]. » Au contraire, à la mort d'Honoré d'Albert, seigneur de Luynes et de Cadenet, la seigneurie de Luynes échut à son fils aîné, plus tard duc de Luynes, et le cadet, plus tard duc de Chaulnes, recueillit la seigneurie de Cadenet.

(1) Voy. n° 79.
(2) A. Maury. *La noblesse et les titres nobiliaires en France avant et depuis la Révolution. Revue des Deux-Mondes*, 15 déc. 1882, p. 801.
(3) *Ibid.*

Quand par la suite, en 1667, Charles Honoré d'Albert eut réuni sur sa tête les deux titres de duc de Luynes et de duc de Chevreuse, ils ne se séparèrent plus. Mais comme l'un de ces titres eût perdu de son éclat, à ne figurer qu'en seconde ligne dans l'énumération des qualifications nobiliaires de la famille d'Albert, l'usage s'établit, dans cette illustre maison, de porter alternativement l'un ou l'autre de ces deux titres, de génération en génération : le fils aîné du duc de Luynes s'intitule duc de Chevreuse et réciproquement [1].

En fait, bien peu de cadets de famille se résignaient à porter sans aucun titre le nom de leurs ancêtres ; et nombre de fils aînés, du vivant de leur père, étaient impatients de se décorer d'un titre. Les uns et les autres pouvaient être investis de dignités régulièrement conférées ; mais le plus souvent c'était l'usurpation qui leur procurait les titres dont ils se paraient. Quand ils se contentaient d'ajouter à leur nom patronymique le nom titré d'une seigneurie, cette usurpation n'était pas trop choquante ; mais bien souvent c'était au nom même de la famille, ou à un nom terrien incorporé au nom patronymique, et que l'aîné seul pouvait porter accompagné d'une dignité féodale, que les puînés ajoutaient un titre, généralement inférieur à celui de leur aîné [2]. Pratique irrégulière et illogique au premier chef, puisqu'une même terre ne pouvait être à la fois comté et marquisat, duché et baronnie. L'autorité royale ne régularisa jamais ces titres ; mais, dans chaque famille, la tolérance du chef du nom et des armes en ren-

---

(1) Cet usage s'est perpétué jusqu'à nos jours ; toutefois le fils aîné du duc de Luynes, mort en 1870, s'est récemment marié sous le titre de Luynes ; il ne paraît pas avoir repris le titre de duc de Chevreuse porté par son grand-père paternel.

(2) Voy. A. Maury, *loc. cit.*, p. 804.

dait l'usage possible. Du moins l'hérédité de ces qualifications ne s'établit-elle jamais : elle aurait entraîné la multiplication presque indéfinie de mêmes titres attachés aux mêmes noms. En outre les dictionnaires de la noblesse et les traités de droit nobiliaire marquaient bien que ces titres étaient factices, en désignant de la façon suivante ceux qui les prenaient : Un tel, *dit* de Comte de X[1].

Quant aux fils aînés des nobles titrés, héritiers présomptifs de la dignité paternelle, l'usage s'établit, au moins dans les grandes maisons, de leur donner, du vivant même de leur père, un titre qu'ils transmettaient à leur fils aîné quand le maître titre leur était dévolu. Ainsi s'établit une transmission spéciale d'un titre secondaire affecté, dans quelques familles, au fils aîné du possesseur actuel du titre principal. Dans plusieurs maisons ducales, le fils aîné du titulaire du duché portait le titre du prince emprunté à une seigneurie qualifiée principauté. De nos jours encore le fils aîné du duc de Mouchy est prince de Poix; celui du duc de La Rochefoucauld, prince de Marsillac[2]. Dans la maison de Noailles, le fils aîné du chef du nom et des armes est duc d'Ayen.

Cet usage n'était pas spécial aux maisons ducales ; mais dans les familles qui n'avaient point de seigneurie dont l'héritier du titre pût prendre la dignité, ce dernier accolait parfois à son nom patronymique un titre générale-

(1) Voy. La Chesnaye-Desbois, à propos notamment de plusieurs membres de la famille de Noailles qui se qualifièrent comtes.

(2) Dans les familles de Broglie et de Bauffremont, dans lesquelles le chef du nom et des armes a le titre de duc, tous les fils sont princes et toutes les filles princesses. Mais ce titre, qu'ils portent en tête de leur nom patronymique, n'est pas emprunté à une principauté. Le duc de Bauffremont, par diplôme d'octobre 1757, et le maréchal duc de Broglie, par diplôme du 28 mai 1759, reçurent de l'empereur d'Autriche la dignité de *Prince du saint Empire* pour eux et tous leurs descendants mâles et femelles.

ment inférieur à celui de son père. Comme la hiérarchie des titres était loin d'être fixée, il arrivait parfois qu'un fils s'attribuât une dignité qui, de l'avis de la majorité des auteurs, était supérieure à celle de son père : c'est ainsi que le fils du comte de Grignan se qualifiait marquis de Grignan.

64. — Les femmes n'étaient pas exclues de la succession des titres, mais ne les recueillaient qu'à défaut de descendants mâles du dernier titulaire [1]. Une fille ou descendante par les mâles héritait donc le titre de son père ou aïeul par préférence aux collatéraux de ce dernier ; elle primait aussi les bâtards, à l'époque où ils étaient capables de recueillir la noblesse et la dignité de leur père. Non seulement une fille faisait jusqu'à son mariage usage du titre qui lui était échu, mais, en principe, elle l'apportait à son mari : tandis que la simple noblesse n'était communiquée par une femme à son mari (et, par l'intermédiaire de ce dernier, à ses enfants) que dans les coutumes où le ventre anoblissait, la règle était qu'un mari se titrait de la dignité de sa femme [2].

C'est pour restreindre les hypothèses de transmission matrimoniale du titre le plus important, celui de duc, qu'un édit de mai 1711 (art. 5) vint limiter les cas où les filles le recueillaient. Quand les lettres de collation déclaraient ce titre transmissible « aux hoirs, successeurs, et ayant-causes » de celui qui en était gratifié, sans mentionner sa postérité féminine, les filles ne le recueil-

---

(1) On peut conclure de l'édit de 1711, rapporté plus loin, qu'il n'était pas besoin, pour qu'une fille ou une descendante par les mâles héritât d'un titre, que les lettres de collation appelassent expressément à le recueillir la descendance masculine et féminine de son premier titulaire; il suffisait que la postérité féminine ne fût pas formellement exclue.

(2) Voy. n° 70.

laient pas, et il passait, par préférence aux descendants, à un collatéral du sexe masculin.

La postérité féminine était-elle expressément visée dans les lettres-patentes, l'édit de 1711 n'admettait à recueillir le titre « qu'une femme qui était dans la mai-son et du nom de celui en faveur duquel les lettres avaient été accordées. » Enfin, et malgré ces règles restrictives, un duché était-il dévolu à une femme, l'aîné des mâles, descendant en ligne directe de celui en faveur duquel l'é-rection avait été faite, pouvait en exercer le retrait à prix d'argent. Que s'il n'usait pas de cette faculté, elle était ouverte à celui qui, à son défaut, eût été l'aîné des descendants mâles du premier duc ; et ainsi de suite in-définiment.

Quand le retrait n'avait pas été exercé, la femme, dé-finitivement investie du titre ducal, ne le transmettait à son mari que si elle épousait une personne agréable au roi qui délivrait alors du mari des lettres de confirmation équivalant à une collation nouvelle.

On verra plus loin que l'édit de 1711 n'est pas sans influence, aujourd'hui encore, sur la dévolution du titre de duc [1]. Un édit analogue du 21 août 1774 décidait que la grandesse espagnole, échue à une femme, lui serait per-sonnelle, et ne serait portée par elle à son mari que si elle épousait une personne agréable au roi.

65. — Nous avons étudié jusqu'ici la dévolution des ti-tres aux descendants légitimes. Quels étaient les droits des bâtards ? Ils étaient nuls depuis un édit sur les tail-les de 1600, dont l'article 26, dans un intérêt fiscal [2], leur refusa la noblesse.

---

(1) Voy. n° 106.
(2) Voy. La Roque. *De la noblesse et de ses diff. esp.*, chap. XXXVIII.

Voici quelle était auparavant leur situation. Un bâtard, lorsqu'il était non seulement avoué, mais légitimé par rescrit du prince, recueillait la noblesse de son père, quand cette noblesse était native, ou que les lettres sur lesquelles elle reposait n'étaient pas exclusives des bâtards. Il héritait en outre du titre de son père, quand celui-ci ne laissait pas d'enfants de l'un ou de l'autre sexe, nés légitimes ou légitimés par mariage subséquent. De plusieurs bâtards, l'aîné avait droit au titre.

Quant au bâtard légitimé par mariage subséquent, il avait les mêmes droits qu'un enfant naturel ; mais, au point de vue de l'aînesse et du droit de recueillir le titre, il était censé né au jour de sa légitimation ; il était donc primé par un enfant légitime né après lui, mais avant sa légitimation.

En vertu de l'édit de 1600, seul le bâtard légitimé par mariage subséquent était noble et pouvait recueillir un titre. Le bâtard simplement légitimé par lettres du prince pouvait bien obtenir des lettres d'anoblissement ; mais il devait en pareil cas porter les armes de sa famille avec une brisure, et était sans droit au titre paternel.

L'édit de 1600 ne fut pas d'abord obéi, et les États Généraux, réunis à Paris en 1614, demandèrent que les bâtards fussent privés des priviléges de noblesse. La règle posée dans l'article 26 de l'édit de 1600 fut donc renouvelée dans l'article 197 de l'ordonnance de 1629 ; depuis lors son application ne fit plus difficulté. Elle n'avait d'ailleurs de portée pratique que dans les familles d'ancienne noblesse, car toutes les lettres d'anoblissement ou de collation de titres, délivrées dans le cours des xvii° et xviiie siècles, sont exclusives des bâtards.

66. — La question de la transmission des titres aux enfants adoptifs ne se posait pas dans l'ancien droit.

L'adoption n'y était point connue; il n'existait aucun moyen d'établir entre deux personnes un lien artificiel de filiation. M. Lévesque fait cependant jouer à l'adoption un certain rôle dans la dévolution des titres : mais les auteurs dont il invoque l'autorité entendaient par adoption l'institution testamentaire ou contractuelle à charge pour l'institué de prendre le nom et les armes du disposant. C'était là un cas tout spécial de transmission des titres, qui n'avait rien de commun avec l'hypothèse où la dévolution s'en opérait d'un ascendant à l'aîné de ses descendants [1].

II. —Transmission des titres en ligne ascendante et collatérale.

67. — Les titres nobiliaires ne remontaient jamais; ils ne pouvaient être recueillis par les ascendants de ceux en faveur desquels des terres avaient été érigées en dignité; mais ces terres elles-mêmes pouvaient être dévolues à des ascendants de leurs possesseurs, qui, le plus souvent, en prenaient la dignité.

La transmission d'un titre était au contraire possible en ligne collatérale; elle s'effectuait au profit de l'aîné des descendants par les mâles de celui auquel le titre avait été conféré. La branche aînée de sa descendance, fût-elle représentée par une femme, était préférée à une branche cadette, sauf l'application des règles spéciales de l'édit de 1711, relatif à la transmission d'un titre ducal. Peu importait d'ailleurs le nombre des degrés de parenté qui séparaient le dernier possesseur du titre du collatéral appelé à lui succéder.

1. Voy. nº 68 et 69.

M. Lévesque a émis une opinion très différente. Après
avoir conclu d'un passage de Tiraqueau [1] que la noblesse
se transmettait en ligne collatérale jusqu'au quatrième
degré, il prétend que la transmission des titres devait
être restreinte dans la même limite [2]. Cette transmission
de la noblesse en ligne collatérale paraît bien extraordinaire ! En réalité, Tiraqueau n'a jamais émis une telle opinion : tout au contraire, après avoir nettement déclaré que
la noblesse ne se transmet pas en ligne collatérale (cap. 17,
n° 1), il ajoute dans le passage relevé par M. Lévesque
(cap. 17, n° 2), que la preuve qu'une personne fait de sa
noblesse profite à ses collatéraux jusqu'au quatrième
degré, pourvu toutefois qu'il s'agisse de noblesse native
et non dative, *quum privilegium personale non egrediatur
personam* (cap. 17, n° 4). En un mot, Tiraqueau n'admettait
pas, en matière de preuve de la noblesse, l'effet relatif de
la chose jugée. La Roque partageait son sentiment : « Pour
la preuve de la noblesse, elle profite aux frères et aux
autres parents collatéraux à prendre à la commune source et au tronc dont les collatéraux et ceux qui font la
preuve sont descendus [3]. » Il y a loin de là à ce que
M. Lévesque fait dire à Tiraqueau.

Les titres n'étaient pas dévolus de plein droit en ligne
collatérale. Quiconque était appelé à relever un titre, en
qualité d'aîné de la descendance mâle de son premier
possesseur, devait obtenir des lettres équivalant à une
collation nouvelle. Le titre était à proprement parler vacant au décès de son titulaire mort sans postérité, et le
roi pouvait le relever au profit de qui il voulait. Il n'existait donc pas réellement de dévolution des titres en ligne

(1) *De nobilitate*, cap. 17, n° 2.
(2) *Droit nobil. franç. au XIX° siècle*, n°° 84 et 127.
(3) *De la noblesse et de ses diff. esp.*, chap. LXI,

collatérale ; mais les collatéraux du défunt étaient désignés à la faveur royale dans un certain ordre de préférence dont le roi était maître de s'écarter. Peut-être aurait-il pu accorder le titre à un étranger. Toutefois nos anciens auteurs n'étaient pas d'accord sur ce point, et la question de savoir si un titre éteint pouvait être conféré à un étranger, quand il existait des descendants par les mâles de son premier titulaire, n'a jamais été bien fixée.

III. — Transmission des titres par institution contractuelle ou testamentaire.

68. — L'institution à charge de prendre les noms et armes du disposant est souvent appelée *adoption* par nos anciens auteurs. L'emploi de ce mot n'est susceptible de causer aucune méprise à qui se rappelle qu'à Rome déjà on appelait *adoption testamentaire* l'institution d'héritier à charge par l'institué de prendre le nom du testateur, et à qui sait que cette adoption ne faisait point sortir l'héritier institué de sa famille d'origine [1]. D'ailleurs Claude de Ferrière, dans son *Dictionnaire de droit et de pratique*, avant de nous faire connaître le sens précis de ce mot, nous prévient qu'il n'existait pas dans notre ancien droit d'institution analogue à l'adoption romaine. Enfin divers passages de La Roque ne laissent aucun doute sur l'acception qu'avait reçue le mot adoption : au chapitre XXVI° du *Traité de l'origine des noms*, il se demande si, en vertu de l'adoption faite dans une famille étrangère, on est contraint d'abandonner son propre nom : or ce chapitre XXVI° est intitulé : « *De la clause d'un testament* qui ordonne de porter le nom et les armes de celui qui institue. » Dans le *Traité de la noblesse et de ses diffé-*

---

(1) Voy. n° 37, note.

rentes espèces, au chapitre XVIIe, intitulé: *De la noblesse par adoption*, on lit cette phrase significative: « Louis d'Anjou *fut adopté* par Jeanne II, reine de Sicile, l'an 1425; mais étant mort en 1435, avant cette princesse, *elle fit un autre testament* en faveur de René d'Anjou. »

L'adoption ainsi comprise, et consistant dans une institution, pouvait être ou bien une simple adoption ou agrégation d'honneur, « ne regardant que le port du nom et des armes, » ou bien une adoption absolue: en cas d'adoption absolue, l'institué recevait tout ou portion des biens de l'instituant, à charge de prendre ses noms et armes.

La Roque niait d'ailleurs que l'adoption, même absolue, conférât la noblesse à l'institué roturier[1]. Mais elle ne donnait pas davantage à l'adopté, qu'il fût noble ou non noble, le droit de se mettre en possession du titre du disposant, comme faisait un fils aîné à la mort de son père. L'adoption simple était seulement pour l'institué un prétexte à relever, moyennant lettres du Prince, le titre de l'adoptant: il était spécialement désigné à la faveur du roi qui, sans la recommandation de l'adoptant, n'aurait peut-être pas relevé le titre au profit de l'institué, étranger parfois à la famille de l'instituant[2]. Quant à l'adoption absolue, elle assurait bien mieux l'accomplissement des volontés de l'adoptant et la transmission de son titre; car, s'il n'obtenait pas de lettres patentes relevant le titre à son profit, l'institué perdait tout droit aux biens qui lui avaient été donnés ou

---

(1) *De la noblesse et de ses diff. esp.*, chap. XVII et chap. VIII.

(2) Même en présence d'une institution, d'une adoption, les parents collatéraux de l'instituant ne manquaient pas de protester quand le titre était relevé à leur détriment, au profit d'un descendant par les femmes de l'instituant ou au profit d'un étranger.

légués. En résumé, l'institution contractuelle ou testamentaire n'était pas un mode spécial de dévolution des titres ; mais le titre de l'adoptant était acquis par l'adopté en vertu de lettres du Prince dont l'obtention était seulement préparée, facilitée par le défunt.

Nous ne citerons qu'un seul exemple à l'appui de ce que nous avançons : le Cardinal de Créqui avait laissé tous ses biens, y compris la terre de Créqui, à Philibert de Blanchefort, son beau-frère, à charge de prendre ses noms et armes. Philibert de Blanchefort put remplir la condition mise à cette institution, en vertu de lettres patentes de 1572, dans lesquelles le roi proclame qu'à lui seul appartient d'autoriser les changements de noms et d'armes. Or, si la transmission des noms ne s'opérait pas de plein droit par suite d'adoption, à plus forte raison la transmission des titres nécessitait-elle des lettres royales.

69. — M. Lévesque ne déclare nulle part en termes exprès qu'il existait dans l'ancien droit une institution analogue à l'adoption romaine, créant entre l'adopté et l'adoptant des liens de parenté factices, et ouvrant à l'adopté une vocation successorale *ab intestat ;* et cependant il considère l'adoption comme un mode de dévolution des titres distinct de l'institution contractuelle ou testamentaire. A la condition d'être noble [1], l'adopté recueillait le titre de l'adoptant. Les arguments dont il s'appuie sont insuffisants ou fautifs [2]. Il invoque un passage de La Roque, au chapitre XXX du *Traité de l'origine des noms :* « C'est un ancien principe en France qu'on peut changer de

---

(1) Dans notre opinion non plus la noblesse de l'adopté n'était pas indifférente, car le roi ne relevait pas volontiers un titre au profit d'un roturier qu'il élevait par là-même à la noblesse.

(2) *Droit nobil. fr. au XIXe siècle,* n°s 82, 113, 114, 131.

nom en vertu de testaments et de contrats de mariage, *d'a-
doption* et *d'institution d'héritier*. » Voilà bien la preuve,
conclut M. Lévesque, qu'adoption et institution d'héritier étaient deux choses différentes. Que ne distingue-t-
il aussi le testament de l'institution d'héritier ? Le passage
de La Roque l'y autorise tout autant. Puis, citant plusieurs
changements de noms accomplis en vertu d'adoptions, il
rappelle notamment que Philibert de Blanchefort prit le
nom du Cardinal de Créqui, sans songer que ce changement de nom avait été ordonné par le testament du Cardinal, que cette prétendue adoption n'était qu'une institution.

Mais surtout M. Lévesque oublie que Philibert de Blanchefort dut obtenir des lettres royales. C'est faute d'avoir
entrevu que la transmission à l'adopté des noms et titres
de l'adoptant nécessitait l'autorisation du prince, qu'il a
produit l'explication la plus fantaisiste de la transmission
des titres aux enfants adoptifs. S'il déclare l'adoption et
l'institution distinctes en elles-mêmes (sans nous apprendre d'ailleurs en quoi elles différaient), il les tient pour
identiques dans leurs effets [1]. Il explique la transmission
des noms et des titres à l'adopté ou à l'institué par l'acquisition du fief, de la terre titrée, qui lui était attribuée
ou laissée par l'adoptant ou l'instituant. Voulant alors dif-
férencier ce mode d'acquisition des titres de l'achat pur
et simple d'une terre titrée, il déclare que l'acheteur avait
seulement le droit d'ajouter à son nom celui du fief par
lui acquis, tandis que l'adopté ou l'institué pouvait les
substituer l'un à l'autre ! Nous voilà en pleine fantaisie.
M. Lévesque, à l'appui de ses assertions, invoque toujours
le même passage de La Roque, au chapitre XXX du *Traité*

---

(1) Et cela toujours au témoignage de Laroque qui aurait « assimilé en
termes exprès l'institution à l'adoption » (*loc. cit.*, n° 131).

de l'origine des noms : « C'est un ancien principe en France qu'on peut *changer* de nom et d'armes.... ». C'est entendre bien strictement le mot *changer*. Mais c'est oublier surtout qu'au chapitre XXVI du même Traité, La Roque se demande si, en vertu de l'adoption faite dans une famille étrangère, l'on est contraint d'abandonner son propre nom, ou si l'on peut se contenter d'ajouter à son nom celui de l'adoptant, et qu'il s'arrête à ce dernier parti ; il excepte seulement le cas où une clause expresse du testament imposerait à l'adopté de quitter ses noms et armes : en pareille hypothèse, selon l'opinion de Tiraqueau, « *heres nomine proprio et insignibus avitis abstinere debet* ». C'est oublier aussi que Claude de Ferrière, dans son *Dictionnaire de Droit et de Pratique,* au mot *adoption,* déclare que la substitution intégrale du nom de l'adoptant à celui de l'adopté requiert des lettres du prince, qui ne sont pas nécessaires si ces noms sont seulement ajoutés l'un à l'autre.

Enfin si l'on observe que l'adopté, en cas d'adoption simple, ne recueillait aucune part de la fortune de l'adoptant ; que les biens qui pouvaient lui être transmis dans l'adoption absolue ne comprenaient pas nécessairement la terre titrée à laquelle le disposant devait son nom et son titre, on conviendra qu'il n'y avait aucun rapport entre la transmission des noms et des titres par l'adoption et leur acquisition par la possession des fiefs de dignité ; et qu'en conséquence il n'était pas besoin de s'appliquer à établir entre eux une différence.

En résumé, c'est sans aucun prétexte que M. Lévesque admet dans notre ancien droit l'existence d'une adoption distincte de l'institution contractuelle ou testamentaire ; et les conséquences qu'il en fait découler, au point de vue de la dévolution des noms et des titres, sont absolument rbitraires.

IV. — De l'usage par les maris du titre de leurs femmes et
par les femmes du titre de leurs maris.

70. — Nous n'entrerons pas dans le détail des conditions auxquelles une femme apportait son titre à son mari, qu'il fût noble ou roturier ; cette communication n'é-
tant plus possible aujourd'hui, l'étude de ses règles ne
servirait qu'à la vérification des transmissions accomplies
sous l'ancien droit. Un mari titré de la dignité de sa
femme conservait ce titre en cas de veuvage et de nouveau mariage ; mais il ne pouvait le transmettre à un
enfant né d'une autre femme que celle qui le lui avait apporté [1].

71. — L'usage s'établit, dès le XIIIᵉ siècle, de donner
aux femmes le nom et le titre de leurs maris ; elles les
conservaient en cas de veuvage, en y ajoutant, quand
elles jouissaient d'un douaire, la qualification de douairière.

Une veuve remariée devait quitter le nom et le titre de
son premier mari ; mais cette règle n'était pas toujours
exactement observée. Les lettres de Bussy-Rabutin à
madame de Sévigné nous apprennent que sa fille, Louise
Françoise de Rabutin, veuve du marquis de Coligny,
de la maison de Langheac, conserva, malgré son
mariage avec La Rivière, le nom de Coligny. Par la
suite, elle prit un autre nom qui appartenait également
à la famille de son premier mari ; elle se titra comtesse
de Dalet, à la mort de son beau-père. « Depuis trois
cents ans, écrit Bussy, pour expliquer ce changement de
nom, les aînés de la maison de Langheac se sont toujours

(1) Voy. M. de Sémainville. *Code de la noblesse franç.*, pp. 594 et 631.
— Pour les règles applicables au titre de duc, voy. nᵒ 64.

appelés comtes de Dalet, et cela est tellement établi dans cette famille que, si son mari vivait, il aurait pris ce nom-là. » Et il cite l'exemple de la comtesse de Carouges qui, « devenue veuve depuis six mois, avait pris le nom de comtesse de Tillières, à la mort de son beau-père [1]. » Madame de Sévigné se rend volontiers à cette explication : « Ce nom est beau et bon, répond-elle à son cousin : ma nièce est bien heureuse d'en avoir à choisir et à changer de cette beauté-là ... Voilà votre fils dans le nom naturel de sa maison, écrit-elle à la nouvelle comtesse ; il en a les terres [2]. »

Il est très douteux qu'une veuve remariée pût ainsi choisir un nom à sa convenance parmi ceux de son premier mari. Mais, à supposer que Mme de Coligny ne se fût pas remariée, aurait-elle eu le droit, à la mort de son beau-père, de se titrer comtesse de Dalet? La question est de savoir si une femme, devenue veuve avant que son mari eût recueilli le titre paternel, prenait ce titre en qualité de douairière, quand il passait de la tête de son beaupère à celle de son fils aîné. Elle en avait le droit, peut-on dire, à voir comment en usèrent Mme de Coligny et Mme de Carouges. Cependant il est probable que cet usage n'était pas régulier : nous voyons en effet qu'une veuve, belle-fille d'un duc, ne pouvait se qualifier duchesse douai-

---

(1) Lettre du 31 mai 1690. — En réalité, il semble que madame de Coligny a changé de nom, parce qu'elle s'y était formellement engagée après son procès avec son second mari. Son premier mari, bien que l'aîné de la maison de Langheac, portait le nom de Coligny, que son oncle maternel, Joachim de Coligny, lui avait enjoint de prendre en lui laissant ses biens.

(2) 11 juin 1690. En réalité le fils de la comtesse de Dalet ne porta pas le titre de comte de Dalet; mais il appliqua le titre de comte à son nom patronymique et se titra comte de Langheac. Mais la Chesnaye-Desbois, condamnant cette transposition de titre, le désigne de la façon suivante: « N... *dit* le comte de Langheac. »

rière, quand son fils aîné recueillait le titre de son grand-père. Or on sait que les règles de la transmission des titres étaient exactement observées, quand il s'agissait des duchés, à cause de la pairie qui pouvait appartenir aux ducs et de la préséance à laquelle ils avaient droit, à cause des honneurs du Louvre qui étaient réservés aux duchesses. Belle-fille et mère d'un duc de Coigny, Marie-Thérèse de Névet, veuve de François de Franquelot, marquis de Coigny, ne dut le tabouret et les honneurs du Louvre qu'à une concession expresse de Louis XV [1].

§ 5. — *Des titres d'écuyer et de chevalier.*

72. — A la différence des titres proprement dits, qui avaient successivement appartenu aux gouverneurs de provinces, sous les rois des deux premières races, et aux souverains féodaux, les qualifications d'écuyer et de chevalier étaient empruntés à l'organisation de l'armée féodale. Les nobles figuraient dans cette armée à trois titres différents : on distinguait les bannerets, les bacheliers et les écuyers. Les seigneurs les plus riches en hommes et en terres levaient bannière et conduisaient leurs vassaux au combat; c'étaient les bannerets. D'après Ducange, nul ne pouvait lever bannière, « s'il n'avait au moins cinquante hommes d'armes, tous ses hommes, et les archers et arbalestriers qui y appartiennent. » Les plus puissants

---

(1) Gaston de Carné, *L'élégie de M. de Névet :* « Elle voyait donc sa belle-mère et sa belle-fille en possession des brillantes prérogatives qu'elle n'avait pas elle-même, et les méchants commençaient à lui appliquer le mot célèbre de Mᵐᵉ de Montmorency sur Mᵐᵉ du Plessis : « La pauvre comtesse du Plessis est bien faschée que son mary ne l'ait pas laissée duchesse. Il est bien dur pour elle d'avoir vu sa belle-mère et un jour sa belle-fille avec le tabouret et demeurer ainsi ce qu'on appelle entre deux selles, le c... par terre. »

seigneurs avaient plusieurs bannerets sous leurs ordres.
Les bacheliers, trop pauvres pour lever bannière, com-
battaient sous celle d'autrui ; ils avaient seulement un
pennon et quelques hommes à leur suite.

Bannerets et bacheliers se qualifiaient ordinairement
chevaliers : nous dirons bientôt pourquoi.

Les écuyers (*scutiger*) portaient l'écu des combattants.
Tandis que la distance qui séparait le bachelier du banneret résultait d'une différence de richesse ou de puissance, l'écuyer ne différait du banneret ou du bachelier
que par son âge : devenu capable de porter les armes, il
levait bannière ou servait comme bachelier, suivant l'étendue de ses domaines.

73. — La qualification d'écuyer fut d'assez bonne
heure détournée de son sens primitif. Les nobles seuls
pouvaient être écuyers ; mais tout noble « sorti hors de
page [1] » était fait écuyer. Une qualité si accessible aux
nobles finit par être considérée comme leur appartenant
de droit. Aussi un vieil adage disait-il : « Tout noble naît
écuyer et peut devenir chevalier. » Écuyer et noble
devinrent en quelque sorte deux mots synonymes. Le
titre d'écuyer, après avoir indiqué le rôle que les nobles
jouaient dans leur jeunesse à l'armée, servit de qualificatif habituel à tous ceux qui n'avaient pas de titre plus
éminent ; il se généralisa à tel point que, loin d'être réservé aux familles de noblesse militaire, il fut attribué,
dès le XVI° siècle, aux nobles d'offices, aux nobles de robe.
Appliqué aux membres de la haute noblesse, le titre
d'écuyer avait, au contraire, conservé sa signification
primitive. C'est en ce sens que le P. Ménestrier nous

---

(1) P. Ménestrier. *Méthode du blason*, 47ᵐᵉ leçon.

dit : « Les écuyers ne s'asseyaient pas à la table des chevaliers, fussent-ils comtes ou ducs [1]. »

Ce n'est pas toutefois que les auteurs n'aient disputé sur la valeur relative des termes de noble, de noble-homme et d'écuyer. Tous ne les tenaient pas pour équivalents. Loyseau affirme « que le titre de noble-homme n'emporte pas vraie noblesse, comme celui de gentilhomme ou d'écuyer, mais une noblesse honoraire, impropre et imparfaite que, par mépris, on appelle noblesse de ville et qui, à la vérité, est plutôt bourgeoisie[2]. » Tout à l'inverse, La Roque déclare que « la qualité d'écuyer n'est pas une marque de noblesse comme celle de noble-homme, puisqu'elle a pour objet une écurie [3]. »

C'est à l'opinion de Loyseau qu'il faut se ranger, en observant qu'il n'a garde d'assimiler l'épithète de *noble* à l'expression de *noble-homme ;* la première réservée à la noblesse, la seconde appliquée à de simples bourgeois, aux bourgeois de Paris en particulier, que certains priviléges, notamment l'exemption du droit de franc-fief, élevaient au-dessus du commun des roturiers.

Ecuyer était donc synonyme de noble, mais non pas *noble-homme.*

L'opinion de La Roque, au contraire, était doublement erronée, en ce qu'il déniait au titre d'écuyer une valeur qu'il reconnaissait à tort à celui de noble-homme. Il est

---

(1) *Méthode du blason*, 47e leçon.

(2) *Ordres.* Liv. I, chap. VII, no 62.

(3) *De la noblesse et de ses diff. esp.*, chap. LXVIII. — Ecuyer vient plutôt de *scutum, scutiger, scutarius,* porte-écu. Voy. *Revue nobiliaire* de 1865, p. 33 : *De la qualification d'écuyer,* par M. Anatole de Barthélemy. M. de Barthélemy n'envisage pas seulement cette qualification comme titre nobiliaire ; il l'étudie dans toutes ses acceptions, et notamment comme appartenant à certains officiers de la maison du roi et correspondant à des fonctions déterminées.

certain que le titre d'écuyer était marque de noblesse.
Un arrêt du Parlement de Paris, du 30 octobre 1554,
déclara le titre d'écuyer caractéristique de la noblesse
jusqu'à preuve du contraire ; et tous les édits portant
réglement des tailles, et réprimant les usurpations de
noblesse, visent expressément l'abus de la qualité d'é-
cuyer. Enfin, le 30 août 1667, les commissaires de la
Généralité de Poitiers déclarèrent usurpateur de noblesse un individu dont le bisaïeul avait pris la qualité de noble-homme dès 1548, mais dont le père et
l'aïeul ne s'étaient titrés écuyers que postérieurement à
l'année 1560[1].

Vainement La Roque observe-t-il que les plus grands
seigneurs prenaient l'épithète de *noble* et ne faisaient aucun
cas du titre d'*écuyer*[2] : c'est que cette épithète était très
générale. Tout membre de la noblesse, si élevé qu'il fût
en dignité, était noble ; le titre d'écuyer, plus spécial,
était marque de simple noblesse. Tout noble naissait
écuyer, en ce sens qu'il pouvait se dire au moins écuyer ;
mais il dédaignait ce titre s'il en avait un autre plus éminent.

74. — Quant au titre de chevalier, il est bien plus difficile d'en préciser l'origine, et de déterminer qui pouvait
en faire usage. « Il n'y a guère de sujet, dit le P. Ménestrier, dont on ait autant écrit ; j'ose dire que la plupart
des auteurs ne l'ont jamais bien entendu, et qu'ils ont
tellement confondu toutes les chevaleries que, bien loin
de nous instruire, ils n'ont fait qu'embrouiller cette matière[3]. » Ces lignes sont encore vraies, et la matière est

---

(1) Les nobles de race devaient faire preuve de la noblesse de leurs ancêtres depuis 1560.

(2) *De la noblesse et de ses diff. esp.*, chap. LXVIII.

(3) *De l'ancienne chevalerie.*

toujours obscure, en dépit des travaux du savant Jésuite.

Le nom de chevalier (de *caballus, caballarius* [1], cheval, chevalier) convenait par son étymologie même à quiconque combattait à cheval ; mais, après l'institution de l'ordre de la chevalerie, ce nom fut réservé à ceux qui avaient reçu l'accolade. En latin, la qualité de chevalier n'était pas exprimée par le mot *eques* qui lui correspondait exactement, mais par le mot *miles*. Voici comment s'explique cette singularité : le mot *miles* qui, en latin, servait à désigner le simple soldat, reçut chez les barbares une signification plus relevée ; il désigna l'homme libre arrivé à l'âge de porter les armes. Il fut par la suite appliqué au noble, possesseur d'un *feudum militare*, et astreint, à raison de ce fief, au service militaire envers un seigneur supérieur. Mais comme le service militaire était généralement dû à cheval, comme le cavalier, dans l'armée féodale, était le soldat par excellence, le mot *miles*, appliqué à des soldats qui étaient montés, prit par la force des choses la signification de cavalier ; il reçut ainsi l'acception qui ne convenait qu'au mot *eques* [2]. « Le nom de soldat, *miles*, nous dit M. de Boulainvilliers, passa tellement à l'usage de la cavalerie, qu'il n'y avait que les seuls cavaliers qui le portassent [3]. »

Quand se constitua l'ordre de la chevalerie, sorte d'association militaire consacrée par la religion, et dont les membres servaient à cheval, le mot *miles* fut tout naturellement employé pour désigner les chevaliers. Il conti-

---

(1) *Caballus* était un mot de basse latinité qui, après avoir été appliqué à un cheval de somme, servit à désigner un cheval de guerre.

(2) Voy. *Revue nobiliaire*, année 1868 : *De la qualification de chevalier*, par Anatole de Barthélemy.

(3) *Dissertation sur la noblesse*, p. 78.

nua à la vérité à désigner les nobles qui devaient le service militaire à cheval, mais fut plus spécialement affecté
aux chevaliers de l'ordre [1].

Si les chevaliers de l'ordre étaient appelés *milites*, il ne
faut pas croire que les mots *miles* et chevalier étaient la
traduction l'un de l'autre. Quand la chevalerie se forma,
ses membres reçurent une dénomination dans chacune
des deux langues usitées en France : chevalier dans la
langue vulgaire, *miles* en latin. Mais il ne s'ensuit pas
que toute personne qui pouvait se dire *miles* eût droit à
la dénomination de chevalier : elle n'appartenait qu'aux
membres de l'ordre de la chevalerie. Le mot *miles* avait
plusieurs acceptions; le mot chevalier n'en avait qu'une
seule [2].

75. — Ainsi compris, le titre de chevalier était essentiellement personnel, comme la dignité même d'où il découlait. Cependant certains écrivains modernes nous présentent le titre de chevalier comme héréditaire et comme
attaché à la possession de certaines seigneuries qu'ils
appellent chevaleries ou fiefs de chevalerie, et se transmettant avec elles [3]. En cela ils font manifestement er-

(1) Non-seulement on réduisit le mot *miles* à la signification trop étroite
de cavalier; mais on ne l'appliqua même pas aux cavaliers fournis par la
bourgeoisie des villes qui, au déclin de la féodalité, entrèrent en ligne à côté
des chevaliers : « *Milites nostri erant quingenti, exceptis illis qui militari
nomine non censebantur, tamen equitantes.* » (Geoffroy de Chartres, *Hist.
hiérosol.* Tome II, chap. 31, *apud* vicomte Alès de Corbet, *Origine de la
noblesse française*, p. 289)

(2) M. Anatole de Barthélemy commet donc une grave confusion, quand,
dans une savante étude sur la *qualification de chevalier* (*Revue nobiliaire*,
1868), il recherche à qui appartenait la dénomination de *miles*. Il semble tenir pour chevaliers non-seulement les nobles, possesseur d'un *feudum militare*,
mais même les miliciens non nobles, les soudoyés, plus tard les soldats, qu'on
désignait en latin par le mot *miles*, ainsi rendu à son véritable sens.

(3) Vicomte Alès de Corbet, *Origine de la noblesse française*, p. 289; de
Sémainville, *Code de la nobl. fr.*, pp. 260 et 298.

rcur. Il est certain d'abord qu'il n'exista jamais de terres
seigneuriales appelées chevaleries, dont les propriétaires
auraient pu se dire chevaliers, comme ceux d'une terre
érigée en marquisat ou en baronnie s'intitulaient marquis ou barons. Il est également certain que, sous la féodalité, le titre de chevalier n'était pas attaché de plein
droit à la possession des fiefs les plus importants, des fiefs
de hautbert, que les écrivains modernes appellent volontiers fiefs de chevalerie. Ce qui a pu induire ces auteurs
en erreur, c'est que les bannerets, possesseurs des fiefs de
hautbert, sont généralement dénommés *chevaliers-ban-
nerets*. Pourquoi cela? Parce que l'ordre de la chevalerie leur avait été conféré : « Comme ils avaient souvent
la qualité de chevalier, c'est ce qui les a fait appeler che-
valiers-bannerets », nous dit La Roque [1]. La preuve que
les bannerets n'étaient pas chevaliers de droit, c'est qu'« il
y avait des *Écuyers-bannerets* qui possédaient des fiefs
avec le droit de bannière ; mais n'ayant pas encore reçu
l'honneur de la chevalerie, ils n'osaient s'en attribuer le
titre [2] ». Le mot écuyer ici n'a pas son sens primitif ; il
ne désigne pas le porteur d'écu (*scutiger*), puisqu'il s'applique au seigneur qui lève bannière ; il est synonyme
de noble, de gentilhomme. Si facile que fût devenu avec
le temps l'accès de la chevalerie, tous les nobles n'y entraient pas. « On a vu des vassaux, nous dit M. Léon Gaul-
tier [3], qui, pour éviter les frais de la réception chevaleresque ou pour d'autres causes, ont préféré rester damoi-
seaux toute leur vie. » Rien de plus rationnel en consé-

(1) *Traité de la noblesse et de ses diff. esp.*, IX. Quand un banneret était armé chevalier, il y avait lieu à des cérémonies spéciales. Voy. P.
Ménestrier, *De la chevalerie ancienne et moderne*, chap. IV.
(2) La Roque, *ibid.*
(3) *La chevalerie*, p. 20.

quence que l'explication donnée par La Roque des expressions chevalier-banneret et écuyer-banneret. C'était également à la condition d'avoir reçu l'accolade que les bacheliers pouvaient se dire *chevaliers-bacheliers ;* ils devaient presque tous obtenir cet honneur, car le nom de bachelier, comme celui de banneret, ne se rencontre guère isolé de la qualification de chevalier.

76. — Il est indéniable cependant qu'à partir du xvie siècle on rencontre des seigneurs qui se qualifient chevaliers sans avoir été admis dans la chevalerie, ou, plus exactement, dans l'un des différents ordres issus de la chevalerie primitive. La Roque, à la fin du xviie siècle, se refuse encore à reconnaître cette « chevalerie sans ordre » cette chevalerie de plein droit [1]. Le P. Ménestrier, au contraire, la fait remonter à la plus haute antiquité ; il s'efforce d'établir que, dès le début de la féodalité, la dénomination de chevalier convenait à deux catégories de personnes : aux unes elle était conférée ; aux autres elle appartenait de droit, héréditairement[2]. Son principal argument se tire de la double acception dans laquelle était pris le mot *miles ;* mais nous avons dit que rien n'autorisait à traduire ce mot par *chevalier,* quand il s'appliquait aux nobles astreints, à raison de leurs fiefs, au service militaire[3].

(1) *De la noblesse et de ses diff. esp.,* chap. XCIX et CVII.

(2) *Chevalerie ancienne et moderne,* préface, pp. 8 et 12. *Méthode du Blason,* 46e leçon.

(3) Le P. Ménestrier s'appuie notamment sur deux ordonnances, l'une de l'empereur Frédéric, rendue à Naples en 1232 : « *Ad militarem honorem nullus accedat qui non sit de genere militum* » ; l'autre de Charles II, de Sicile, en date de 1294 : « *Quod nullus possit accipere singulum nisi ex parte patris saltem sit miles* ». Mais ces deux ordonnances ne subordonnent nullement l'admission dans la chevalerie de l'ordre à la possession de la chevalerie de race. Elles formulent seulement une règle qui prévalut dans le cours du xiiie siècle, et aux termes de laquelle nul ne pouvait être armé

De quel droit certains gentilshommes s'attribuaient-ils donc le titre de chevalier sans en avoir été personnellement investis ?

C'est Loyseau qui va nous apprendre à qui appartenait cette chevalerie de plein droit, cette chevalerie « honoraire ou sans ordre » ; c'est lui qui va nous dire d'où elle provenait et à quelle époque elle apparut. Il publia ses différents traités vers 1614 : or, en cette même année, par une curieuse coïncidence, les États-Généraux réunis à Paris demandèrent qu'il fût fait défense « à tous gentilshommes de prendre la qualité de chevalier s'ils n'étaient honorés de l'un des ordres de Sa Majesté ». Mais l'ordonnance du 15 janvier 1629 ne donna pas satisfaction à ce vœu : elle se contenta de défendre à « toutes personnes de prendre qualité de chevalier, s'ils ne l'ont obtenue de nos prédécesseurs ou de nous, disait le roi, *ou si l'éminence de leur qualité ne la leur attribue* » (art. 189). Ainsi, en 1614, les États-Généraux protestaient contre la prétention de certains gentilshommes de prendre la qualité de chevalier, sans qu'elle leur eût été personnellement concédée ; en 1629, l'extension, la généralisation du titre de chevalier était un fait accompli. Loyseau était plus que personne à même de se rendre compte du mouvement qui amena ce résultat.

Il constate que la chevalerie sans ordre est d'origine récente. Pour lui, la véritable chevalerie est la chevalerie conférée par l'accolade ; il n'en exista d'abord pas d'autre : « L'origine première des chevaliers a été que les rois accolaient et embrassaient publiquement ceux qu'ils vou-

chevalier s'il n'était noble de race *de genere militum*), noble par son père (*ex parte patris miles*). (Voy. *Établissements de Saint Louis*, L. I, chap. XXXIV ; Beaumanoir, *Coutumes de Beauvoisis*, chap. XLV, n° 15).

laient élever en honneur. *Par la succession des temps*, ceux qui n'avaient pas eu l'accolée du prince, mais avaient reçu d'autres témoignages publics de sa faveur, comme pourvus par lui de *grands offices*, ou investis de *hautes dignités*, étant reconnus pour principaux officiers ou vassaux du royaume, ont pris le titre de chevalier... *En ces derniers temps*, le titre de chevalier est pris ordinairement pour une simple dignité dont tous *ceux de la haute noblesse* se titrent et qualifient, encore qu'ils n'aient jamais été chevaliers [1]. »

Ainsi donc « la chevalerie sans ordre » était née de l'usurpation. Sans doute l'accès de l'ordre de chevalerie était devenu si facile aux principaux seigneurs qui ne reculaient pas devant les frais de la réception chevaleresque, que la qualification de chevalier fut censée leur appartenir de droit. Tandis qu'au début de la féodalité la chevalerie était le prix de la vaillance et pouvait être conférée à des nobles sans domaine, et même à des roturiers, elle devint par la suite le privilége des nobles les plus puissants ; et la qualification de chevalier, conservée sans interruption dans les grandes familles, fut considérée comme héréditaire à leur profit. D'abord réservée aux chevaliers de l'ordre, elle devint distinctive de la haute noblesse. Par contre la dénomination d'écuyer constitua la qualification habituelle des gentilshommes de mince extraction, les nobles qui n'étaient pas armés chevaliers restant simples écuyers. Ainsi donc les qualifications d'écuyer et de chevalier, après avoir répondu à deux grades différents dans l'armée féodale, marquèrent deux degrés dans la noblesse. Avaient le droit de s'intituler chevaliers « les seigneurs de haute noblesse opposée à la simple noblesse [1]. »

(1) *Ordres*, XI, n° 10.
(2) *Ordres*, VI, n° 59.

77 — Voyons comment les nobles se répartissaient dans ces deux classes. Demandons-nous auxquels d'entre eux était réservée la qualification de chevalier, tous les autres étant réduits à celle d'écuyer.

Le titre de chevalier fut pris dès le XVIᵉ siècle par deux catégories de personnes : les principaux seigneurs et les grands officiers : « Il y a, nous dit Loyseau, plusieurs chevaliers honoraires et par titre seulement, c'est-à-dire qui n'ont pas l'ordre de chevalerie, à savoir tous ceux qui possèdent les *hautes seigneuries* et les *grands offices* [1]. »

La chevalerie honoraire des seigneurs n'était pas attachée aux hautes seigneuries, comme semble l'indiquer ce passage. Le titre de chevalier était l'indice de la haute noblesse [2], et appartenait dès lors aux propriétaires des médiocre comme des hautes seigneuries ; car « les médiocres seigneuries avaient été mises au rang de la haute noblesse [3] ». Les duchés, marquisats, comtés et principautés étaient hautes seigneuries ; les médiocres seigneuries comprenaient les vicomtés, les baronnies et aussi les châtellenies qu'on avait fini par y faire rentrer [4]. Ainsi la châtellenie qui n'était pas un fief titré, et ne conférait pas à son possesseur de titre nobiliaire proprement dit, lui permettait du moins de prendre la qualification distinctive de la haute noblesse.

La chevalerie honoraire des seigneurs était en un certain sens une chevalerie de race, car elle se transmettait héréditairement avec la haute ou la médiocre seigneurie

(1) Loyseau, *Ordres*, VI, nᵒ 36.
(2) *Ordres*, XI, nᵒ 10 et VI, nᵒ 59.
(3) *Ordres*, VI, nᵒˢ 59 et 60.
(4) Cette assimilation des châtellenies aux médiocres seigneuries, qui n'est pas sans importance au point de vue qui nous occupe, est affirmée par Loyseau dans maint passage : *Ordres*, XI, nᵒ 10 ; VI, nᵒ 11 ; VI, nᵒ 59 ; VI, nᵒ 73.

dont les propriétaires successifs pouvaient se titrer chevaliers, comme appartenant à la haute noblesse.

Les plus puissants seigneurs une fois investis du titre de chevalier, les principaux officiers, auxquels leurs fonctions conféraient la noblesse, y aspirèrent à leur tour. C'est au xvie siècle que les possesseurs d'offices, ne se contentant plus de la qualification de *maître*, se titrèrent écuyers ou chevaliers. Les officiers investis d'une noblesse personnelle et viagère prenaient seulement le titre d'écuyer ; mais les grands offices emportaient celui de chevalier [1] : d'où les chevaliers ès-lois. Ce titre marquait que ces officiers étaient honorés de la haute noblesse, noblesse nécessairement transmissible, car « quiconque avait seigneurie ou office, auquel le titre de chevalier appartenait, était absolument noble lui et sa postérité [2]. » Mais les descendants de ces officiers étaient simples nobles et n'avaient droit qu'au titre d'écuyer. La chevalerie honoraire des grands officiers était cependant une chevalerie de race, en ce sens que la patrimonialité des offices pouvait entraîner la transmission du titre de chevalier.

A ces deux classes de chevaliers sans ordre s'en ajouta une troisième, quand Louis XIV rendit, en novembre 1702, un édit portant création de deux cents chevaliers héréditaires recrutés parmi les nobles de la Flandre, de l'Artois et du Hainaut. Ces nouveaux chevaliers étaient ainsi agrégés à la haute noblesse, sans posséder de hautes ni de médiocres seigneuries, sans être titulaires de grands offices ni honorés d'éminentes dignités.

(1) Loyseau, *Ordres*, VII, n° 56 : « Le titre de chevalier appartient aux officiers constitués en éminentes dignités, comme les officiers de la couronne, les chefs de la maison du roi, les conseillers du conseil d'État, les chefs des cours souveraines, les gouverneurs et lieutenants du roy ès-provinces. »

(2) *Ibid.* VII, n° 37.

78. — On aperçoit combien les qualifications d'écuyer et de chevalier différaient des titres proprement dits. Elles ne se tiraient pas d'un domaine érigé en dignité; et si la possession des hautes et des médiocres seigneuries n'était pas indifférente à l'acquisition du titre de chevalier, c'était très indirectement et par suite de la haute noblesse qui en découlait. Voilà pourquoi nos anciens auteurs n'ont garde de parler de fiefs de chevalerie.

Les titres d'écuyer et de chevalier, n'ayant jamais appelé après eux l'énonciation d'un domaine, ne figuraient pas en tête du nom de ceux qui en étaient investis, mais venaient à la suite. On ne disait pas : « L'écuyer de N..., le chevalier de X... »; mais bien : «Le sieur de N..., écuyer, le comte de X..., chevalier ».Cette règle, qui fut toujours suivie pour la qualification d'écuyer, admit quelques restrictions en ce qui concerne celle de chevalier. Dans les cas exceptionnels où un noble de haute noblesse n'avait aucun titre (et il n'en était ainsi que pour les grands officiers, pour les chevaliers héréditaires, et, parmi les chevaliers seigneurs, pour les châtelains seuls), il se servait du qualificatif générique de chevalier en guise de titre, et le mettait en tête de son nom, s'intitulant : *Le chevalier de X.*

79. — La chevalerie honoraire, bien que née de l'usurpation d'une qualification d'abord réservée aux chevaliers de l'ordre, fut, avons-nous dit, formellement reconnue par l'ordonnance de 1629 : l'usage du titre de chevalier fut régularisé au profit des membres de la haute noblesse, hauts seigneurs et principaux officiers auxquels « l'éminence de leur qualité l'attribuait ». Mais, par la suite, ce titre fut l'objet d'usurpations sans nombre que la loi ne consacra jamais. Une déclaration du 30 août 1661 vint tout au contraire défendre aux gentilshommes de prendre la qualité de messire et chevalier, s'ils n'a-

vaient titre valable ; et l'on rencontre un arrêt du 12 août 1663 qui fait l'application de cette déclaration. Néanmoins l'abus du titre de chevalier alla toujours croissant. Il était pris notamment par les cadets des familles titrées. Cet usage était même si répandu, si généralement accepté, que les auteurs modernes le tiennent pour régulier : M. Maury, par exemple, rapporte que les cadets « ne se contentaient pas du modeste titre de chevalier », et en usurpaient de plus brillants pour se rapprocher de leurs aînés [1]. En réalité, ils n'avaient même pas droit à cette qualification. Il suffit pour s'en convaincre d'ouvrir les *Mémoires* de Saint-Simon : « Depuis longtemps, y lisons-nous, tout cadet usurpe le nom de chevalier [2]. » Les puinés, dans les familles de haute noblesse, étaient simples écuyers.

80. — Si les chevaliers honoraires, dont la dignité héréditaire ou personnelle était attachée de plein droit à la haute noblesse ou à la possession des grands offices, furent, à partir du XVIIe siècle, les plus nombreux, la chevalerie put, jusqu'à la fin de l'ancien droit, faire l'objet de concessions individuelles. Elle résultait de l'admission dans certains ordres qui ne ressemblaient guère à l'ancienne chevalerie, bien qu'ils en dérivassent indirectement.

La chevalerie féodale, après avoir enfanté « les ordres religieux militaires, les Templiers, les chevaliers de saint Jean de Jérusalem », donna naissance « aux ordres de

---

(1) *Des titres de noblesse avant et depuis la Révol.*, Rev. des Deux-Mondes, 15 déc. 1882. — Cf. Amédée Thierry, *Rapport sur l'usurpation des titres* présenté au Sénat le 4 juillet 1860. — Il était admis en Bretagne que les ducs, comtes, marquis et barons, et *leurs fils aînés* étaient chevaliers ; mais ce titre n'appartenait pas à leurs fils puinés.

(2) Tome III, p. 339. Edit. de 1856-1858.

cour, aux cordons, aux chevaliers de rang et de parade». Dès 1352 était institué l'ordre des chevaliers de l'Étoile, destiné à relever l'ancienne chevalerie déjà bien déchue : « Nous rappelant, disait le roi Jean, les anciens et glorieux gestes des fidèles chevaliers, nous avons voulu ramener nos fidèles d'aujourd'hui et à venir à la gloire de l'ancienne noblesse et chevalerie [1]. » L'ordre des chevaliers de Saint-Michel, ceux des chevaliers du Saint-Esprit et des chevaliers de Saint-Louis, institués par la suite, se rattachaient de plus loin encore à l'ancienne chevalerie.

81. — L'admission dans les ordres militaires ne conférait pas le titre de chevalier ; car les chevaliers seuls pouvaient y être reçus. Ces ordres étaient donc des associations de chevaliers qui s'astreignaient à une règle plus sévère et observaient plus strictement les principes trop oubliés de l'ancienne chevalerie. Au contraire, l'admission dans un ordre de cour, la collation d'un des cordons royaux, valait concession du titre de chevalier. On le portait en tête de son nom patronymique, quand on n'avait pas de titre nobiliaire proprement dit ; sinon on comprenait le titre de chevalier de Saint-Louis, de chevalier du Saint-Esprit, parmi ses qualités et on l'énonçait à la suite de son nom. Au profit des membres des différents ordres ce titre était purement personnel ; il n'était pas pour eux, comme pour les chevaliers honoraires, l'indice de la haute noblesse ; et même, à la fin du siècle dernier, il n'y avait plus de corrélation nécessaire entre la noblesse et l'admission dans un ordre de chevalerie. Sans doute l'article 194 de l'ordonnance de 1629 voulait

(1) Guizot. *Histoire de la civilisation en France*, Tome III, 6ᵐᵉ Leçon.
(2) Le chevalier Bertin était chevalier de Saint-Louis.

que les chevaliers de Saint-Michel et du Saint-Esprit
fussent pris parmi les nobles de race ; et les statuts de
l'ordre de Saint-Louis exigeaient la noblesse comme condition d'admission. Mais à la longue ces règles se relâ-
chèrent, au moins pour l'ordre de Saint-Louis, qui fut
souvent conféré à des roturiers.

Ces roturiers étaient-ils par là même anoblis comme
l'étaient, au début de la féodalité, les non-nobles armés
chevaliers ? La question fut agitée en 1789 ; on se demanda si tous les chevaliers de Saint-Louis devaient être
tenus pour nobles ; mais le ministère se prononça pour
la négative. Du moins, si le titre de chevalier de Saint-
Louis n'emportait même pas une noblesse personnelle et
viagère, en vertu d'un édit de novembre 1750, il prépa-
rait l'agrégation à la noblesse transmissible de la descendance des officiers qui en étaient honorés. On peut
dire, en négligeant les particularités et les détails, que la
noblesse parfaite était acquise à la postérité de trois officiers quand tous trois, l'aïeul, le père et le fils, avaient
été faits chevaliers de Saint-Louis. Mais le titre de chevalier restait personnel à ceux auxquels l'ordre avait
été conféré : les descendants de trois chevaliers étaient
simples nobles, avec le titre d'écuyer.

82. — Connaissant le sens et la valeur des titres d'é-
cuyer et de chevalier, nous pouvons dès à présent nous
demander s'il peut en être fait usage aujourd'hui. Ils ne
sauraient servir à marquer deux degrés dans la noblesse,
puisque la noblesse n'existe plus. Mais ne peut-on pas conserver ces deux qualifications en les assimilant aux titres
proprement dits ?

Il est difficile d'interdire aux descendants des nobles
d'ancien régime la qualification d'écuyer. Mais la faculté qu'ils ont de s'en parer ne semble pas leur être

réservée et garantie par la loi, comme un privilége exclusif. Il est douteux en effet que les pénalités de l'article 259 du Code pénal soient applicables à l'abus du titre d'écuyer qui n'avait pas d'existence légale lors de la rédaction du code, qui était presque hors d'usage sous la Restauration, qui enfin était complétement délaissé quand le second Empire rétablit dans l'article 259 les peines qui en avaient été effacées.

En outre, la façon même dont il est porté (à la suite du nom patronymique) en fait une qualification très différente des titres proprement dits : il s'ajoute au nom sans faire corps avec lui, sans constituer un surcroît de désignation des personnes, un élément de leur identité. Il en résulte que son insertion dans les actes de l'état civil ne saurait être exigée, et qu'il ne peut être rétabli dans ces actes par voie de rectification, quand il y a été omis [1].

Il est plus facile de considérer la qualification de chevalier comme un titre véritable ; car, sous l'ancien droit déjà, elle se portait en tête des noms ; en outre Napoléon Ier, en la comprenant dans la hiérarchie des titres impériaux, lui a donné une physionomie plus moderne. Mais qui pourra y prétendre ? Appartient-elle aux fils puînés dans les familles titrées ? L'usage qu'ils en faisaient sous l'ancien régime était toléré plutôt que légal ; en outre, comment déterminer suivant quelles règles ce titre se transmettra dans les branches cadettes des familles ? Peut-il être porté par les nobles titrés eux-mêmes, ducs, comtes ou marquis ? Sans doute ; mais il n'a pour eux aucune

---

(1) En tous cas il est manifeste que la qualification d'écuyer ne saurait être usitée dans les familles décorées de titres modernes, les titres modernes ne supposant pas, chez ceux qui en sont investis, une qualité préexistante, la noblesse.

valeur. Pratiquement ceux-là seuls y attachent quelque prix, qui n'ont pas de titre proprement dit. Or, il est impossible de l'attribuer aux descendants des principaux officiers qui n'y pouvaient prétendre qu'à raison de leurs fonctions. Dans la rigueur des principes, il faut donc le réserver aux descendants des nobles pourvus par la royauté de lettres de chevalerie héréditaire, et aux descendants des châtelains qui, seuls de tous les membres de la haute noblesse, n'avaient pas à proprement parler de titre. Encore, dans ces familles, la qualification de chevalier ne se transmettra-t-elle que par ordre de primogéniture.

§ 6. — *Des princes du sang.*

83. — Loyseau, toujours fidèle à l'idée que prince est synonyme de souverain, suppose que les membres de la famille royale se qualifièrent princes à raison de leurs apanages, dans l'étendue desquels ils exerçaient la souveraineté [1]. En réalité, le titre de prince fut pris tout d'abord par les parents du roi, ainsi que par les seigneurs de principautés, comme une appellation brillante [2]. Cette qualification leur fut communément donnée dès le xvᵉ siècle, mais elle ne prit une réelle valeur et une signification précise que le jour où la qualité de membre de la famille royale, dont elle devint l'indice, fut une source de

---

(1) *Ordres*, VIII, nº 16.

(2) M. de Wailly, *Éléments de paléographie*, tome 1ᵉʳ, p. 184 : « Jusque sous la troisième race, mais particulièrement sous la première, les fils et filles des rois étaient qualifiés rois et reines... Pendant que de simples gentilshommes prenaient le titre de *prince*, les princes du sang étaient simplement appelés *seigneurs du sang* ou *du lis*, ou bien *ceux du lignage du roi*. Le fils d'un roi de France prenait le titre de *filius regis Francorum*. »

prérogatives. Pendant longtemps, les personnes de sang royal n'eurent d'autre rang que celui que leur assignait la dignité de leur fief, de leur apanage. Entre les princes du sang, le rang se réglait de la même façon, sans que les plus proches parents du roi l'emportassent sur les plus éloignés. Loyseau nous rappelle qu'un conflit s'éleva à propos d'une question de préséance entre le comte d'Alençon et le duc de Bourgogne, l'un plus proche parent du roi, l'autre plus élevé en dignité : « Duquel procès le Conseil du roy les appointa qu'ils marcheraient tour à tour, dont le comte d'Alençon n'estant pas content fit ériger son comté en duché-pairie, et ainsi la difficulté fut vuidée [1]. »

C'est au xvie siècle seulement que les membres de la famille royale prirent définitivement le pas sur les autres seigneurs. Dès la fin du xve siècle ils avaient déjà la prééminence sur les pairs, mais à la Cour seulement, et dans l'intérieur du Palais. Comme l'étiquette seule leur assurait ce rang, il leur était contesté par les pairs aux séances du Parlement et dans les solennités du sacre et du couronnement; car alors il y allait de la constitution même du royaume [2]. Aussi Henri III dut-il, par ordonnance de 1576, donner expressément la préséance aux princes du sang, pairs de France, sur les autres pairs, dans les cérémonies du sacre et du couronnement et aux séances du Parlement, sans d'ailleurs régler le rang des princes qui n'étaient pas investis de la pairie. Au xviie siècle, qu'ils fussent pairs ou non, ils l'emportaient sans conteste sur tous les autres seigneurs, et en toutes circonstances :

(1) *Ordres*, VII, n° 32.
(2) « Ès-sacre et couronnement des rois et au Parlement, les ministères sont spécialement commis aux pairs et leur ordre assigné. Pourquoi ès-dits lieux, on n'a respect au sang, mais à la pairie et ordre d'icelle. »

« Les princes du sang, nous dit le P. Ménestrier, constituent un corps à part, et un ordre de dignité suprême qui surpasse de beaucoup toutes les autres dignités du royaume. Ils précèdent partout les ducs et pairs et les grands, *lors même qu'ils n'ont pas de pairies :* et entre eux ils ont rang suivant leur proximité à la couronne [1]. » La distinction dont les membres de la famille royale étaient l'objet s'expliquait par leur vocation au trône; aussi, entre princes du sang, la préséance appartenait-elle au plus proche de la couronne, qui n'était pas nécessairement le plus proche parent du roi.

Toutefois, au profit des personnes de sang royal, le titre de prince était plutôt un qualificatif qu'un titre, au sens traditionnel du mot [2]; il n'appelait pas après lui un nom de fief, comme quand il était pris par les seigneurs de principautés, mais s'énonçait à la suite d'un nom; on disait par exemple : « Le comte d'Artois, prince du sang. » Appliquée aux membres des maisons souveraines, la qualification de prince demandait donc à être rapprochée de celles d'écuyer et de chevalier : la première marquait la *simple noblesse ;* la seconde, la *haute noblesse ;* la qualification de prince appartenait à la *noblesse illustre* ou de sang royal.

84. — Quels étaient donc les noms et les titres des personnes de sang royal et des rois eux-mêmes? Les rois et reines ne portaient qu'un prénom ; c'était toujours de ce prénom et de lui seul qu'ils signaient. Dans la célèbre affaire du collier, où le cardinal de Rohan fut joué par des faussaires, le billet attribué à la reine Marie-Antoinette était signé « Marie-Antoinette de France » ; pour dé-

---

(1) *Méthode du Blason,* 35e leçon. C'est seulement en mai 1711 qu'un édit consacra la prééminence des princes du sang pairs ou non pairs, depuis longtemps acceptée sans conteste.

(2) Loyseau parle toujours *des rang et qualité* et non *du titre* de prince.

montrer au cardinal son imprudence et sa coupable cré-
dulité, Louis XVI n'eut qu'à lui rappeler que les rois et
reines de France ne signaient jamais que de leur prénom
seul [1].

Jusqu'à son élévation au trône, le fils aîné du roi se
qualifiait Dauphin ; c'est à la condition que l'héritier de
la couronne porterait ce titre qu'Humbert III, dernier
seigneur du Dauphiné, avait, en 1343, cédé cette province à
la France. Il s'en faut toutefois que ce titre ait toujours été porté par le fils aîné du roi depuis la cession
du Dauphiné [2].

Les fils puînés du roi, si nous en croyons Loyseau, ne
prenaient plus, au début du xviie siècle, le surnom de
« France » dont ils faisaient précédemment usage ; ils portaient seulement « leur propre nom », c'est-à-dire leur
prénom, qu'ils faisaient suivre de la qualité de « fils de
France » ; puis, dès qu'un apanage avait été constitué à
leur profit, ils en prenaient le nom titré [3]. On constate
cependant, contrairement à l'assertion de Loyseau, que

(1) Labori, *L'affaire du collier*, Discours prononcé à la séance de rentrée
de la conférence des avocats, Paris, 1888.

(2) M. de Wailly, *Éléments de paléographie*, p. 185. — Le vrai titre du fils
aîné du roi était « Dauphin de Viennois ».

(3) *Ordres*, VI, no 47. — Loyseau rapporte (*Ibid*, no 54) « que, sous le roi
d'à présent, pour ce qu'on a différé le baptême de ses puînés, on leur a baillé
les noms d'Orléans et d'Anjou, bien qu'ils ne soient pas encore concédés en
apanage. » Les princes dont il est question dans ce passage sont les deux fils
puînés d'Henri IV, qui reçurent les noms de duc d'Orléans et de duc d'Anjou.
Le premier mourut le 6 novembre 1611, avant que des prénoms lui eussent été
donnés, et son titre passa à son frère cadet, jusque-là duc d'Anjou, qui fut Gaston d'Orléans. Le nombre est très grand des enfants de France morts
sans avoir été baptisés, partant sans avoir reçu de prénoms. Ils étaient seulement ondoyés. Quant à l'usage dont Loyseau s'étonne, et qui consistait
à donner aux princes des noms titrés avant de leur constituer en apanage
les domaines correspondant à ces titres, il devait par la suite se généraliser.

le surnom de *France* continua, dans tout le cours des xviie et xviiie siècles, à être usité dans la famille royale ; il fut pris non seulement par les fils puînés des rois[1], mais encore par les enfants des différents Dauphins qui moururent sans monter sur le trône : le grand Dauphin et le duc de Bourgogne, fils et petit-fils de Louis XIV, et le Dauphin, fils de Louis XV. Ces princes ne se qualifiaient pas fils de France, mais portaient le nom même de France directement accolé à leur nom de baptême. A ce nom s'ajoutait celui du principal apanage qu'ils recevaient ; mais les princesses, au profit desquelles il n'en était pas constitué, n'avaient d'autre nom que celui de France : telles mesdames Adelaïde, Victoire, Sophie et Louise de France, filles de Louis XV[2].

Quant aux descendants des puinés de France, indépendamment du nom titré qu'ils empruntaient à l'apanage dont ils étaient personnellement gratifiés, ils portaient, en guise de nom patronymique, le nom de l'apanage de leur père : ce n'était pas le nom de France qui leur était transmis[3]. Ainsi les deux fils du comte d'Artois, frère de Louis XVI, titrés duc d'Angoulême et duc de Berry, s'appelaient Louis-Antoine d'Artois et Charles-Ferdinand d'Artois. Cet usage s'est même perpétué jusqu'à notre époque : le fils unique du duc de Berry, titré en naissant duc de Bordeaux, était dénommé

(1) Toutefois les enfants légitimés de Louis XIV reçurent seulement le nom de Bourbon, auquel s'ajoutèrent, pour chacun d'eux, divers noms titrés empruntés à des apanages.

(2) Les femmes de sang royal, d'après Loyseau, se qualifiaient princesses « et ne perdaient pas *leur rang et qualité* de princesses pour être mariées à des gens de moindre qualité. » (*Ordres*, VI, n° 52). Mais comme nom et titre proprements dits, elles n'en avaient pas d'autres que ceux de leurs maris.

(3) S'ils n'avaient pas droit au nom de *France*, la qualité de petit-fils et même de fils de France leur était parfois attribuée.

Henri Dieudonné d'Artois; car, malgré sa vocation éventuelle à la couronne, il n'était que le descendant d'un puîné de France. De même le nom patronymique de tous les descendants de Philippe, frère de Louis XIV, dont le principal apanage était le duché d'Orléans, est encore « d'Orléans ».

SECTION II

MODES D'ACQUISITION ET DE TRANSMISSION DES TITRES MODERNES

§ 1. — *Des titres du premier Empire.*

85. — La féodalité fut abolie dans la nuit du 4 août ; mais la noblesse avait fait plus volontiers le sacrifice de ses priviléges que de ses titres : les qualifications nobiliaires restèrent en usage, et Mirabeau lui-même trouvait puéril de déposer ses noms titrés pour se réduire à l'emploi de son nom patronymique, inconnu du public. La suppression effective des titres ne date que du décret des 19-23 juin 1790 ; elle fut réitérée dans la constitution de 1791[1] et sanctionnée par la loi des 27 septembre-16 octobre 1791. L'usage des anciens titres ne devait être rétabli que par la Charte.

86. — Dans l'intervalle, Napoléon, pour contrebalancer le prestige de l'ancienne monarchie, voulut entourer son trône de familles dont la richesse et le lustre égalassent ceux de la vieille noblesse : il institua de nouveaux titres[2].

(1) Cette constitution donnait le titre de *Prince royal* à l'héritier du trône.

(2) Voy. le préambule du statut du 1er mars 1808 : « L'objet de cette ins-

Ce n'était pas que les gentilshommes et les femmes
de qualité n'affluassent à la Cour. Si l'on ouvre l'annuaire
impérial pour l'année 1805, on y relève déjà, parmi les
noms des dames d'honneur de l'Impératrice, ceux de
Mmes Chastulé-La Rochefoucault, Octave Ségur, Turenne,
Montalivet, Bouillé, Lavalette, etc. Ainsi dépouillés de la
particule et du titre qui les décoraient, ces noms sont mé-
connaissables. Mais tant que dura l'Empire, les anciens
serviteurs des Bourbons, au service de Napoléon, ne purent porter d'autres titres que ceux qu'ils devaient à sa
faveur [1]. Ils justifiaient trop bien cette parole qu'on a
prêtée à l'Empereur : « Je leur ai montré le chemin de
l'honneur, et ils n'en ont pas voulu ; je leur ai ouvert mes
antichambres, et ils s'y sont précipités. »

Napoléon évita de se servir du mot *noblesse* qui eût ré-
veillé de fâcheux souvenirs ; d'ailleurs il ne créa rien qui
ressemblât à l'ancien ordre de la noblesse. Il organisa
seulement une hiérarchie de titres. Ces titres n'étaient
que de hautes distinctions, de pompeuses appellations ; et
les personnages qui en étaient investis ne jouissaient pas
d'exemptions ni de priviléges.

Mais l'institution des majorats, destinés à conserver la
richesse entre leurs mains, devait, en leur donnant l'influence et le prestige, les désigner aux charges publiques.

titution est non seulement d'entourer notre trône de la splendeur qui convient à sa dignité, mais encore de nourrir au cœur de nos sujets une louable
émulation, en perpétuant d'illustres souvenirs et en conservant aux âges futurs
l'image toujours présente des récompenses qui, sous un gouvernement juste,
suivent les grands services rendus à l'État. »

(1) Le duc de Montmorency accepta en 1810 le titre de duc de l'Empire;
un Bauffremont, un Noailles, un Cossé-Brissac, un Mortemart furent faits
comtes ; un Clermont-Tonnerre et un Montalembert reçurent le titre de baron
(Borel d'Hauterive, *Annuaire de la noblesse*, 1847, p. 377).

Après avoir créé les grandes dignités de l'Empire par le sénatus-consulte du 28 floréal an XII [1], et réglé, par le décret du 24 messidor an XII, le rang et l'ordre de préséance des grands dignitaires dans les réunions publiques, Napoléon, par plusieurs décrets datés du 30 mars 1806, tailla en pays conquis de grands fiefs (principautés ou duchés) qu'il se réservait de distribuer à ses parents et à ses serviteurs : ce qu'il fit par des décrets en date du même jour et par des décrets postérieurs du 5 juin. Les titulaires de ces fiefs avaient droit au titre de prince ou de duc, qu'ils portaient en tête du nom du fief [2] ; ils percevaient les revenus du domaine et exerçaient quelques-uns des droits de la souveraineté [3]. Ces fiefs et les titres y afférents étaient transmissibles aux enfants naturels et légitimes de leurs titulaires, par ordre de primogéniture [4]. Par ces mots : enfants *naturels et légitimes*, Napoléon n'entendait pas mettre sur le même pied la postérité légitime et les enfants naturels, mais il excluait les enfants adoptifs pour n'appeler que les enfants légitimes par le sang.

87. — La noblesse impériale ne date, à proprement parler, que de deux décrets du 1er mars 1808 : le premier

---

(1) Ce sénatusconsulte donnait en outre le titre de *Princes français* aux membres de la famille impériale, et le titre de *Prince impérial* au fils aîné de l'Empereur.

(2) La femme de l'un d'eux pouvait s'écrier avec vérité : « C'est nous qui sont les princesses. »

(3) On a rangé parfois les fiefs créés par Napoléon Ier dans la catégorie des Etats mi-souverains.

(4) L'article 896 du Code civil prohibe les substitutions ; mais un alinéa ajouté à ce texte dans l'édition de 1807 réserve expressément la transmission des biens formant la dotation d'un titre héréditaire, « ainsi qu'il est réglé par l'acte impérial du 30 mars 1806 et par le sénatus-consulte du 14 août suivant ». Ce sénatus-consulte créait le majorat de la princesse Borghèse (Voy. n° 87, note).

rétablissait les titres de prince et d'altesse sérénissime, de duc, comte, baron et chevalier, attribués de plein droit aux titulaires de certaines fonctions publiques [1], ou susceptibles d'êtres conférés à ceux auxquels il plairait à l'Empereur de les concéder [2] ; le même décret soumettait la transmission de ces titres à la formation de majorats. Le second décret portait réglementation des majorats. Ils pouvaient consister en une dotation accordée par l'Empereur en même temps que le titre ; ils étaient dits alors majorats de propre mouvement. Sinon ils étaient formés à la requête des personnes investies des titres, et de leurs biens propres : c'étaient les majorats sur demande [3].

Les titres attachés à certaines fonctions publiques, à la différence de ceux auxquels donnait droit l'investiture d'un des grands fiefs de l'Empire, se portaient en tête des noms

(1) Article Ier, 4, 8, 11. — Les titres impériaux étant énumérés dans l'article Ier par ordre d'importance, la hiérarchie de ces titres est certaine.

(2) Les articles 10 et 13 énumèrent certaines fonctions auxquelles aucun titre n'était attaché de plein droit, mais dont les titulaires, spécialement désignés à la faveur impériale, devaient bénéficier de concessions individuelles.

(3) Le majorat pouvait être formé, soit en immeubles, soit en rentes sur l'État ou en actions de la Banque de France immobilisées. Les majorats immobiliers n'avaient d'ailleurs rien de commun avec les domaines autrefois érigés en dignité, ni avec les fiefs de l'Empire créés en 1806 ; ils constituaient seulement un capital destiné à procurer aux détenteurs successifs du titre les ressources nécessaires pour tenir leur rang. Les grands fiefs de l'Empire furent du reste remplacés par des majorats quand leur territoire eut été restitué aux puissances étrangères. Sous le règne même de Napoléon, dès 1806, la princesse Pauline, femme du prince Borghèse, ayant cédé au royaume d'Italie la principauté de Guastalla, un sénatus-consulte du 14 août 1806 (voy. art. 896, C. civ.) ordonna que le prix de cette cession servirait à l'acquisition, dans le territoire de l'Empire, d'immeubles qui se transmettraient héréditairement comme la principauté aliénée. Ce fut là le premier majorat. — Comp. la loi du 26 juillet 1821, qui déclara que les biens étrangers, formant des dotations, qui auraient été restitués aux puissances en vertu des traités de 1815, seraient remplacés par des pensions dites de donataires.

patronymiques : on n'avait garde de relier le titre au nom par la particule. Toutefois Napoléon conféra fréquemment à ses généraux des noms titrés empruntés aux champs de bataille où ils s'étaient illustrés : prince de Wagram, comte de Lobau. Il y avait là simple concession d'un nom titré, avec ou sans dotation, mais sans investiture d'un fief [1].

88. — La dévolution des titres créés en 1808 était subordonnée à la formation de majorats qui se transmettaient avec eux [2]. Les majorats avaient été institués incidemment et comme par surprise par le sénatus-consulte du 14 août 1806, qui réglait l'emploi du prix de la principauté de Guastalla, vendue par la princesse Borghèse au royaume d'Italie. Le second Décret du 1er mars 1808 les organisa sur une vaste échelle.

Il ne semble pas que le titre de prince, qui appartenait de droit aux grands dignitaires, pût être rendu transmissible par l'institution d'un majorat; les fils aînés des grands dignitaires pouvaient prendre seulement le titre de duc, quand avait été institué en leur faveur un majorat produisant vingt mille francs de revenu [3]. D'ail-

(1) On rencontre de même, sous le Gouvernement de juillet, la concession du titre de duc d'Isly et, sous le second Empire, des titres de duc de Malakoff, duc de Magenta, comte de Palikao. Bien que ces concessions de noms titrés fissent échec à la loi du 11 germinal an XI, sur les changements et additions de noms, nul ne protesta contre elles, parce que les noms concédés n'appartenaient à aucune famille existante. Dans la rigueur des principes, la collation de ces noms titrés nécessitait l'observation des formalités de la loi de germinal; le décret devait être rendu le conseil d'État entendu (Voy. nos 137 et 140).

(2) La dévolution de majorats s'opère par dérogation aux règles prohibitives des substitutions. Mais la deuxième édition du Code civil étant antérieure au statut de 1808 ne vise que les grands fiefs de l'Empire, et point les majorats (896 C. civ).

(3) Fixée à 20.000 francs de revenu, la valeur du majorat de duc est double de celle du majorat de comte (10000 fr.); le majorat de baron est à

leurs ce titre n'était pas le seul que les grands dignitaires pussent assurer à leurs fils aînés : ils étaient maîtres d'instituer en leur faveur de simples majorats de
comte ou de baron (art. 3).

Si le titre de prince, en tant qu'attaché aux grandes
dignités, était personnel [1], il n'était pas intransmissible
en soi. Il était héréditaire, au contraire, quand il résultait de la possession d'un des grands fiefs créés en 1806,
et, d'une manière plus générale, toutes les fois qu'il avait
été conféré avec constitution par l'Empereur d'un majorat de propre mouvement. Ce qui était impossible, c'était
la formation sur demande d'un majorat princier, car le
chiffre n'en était fixé nulle part.

Le décret du 1er mars 1808, concernant les titres, ne
disait pas que le titre de duc pût être rendu transmissible par la constitution d'un majorat sur demande, mais il
était à cet égard complété par l'art. 7 du décret concernant les majorats. A défaut de texte fixant la valeur de
ce majorat, il faut décider qu'il devait être égal à celui
dont la constitution assurait la transmission du titre de
duc au fils aîné d'un prince grand dignitaire.

Enfin les comtes et les barons rendaient leur titre
transmissible en justifiant d'un revenu de 30,000 fr., pour

___

son tour moitié moindre que celui de comte (5000 fr.); il y a là un système
harmonieux. (En ce sens Batbie, *Droit public et admin.*, tome II, p. 24,
n° 33) Il faut toutefois observer que le décret du 1er mars 1808, tel qu'il est
inséré au Bulletin des Lois, fixe au chiffre exorbitant de deux cent mille
francs le revenu des majorats de duc; c'est vraisemblablement par suite d'une
erreur typographique. En tous cas, ce chiffre de 200.000 francs est accepté
sans discussion par D ivergier (*Recueil des lois et décrets*), par Merlin dans
son *Répertoire de jurisprudence*, au mot *titres de noblesse*, par Dalloz enfin
dans son *Répertoire de législation*, au mot *noblesse*.

(1) Quant au titre d'Altesse, il est évident qu'il était personnel aux grands
dignitaires.

les comtes, et, pour les barons, de 15,000 fr., en biens
de la nature de ceux que devaient comprendre les
majorats, dont un tiers était affecté à la dotation du titre
(art. 6 et 9). Il était loisible aux comtes de former seulement un majorat de baron ; c'était alors ce titre qu'ils
transmettaient [1].

Le majorat créé, le titre ne devenait transmissible que
moyennant l'accomplissement de formalités prescrites par
les articles 17 à 24 et 37 à 39 du second décret de 1808,
textes relatifs à la délivrance, à la publication et à l'enregistrement des lettres patentes et au serment des titulaires.

89. — Le titre une fois rendu transmissible, au profit
de qui s'en opère la dévolution? Il passe « à la descendance directe et légitime, naturelle ou adoptive, de mâle
en mâle, par ordre de primogéniture » [2], de son premier titulaire. « A la descendance directe » : ces mots excluent la
transmission collatérale des titres ; ou du moins la dévolution en ligne collatérale n'en est possible, comme dans l'ancien droit, qu'au profit d'un descendant de leur premier titulaire. « A la descendance légitime, naturelle ou adoptive » : en ces termes, l'Empereur n'appelle pas à recueillir le titre un descendant quelconque, légitime, naturel ou
adoptif. La postérité naturelle est sans droit aux titres
de l'Empire, et le mot *naturelle*, dans le texte précité, est
employé en vue d'opposer les descendants par le sang
aux enfants adoptifs. Ces derniers pouvaient recueillir
les titres ; mais l'adoption n'était possible au porteur d'un
titre, et la transmission d'un titre n'était permise au profit

---

(1) Art. 7 du décret concernant les titres.—L'acquisition et la transmission du
titre de chevalier, obéissant à des règles particulières, seront étudiées plus
loin. Voy. nos 92 à 95.

(2) Art. 35 du deuxième décret. Cf. art., 2, 5 et 10 du premier décret.

d'un enfant adopté avant sa collation, qu'avec l'autorisation de l'Empereur [1]. Nous avons dit que les enfants adoptifs semblaient avoir été exclus du droit de recueillir les titres attachés à la possession des grands fiefs de l'Empire ; mais, sans aucun doute, la dévolution en fut possible à leur profit, à partir de 1808, aux conditions fixées pour les titres accompagnés de majorats.

En appelant les descendants de mâle en mâle par ordre de primogéniture, l'article 35 exclut de la succession au titre aussi bien les descendants par les femmes que les filles descendant par les mâles des possesseurs du titre : et cela à la différence de ce que nous avons constaté pour les titres anciens que les filles recueillent à défaut de descendants mâles.

Enfin c'est à l'aîné des enfants mâles que le titre est dévolu [2]. Point de doute qu'une fois rendu héréditaire, le titre se transmette par ordre de primogéniture. Mais il résulte des articles 3 et 7 du statut de 1808 que le premier possesseur d'un titre, à qui il appartenait d'en assurer la dévolution, pouvait transmettre à *son fils aîné ou puîné* un titre inférieur au sien : « Les grands dignitaires pourront instituer pour leur fils aîné ou puîné des majorats auxquels sont attachés les titres de comte et de baron. » (Art. 3 ; Cf. art. 7) Est-ce à dire qu'un grand dignitaire, un duc, un comte pût, à son choix, laisser un titre soit à son fils aîné, soit à son fils puîné ? Les articles 3 et 7 ainsi compris seraient peu compatibles avec l'article 2, qui suppose qu'un grand dignitaire ne peut

(1) Art. 36. On peut se demander si l'Empereur se réservait le droit d'autoriser la dévolution d'un titre à un enfant adoptif au détriment d'un descendant par le sang né depuis l'adoption.

(2) Les archevêques et évêques transmettaient leurs titres à un de leurs neveux.

laisser le titre de duc qu'à son fils aîné. Voici comment se concilient ces dispositions. Un grand dignitaire ne pouvait transmettre le titre de duc qu'à son fils aîné; c'était également à son fils aîné et à lui seul qu'un duc, qu'un comte était maître de laisser le titre même dont il avait été investi. S'il n'avait pas des ressources suffisantes pour former le majorat requis, il ne lui transmettait qu'un titre inférieur. Enfin, et à la condition d'avoir au préalable assuré la transmission de son titre à son fils aîné, il lui était possible de laisser à son fils puîné un titre inférieur. Mais il ne faudrait pas croire, comme la lecture des articles 3 et 7 pourrait le faire supposer, qu'il fût loisible aux princes, aux ducs et aux comtes de laisser, soit à leur fils aîné, soit à leur fils puîné, ou à tous deux ensemble, un titre inférieur à celui dont ils étaient investis; jamais un fils puîné ne pouvait recueillir de titre au détriment de son frère aîné, c'est-à-dire quand un majorat n'assurait pas à ce dernier le titre même conféré à son père [1].

90. — Un décret du 4 juin 1809, concernant la transmission et la cumulation des titres, permit au fils aîné d'un prince grand dignitaire, au profit duquel avait été formé un majorat de duc (art. 2 du 1er statut de 1808), de porter, du vivant même de son père, le titre de duc auquel jusque-là il n'avait droit qu'à la mort de ce dernier. De même le fils d'un duc était admis à porter le titre de comte, et celui d'un comte, le titre de baron, après que l'institution d'un majorat lui avait assuré la

(1) Voy. art. 38 du D. de 1808 qui impose l'obligation du serment à celui qui recueille un majorat. Add. les formalités prescrites par les art. 14 et 15 du D. du 4 mai 1809. Ces obligations s'imposaient à quiconque héritait d'un titre, quand la transmission des titres allait nécessairement de pair avec celle d'un majorat.

transmission du titre paternel 1. Cette règle est formulée en termes généraux par l'article 10 du décret du
5 mars 1810 : « Le fils du titulaire d'un majorat dont la
transmission lui aura été assurée par nos lettres patentes portera le titre immédiatement inférieur à celui
du majorat. » Cette disposition est plus large que celle du
décret de 1809, en ce qu'elle permet au futur titulaire
d'un majorat de baron de prendre le titre de chevalier.
Le même texte accorde le titre de chevalier aux fils puînés des titulaires de majorats, mais personnellement et à
titre viager, non pas héréditairement.

91. — Le décret du 4 juin 1809 réglait en outre la
cumulation des titres (art. 1 à 4). Celui à qui avaient été
conférés plusieurs titres portait le plus éminent, et ne
pouvait les cumuler, à moins d'avoir obtenu la formation
d'un majorat. Il suffisait d'ailleurs, pour porter plusieurs
titres cumulativement, d'avoir institué un seul majorat.
Mais la transmission de titres multiples était subordonnée à la création d'un nombre égal de majorats. Dans ce
cas, ou bien les titres passaient cumulativement à l'aîné
des mâles, ou bien ils se partageaient entre les descendants du titulaire suivant les termes des lettres patentes
(art. 2). C'est ainsi qu'on a vu les descendants du maréchal Ney se partager les titres de prince de la Moskowa
et de duc d'Elchingen 2.

(1) Art. 5.

(2) Les lettres patentes du 25 mars 1813, qui conféraient le titre de prince
de la Moskowa à Ney, déjà duc d'Elchingen depuis 1808, portaient que ces deux
titres ne pourraient être réunis sur le même titre. Le prince de la Moskowa,
fils aîné du maréchal, étant mort sans laisser de descendants mâles, et le duc
d'Elchingen (fils de son frère puîné) n'ayant pas manifesté l'intention d'échanger son titre contre celui de prince de la Moskowa, ce dernier titre fut relevé
par décret du 22 septembre 1857 au profit du troisième fils du maréchal, qui
se qualifiait jusque-là comte Ney. C'est ainsi que le titre le plus éminent
du maréchal Ney n'appartient pas à la branche aînée de sa famille.

L'article 4 suppose que deux titres se réunissent sur la même tête ; en pareil cas, le cumul n'est possible qu'après vérification par le Conseil du sceau [1].

92. — L'acquisition et la transmission du titre de chevalier, obéissant à des règles particulières, demandaient des développements spéciaux.

Aux termes de l'article 11 du décret du 1er mars 1808, le titre de chevalier appartenait de droit à tous les membres de la Légion d'honneur. Il n'était pas spécialisé, comme aujourd'hui, et exclusivement affecté aux membres les moins élevés dans la hiérarchie de l'ordre ; après les officiers de la Légion d'honneur, venaient non pas les chevaliers mais les *Légionnaires*. Tous les membres de la Légion d'honneur, quel que fût leur grade, pouvaient se qualifier chevaliers.

La transmission du titre de chevalier à la descendance mâle par ordre de primogéniture des membres de la Légion d'honneur ne nécessitait pas la formation d'un majorat : ce titre devenait transmissible moyennant l'obtention par tout membre de la Légion d'honneur de lettres patentes dont la délivrance était subordonnée à la justification d'un revenu de 3000 francs (art. 12).

Le décret du 3 mars 1810 modifia profondément les règles d'acquisition et de transmission du titre de chevalier. Il ne fut plus exclusivement attaché à la nomination dans l'ordre de la Légion d'honneur : il appartint de droit, jusqu'à la mort de leur père, aux fils aînés des barons de l'Empire, et aux frères puînés des titulaires de majorats (art. 10). En outre, l'empereur se réserva,

---

(1) Les titres de prince d'Essling et de duc de Rivoli s'étaient partagés entre les deux fils de Masséna, le duc de Rivoli, à la mort de son frère aîné, recueillit le titre de prince d'Essling avec la dotation qui en assurait la dévolution.

dans l'article 21, la faculté d'accorder le titre de chevalier de l'Empire à ceux de ses sujets qui auraient bien mérité de l'État et de lui : comme par le passé, c'était par voie de nomination dans la Légion d'honneur qu'il leur conférait ce titre [1].

Un membre de la Légion d'honneur ne pouvait transmettre son titre à sa descendance mâle, par ordre de primogéniture, qu'autant qu'il avait obtenu des lettres patentes de chevalier, qu'il avait reçu une dotation de l'Empereur et qu'il n'était pas investi d'un autre titre impérial ; ses descendants devaient en outre obtenir la confirmation du titre de chevalier. Toutefois, après trois confirmations successives, la transmission du titre s'opérait sans autre formalité que le simple visa du Conseil de Sceau. Enfin les descendants d'un Légionnaire n'avaient pas besoin d'obtenir cette confirmation, quand ils avaient été eux-mêmes promus dans la légion d'honneur (art. 22 du décret de 1810).

Une dotation impériale était-elle pour tout membre de la Légion d'honneur une condition essentielle de la dévolution de son titre ? On peut croire que cette dotation était destinée à remplacer le revenu de 3000 francs que ne possédaient pas les légionnaires trop pauvres ; mais qu'à défaut de dotation la justification de ce revenu assurait la dévolution du titre : sur ce point spécial, l'article 12 du décret de 1808 n'aurait pas été abrogé mais complété par le décret de 1810. Nous lisons en effet dans des lettres du 22 mars 1814, conférant au sieur de Mortemart de Boisse, membre de la Légion d'honneur, le titre de chevalier, que l'impétrant « avait prouvé qu'il possédait le revenu exigé par les statuts »

(1) Arg. art. 22.

Il n'est nullement fait mention d'une dotation que lui aurait accordée l'Empereur [1]. Toutefois, à s'en rapporter au préambule d'une ordonnance des 8-14 octobre 1814, la dotation impériale serait devenue en 1810 une condition *sine qua non* de la dévolution du titre de chevalier : « Par l'article 22 du décret du 3 mars 1810, la transmissibilité de titre de chevalier a été restreinte à l'aîné de ceux qui auraient réuni une dotation à ce titre.... sans que ce même décret ait prévu le sort du titre des chevaliers non dotés ». Mais le gouvernement de la Restauration ne saurait passer pour l'interprète autorisé des statuts du premier Empire. La valeur de la dotation pouvait d'ailleurs n'être que de 500 francs.

93. — Une lettre du 27 juin 1810, adressée par M. de Lacépède à un officier qui l'avait consulté sur le port du titre de chevalier, nous renseigne à cet égard : « Tous les membres de la Légion d'honneur portent le titre de chevalier. Ils peuvent faire précéder leur nom de ce titre ou comprendre le titre de chevalier de l'Empire parmi leurs qualités. Mais les dénominations relatives à la Légion d'honneur restent toujours les mêmes, et les membres de notre institution ne doivent pas cesser de se qualifier des titres de grand officier, commandant, officier et légionnaire ou membre de la Légion d'honneur ». Il est vraisemblable que les légionnaires faisaient figurer le titre de chevalier en titre de leur nom, quand ils n'en avaient pas d'autre plus éminent; sinon ils l'énonçaient parmi leurs qualités. C'est de la même manière que les descendants des légionnaires portaient ce titre.

La faculté reconnue par M. Lacépède aux membres de la Légion d'honneur, de porter avant ou après leur nom

(1) En sens contraire, *M. Lévesque. D. nob. fr. au XIX° siècle*, n° 149.

le titre de chevalier, ne leur fut pas conservée : un avis du Conseil du sceau du 19 avril 1813 réserva aux légionnaires qui avaient obtenu des lettres patentes le droit de faire figurer en tête de leur nom le titre de chevalier. Le même droit était implicitement reconnu à leurs descendants.

94. — Pour exposer dans leur ensemble les règles d'acquisition et de transmission du titre de chevalier, nous rapprocherons des décrets du premier Empire l'ordonnance des 8-14 octobre 1814, par laquelle Louis XVIII, « voulant attacher à une institution destinée à perpétuer dans les familles le zèle pour le bien de l'État un mode d'hérédité plus conforme aux anciennes lois et usages qui régissaient la noblesse du royaume, et déjà établi pour l'ordre de Saint-Louis », bouleversa complétement cette matière :

Article 1er. « Il continuera à être expédié des lettres patentes conférant le titre personnel de chevalier et des armoiries aux membres de la Légion d'honneur qui se retireront à cet effet devant le Chancelier de France, et qui justifieront qu'ils possèdent un revenu net de 3.000 fr. au moins, en biens immeubles situés en France ».

Article 2. « Lorsque l'aïeul, le fils et le petit-fils auront été successivement membres de la Légion d'honneur, et auront obtenu des lettres patentes, conformément à l'article précédent, le petit-fils sera noble de droit et transmettra sa noblesse à toute sa descendance ».

Si le préambule de l'ordonnance de 1814 ne visait pas les décrets de 1808 et de 1810, on pourrait douter qu'elle eût trait à la transmission du titre de chevalier. Elle prétend en effet raviver « les anciennes lois et usages régissant la noblesse du royaume », et rappelle notamment les règles établies pour l'ordre de Saint-Louis; or jamais, dans l'ancien droit, la transmissibilité du titre de chevalier n'avait été consacrée au profit de la descendance des chevaliers de Saint-Louis ; et le préambule de l'ordonnance de 1814 fait assurément allusion à l'édit de novembre 1750, qui conférait la noblesse transmissible aux descendants de trois officiers, quand tous trois, aïeul, fils et petit-fils, avaient été faits chevaliers de Saint-Louis [1] ; mais les descendants de ces trois chevaliers étaient simples nobles et n'avaient droit qu'au titre d'écuyer [2].

A s'attacher au titre de l'ordonnance de 1814 et à la teneur de ses dispositions, on peut croire que son objet était identique à celui de l'édit de 1750 ; qu'elle conférait la simple noblesse transmissible aux descendants de trois chevaliers de la Légion d'honneur. D'après son titre même, cette ordonnance « prescrivait les justifications à faire pour l'expédition et la délivrance de lettres patentes conférant le titre *personnel* de chevalier aux membres de la Légion d'honneur, et déterminait le cas dans lequel *la noblesse leur était acquise héréditairement* ». Son article 2 réglait la *transmission de la noblesse* à la descendance de trois chevaliers de la Légion d'honneur. On pourrait donc prétendre, à ne consulter que cette ordonnance, que Louis XVIII avait supprimé les chevaliers héréditaires, pour réduire les descendants de trois membres de la Légion d'honneur à la condition de simples nobles. Mais une autre ordonnance en date des mêmes jours (8-14 octobre 1814), portant règlement des droits de sceau à percevoir en cas de délivrance de lettres patentes, nous révèle la véritable portée des dispositions qui nous occupent : « Les lettres patentes de che-

---

(1) Voy. n° 81.

(2) En sens contraire, M. Lévesque, *Droit nobl. fr. au XIX° s.*, n° 149.

valier que nous jugerons à propos d'accorder aux membres de la Légion d'honneur, *ne donnant ce titre héréditairement qu'à la troisième génération*, ne sont soumises
qu'au droit de soixante francs [1] ». Ainsi l'ordonnance
d'octobre 1814 avait un double objet : elle conférait, à
titre transmissible, aux descendants de trois chevaliers
de la Légion d'honneur et la noblesse et la qualité de
chevalier [2]. Sans doute Louis XVIII entendait-il concéder
la noblesse à tous les descendants du chevalier anobli
le titre de chevalier ne devant passer qu'à sa descendance mâle par ordre de primogéniture.

Les conditions auxquelles l'ordonnance de 1814 subordonnait la transmission du titre de chevalier étaient empruntées à la fois au décret de 1808 et au décret de 1810.
Comme le décret de 1808, elle exigeait la délivrance de
lettres patentes et la justification d'un revenu de 3000
francs ; comme le décret de 1810, elle voulait que pendant plusieurs générations successives le titre de chevalier fût maintenu dans la même famille. Mais l'ordonnance
de 1814 exigeait que l'aïeul, le fils et le petit-fils fussent
tous trois décorés de la Légion d'honneur ; le décret de
1810 au contraire permettait que le titre de chevalier fût
confirmé au profit du fils, du petit-fils et de l'arrière petit-
fils des légionnaires, sans exiger qu'ils fussent personnellement investis de cet ordre. En outre, d'après le décret
impérial, il fallait quatre collations ou confirmations suc-

(1) Art. 3.
(2) La qualification de chevalier n'impliquait donc pas, au profit des membres de la Légion d'honneur, la possession de la noblesse, puisque l'anoblissement n'était accordé qu'à la descendance de trois chevaliers successifs. La
qualité de simple noble, en conclurons-nous, l'emportait sur celle de chevalier ; et en effet les droits de sceau perçus à l'occasion de la délivrance de lettres d'anoblissement étaient de 600 francs, et de 60 francs seulement en cas
de collation du titre de chevalier.

cessives du titre de chevalier ; d'après l'ordonnance royale, il suffisait de trois nominations dans la Légion d'honneur.

95. — Les conditions auxquelles le décret de 1810 et l'ordonnance de 1814 subordonnaient la transmissibilité du titre de chevalier n'ayant jamais été remplies, il semble que ce titre ne puisse être revendiqué par aucun descendant des membres de la Légion d'honneur [1]. Cependant, sous le second Empire, et même sous le gouvernement de la troisième République, la chancellerie a fréquemment accordé la confirmation du titre héréditaire de chevalier aux descendants de légionnaires qui, sous le premier Empire ou la Restauration, avaient obtenu des lettres patentes de chevalier.

Le titre de chevalier appartient en outre de nos jours, mais personnellement et non héréditairement, aux frères puînés de tout possesseur d'un titre impérial, et à l'héritier présomptif du titre de baron de l'Empire, du vivant de son père (Décret du 3 mars 1810, art. 3 et 10).

Enfin nous avons indiqué dans quelles circonstances le titre de chevalier pouvait être reconnu aux descendants des personnages investis autrefois de la haute noblesse [2].

_____

(1) On peut supposer que, dans l'intervalle du 1er mars 1808 au 3 mars 1810, certains membres de la Légion d'honneur aient transmis leur titre par application de l'article 12 du décret de 1808, ou aient rempli les formalités prescrites par ce texte. Nous ne saurions dire si la transmission de leur titre a été rétroactivement soumise par la chancellerie aux conditions prescrites par le décret de 1810.

(2) Voy. n° 82.

§ 2. — *Des titres conférés sous la Restauration, le Gouvernement de juillet et le second Empire.*

96. — L'article 71 de la charte portait : « La noblesse ancienne reprend ses titres ; la nouvelle conserve les siens. Le roi fait des nobles à volonté [1]... »

Les titres de l'empire étaient donc reconnus ; leurs règles de transmission étaient maintenues [2]. Quant aux anciens titres, leurs règles, qui n'avaient jamais été rigoureusement obéies, étaient devenues plus incertaines encore depuis la Révolution ; l'émigration et la destruction des archives des familles avaient facilité les usurpations. Aussi une ordonnance du 16 juillet 1814 organisa-t-elle une Commission du sceau chargée de connaître des demandes en vérification de titres ; une autre ordonnance des 8-14 octobre détermina les droits à percevoir à l'occasion de la délivrance des lettres patentes de confirmation ou de collation de titres.

Les deux noblesses subsistaient donc côte à côte, obéissant chacune à des règles différentes. Elles ne restèrent cependant pas absolument distinctes. Louis XVIII conféra des titres à des personnages qui avaient déjà été titrés par l'Empire ; il accorda notamment à d'anciens serviteurs de Napoléon le titre de marquis que les statuts de 1808 n'avaient pas restauré. Nous verrons qu'en outre l'élévation à la pairie de possesseurs de titres de l'Em-

(1) Nous ne citons que pour mémoire un décret du 13 mars 1815, par lequel Napoléon, pendant les cent jours, remit en vigueur les décrets de la Constituante et prononça l'abolition des titres féodaux.

(2) L'Autriche, en 1818, tenta vainement d'obtenir par la voie diplomatique la suppression des titres impériaux.

pire a soustrait ces titres à l'application des règles auxquelles ils avaient d'abord été soumis.

Quant aux nobles d'ancien régime que la faveur impériale avait gratifiés de titres, presque tous les délaissèrent pour reprendre leurs anciennes dignités [1].

97. — Les premiers titres de noblesse concédés par le roi étaient personnels ou héréditaires suivant la teneur des lettres patentes ; l'institution d'un majorat n'était pas une condition de leur transmissibilité [2]. Mais bientôt l'ordonnance des 25 août-4 septembre 1817 décida qu'à l'avenir nul ne serait appelé à la Chambre des Pairs, s'il n'avait au préalable formé un majorat (art. 1er). La valeur de ce majorat, fixée par l'article 2, était proportionnée à l'éminence du titre auquel la pairie était attachée [3]. Ce majorat devait se transmettre à perpétuité, avec le titre de pair, à la descendance mâle, par ordre de primogéniture, de son fondateur (art. 3). L'article 9 invitait les pairs actuels à former des majorats analogues, sans subordonner à leur constitution la transmission de la pairie, et l'article 10 permettait de constituer ces majorats successivement et par parties.

(1) M. de Caulaincourt cependant conserva ses deux titres qui se sont partagés entre ses fils. L'aîné fut duc de l'Empire (duc de Vicence), et le cadet, marquis d'ancien régime (marquis de Caulaincourt).

(2) On a contesté à Louis XVIII le droit de conférer des titres héréditaires sans formation de majorats (Dalloz, alph. *Usurp. de titres*, n° 63). On ne voit pas en quoi il était lié par les statuts de 1808. Quel serait d'ailleurs le sens de l'ordonnance du 10 février 1824, si dès auparavant la constitution d'un majorat avait été une condition de la transmission des titres ?

(3) La hiérarchie des titres de la pairie se trouvait par là même fixée indirectement. Toutefois les marquis et les comtes, les vicomtes et barons étaient astreints à former des majorats d'égale importance. Cf., pour la fixation de la valeur respective des titres, l'ordonnance des 8-14 novembre 1814 qui, quant aux droits de sceau exigibles en cas de délivrance de lettres patentes, assimilait les titres de comte et de marquis, mais non ceux de vicomte et de baron.

Pour bien comprendre la portée de l'ordonnance de 1817, il faut faire une distinction entre la dignité de pair et le titre auquel la pairie était attachée. Tout membre de la Chambre haute était nécessairement titré ; une ordonnance du 19 août 1815, dans son article 5, déclarait que les lettres patentes de nomination d'un pair porteraient toujours collation d'un titre. Mais, au début de la Restauration, les membres de la pairie furent généralement appelés à la Chambre haute sous un titre qui leur appartenait déjà[1]. En pareil cas, la constitution d'un majorat assurait seulement la transmission de la pairie Mais quand un nouveau pair, non titré, était gratifié d'un titre ; ou quand il était investi d'un titre plus élevé que le sien, la formation d'un majorat était une condition nécessaire de la transmission et de ce titre et de la pairie.

98. — L'ordonnance relative aux majorats à instituer par les pairs ne changeait pas les règles traditionnelles de dévolution des titres ; elle subordonnait seulement la transmission des titres de la pairie à une condition qui devait bientôt être généralisée.

Au contraire, une autre ordonnance, en date des mêmes jours (24 août-4 septembre 1817), également spéciale aux membres de la pairie, dérogeait gravement au principe fondamental de l'indivisibilité des titres. Aux termes de l'article 12 de cette ordonnance, le fils aîné d'un membre de la pairie portait, du vivant de son père, le titre immédiatement inférieur à celui de ce dernier ; les fils puînés de tous les pairs portaient le titre immédiatement inférieur à celui

---

(1) Une ordonnance du 14 août 1819 décida que tout nouveau pair serait créé sous le titre de baron, et pourrait s'élever par degrés à un titre plus élevé ; mais la nomination d'un baron-pair ne préjudiciait pas au titre qui pouvait lui appartenir de droit.

de leur aîné. Il y avait là une disposition analogue à celles des décrets du 4 juin 1809 et du 3 mars 1810, avec cette différence que tous les puînés des possesseurs de titres de l'Empire n'avaient jamais droit qu'au titre de chevalier.

D'ailleurs on ne s'entendit jamais sur le sens de l'article 12 précité. Que fallait-il entendre par frère aîné ? Tous les fils d'un pair avaient-ils droit au titre immédiatement inférieur à celui de leur aîné, héritier présomptif de la pairie, de telle sorte que, le fils aîné d'un duc et pair étant marquis, tous ses puînés fussent comtes ? Ou bien chaque fils de pair devait-il porter le titre inférieur à celui de son frère né avant lui, si bien que, dans la même famille, tous les titres allassent s'échelonnant, depuis celui de duc jusqu'à l'appellation de chevalier ?

On se demandait en outre si, à la mort d'un membre de la Chambre haute, quand son titre et sa pairie passaient à son fils aîné, son fils cadet relevait le titre jusque-là porté par son aîné ; si, par suite, tous les puînés s'élevaient d'un degré dans la hiérarchie des titres.

La première de ces deux questions est probablement insoluble. La seconde, au contraire, n'est pas douteuse : c'était en qualité de *fils de pairs* que les fils puînés des membres de la Chambre haute étaient investis d'un titre; l'élévation de leur frère aîné à la pairie ne pouvait être pour eux l'occasion de prendre un titre plus élevé, auquel ils n'auraient pu prétendre qu'en qualité de frères de pairs. Aussi n'hésitons-nous pas à déclarer que les titres des fils de pairs étaient purement personnels et viagers, comme la qualité même à laquelle ils étaient attachés.

L'élévation à la pairie de personnages titrés par l'Empereur modifia dans une certaine mesure la nature de leurs titres, qui furent soustraits à l'application des statuts de 1808, et soumis aux réglements applicables aux titres de la pairie. C'est ainsi qu'on a vu les enfants de ducs ou de comtes de l'Empire s'attribuer, conformément à l'article 12 de l'ordonnance de 1817, les titres de marquis et de vicomte que Napoléon n'avait pas empruntés à l'ancien régime [1]. En outre, la hiérarchie des titres de la pairie ne comportant pas celui de prince, les princes du premier Empire furent appelés à la Chambre haute sous la qualification de princes-ducs.

L'ordonnance de 1817 a bouleversé dans les familles de pairs les règles traditionnelles de la transmission des titres; et c'est bien à tort que M. du Miral, rapporteur de la loi du 28 mai 1858, a prétendu qu'elle avait ravivé les usages de l'ancienne monarchie. En fait la Restauration a méconnu un principe fondamental du droit nobiliaire; mais la règle qu'elle a posée a été volontiers acceptée et trop facilement étendue. L'ordonnance de 1817 a été et est encore le prétexte d'usurpations sans nombre. Les enfants des nobles titrés se partagent aujourd'hui le titre paternel; chacun d'eux porte le titre immédiatement inférieur à celui de leur aîné, et cela dans des familles qui n'ont jamais appartenu à la pairie, dans des familles titrées par l'Empereur! Ceux qui s'emparent ainsi de titres auxquels ils n'ont pas droit ne s'exposent à rien moins qu'aux rigueurs de l'article 259 du Code pénal. A plus forte raison les pénalités en sont-elles applicables dans les familles où tous les enfants prennent le titre même de leur père, du vivant de celui-ci. La portée de l'ordonnance de 1817 est cependant facile à déterminer : même dans les familles qui ont appartenu à la pairie, le fils aîné ne peut plus s'attribuer le titre immédiatement inférieur à celui de son

(1) D'où le titre de marquis usité dans les familles de Massa et de Montebello.

père, ni les fils puînés, le titre inférieur à celui de leur aîné. Il leur est seulement permis de conserver les titres que la qualité de fils de pair leur a permis de prendre, à titre purement viager, dès avant 1830. Les fils des pairs du Gouvernement de juillet ne peuvent invoquer le bénéfice de l'ordonnance de 1817, une loi du 29 décembre 1831 ayant abrogé tous les documents législatifs antérieurs relatifs aux titres de la pairie.

99. — L'ordonnance de 1817, sur les majorats à instituer par les pairs, ne fut pas obéie. Une ordonnance des 5-18 mars 1819 dut appeler à la Chambre haute soixante nouveaux pairs qui n'avaient pas au préalable formé le majorat prescrit ; mais la transmission de leur pairie était subordonnée à la constitution ultérieure d'un majorat [1]. A plus forte raison les anciens pairs, pour lesquels les majorats n'étaient par obligatoires, n'eurent-ils garde d'en former. En dépit de la défaveur avec laquelle avait été accueillie cette institution, une ordonnance du 10 février 1824 subordonna à la création d'un majorat la transmission de tout titre ultérieurement concédé. La valeur de la dotation destinée à rendre un titre transmissible pouvait être inférieure de moitié à celle du majorat dont la constitution était imposée au pair investi du même titre. Le titre de marquis, quant au chiffre de la dotation, était assimilé à celui de comte ; le titre de vicomte, à celui de baron. Une ordonnance du 21 juin 1829 vint fixer à un chiffre différent la dotation afférente à chaque titre : on peut dire que dès lors la hiérarchie des titres était fixée.

(1) L'article 2 de cette ordonnance dérogeait en termes exprès à l'ordonnance de 1817. Une ordonnance postérieure des 23 décembre 1823–1er janvier 1824, portant nomination de nouveaux pairs, déclarait au contraire qu'ils ne seraient admis dans la Chambre haute qu'après institution d'un majorat, ou en justifiant d'une pension de 12000 francs à eux faite par le roi.

Les termes de l'ordonnance de 1824 étaient impératifs et ses dispositions absolument obligatoires : seule la constitution d'un majorat a pu rendre transmissible les titres créés dans l'intervalle de cette ordonnance à la loi du 12 mai 1835, qui interdit, pour l'avenir, l'institution de nouveaux majorats et prépara l'extinction des majorats existants. Etudions donc les conséquences du défaut de constitution de majorats sur la dévolution des titres : ce que nous allons dire est à la fois applicable à tous les titres impériaux, sans distinction, et aux titres conférés par la Restauration et le Gouvernement de juillet de 1824 à 1835.

1° Tout titre s'est éteint en la personne de son premier titulaire décédé sans avoir institué le majorat nécessaire pour en assurer la transmission.

2° Est également demeuré intransmissible le titre conféré à une personne qui n'avait pas encore formé de majorat quand la loi de 1835 a été portée. M. Lévesque a émis cette étrange théorie, reproduite par M. Tournade,' que la collation d'un titre était une libéralité du chef de l'État, et que la condition mise à la transmission de ce titre, à savoir l'institution d'un majorat, étant devenue impossible par suite de la loi de 1835, devait être réputée non écrite (art. 900, C. civ.). C'est oublier que, quand

(1) Lévesque, *Droit nob. fr.*, n° 148 ; Tournade, *Du nom de famille et des titres de noblesse* ; Dalloz Alphab, *Usurpation*, n°s 96 et 97. En sens contraire, Amédée Thierry (Rapport au Sénat, 4 juillet 1860) ; et MM. de Vincent et de Casabianca, à propos d'une pétition ayant pour objet de faire déclarer héréditaires de plein droit les titres conférés par Napoléon 1ᵉʳ, même dans le cas où un majorat n'aurait pas été constitué (Séance du 17 avril 1861 ; Moniteur du 18). Cette pétition fut repoussée par l'ordre du jour. — Le gouvernement lui-même s'était préoccupé de cette question, comme il résulte du rapport à l'Empereur sur le rétablissement du conseil du sceau des titres (décret du 8 janvier 1859).

un fait, possible au moment où il a été mis *in conditione,* devient après coup inexécutable, on n'est pas en présence d'une condition impossible, mais d'une condition possible défaillie.

Mais l'extinction des majorats, quand elle se produit par application de la loi de 1835 ou de la loi postérieure du 7 mai 1849, n'entraîne pas extinction des titres. Cette remarque est sans portée pour les majorats de propre mouvement qui doivent subsister tant que ne sera pas éteinte la postérité mâle de leur premier titulaire; de telle sorte que l'extinction du titre et la suppression du majorat seront nécessairement simultanées. Mais s'agit-il de majorats sur demande, leur constitution a conféré au titre un caractère transmissible qu'il conserve à tout événement.

Dans la rigueur des principes, quiconque fait usage d'un titre que l'institution d'un majorat n'a pas rendu transmissible, s'expose aux pénalités de l'article 259 du Code pénal [1].

100. — Depuis l'abolition des majorats, la transmissibi-

(1) La formation d'un majorat n'était pas la seule condition de la transmission des titres sous la Restauration. Les personnes pourvues de titres devaient retirer de la chancellerie des lettres patentes en due forme ; mais elles négligeaient de remplir cette formalité, pour se soustraire au paiement du droit d'enregistrement fixé par la loi de finances du 28 avril 1816. Ce qui provoqua une ordonnance du 15 octobre 1828, fixant aux intéressés un délai de six mois pour faire régulariser leur situation. Tous ceux qui ont laissé passer ce délai sans se soumettre aux formalités prescrites n'ont pu régulièrement ni porter, ni surtout transmettre, le titre à eux concédé. Voy. Cass., 22 avril 1846 : Dalloz. 1846, I. 172 (Affaire Terray). Ce procès met en jeu les différentes conditions auxquelles était subordonnée la dévolution des titres. Mais M. Dupin, dans son requisitoire, fait à tort l'application aux titres conférés par la Restauration des règles contenues dans les statuts du premier Empire.

lité des titres conférés tant par le Gouvernement de juillet
que par le second Empire a uniquement dépendu des termes des lettres patentes. Les collations de titres furent d'ailleurs assez rares sous le Gouvernement de juillet. La République de 1848 abolit les titres par un décret des 29 février-
2 mars 1848, mais sans en prohiber l'usage sous une
sanction pénale. Le décret du 24 janvier 1852 les rétablit.

Mais, si Napoléon III se préoccupa de régulariser le
port des titres, tant en édictant des pénalités contre les
usurpateurs (loi du 28 mai 1858), qu'en restaurant le
Conseil du sceau (décret du 8 janvier 1859), il en conféra
moins encore que le Gouvernement de juillet [1]. En outre
il s'astreignit, par l'article 6 du décret de 1859, à prendre
l'avis du conseil du sceau avant d'accorder un titre :
sous tous les régimes précédents, la collation des titres
avait été pleinement laissée à la volonté du chef de
l'État.

Nous ne rencontrons, sous la Restauration et les Gouvernements postérieurs, aucun document législatif analogue aux décrets du premier Empire, qui réglementent
par voie de disposition générale la dévolution des titres.
En conséquence ce sont les lettres de collation qu'il faut
interroger pour savoir suivant quelles règles se transmettent les titres créés depuis 1814. Or, on peut affirmer
sans témérité que la pluralité, sinon la totalité, des lettres
de collation des titres modernes les déclarent transmissi-

(1) Sous le règne de Louis-Philippe, il fut fait 3 ducs, 19 comtes et vicomtes, et 59 barons ; sous le second Empire, 12 ducs, 19 comtes et vicomtes, et
21 barons. — Sous le second Empire la collation d'un titre ne devenait parfaite qu'après l'acquittement des droits de sceau par le titulaire. Voy. article 2 du décret du 14 mai 1864 : « Le titre de duc de Montmorency ne sera
porté par M. de Talleyrand, et l'ampliation du présent décret ne lui sera déli-
vrée, qu'après paiement des droits de sceau attachés à la collation dudit titre ».

bles à la *descendance mâle, légitime et naturelle, par ordre de primogéniture*, du concessionnaire : *à la descendance mâle*, ce qui exclut non seulement les descendants par les filles, mais les filles elles-mêmes, à la différence de ce qui était admis dans l'ancien droit ; *à la descendance légitime et naturelle*, ce qui exclut les enfants naturels et les enfants adoptifs du droit de recueillir les titres modernes, tandis que les enfants adoptifs peuvent recueillir les titres de l'Empire ; *à la descendance mâle, par ordre de primogéniture*, ce qui rend impossible la division, le partage du titre.

101. — L'usage des titres tant anciens que modernes est resté licite sous la troisième République [1] ; mais il est manifeste que la forme même du Gouvernement actuel est exclusive du droit de conférer les titres, dont jouissait le chef de l'Etat sous les régimes monarchiques. « La démocratie, comme l'observe avec raison M. Alfred Maury, tend à enlever toute hérédité aux fonctions et avantages sociaux [2] ». Ce sont donc des considérations d'ordre politique et social qui rendent impossible la collation de nouveaux titres. Que si, pour trouver la solution de cette question, on consulte la loi constitutionnelle ; si l'on recherche quelles sont la nature et l'étendue des pouvoirs impartis au chef de l'Etat, on se perd dans des subtilités, on s'expose à des méprises. Nous ferons tou-

---

(1) Voy. n° 153 les deux propositions de M. Beauquier tendant, la première à l'abrogation des pénalités édictées par l'article 259 du Code pénal contre les usurpateurs de titres, la seconde à l'abolition même des titres. — M. Laroche-Joubert a proposé, en 1882, qu'on laissât chacun prendre des titres à sa fantaisie, moyennant le paiement d'un impôt proportionné à l'éminence du titre appréhendé.

(2) *La noblesse avant et depuis la Révol. Revue des Deux-Mondes*, 15 déc. 1882, p. 822.

tefois intervenir en ce débat un texte qui semble avoir passé inaperçu : le décret du 11 janvier 1872 transporte au conseil d'administration du ministère de la justice les attributions du conseil du sceau, « *en tout ce qui n'est pas contraire à la législation actuelle* ». Qu'est-ce à dire, sinon que le conseil, dont les décisions revêtent la forme de décrets, ne peut prendre de mesures impliquant au profit du chef de l'Etat le pouvoir de conférer des titres [1]?

102. — Il nous reste à dire quelques mots des titres dont font actuellement usage les membres des maisons ayant régné en France.

Le nom de la branche cadette de la maison de Bourbon est « d'Orléans ». Les princesses n'en portent pas d'autre, quel que soit le nom titré de leur père [2]. Quant aux princes, outre leur nom patronymique, ils ont chacun un nom titré emprunté à un apanage ayant autrefois appartenu à leur famille. Si l'usage de ces noms titrés est régulier de la part des princes qui sont nés sous la monar-

(1) Voy. Salveton, *Le nom*, pp. 447 et suiv. M. Salveton accumule les arguments de textes et les considérations pour établir que le Président de la République a le droit de conférer des titres, et prétend qu'il en a usé une fois au moins, en accordant à un notable indigène de l'Inde française le titre de Maharajah de Chandernagor ! Notez que Maharajah veut dire *Grand roi*. — M. Borel d'Hauterive (*Annuaire de la noblesse*, 1871-72 p. XIV), après avoir déclaré « qu'il n'y a jamais eu d'incompatibilité entre le régime républicain et la noblesse », pour le motif bien peu décisif que « la noblesse n'a jamais cessé d'être en lutte avec la monarchie, et qu'elle tient et ne doit tenir tout que d'elle-même », reconnaît que le chef de l'État ne peut plus conférer de titres, parce que c'est là « une prérogative de la souveraineté qui ne saurait appartenir à un Président élu à temps ». — M. Batbie (*Droit public et admin.*, tome II, p. 28) parle seulement de « la répugnance du gouvernement à créer de nouveaux titres », et constate qu'en fait il n'en confère pas.

(2) Cependant l'aînée des filles de Louis-Philippe portait le titre de Mademoiselle ; ses sœurs cadettes s'appelaient mademoiselle de Valois et mademoiselle de Beaujolais. Mais elles n'ont jamais été connues que sous leurs prénoms.

chie de juillet, il est moins justifiable pour ceux qui sont nés depuis 1848 : le roi seul pouvait leur conférer des noms titrés distincts de leur nom de famille. Mais tous ont droit au titre de prince, si éloignés qu'ils puissent être de la couronne.

Quant aux titres de la famille impériale, Napoléon III les réglementa de la façon suivante par décret impérial :

Article 1er. — Les fils des frères et sœurs de l'Empereur Napoléon Ier qui ne font pas partie de la famille impériale (Jérôme, ex-roi de Westphalie, et ses descendants en faisaient seuls partie) porteront les titres de prince et d'altesse sérénissime avec leur nom de famille.

Article 2. — A la seconde génération, les fils aînés seuls porteront les titres de prince et d'altesse; les autres n'auront que le titre de prince.

Article 3. — Les filles des princes parents de l'Empereurs jouiront jusqu'à leur mariage du titre de princesse; mais, lorsqu'elles seront mariées, elles porteront le nom seul et les titres de leurs maris, à moins de décision contraire.

Article 6. — A la troisième génération, les fils aînés porteront seuls le titre de prince; leurs frères et sœurs ne porteront que les titres que l'empereur jugera convenable de leur accorder.

On remarquera que tous les membres de la famille impériale ne portent pas d'autre nom que celui de Bonaparte, quel que soit d'ailleurs le titre dont ils peuvent le décorer.

SECTION III

LES RÈGLES DE TRANSMISSION DES TITRES TANT ANCIENS QUE MODERNES DOIVENT-ELLES ENCORE ÊTRE SUIVIES ?

103. — Nous avons patiemment recherché les règles de transmission des titres aux différentes époques. Cette étude était nécessaire. Chaque titre est resté soumis aux règles qui présidaient à sa dévolution à l'époque où il a été créé, en même temps qu'aux conditions spéciales contenues dans les lettres patentes de collation.

Tel est le principe qu'il importe d'affirmer dès le début, en avouant toutefois qu'il a reçu quelques atteintes. Mais notre opinion sur ce point est loin d'être unanimement suivie.

Une théorie récemment produite bouleverse complétement les règles de dévolution des titres. En ce qui concerne d'abord les titres anciens, M. Lévesque (*Droit nob. français au XIX* siècle) observe qu'ils ne sont plus la marque d'une souveraineté territoriale ; et il prétend qu'étant devenus purement décoratifs des noms, ils en font partie intégrante et se transmettent avec eux et comme eux. L'attribution exclusive du titre à l'aîné des enfants mâles était une conséquence de l'indivisibilité des fiefs ; aujourd'hui que le titre ne repose plus sur un fief, il doit passer sans distinction à tous les héritiers du nom.

Un raisonnement analogue serait applicable aux titres de l'Empire et, d'une manière générale, aux titres modernes dont la transmission a été soumise à la formation d'un majorat. L'indivisibilité du majorat a quelque temps remplacé l'indivisibilité du fief ; le titre, dans chaque famille, était réservé à l'aîné des mâles auquel le majorat assurait le moyen de tenir son rang. Le jour où les majorats ont été abolis, l'indivisibilité des titres modernes a disparu ; elle comportait d'ailleurs nombre d'exceptions (décrets de 1809 et 1810 ; ordonnance de 1817).

Cette théorie est vraiment étrange ! Elle s'impose, diton, étant donnée la notion, la conception nouvelle des titres de noblesse ; et cependant les lettres les plus récentes de collation de titres ne la consacrent pas. Tous les titres conférés par la Restauration avant 1824, dont la dévolution n'était pas subordonnée à la formation d'un majorat, dont l'indivisibilité, par là-même, n'était pas essentielle, ont été déclarés transmissibles à la *descendance mâle, par ordre de primogéniture, de leur premier titulaire.* Bien plus, tous les titres conférés depuis 1835, depuis l'abolition des majorats, sont transmissibles dans la même mesure et de la même manière. Il nous suffira de rappeler ici un décret célèbre de 1866, qui conférait le titre de duc de Montmorency au comte de Talleyrand-Périgord et *à sa descendance mâle par ordre de primogéniture.*

M. Lévesque oublie d'ailleurs que, si l'idée de l'indivisibilité des fiefs expliqua primitivement l'indivisibilité des titres, ce dernier principe se suffisait à lui-même à la fin de l'ancien droit. Le titre était toujours indivisible, alors même qu'il avait été accolé à un nom patronymique sans érection de terre. Qu'on ne dise donc pas que l'indivisibilité du titre a disparu, quand l'indivisibilité du fief eut cessé de lui fournir son support et sa raison d'être.

La théorie de M. Lévesque suppose en outre que le titre fait partie intégrante du nom. Cette idée a été poussée à l'extrême par M. Tournade [1]. Le titre, nous dit-il, s'incorpore au nom ; et dès lors, observe-t-il, comme l'usage de mettre les noms propres au féminin n'est pas reçu en France, en bonne logique, la femme d'un duc ou d'un comte ne devrait pas s'intituler duchesse ou comtesse, mais s'appeler Mme le duc de N., le comte de N... Poussant jusqu'au bout cette trop rigoureuse logique, il déclare que le Président de la République, qui ne peut conférer de titres, a le droit, en se conformant à la loi de Germinal an XI, d'autoriser les particuliers à porter en tête de leurs noms patronymiques les noms de Le Duc, Le Comte..., à la condition, bien entendu, que leurs femmes ne les mettent pas au féminin !

On ne trouve trace de cette prétendue incorporation des titres aux noms dans aucun document législatif ou judiciaire. A la vérité M. Lévesque prête cette idée à M. du Miral : « Le rapporteur de la loi de 1858 a eu hautement raison de dire que « les titres usités parmi « nous ne sont plus qu'une distinction nominale, et que le « titre fait partie du nom et se confond avec lui [2]. » Mais M. du Miral voulait dire seulement que les titres reposent sur les noms et ne supposent plus la possesssion de la noblesse.

Cette incorporation du titre au nom aurait été affirmée par M. Guillemard dans un rapport à la Cour de Paris (arrêt du 15 avril 1864 : *Gazette des Trib.*, 18-19 avril 1864). M. Guillemard défendait l'union du titre au nom pour démontrer qu'il devait être inséré dans les actes de l'état civil : mais il ne prétendait pas que cette union fût plus intime, plus inséparable, qu'elle n'était autrefois, tout au

---

(1) *Des noms de familles et des titres de noblesse*, p. 129 et suiv., Thèse de Doct. Paris, 1882.

(2) *Droit nob. fr.*, n°s 136 et 151.

contraire : « Le titre n'est plus qu'une distinction honorifique, mais il n'*en continue pas moins* de s'unir et
d'adhérer au nom .»

104. — Il importe sur ce point de rétablir la vérité. Le
titre, en tant qu'il est accolé au nom, peut être considéré
comme lui étant assez intimement uni pour en subir
les règles et bénéficier comme lui de la protection de la
loi. Mais le titre n'est pas partie intégrante du nom en
ce sens qu'il ne puisse pas en être détaché ; il obéit à des
règles de transmission qui lui sont propres, que la tradition a consacrées, et dont l'application ne peut rencontrer
de nos jours aucune difficulté, puisque les titres modernes
y ont été soumis expressément.

Si nous repoussons l'opinion de M. Lévesque, ce n'est
pas pour prétendre, avec M. de Sémainville, que toutes
les règles de dévolution des titres, dont nous avons fait
l'exposé détaillé, doivent encore être suivies. Le titre
n'est pas l'accompagnement obligé du nom, mais il ne peut
aller sans lui. Or la transmission du nom s'opère suivant
des règles que nous avons déterminées et dont on ne
peut s'écarter sans contrevenir à la loi du 11 germinal
an XI. En conséquence le titre ne se transmettra que dans
deux hypothèses ou de deux manières : soit avec le nom
qui lui sert de support, et dont il n'a pas été détaché ;
soit au profit d'une personne déjà en possession de ce nom
que le titre va rejoindre.

Les titres modernes n'étant transmissibles qu'aux descendants mâles de leur premier possesseur, leur dévolution ne peut jamais se produire qu'au profit d'un
héritier du nom qu'ils décorent : en conséquence, les règles primitives de dévolution des titres modernes doivent
être suivies strictement ; elles sont demeurées intactes.

Il n'en est pas de même pour les titres anciens. S'ils ne passaient pas directement aux descendants par les femmes, ils pouvaient être recueillis par les filles qui les transmettaient à leurs enfants. Cela n'est plus possible aujourd'hui, car les enfants légitimes n'ont plus jamais droit au nom de leur mère. Sur ce point spécial, les règles de dévolution des anciens titres ne peuvent plus être suivies : pour tout le reste elles sont encore applicables.

Ainsi donc nous ne soumettons pas les anciens titres à des règles nouvelles ; nous déclarons seulement leur dévolution impossible dans une hypothèse où elle s'opérait autrefois, parce que les règles, beaucoup plus rigoureuses aujourd'hui, de la transmission des noms ne permettent plus qu'elle s'accomplisse. Ce respect, dans la mesure du possible, des règles anciennes, est conforme à l'intention du législateur de 1858 : M. du Miral, rapporteur de la loi du 28 mai 1858, ne disait-il pas que, pour les anciens titres, les règles anciennes étaient restées en vigueur ?

Mettons en parallèle les conséquences du système que nous venons d'esquisser, et celles du système de M. Lévesque.

105. — Dans notre droit, tous les enfants de l'un et l'autre sexe, légitimes, naturels reconnus et adoptifs, héritent le nom de leur père : d'après M. Lévesque, ils recueilleront en même temps son titre. Et d'abord tous les enfants légitimes d'un duc ou d'un comte seront ducs ou duchesses, comtes ou comtesses, du vivant même de leur père. Les enfants naturels, ayant droit au nom de leur père, en prendront aussi le titre. Ils portent aussi le nom de leur mère : quand donc une femme est investie d'un titre (et cela est fréquent dans le système de M. Lé-

vesque), elle le transmet à ses enfants naturels. Mariée ou non mariée, c'est encore son nom titré qu'elle transmet à ses enfants adoptifs. Mais d'ailleurs c'est seulement à ses enfants naturels ou adoptifs qu'une femme peut laisser son titre, et jamais ses enfants légitimes qui n'ont pas droit à son nom.

Enfin M. Lévesque n'admet en aucun cas la dévolution d'un titre en ligne collatérale, car le nom ne se transmet jamais qu'en ligne directe [1].

Tous les titres, tant anciens que modernes, sont, sans distinction, soumis par M. Lévesque à ce régime nouveau.

106. — Nous arrivons au contraire à des conséquences très différentes. Nous ne modifions aucunement les règles de transmission des titres modernes. Quant aux titres anciens, ils ne peuvent être dévolus qu'aux personnes qui les auraient recueillis dans l'ancien droit. En ligne directe, un titre passera à l'aîné des enfants mâles de son titulaire, à l'exclusion des fils puînés et des filles. Telle est bien l'opinion de la jurisprudence : « La règle de la transmission des titres par ordre de primogéniture, a déclaré la cour de Nîmes, le 11 mai 1875 (Sirey, 76, 2, 267), était, sous l'ancien régime, la règle générale ; elle régissait la noblesse héréditaire de l'Empire ; elle a trouvé place dans toutes les lettres patentes émanées de nos différents souverains. » Et la cour refuse à un cadet de famille l'usage du titre de ses ancêtres, bien que la terre, à laquelle ce titre était attaché avant 1789, lui fût échue depuis cette époque. « A part de rares exceptions, dit à

---

(1) Sur ce point spécial, l'opinion de M. Lévesque s'explique par la méprise dans laquelle il est tombé au sujet de la transmission des titres, en ligne collatérale, sous l'ancien droit (Voy. n° 67).

son tour le garde des sceaux, dans une circulaire adressée, le 22 juillet 1874, aux procureurs généraux, à part
de rares exceptions créées par les lettres patentes originaires, ou résultant de dispositions spéciales, les titres
reposent sur une seule tête. »

Plusieurs titres sont-ils réunis sur la même tête, ils se
transmettent tous au fils aîné de leur titulaire [1]. Il n'est
plus possible d'arriver, comme autrefois, au partage des
titres par le partage des fiefs.

Les puînés qui, dans l'ancien droit, usurpaient le titre
de chevalier, devraient même, rigoureusement, être réduits
à la qualification d'écuyer.

C'est seulement à la mort de son père que l'aîné des
fils a droit au titre de la famille. Il ne peut jusque-là
porter un titre inférieur [2]. C'est ce que décide formellement la circulaire précitée du garde des sceaux : « Les
fils d'un titulaire appartenant à l'ancienne noblesse, ou
décoré d'un titre postérieur à 1808, n'ont droit ni à un
titre d'un degré inférieur, ni, à plus forte raison, au titre
même porté par le père. » Tel est aussi l'avis de M. Guillemard, dans un rapport déjà signalé [3]. Un père poursuivait la rectification de l'acte de naissance de son enfant
pour faire figurer le titre de comte dans cet acte où il
était dénommé comme déclarant. Or, le requérant avait
encore son père, qui était marquis : M. Guillemard observe avec raison que, jusqu'au jour où il deviendrait lui-
même marquis par la mort de son père, il n'avait droit à
aucun titre.

---

(1) Sauf, en ce qui concerne les titres de l'Empire, disposition contraire
des lettres patentes, conformément au décret sur la cumulation des titres.
Mais je ne parle ici que des titres anciens.

(2) Sauf encore exception pour les titres de l'Empire.

(3) *Gazette des Trib.*, 18-19 avril 1864.

Nous dénions également tout droit aux titres de noblesse aux enfants naturels. M. Lévesque, au contraire,
les admet à recueillir non seulement les titres dont l'o-
rigine est antérieure à l'édit de 1600, et qui, jusqu'à cette
époque, ont pu être recueillis par des bâtards, mais même
les titres créés dans le cours des xviie et xviiie siècles, et
dont les lettres de collation contiennent une clause expresse exclusive des bâtards [1]. En bonne logique, M. Lévesque devrait ne tenir aucun compte des statuts du
premier Empire et des lettres modernes de collation qui
refusent aux enfants naturels le droit de recueillir les
titres. Tel n'est pas le sentiment de la cour de cassation :
elle a en effet déclaré que les parents légitimes d'un possesseur de titre avaient un intérêt suffisant à faire annuler son mariage, d'où était résultée une légitimation, pour
priver du titre paternel l'enfant légitimé, en le réduisant
à la condition d'enfant naturel [2].

L'ancien droit ne connaissait pas l'adoption. Aujour-
d'hui qu'elle est en usage, faut-il appeler les enfants adoptifs à recueillir les titres tant anciens que modernes? Si
nous faisons abstraction des titres de l'Empire, tous les
titres modernes, aux termes mêmes des lettres de collation, ne sont transmissibles qu'à *la postérité légitime et
naturelle* du titulaire. Cette formule est exclusive des
enfants adoptifs. Il est donc difficile de les admettre à
recueillir les titres anciens, puisqu'ils n'héritent pas des
titres modernes et cela en vertu de lettres patentes
postérieures à l'admission de l'adoption dans nos lois.
Néanmoins, sous les régimes monarchiques, la dévolutio-
d'un titre quelconque pouvait être assurée à un enfant

---

(1) *Droit nob. fr. au XIXe s.*, no 156.
(2) 20 avril 1885: D. 86, 1, 23.

adoptif aux conditions prescrites par le statut du 1ᵉʳ mars
1808. En effet le décret autorisant la transmission à un
enfant adoptif du titre de l'adoptant valait en tous cas
collation de ce titre à son profit [1].

En fait il s'en faut que la dévolution des titres aux
enfants adoptifs ait été subordonnée à l'agrément du chef
de l'État. A partir de 1814, les personnages titrés purent
adopter sans autorisation ; et la transmission de leurs
titres fut admise sans difficulté [2], mais avec le correctif
suivant : un enfant adoptif ne pouvait recueillir un titre
au détriment d'un enfant légitime de l'adoptant, ou d'un
descendant par le sang du premier possesseur du titre.
Ce correctif était nécessaire : il eût été injuste que, par
une adoption, une personne investie d'un titre pût priver
non seulement de ce titre, mais surtout du majorat qui
parfois l'accompagnait, celui auquel titre et majorat
devaient normalement être dévolus.

Sous le second Empire, après la promulgation de la
loi de 1858, l'autorisation gouvernementale redevint une
condition de la dévolution des titres aux enfants adoptifs. Mais les droits des héritiers naturels de l'adoptant,
en ligne directe ou collatérale, étaient toujours réservés [3].

De nos jours enfin, sous la troisième République, les
personnes titrées adoptent et transmettent leurs titres à

(1) Il faut toutefois faire une différence entre les titres de l'Empire et les
autres titres : à supposer que la dévolution d'un titre impérial pût être assurée à un enfant adoptif au détriment d'un descendant par le sang, on ne saurait admettre qu'il en fût de même pour tous les autres titres, dont la transmission aux enfants adoptifs n'était prévue par aucun texte.

(2) Cependant la transmission du titre et de la pairie du duc de Sabran à
M. de Pontevès, son fils adoptif, fut expressément réglée par une ordonnance
du 28 juillet 1828.

(3) Borel d'Hauterive, *Annuaire de* 1862, p. 351, et de 1863, p. 359.

leurs enfants adoptifs, sans autorisation du chef de l'Etat. La chancellerie a décidé, après l'adoption de Jules Evain par le baron Pavée de Vandœuvre [1], que la transmission du titre de l'adoptant s'opérerait de plein droit, bien que le Président de la République n'eût pas autorisé l'adoption.

Nous ne suivrons pas la chancellerie dans ses variations. Seuls les titres du premier Empire sont, de leur nature, transmissibles aux enfants adoptifs ; mais leur dévolution ne devrait s'accomplir qu'aux conditions prescrites par le décret de 1808. Quant aux autres titres, leur transmission aux enfants adoptifs ne saurait avoir lieu qu'en vertu d'un décret valant collation d'un nouveau titre par le chef de l'Etat : leur dévolution n'est donc plus possible aujourd'hui, le Président de la République n'ayant pas le pouvoir de conférer des titres [2].

Quand le possesseur d'un ancien titre meurt sans laisser d'enfants ou de descendants mâles, le titre est dévolu à sa fille aînée ou à l'aînée de ses descendantes par les mâles. Y a-t-il lieu à dévolution du titre en ligne collatérale, il passe à une descendante par les mâles du premier titulaire du titre, représentant la branche aînée de la famille, par préférence à un mâle, chef d'une branche cadette. S'agit-il d'un titre ducal, nous appliquons les

---

(1) Arrêt de Paris du 8 février 1873. Voy. Borel d'Hauterive, *Annuaire de* 1874, p. 253.

(2) En sens contraire, Demolombe, Tome VI, n° 144 *bis*. Il observe que l'adoption est le plus souvent déterminée par le désir de l'adoptant d'assurer la conservation de son titre. Mais il ne s'agit pas de savoir ce que l'adoptant a voulu, mais ce qu'il a pu faire. — Si un décret est nécessaire pour assurer la dévolution d'un titre impérial à un enfant adoptif, il n'est pas suffisant pour lui conserver le majorat de propre mouvement qui peut accompagner ce titre. Il faut une loi, car il ne peut plus être disposé par décret des biens compris dans le domaine public.

prescriptions de l'édit de 1711, en ce qu'elles n'ont pas d'incompatible avec l'état actuel du droit. La fille d'un duc est primée par un collatéral mâle, si les lettres de collation ne mentionnent pas expressément la postérité féminine du premier duc ; quant au retrait du titre à prix d'argent par un collatéral mâle, il ne peut jamais être exercé [1].

Mais un titre recueilli par une fille ne saurait en aucun cas être porté par elle à son mari ; et dès lors les règles spéciales de l'édit de 1711, concernant la communication d'un titre ducal d'une femme à son mari, n'ont plus aucune application. Le titre, en effet, ne peut pas être détaché du nom de la femme, pour être appliqué au nom du mari; et, d'autre part, la transmission au mari du nom titré de sa femme n'est plus possible en présence de la loi de germinal [2].

---

(1) M. de Sémainville et M. Lévesque s'accordent à refuser toute portée pratique à l'édit de 1711, mais pour des motifs très différents. M. de Sémainville le déclare illégal et le tient pour abrogé ; et il prétend que le titre de duc est transmissible aux femmes et susceptible d'être apporté par elles à leurs maris, suivant les règles admises pour tous les titres, sans exception, avant 1711. M. Lévesque au contraire, déclarant que les filles recueillent dans tous les cas, et même en présence de mâles, le titre paternel, et repoussant absolument la communication des titres d'une femme à son mari, ne reconnaît aucune portée à l'édit de 1711. Quant à nous, nous tenons pour abrogées celles des dispositions de cet édit qui ont trait à la communication des titres d'une femme à son mari ; nous appliquons au contraire celles qui règlent la dévolution aux femmes d'un titre ducal.

(2) En résumé une femme ne transmet jamais son titre à ses enfants : à ses enfants légitimes d'abord, parce qu'elle ne leur laisse pas son nom; à ses enfants naturels et adoptifs non plus, bien qu'elle leur donne son nom, parce que la dévolution des titres aux enfants adoptifs ou naturels n'est pas possible. Les titres impériaux, à la vérité, sont transmissibles aux enfants adoptifs, mais ils ne peuvent appartenir aux femmes. — Peut-être pourrait-on soutenir que le titre de Grand d'Espagne, n'étant pas lié à un nom, peut, quand il est autorisé en France, être transmis par les femmes (Ch. civ., 15 juin 1863 : 63, 1, 281).

Enfin, nous admettons sans restriction la dévolution d'un titre en ligne collatérale, au profit de l'aîné des descendants par les mâles du premier porteur de ce titre, quel que soit le nombre des degrés de parenté qui séparent le défunt de l'héritier du titre. La loi de germinal ne met pas obstacle à cette transmission du titre recueilli par une personne déjà en possession, de par sa filiation, du nom dont le titre ne peut être séparé [1].

Quant à la transmission des titres par institution contractuelle ou testamentaire, nous avons vu qu'elle ne s'opérait pas, dans l'ancien droit, sans l'agrément du prince. De nos jours, l'institué pourrait seulement solliciter du Gouvernement la concession du titre du disposant.

Des rares modifications apportées par suite de la loi de germinal aux règles de transmission des titres anciens, il résulte qu'il n'y a guère de distinction à faire, au point de vue de leur dévolution, entre les titres anciens et les titres modernes ; sauf toutefois les clauses spéciales des lettres patentes. Nous relèverons cependant entre eux quelques différences :

Les titres anciens sont transmissibles aux filles, et point les titres modernes ;

Les titres conférés sous le premier Empire peuvent passer aux enfants adoptifs ; se sont les seuls ;

Enfin les réglements de 1808 et 1810 permettent au futur titulaire d'un titre impérial de porter, du vivant de son père, le titre immédiatement inférieur à celui de ce

(1) Il n'en a pas été ainsi, peut-il sembler, quand le duc de Bisaccia a recueilli le titre de duc de Doudeauville ; car il ne portait pas le nom de Doudeauville. Mais nous savons que, quand un nom additionnel, titré ou nom, est concédé à une personne, il devient le patrimoine commun de tous ses descendants. Le duc de Bisaccia était un La Rochefoucauld de la branche de Doudeauville ; le nom de Doudeauville lui appartenait donc, bien qu'il ne fût porté, avec le titre de duc, que par son frère aîné.

dernier, et, à ses frères puînés, le titre de chevalier. Rien de tel pour les autres titres modernes et pour les titres anciens ; leur indivisibilité, un instant méconnue dans les familles de pairs par l'ordonnance de 1817, est redevenue absolue.

107. — La forme républicaine du Gouvernement ne met-elle pas plus encore que la loi de germinal an XI obstacle à certaines transmissions de titres ? Deux points sont aujourd'hui certains : c'est d'abord que le chef de l'Etat doit s'interdire de conférer des titres nouveaux ; c'est ensuite que les titres existants peuvent être portés et transmis. Mais leur dévolution ne va pas toujours sans formalités ni conditions. Rappelons-nous notamment que la transmission en ligne collatérale des titres anciens ne s'opérait pas de plein droit : ils avaient besoin d'être relevés ; et, si un des collatéraux du dernier possesseur du titre était particulièrement désigné à la faveur du roi, dans la rigueur des principes, il n'avait pas plus de droit qu'un étranger au titre devenu vacant [1]. En un mot, il était telles circonstances où les titres devaient se retremper à leur source et recevoir de la royauté une consécration nouvelle.

Le chef de l'État, qui n'a pas le pouvoir de créer de nouveaux titres, peut-il du moins aider au maintien des titres existants [2] ?

(1) Par application de cette idée, la cour de Rouen, sur l'appel du ministère public, a infirmé un jugement du Tribunal d'Yvetot qui, estimant qu'un titre avait de plein droit passé à la branche cadette d'une famille, à l'extinction de la branche aînée, avait ordonné en conséquence une rectification d'acte de l'état civil (*Gazette des tribunaux* du 17 mars 1861).

(2) La transmission des titres modernes, même en ligne directe, nécessite des formalités, en tant du moins qu'un majorat se transmet avec eux (Art. 4 du décret du 4 mai 1809). A ceux qui recueillent, même en ligne collatérale, des titres dont le majorat est éteint, il ne pourrait être question d'imposer que l'obligation du serment. Mais on se demande entre les mains de qui ils

Les hommes auxquels appartint tout d'abord le gouvernement de la République, ne furent pas sans se préoccuper des titres. Peut-être voulaient-ils conserver intacte une institution qui pouvait ajouter à l'éclat d'une monarchie restaurée. Notamment les attributions du Conseil du sceau furent confiées, « *en tout ce qui n'était pas contraire à la législation actuelle* », au Conseil d'administration établi près le garde des sceaux (Décret du 11 janvier 1872). En premier lieu, ce Conseil est chargé de trancher les difficultés que soulève la transmission des majorats, et de surveiller l'accomplissement des formalités requises à cette occasion. Mais en outre, il est appelé à régler certaines questions de transmission et de régularisation de titres. Il faut avouer que, dans cet ordre d'idées, tant que le gouvernement ne fut républicain que de nom, le Conseil s'acquitta largement de sa tâche.

On vit successivement la chancellerie régulariser l'usage de titres conférés par des souverains étrangers ; accorder à des parents collatéraux (même à des parents par les femmes [1]) l'autorisation de relever des titres vacants ; vérifier et confirmer des titres au profit de familles qui avaient cessé de les porter, et qui parfois ne justifiaient pas absolument du droit d'en faire usage [2]; concéder enfin des lettres patentes de chevalier héréditaire [3].

Quelques-unes de ces décisions sont sujettes à caution ; toutes celles qui aboutissent ou équivalent à la concession

le prêteraient ; et ne serait-il pas absurde de leur faire prêter serment à la République à l'occasion de la dévolution d'un titre conféré par l'Empire ou la Royauté ? Cette formalité d'ailleurs était déjà tombée en désuétude sous les Gouvernements monarchiques.

(1) Borel d'Hauterive, *Annuaire de la noblesse*, 1877, p. 312.

(2) *Ibid.*, 1876, p. 427 et 1878 p. 318.

(3). *Ibid.*, 1875, p. 339.

d'un titre nouveau doivent être considérées comme abu-
sives. Telle la reconnaissance par le conseil d'administration d'un titre sur lequel l'intéressé n'établit pas péremp-
toirement sa propriété ; telle l'autorisation de relever un
titre donnée à un parent par les femmes du dernier
porteur de ce titre. Au contraire, le conseil d'administration (dont la décision revêt la forme d'un décret) peut
confirmer un titre quand le réclamant justifie du droit
de le porter [1]. On peut de même admettre le chef de
l'État à régulariser par son autorisation la dévolution
d'un titre en ligne collatérale, au profit d'un descendant
par les mâles du premier concessionnaire de ce titre:
à la vérité, pareille autorisation, dans la rigueur de l'ancien droit nobiliaire, équivalait à une concession nouvelle
du titre; mais en fait on y voyait plutôt la constatation
officielle de la transmission accomplie qu'une véritable
collation de titre. Il appartiendrait également au Président de la République d'autoriser la transmission des
titres du premier Empire aux enfants adoptifs, si la chancellerie ne déclarait pas son concours inutile. On s'éton-
nera peut-être que le chef de l'État, auquel on refuse le
droit de conférer des titres, ait le pouvoir de faciliter la
dévolution des titres existants. Mais, étant donné que
les titres conférés sous les régimes antérieurs ont conservé une valeur légale, il est nécessaire que les conditions de leur transmission soient régulièrement remplies [2].

(1) Voy. nos 187-188. Le conseil du sceau qui, sous un régime où les collations de titres sont possibles, est investi, en matière de vérification de titres,
de droits plus étendus que les tribunaux civils, se trouve actuellement réduit
aux mêmes pouvoirs que ces tribunaux.

(2) Il est douteux, en conséquence, que le chef de l'État ait le pouvoir d'autoriser un Français à faire usage d'un titre étranger ; il n'y a là, sinon collation

Depuis une dizaine d'années, le Conseil d'administration du ministère de la Justice n'a guère surveillé que la transmission des majorats. La régularisation des transmissions de titres, et les vérifications de titres sont des matières de son ressort absolument délaissées aujourd'hui. Ce n'est pas que la chancellerie ait perdu sa compétence passée. On lit toujours dans l'*Almanach national* que le conseil d'administration du ministère de la Justice examine les affaires ayant trait aux « majorats, dotations, titres nobiliaires », et que « les référendaires au sceau de France sont exclusivement chargés de poursuivre la délivrance des décrets et arrêtés concernant la transmission des titres ». Mais en fait le gouvernement refuse systématiquement son concours et son contrôle à la vérification et à la transmission des titres. Qu'en résulte-t-il? Que les intéressés, au lieu de demander à la chancellerie la vérification de leurs titres, ne peuvent s'adresser qu'aux tribunaux civils. Quant aux formalités requises pour certaines transmissions de titres, de deux choses l'une: ou bien la régularisation de ces transmissions suppose chez le chef de l'État le pouvoir de conférer des titres, et alors elles sont devenues absolument impossibles ; ou bien il s'agit simplement de la dévolution des titres en ligne collatérale, et l'on peut soutenir sans témérité qu'elle s'opère de plein droit. Depuis longtemps, en effet, les formalités, très souvent négligées d'ailleurs, qui intervenaient à l'occasion de ces transmissions, ne sont plus considérées comme essentielles.

d'un titre. du moins reconnaissance d'un titre qui, jusque-là, n'avait pas eu d'existence aux yeux de la loi.

SECTION IV

DES TITRES ÉTRANGERS.

108. — Nous n'entendons pas parler ici des titres dont les étrangers peuvent faire usage en France ; la loi française ne leur est pas applicable, et, aux époques mêmes où les titres étaient proscrits, l'usage en demeura permis aux étrangers [1]. Nous nous occuperons seulement des titres d'origine étrangère, possédés par des Français.

Sous l'ancien régime, les Français anoblis à l'étranger ne jouissaient en France des priviléges de noblesse que s'ils avaient obtenu du roi des lettres de confirmation qui équivalaient à un véritable anoblissement. De même, la régularisation d'un titre conféré à l'étranger n'exigeait rien moins que l'érection en France d'un terre en une dignité égale [2], ou la collation de ce titre à l'intéressé.

En droit moderne, les titres d'origine étrangère ne peuvent être portés par des Français qu'avec l'autorisation du gouvernement.

Cette règle, contenue dans une ordonnance du 31 janvier 1819, est reproduite, avec quelques aggravations, dans un décret du 5 mars 1859. Ce décret diffère sur trois points de l'ordonnance de 1819 : l'autorisation n'est accordée que pour des causes graves et exceptionnelles ; l'avis du Conseil du sceau est nécessaire ; enfin l'impétrant est astreint à payer le droit de sceau perçu en France pour

(1) Article 4 du D. des 19-23 juin 1790.

(2) Ainsi fut-il fait pour le titre de marquis de Mondragon, conféré par Philippe II, roi d'Espagne, à la famille de Gallet, et assis sur une terre française par lettres patentes de novembre 1724.

la collation du même titre ou du titre correspondant, tandis que, jusque-là, il n'était tenu d'acquitter qu'un tiers de ce droit.

Par titres d'origine étrangère, nous entendons à la fois ceux qui sont conférés à des Français par un souverain étranger, et ceux que possèdent des étrangers devenus Français par naturalisation [1] ou par annexion de territoire. Les premiers ne peuvent assurément être portés que moyennant autorisation. Les étrangers naturalisés ont également besoin d'une autorisation pour conserver le titre qu'ils portaient dans leur pays d'origine : quand la chancellerie délivre des lettres de naturalisation, elle n'y fait jamais figurer le titre dont l'étranger était porteur [2]. C'est par application de la même idée que le Conseil du sceau a refusé à M. de Crouy-Chanel le titre de prince auquel il prétendait, comme appartenant à la maison royale de Hongrie [3].

Quant aux étrangers devenus Français par annexion de territoire, il semble équitable de leur conserver leurs titres. C'est là un usage traditionnel : les nobles faits par les Papes dans le Comtat Venaissin ne furent jamais troublés dans la jouissance de leurs priviléges ou la possession de leurs titres. Que si, dans nombre de provinces annexées, comme en Corse, à la veille même de la Révolution, les personnes qui se qualifiaient nobles fu-

(1) Il n'y a pas à distinguer entre la naturalisation proprement dite et l'acquisition de la qualité de Français par le bienfait de la loi (art. 9 du Code civil et autres dispositions analogues).

(2) Voy. lettres de naturalisation du prince Radziwil.

(3) Borel d'Hauterive, *Annuaire* de 1862, p. 351. — Décision doublement logique si l'on se rappelle que les membres des maisons souveraines se servent du titre de prince comme d'une épithète brillante, mais ne sauraient le faire figurer en tête d'un nom patronymique; c'est pour eux un qualificatif plutôt qu'un titre.

rent soigneusement recherchées, ce n'était pas qu'on contestât le principe et la valeur de leur noblesse : les pays annexés étaient soumis au même régime de vérification que toutes les provinces de France, et rien de plus.

109. — Un titre étranger, reconnu par application de l'ordonnance de 1819 ou du décret de 1859, n'est pas censé avoir fait l'objet d'une collation nouvelle, comme autrefois les titres étrangers confirmés par le roi. On ne peut donc prétendre, avec M. de Sémainville [1], qu'il est, pour ainsi parler, naturalisé en France, et n'obéit plus qu'aux lois françaises quant aux conditions de sa conservation et aux règles de sa transmission. C'est un titre étranger dont l'usage est autorisé en France, rien de plus ; il suffit pour s'en convaincre de lire l'article 1er du décret de 1859 [2]. En conséquence, le titre ne subsiste, et l'autorisation obtenue par son possesseur ne continue à produire effet, qu'autant que ce titre est maintenu par la législation du pays où il a été conféré [3].

En droit, un titre étranger reconnu en France reste donc régi par la loi de son pays d'origine ; il obéit notamment aux règles de transmission posées par la loi étrangère. C'est ainsi que les rois d'Espagne ont pu décider que plusieurs grandesses, créées au profit de familles ducales, ne se transmettraient pas par ordre de primogéniture, mais appartiendraient à une branche cadette, sans pouvoir être réunies sur la même tête que le titre de duc (Grandesse des Brancas).

(1) *Code de la noblesse française*, p. 467.

(2) « Aucun français ne peut porter en France un titre conféré par un souverain étranger, *sans y avoir été autorisé par un décret impérial.* »

(3) Il y aurait lieu peut-être de faire exception à cette règle au profit de l'étranger qui, naturalisé Français, a obtenu la confirmation de son titre, quand la naturalisation même le lui fait perdre dans son pays d'origine.

Un titre étranger reconnu en France échappe-t-il donc absolument à la loi française? Non, en pratique : l'autorisation qui permet d'en faire usage peut être subordonnée à des conditions multiples, énoncées dans les lettres mêmes d'autorisation, ou contenues dans des réglements généraux. C'est ainsi qu'un édit du 21 août 1774 réglait la transmission des grandesses espagnoles autorisées en France. En outre, sous le second Empire, la jurisprudence du Conseil du sceau s'était établie en ce sens que les titres étrangers qui, dans leur pays d'origine, se transmettaient à tous les descendants de leur possesseur, ne pouvaient, dans les familles françaises autorisées à les porter, être dévolues que par ordre de primogéniture [1]. Bien plus, à prendre à la lettre l'article 15 d'une circulaire du garde des sceaux du 24 juillet 1874, il n'y aurait pas à s'inquiéter des règles de dévolution des titres étrangers, vu que l'autorisation de porter ces titres en France serait toujours personnelle et viagère.

Enfin, indépendamment des réglements spécialement édictés en vue des titres étrangers, il est manifeste que certaines mesures très générales, dont l'observation intéresse l'ordre public, s'appliquent aux titres autorisés en France en même temps qu'aux titres français. A supposer notamment un titre d'origine étrangère transmissible au profit de Français suivant la loi étrangère, la dévolution ne pourrait s'en accomplir au mépris de la loi de germinal an XI, prohibitive des changements de noms. Comme aussi l'abolition des titres français, sous la première et la seconde République, a entraîné le retrait des autorisations données aux Français de porter des titres étrangers.

---

(1) Borel d'Hauterive. *Annuaire* de 1867, p. 343.

En résumé, les titres étrangers autorisés en France sont soumis à deux catégories de règles : aux décrets spéciaux et aux principes généraux qui leur sont applicables en France ; aux lois qui les régissent dans le pays qui les a conférés [1]. Mais les règles posées en France n'ont trait qu'à l'autorisation de porter le titre; les règles posées à l'étranger affectent l'existence même du titre. Un titre étranger ne peut plus être porté nulle part quand la loi étrangère le supprime; l'application d'une loi française laisse en tous cas subsister le titre dans son pays d'origine, mais peut seulement équivaloir au retrait de l'autorisation qui permettait d'en faire usage en France [2].

(1) Voy. cette combinaison de la loi française et de la loi étrangère dans l'article 3 de l'édit de 1774. Ce texte, réglementant en France la dévolution de la grandesse espagnole au profit des filles, la déclare transmissible à l'aînée, « à moins que l'institué ou ses successeurs n'aient fait des dispositions en faveur d'une fille cadette, *en vertu du pouvoir qui lui aurait été donné par le diplôme du roi d'Espagne.* » — Add. Ch. civ., 15 juin 1863 : S., 63, 1, 281. (Aff. de Brancas). La loi française (édit de 1774 et loi du 11 germinal an XI), et la loi espagnole (décret du 26 déc. 1816) s'opposaient également à la transmission à M. de Frohen de la grandesse des Brancas.

(2) Sur la question de savoir si l'autorisation de porter un titre étranger peut être accordée par le Président de la République, voy. n° 107, p. 184, note 2.

DEUXIÈME PARTIE

Des changements de noms et des usurpations de titres.

CHAPITRE PREMIER

Conséquences du mariage quant au nom des époux [1].

110. — L'acquisition par la femme du nom de son mari peut paraître le plus facile et le plus fréquent des changements de noms ; encore faut-il savoir si cette pratique qu'aucun texte n'autorise est régulière et légale. Le rétablissement du divorce, en soulevant la question de savoir si la femme divorcée pouvait conserver son nom de femme mariée, a fourni l'occasion de rechercher le principe et l'étendue du droit de la femme au nom de son mari. Agitée devant les tribunaux, la question a fait l'objet des discussions de nos assemblées ; il s'en faut qu'elle ait été élucidée.

Une femme fait usage du nom de son mari à deux titres très différents : le nom du mari lui sert d'abord à annoncer sa qualité de femme mariée ; car le mariage la place dans un état d'incapacité qu'elle doit révéler aux tiers. A cet effet, le nom du mari est énoncé après celui de la femme, et constitue une mention indicative de sa qualité, de son état.

(1) Tout ce que nous allons dire de l'emploi par une femme du nom de son mari doit s'entendre du titre qui peut appartenir au mari.

Dans ce but et dans cette mesure, l'emploi par la femme du nom de son mari ne sera jamais interdit : veuve ou divorcée, elle continuera, pour marquer qu'elle a repris sa capacité, à se dire veuve ou épouse divorcée de M. X..., comme elle se disait auparavant épouse de M. X... Ainsi donc, dans tous les actes importants, dans les actes publics notamment, une femme est nécessairement désignée par son nom de famille, qu'elle fait suivre du nom de son mari ou de son ex-mari, énoncé accessoirement et dans un but déterminé.

Ce n'est pas là pour une femme porter le nom de son mari. Mais ce qui est beaucoup plus visible, sinon plus grave, c'est que, dans les actes de la vie ordinaire, dans les relations du monde, la femme substitue totalement à son nom patronymique le nom de son mari. L'usage constant qui s'est établi à cet égard est-il légal, et doit-on considérer le mariage comme entraînant pour la femme un changement de nom ? Est-ce au contraire une pratique plus récente qu'on ne pense [1], qu'explique seulement la communauté d'intérêts et d'affections que le mariage établit entre les époux, mais qui n'est pas pour la femme la conséquence d'une obligation ni d'un droit ?

111. — « Un des effets civils du mariage, dit Pothier, qui concerne particulièrement la femme, est que la femme acquiert par le mariage le nom de son mari [2]. » Effet obligatoire auquel elle ne pourrait se soustraire : porter

(1) D'après M. de Wailly (*Éléments de paléographie*, Tome Ier, p. 189), les femmes n'avaient encore que des prénoms ou noms de baptême à une époque où l'usage des noms additionnels était déjà général pour les hommes : « Quelquefois elles prenaient le nom de leurs maris ; au commencement du XIIᵉ siècle cet usage a été consacré pour les veuves de la haute noblesse. » Mais il ne se généralisa qu'à la longue.

(2) *Traité de contrat de mariage*, no 401.

le nom de son mari serait pour elle une nécessité autant qu'un droit.

Cette doctrine a trouvé plusieurs adhérents à la Chambre des députés, comme on peut s'en convaincre en lisant la discussion de la loi du divorce [1]. Dans cette opinion, la femme doit conserver le nom de son mari tout le temps au moins que dure le mariage qui le lui a conféré.

Qu'advient-il à sa dissolution ? De deux choses l'une : ou bien la femme a définitivement acquis le nom de son mari, ou, du moins, ne peut plus le perdre que par un nouveau mariage ; ou bien ce nom ne lui a été conféré que pour la durée du mariage. Mais il est impossible de formuler une règle qui conduise à des conclusions différentes suivant que le mariage se dissout par le divorce ou par le prédécès du mari. Le nom du mari est-il définitivement acquis à la femme, elle le conserve en cas de divorce comme en cas de veuvage. Ne lui appartient-il que pour la durée du mariage, la rupture du lien conjugal oblige la femme à le délaisser. Les conséquences de ces deux systèmes ont paru également fâcheuses. Aussi préféra-t-on, lors de la discussion de la loi du divorce, ne pas attacher à la dissolution même du mariage l'obligation pour la femme d'abandonner le nom du mari ; quitte à la contraindre par un texte précis à le délaisser en cas de divorce [2].

(1) On a dit que l'opinion de Pothier était suivie par la jurisprudence ; en réalité les tribunaux constatent seulement la pratique établie, sans l'approuver ni la justifier. Plusieurs arrêts notamment admettent une femme mariée à s'opposer à l'usurpation de son nom de famille, ou à la concession de ce nom à un tiers par le Gouvernement, *bien qu'elle ait cessé d'en faire usage* ; mais ces décisions n'impliquent pas que ce nom ait cessé d'appartenir à la femme, tout au contraire (Cass., 16 mars 1841 : S. 41, 1, 532 ; 15 juin 1863 : S. 63, 1, 281 ; 17 août 1864 : S. 65, 1, 121. Cf. Fuzier Hermann, article dans *la Loi* du 25 mars 1855).

(2) « Je dis que, de même que la femme veuve continue à porter le nom

C'est cette idée qui dicta l'amendement suivant proposé par le duc de la Rochefoucauld : « La femme divorcée ne pourra, à dater de la prononciation du divorce dans les formes prescrites par l'article 294, porter le nom de son ancien mari [1]. »

Le rapporteur de la commission combattit d'abord cet amendement comme inutile et dangereux : le divorce faisant disparaître tous les effets du mariage, il n'y avait pas lieu d'insérer dans la loi, à l'égard d'un de ces effets, une disposition spéciale qui pouvait faire naître un doute quant aux autres. Mais, en présence de la remarque que, malgré la dissolution du mariage, la femme veuve conservait le nom de son mari ; à raison de l'observation faite par M. Bovier-Lapierre, qu'avant 1816 la femme divorcée conservait jusqu'à un nouveau mariage le nom de son premier mari ; enfin et surtout, pour écarter un amendement de MM. de Douville-Maillefeu et Lepère, qui tendait à laisser à la femme, quand le divorce avait été prononcé à son profit, le nom de son mari, la commission, après bien des hésitations, se rangea à l'amendement de M. de La Rochefoucauld. Cependant elle le tenait toujours pour surérogatoire, mais non plus, comme

de son mari défunt, si vous n'introduisez pas un texte dans la loi, la femme divorcée aura le droit de porter le nom de son mari. » (M. Langlois, à la Chambre, 4 juin 1882, Officiel du 16, p. 925). Pour interdire à la femme divorcée l'usage du nom de son mari, le tribunal de Lyon (4 mars 1885 : S., 86, 2, 119) observe que « le divorce entraîne la suppression complète de tout ce qu'il y a de commun entre les époux ». Pas plus que la mort assurément. En vain voudrait-on argumenter de ce que certains avantages entre époux produisent leurs effets après le décès d'un des conjoints, tandis que le divorce les fait tomber ; cette différence, qui n'est pas absolue, puisque l'époux contre lequel le divorce est prononcé perd seul le bénéfice de ces libéralités (Art. 299 C. civ.), ne saurait conduire à conserver à une femme veuve le nom de son mari, qu'elle eût perdu en cas de divorce.

(1) Séance de la Chambre du 15 juin 1882. Officiel du 16 juin.

au début de la discussion, parce que le droit conféré à la femme par le mariage devait prendre fin avec lui : elle faisait appel à une idée toute nouvelle, que nous développerons plus loin ; elle déclarait que le mariage ne créait au profit de la femme aucun droit qu'il fût besoin de lui retirer, l'usage des femmes de prendre le nom de leurs maris n'étant pas consacré par la loi.

L'amendement La Rochefoucauld, malgré l'appui du rapporteur de la commission, ne fut point voté ; et il est impossible de déterminer si la Chambre a voulu laisser à la femme divorcée le nom de son mari, ou si elle a repoussé l'amendement comme surérogatoire. Les tribunaux ont conclu un peu trop volontiers du silence de la loi, que la Chambre avait entendu leur laisser le droit de prononcer suivant les circonstances. C'est du moins le pouvoir qu'ils se reconnaissent [1].

En fait, la discussion que nous venons de résumer a été confuse et incohérente ; il est difficile d'y rien relever dont les tribunaux puissent s'autoriser. Aussi lorsque, au cours de la discussion d'un projet de loi sur les nullités de mariage et la séparation de corps, la question du nom de la femme séparée fut débattue au Sénat [2], le Conseil d'État en prit occasion de préciser les effets du divorce en matière de nom ; et il fit insérer au projet une disposition qui lui était très étrangère et qui n'y figurait pas lors de la discussion en première lecture : « Par l'effet du divorce, chacun des époux reprend l'usage ex-

____

(1) Toulouse, 18 mai 1886 ; Alger, 29 décembre 1886 ; Nîmes, 8 août 1887 (Dalloz, 89, 2. 9). La discussion qui a eu lieu à la Chambre, déclare le tribunal de Toulouse, « démontre que le législateur a entendu s'en remettre à la prudence des tribunaux ».

(2) Séance du 14 juin 1885 : *Officiel*, 1885, Sénat, p. 679 et suiv. — Séance du 18 janvier 1887 et séances suivantes : *Officiel*, 1887, Sénat, p. 20 et suiv.

clusif de son nom. » Ce texte fut voté par le Sénat dans la séance du 18 janvier 1887. Comme on peut s'en convaincre par la lecture attentive des discussions qui précédèrent ce vote, le Sénat considéra que la femme acquérait par le mariage le nom de son mari ; mais il estima qu'elle le perdait dans tous les cas par le fait même du divorce [1]. Le texte ne fait donc que constater et proclamer un effet du divorce, qui se produirait dans le silence de la Loi. A la Chambre, au contraire, l'amendement de M. de la Rochefoucauld avait été dicté par cette idée, que la femme divorcée ne perdait pas de plein droit le nom par elle acquis, et qu'un texte était nécessaire pour l'en priver.

S'il est admissible, en supposant le nom du mari acquis à la femme par le mariage, que la rupture du lien conjugal l'en prive de plein droit, un texte formel peut seul la contraindre à délaisser ce nom en cas de simple séparation de corps. Le mariage dure encore, et le nom qu'il a conféré à la femme appartient de telle sorte à celle-ci, qu'on ne peut lui en interdire l'emploi et qu'il ne lui est pas loisible non plus de le délaisser. Aussi le projet relatif à la séparation de corps, discuté au Sénat en 1885 et 1887, contient-il un texte ainsi conçu : « Le jugement qui prononce la séparation de corps, ou un jugement postérieur, peut interdire à la femme le nom de son mari, ou l'autoriser à ne pas le porter. » Donc, en principe, la femme séparée conserve le nom de son mari ; mais s'il y a lieu de craindre qu'elle ne le compromette ou ne le déshonore, l'usage peut lui en être interdit ; à l'inverse, si ce nom lui est trop lourd à porter, elle peut solliciter l'autorisation de reprendre son nom de fille.

(1) M. Allou, rapporteur. *Officiel*, 1885, Sénat, p. 678, col. 1re.

112. — La thèse de l'acquisition par la femme du nom de son mari ne jouit d'aucune faveur dans la doctrine. Suivant une opinion diamétralement opposée, opinion plus logique et plus juridique, mais qui ne pourra plus guère être défendue quand les dispositions votées par le Sénat auront pris place dans la loi [1], il n'y a pas lieu de régler minutieusement les conditions auxquelles la femme perd le nom de son mari, parce que le mariage ne le lui confère pas. Nous avons observé que la femme mariée, dans tous les actes importants, était désignée sous son nom patronymique, et que le nom du mari, énoncé ensuite, ne lui était pas personnellement appliqué, mais indiquait sa condition, son état. Les usages du notariat sont, à cet égard, bien établis ; c'est obligatoirement sous leur nom de famille que les femmes figurent dans les actes notariés. Il est admis en outre qu'une femme mariée, qui procède à une adoption, ne peut conférer à l'adopté que son propre nom. Enfin, un enfant dont la filiation adultérine se trouve établie, par suite d'un désaveu de paternité, n'a droit qu'au nom de famille de sa mère : il serait inouï que, malgré le désaveu, il pût prétendre au nom du mari de sa mère, sous prétexte que ce nom appartiendrait à cette dernière.

En résumé, c'est seulement dans la vie ordinaire et les relations mondaines qu'une femme fait usage du nom de son mari. C'est là un simple fait qu'expliquent la communauté d'affections, la confusion d'intérêts que le mariage crée entre les époux. Mais le nom du mari n'appartient pas à la femme ; en conséquence, il n'est pas besoin de

---

(1) En réglant à quelles conditions la femme divorcée ou séparée peut être privée du nom de son mari, ou autorisée à le déposer, la loi impliquera que la femme mariée acquiert le nom de son mari et doit le conserver jusqu'à nouvel ordre.

textes formels pour lui retirer un droit qu'elle n'a jamais eu, ou la décharger d'une obligation qui ne pèse pas sur elle. Veuve ou divorcée, elle est maîtresse de quitter le nom de son mari ; si elle ne l'abandonne pas spontanément, elle peut être contrainte à le délaisser par le mari ou les héritiers du mari. Mais, encore une fois, ce n'est pas là une conséquence de la rupture du lien conjugal. Au cours même du mariage, il est loisible à la femme de se faire connaître sous son nom de fille¹ Par contre, le nom du mari peut lui être interdit en cas de séparation de corps, en cas de simple séparation de fait, et même, bien que cela ne se conçoive guère, sans qu'il existe aucune mésintelligence entre les époux.

113. — C'est par ces dernières conséquences que le système que nous exposons peut paraître inacceptable. Il est bien rigoureux d'interdire à une femme veuve de porter le nom de son mari, surtout quand elle a des enfants ; et il est peu admissible qu'au cours même du mariage deux époux soient connus sous des noms différents. Nous n'en disconvenons pas : mais ces résultats choquants sont bien loin de se produire dans la pratique, et, au fond, il n'y a guère de différence entre l'opinion qui attribue à la femme le nom de son mari, et celle qui la lui refuse. Il ne faut pas oublier que, dans tous les actes importants, la femme, désignée sous son nom patronymique, énonce en même temps le nom de son mari ou de son ex-mari : c'est là une nécessité à laquelle elle ne peut pas se soustraire, une obligaiton dont on ne saurait la dispenser. A ce point de vue, la dissolution du mariage, de quelque façon qu'elle se produise, ne change rien à sa situation.

Que reste-t-il donc ? Les habitudes de la vie courante et les relations mondaines. Dans cette mesure, que ce soit avec ou sans droit que la femme porte ou délaisse le nom de son mari ou de son ex-mari, peu importe : car on ne voit pas de quelle sanction elle serait passible. Le plus souvent d'abord, ce sont des tiers qui lui donnent le nom sous lequel elle est connue ; et les circonstances dans lesquelles elle le prend elle-même ne lui font encourir aucun reproche. On ne peut pas raisonnablement faire grief à une femme de la façon dont elle se fait annoncer dans les salons : « Vous n'allez pas, disait M. Brisson à la Chambre des Députés, vous n'allez pas *légiférer* sur les cartes de visites. » De telle sorte que, sans droit ou avec droit, une femme, qu'elle soit mariée, veuve ou divorcée, peut, sans crainte d'être inquiétée, porter à sa guise le nom de son mari ou son nom patronymique ; et les dispositions formelles, qu'on propose d'édicter pour lui interdire le nom du mari, ou l'autoriser à l'abandonner, ne sont pas seulement illogiques, parce que ce nom ne lui appartient pas ; elles sont par elles-mêmes absolument inefficaces.

Il est cependant une série d'hypothèses assez voisines dans lesquelles une femme pourra se voir interdire le nom de son mari : c'est quand, sous ce nom, elle voudra se livrer au commerce, s'adonner aux arts ou à la littérature, se vouer au théâtre. Le préjudice qu'elle peut causer à son mari est manifeste : soit qu'elle lui fasse une concurrence déloyale, ou qu'elle expose son nom aux hasards de la faillite ; soit qu'elle donne à ce nom une fâcheuse notoriété, en le portant au théâtre, ou en signant certains écrits. Outre que l'abus du nom du mari, dans ces différents cas, est particulièrement choquant, les circonstances dans lesquelles la femme l'emploie, la publicité spéciale qu'elle lui donne, permettent au mari de le lui interdire.

Nous ne pouvions tout à l'heure empêcher la femme de signer du nom qu'elle voulait une lettre confidentielle, de se faire donner par ses amis et ses domestiques un nom emprunté ; nous pouvons au contraire lui défendre de signer du nom d'autrui un livre, un article de journal, une œuvre d'art ; de porter ce nom au théâtre ; de l'apposer sur ses enseignes, ses factures, ou les produits de son commerce. Voilà dans quelles hypothèses pratiques, l'usage irrégulier d'un nom peut être réprimé ; c'est en vue de ces hypothèses qu'il est nécessaire de prendre parti dans la question de savoir si la femme a droit au nom de son mari. Lui refusant ce nom, nous autoriserons le mari à lui en interdire l'emploi, même au cours du mariage [1], dans toutes les circonstances que nous venons d'envisager.

Ce n'est pas au mari seulement, mais à ses parents, et, en général, à tous les tiers, porteurs de son nom, que nous ouvrirons le droit d'en interdire l'usage à la femme. Mais, tant que dure le mariage, la femme exerce le commerce sous le nom de son mari, s'adonne sous ce nom aux arts et à la littérature, sans pouvoir être inquiétée par les parents de son mari ou les tiers porteurs de son nom : son mari seul pourrait la réduire à l'emploi de son nom de fille. Il n'y a là rien moins qu'une exception à la règle suivant laquelle la tolérance du possesseur d'un nom, qui laisse un tiers en user librement, ne prive pas les autres porteurs du même nom du droit de faire cesser l'usurpation dont il est l'objet. Mais, le mariage une fois dissous, les parents du mari et les tiers eux-mêmes peuvent faire défense à la femme veuve ou divorcée de porter le nom de son mari.

(1) Au cours du mariage, le mari a parfois à sa disposition un moyen plus radical encore ; il peut empêcher la femme de faire le commerce en lui refusant son autorisation (art. 4, C. comm.). La question de savoir si une femme peut contracter un engagement théâtral sans autorisation maritale, est au contraire controversée.

En résumé, c'est seulement quand une femme veut employer le nom de son mari en tant que nom commercial, industriel, littéraire ou artistique, que la théorie qui lui dénie la propriété de ce nom trouve son application pratique. Encore les règles spéciales d'acquisition du nom commercial, artistique ou littéraire, viennent-elles singulièrement rétrécir les hypothèses où la femme peut voir prononcer contre elle l'interdiction du nom du mari. Nous exposerons ailleurs comment, par exception à tous les principes reçus en matière de nom, un commerçant, un artiste, un écrivain, peuvent s'approprier par un usage prolongé le nom d'un tiers, à titre de nom supposé ou de pseudonyme. Par application de cette règle, la femme qui aura personnellement exercé le commerce sous le nom de son mari, qui aura signé de ce nom des œuvres d'art ou des livres, qui aura acquis sous ce nom quelque célébrité au théâtre, ne pourra, une fois veuve, divorcée, séparée de corps ou séparée de fait, s'en voir interdire l'emploi [1]. Sous le bénéfice de cette observation, nous pouvons renvoyer au chapitre de cet ouvrage qui est consacré au nom commercial : on y verra par plusieurs exemples empruntés aux décisions de la jurisprudence, comment une femme veuve ou divorcée, réduite, en principe, à faire le commerce sous son nom de fille, peut parfois avoir acquis le nom de son mari, qu'elle conserve alors envers et contre tous [2].

(1) Trib. de Toulouse, 18 mai 1886 : S. 1886, 2, 119, et la note.

(2) Voy. n° 220. — Si le projet de loi voté par le Sénat vient à passer sans modifications à la Chambre, la femme divorcée, et, quelquefois, la femme séparée devront déposer le nom de leur mari, même quand elles l'auront acquis par l'exercice du commerce ; le projet, en effet, enlève à la femme, en cas de divorce ou de séparation, le nom par elle acquis, sans distinguer entre la prétendue acquisition résultant du mariage, et l'acquisition réelle du nom

14

114. — Le projet de loi voté par le Sénat détermine et réglemente les droits du mari au nom de sa femme en même temps que ceux de la femme au nom du mari : « Par l'effet du divorce, dit l'article 2 du projet, *chacun des époux* reprend l'usage exclusif de son nom. » Et l'article 3, qui règle la question du nom de la femme séparée de corps, ajoute *in fine :* « Il peut être également interdit au mari de joindre à son nom celui de sa femme. » La rédaction de l'article 2 avait passé inaperçue ; la disposition finale de l'article 3 éveilla à bon droit les inquiétudes de M. Clément : il fit observer avec raison qu'on pouvait en induire par *a contrario* que le mari avait le droit de porter le nom de sa femme, tant que ce nom ne lui avait pas été interdit. M. Allou, rapporteur de la commission, répondit à cette objection en des termes qui n'étaient pas faits pour calmer les préoccupations de M. Clément. Suivant lui, l'usage adopté par un mari d'ajouter à son nom celui de sa femme avait parfois une importance telle qu'il y avait lieu de permettre aux tribunaux de le consacrer, de le régulariser, suivant les circonstances : « L'honorable M. Clément a une préoccupation ; il dit : s'il y a une disposition de cette nature dans la loi, vous reconnaissez indirectement le droit du mari d'ajouter à son nom le nom de sa femme. J'avoue que cette considération ne m'a pas touché. La disposition que nous vous proposons n'est pas en effet la reconnaissance, en principe, du droit du mari de joindre à son nom celui de sa femme, mais seulement la possibilité pour les tribunaux *de donner une autorisation de cette nature.* »

---

commercial. C'est excessif ; mais il résulte des affirmations réitérées de M. Allou, rapporteur, que telle est bien la portée de la disposition nouvelle (*Officiel*, 13 juin 1885, p. 678, col. 2 ; 18 janvier 1887, p. 19 et suiv.).

Quelle idée le rapporteur se faisait-il du pouvoir judiciaire, et quelle attribution entendait-il confier aux tribunaux ? Chargés qu'ils sont de reconnaître et proclamer les droits existants, il leur attribuait la faculté de faire naître un droit, d'autoriser un mari à faire usage du nom de sa femme qui ne lui appartient pas ! La commission finit par se rendre aux arguments de M. Clément, sans d'abord sacrifier son texte auquel elle voulait, à tout prix, prêter un sens acceptable : Les mots : « Il peut être également interdit au mari, etc. » n'avaient pas le sens que M. Allou leur avait prêté ; ils n'avaient pas trait à une *faculté laissée aux tribunaux* d'autoriser un mari séparé à conserver le nom de sa femme, mais se référaient *à la faculté ouverte à la femme séparée* d'agir contre son mari, pour le réduire à l'usage de son seul nom : les tribunaux étant d'ailleurs dans l'obligation de faire droit à cette demande. Pour ne laisser subsister aucune équivoque sur le sens véritablement puéril de la disposition, au texte primitif fut substituée la rédaction suivante à laquelle, de guerre lasse, M. Clément se rangea : « Dans le cas où le mari aurait joint à son nom le nom de sa femme, celle-ci pourra également demander qu'il lui soit interdit de le porter. » C'est en définitive accorder expressément à la femme un droit qui appartient à toutes personnes contre ceux qui usurpent leur nom ; ce texte, s'il n'énonce rien d'inexact, est dépourvu de toute portée.

On ne peut méconnaître toutefois que. dans certaines provinces, l'usage adopté par les maris d'ajouter à leur nom celui de leur femme soit très répandu chez les commerçants. Cette pratique s'explique d'abord par cette circonstance que nombre de commerçants, prenant la suite des affaires de leur beau-père, ont intérêt à rappeler le nom de leur prédécesseur ; en outre, l'emploi de ce nom, à titre de nom additionnel, permet aux commerçants de se distinguer d'homonymes faisant un commerce similaire. Cet usage, à raison des avantages qu'il présente, doit être respecté ; mais il n'est permis qu'aux commerçants, et se réduit aux besoins du commerce [1]. Le nom de la femme ne peut être employé par le mari dans les actes de la vie civile ; il n'appartient pas à la famille. C'est seulement dans les opérations commerciales que le mari peut se faire connaître sous un double nom. Mais, à l'instar de la femme qui acquiert le nom de son mari en exerçant le commerce sous ce nom, le mari séparé ou divorcé est maître de conserver le nom de sa femme, quand il l'a incorporé au sien par un long usage. On voit dès lors combien sont défectueuses les deux dispositions du projet qui le contraignent à déposer ce nom. Ces deux textes sont surérogatoires quand le mari n'a pas acquis le nom de sa femme ; ils sont illogiques et injustes quand il l'a acquis [2].

---

(1) Poitiers, 8 déc. 1863: S., 64, 2, 50. — D'ailleurs, au cours de la discussion de la loi du 28 mai 1858, cet usage a été rappelé et approuvé : « Suivant les traditions du commerce, et parfois les besoins de celui-ci, a dit M. du Miral, il peut y avoir adjonction du nom de l'épouse à celui de l'époux. » Voy. n°s 216 et 221.

(2) Rappelons qu'autrefois, dans les coutumes où le ventre anoblissait, le mari roturier prenait le nom de sa femme (Voy. Besançon, 6 février 1866 : S., 66, 2, 75).

CHAPITRE II

Des changements de noms autorisés par le gouvernement (Loi du 11 germinal an XI).

115. — La loi confère au chef de l'État le pouvoir d'autoriser les changements de noms. Il est indéniable qu'on peut avoir les motifs les plus légitimes de solliciter cette autorisation. Peut-être dira-t-on qu'il y a impiété filiale à délaisser le nom de ses pères : c'est là un lieu commun, une thèse facile sur laquelle la déclamation s'est maintes fois exercée. Mais, à ne point rougir du nom de sa famille, on s'expose parfois à faire rougir ceux qu'on oblige à l'entendre ou à le prononcer ; et quand un membre d'une famille s'est rendu coupable d'une action déshonorante, on comprend que ses proches cherchent à abandonner un nom qui perpétuerait ce souvenir infamant. L'héritage forcé du nom ne pourrait être défendu comme l'obligation pour les héritiers d'acquitter indéfiniment les dettes de leur auteur ; on ne saurait prétendre que l'héritier d'un nom, appelé à profiter du lustre qui peut le décorer, doit subir l'infamie qui s'y attache : il en résulterait pour lui la plus lourde charge, sans profit pour personne.

Vainement objecterait-on que l'ordre public est intéressé à la fixité des noms patronymiques ; qu'un changement de nom peut permettre à ceux qui l'obtiennent de dissimuler leur identité : cela n'est vrai que des changements clandestins. La publicité, qui précède et qui suit l'autorisation du Gouvernement, prévient toute confusion et rend toute fraude impossible ; les motifs légitimes dont la justification est requise empêchent les variations trop fréquentes du nom des familles et des individus ; en même temps que les formalités à remplir et les conditions exigées pour obtenir cette autorisation sauvegardent les droits des particuliers, porteurs du nom qu'un tiers veut se faire concéder.

Nous allons successivement étudier les motifs qui peuvent être invoqués pour changer de nom ; les formalités et conditions auxquelles est subordonné l'agrément du chef de l'Etat ; les effets de l'autorisation accordée.

SECTION I

MOTIFS QUE L'ON PEUT PRODUIRE A L'APPUI D'UNE DE- MANDE DE CHANGEMENT DE NOM.

116. — Il faut, pour obtenir de changer de nom, justifier d'un intérêt sérieux. Certains gouvernements ont cependant permis des changements de noms que la vanité seule portait à solliciter ; l'autorisation de prendre un nom d'allure nobiliaire, de se parer de la particule, a souvent été accordée par la Restauration ou le second Empire à des personnes qui n'avaient aucun motif de changer de nom, pour ajouter au lustre de certaines familles influentes ou les récompenser de services rendus. Pareilles autorisations ne seraient pas obtenues aujourd'hui ; les demandes d'addition de la particule sont même vues avec une défaveur particulière.

Celui qui sollicite un changement de nom peut vouloir quitter le nom qu'il porte ou seulement y ajouter un autre nom. Au premier cas, il doit justifier de son intérêt à ne plus faire usage du nom de sa famille : il s'agit par exemple d'un nom obscène, ou d'un nom grotesque, soit en lui-même, soit eu égard à la profession, la situation sociale de celui qui le porte. Nos pères n'ont pas choisi leurs noms ; ils ont subi ceux que la malignité publique leur attribuait. Ou bien il s'agit du nom d'un criminel fameux qui devient trop lourd à porter à ses parents ou aux étrangers, ses homonymes : c'est ainsi que, après l'assassinat du duc de Berry, tous ceux qui portaient le nom de Louvel furent admis à le déposer [1].

Le plus souvent, sans abandonner complétement le nom de sa famille, on se contente de le défigurer, d'en changer la consonnance, par l'addition, le retranchement ou la transposition de quelques lettres : ce qui évite au réclamant d'avoir à prendre un nom absolument nouveau, dont le choix, toujours arbitraire, pourrait provoquer l'opposition des tiers. C'est ainsi, pour emprunter un exemple à l'histoire plutôt qu'aux chroniques judiciaires, que le gendarme Merda, qui fracassa d'un coup de pistolet la mâchoire de Robespierre, devenu général et baron de l'Empire, obtint l'autorisation de s'appeler Méda.

117. — On peut n'avoir pas de sérieux motif d'abandonner ou de modifier le nom de sa famille, mais avoir intérêt à porter un nom différent. En pareil cas, la substitution d'un nom nouveau au nom patronymique est rarement autorisée ; on obtiendra seulement le droit de porter, comme nom additionnel, le nom dont on veut faire usage [2]. Le plus souvent il s'agit d'un pseudonyme sous

(1) Voy. ordonn. du 1er août 1827 autorisant le sieur Louvel père à substituer à son nom celui de Lemaire.

(2) Sous Louis-Philippe, la jurisprudence du Conseil d'État était bien établie sur ce point : les additions de noms étaient seules autorisées. Le système des additions a cependant l'inconvénient de donner à certaines familles

lequel l'impétrant s'est acquis une certaine réputation : l'usage en est régularisé à son profit. Ou bien c'est un prénom qui a été constamment accolé à un nom patronymique, et qu'une autorisation gouvernementale permet de n'en plus séparer. Ainsi en est-il du nom des familles Casimir-Périer, Gilbert-Boucher, etc. Le plus souvent, l'autorisation vient après coup légitimer des additions ou modifications quelconques apportées à leurs noms par des personnes désireuses de se distinguer de leurs homonymes [1].

Le désir de ne pas laisser s'éteindre un nom illustre est un motif très ligitime de solliciter l'autorisation de le porter ; cette faveur ne peut guère être obtenue que par les descendants par les femmes du dernier porteur de ce nom. Autrefois, on relevait ainsi les noms et les titres des familles nobles ; aujourd'hui, la Chancellerie n'accorde guère l'autorisation de porter des noms d'allure nobiliaire, supposant volontiers que la demande des intéressés est, en pareil cas, dictée par la vanité plutôt que par la piété filiale [2].

118. — Mais l'intérêt le plus visible, le plus appréciable dont on puisse justifier, pour obtenir l'autorisation de changer de nom, est assurément le suivant : le change-

---

des noms démesurés : on lit à l'*Officiel* du 24 février 1882, que M. Oger de Mauléon Narbonne de Nébias demande à ajouter à son nom celui de « Bruyères de Chalabre » ; et madame Langlois de Chevry, les noms de « Grimoard-Beauvoir du Roure de Beaumont-Brison ».

(1) Il faut bien reconnaître que le plus sûr moyen d'acquérir un nom est de le prendre et de l'illustrer. Je ne sache pas que Saint-Marc Girardin, dont le vrai nom était Girardin, avec le prénom de Marc, ait jamais fait régulariser à son profit l'usage du nom sous lequel il est si honorablement connu dans notre littérature. — De même pour M. Saint-René Taillandier.

(2) La requête de M. Martel de Janville (insérée à l'*Officiel* du 26 octobre 1888) tendant à obtenir l'autorisation d'ajouter au nom de ses enfants mineurs le nom de leur mère, dernière descendante des Riquetti de Mirabeau, et connue en littérature sous le pseudonyme de Gipp, n'a pas été accueillie.

ment de nom est une condition mise par un donateur ou
un testateur à sa libéralité ; soit que le disposant ait prescrit
la substitution pure et simple d'un nom (le sien le plus
souvent) à celui de la personne qu'il gratifiait ; soit qu'il
ait seulement enjoint au donataire d'ajouter ce nom au sien.

Nous avons dit que, dans notre ancien droit, une telle
condition était fréquemment apposée aux libéralités : c'est
ce qu'on appelait parfois « adoption d'honneur. » Si nous en
croyons Claude de Ferrière, l'autorisation du roi n'était
pas requise en vue des simples additions de noms: « L'héritier institué ou le donataire est obligé d'exécuter la condition imposée par son bienfaiteur. Au reste, lorsque
l'héritier institué ou le donataire ne fait qu'ajouter son
nom à celui du testateur ou du donateur, il n'a pas besoin
de lettres du Prince; mais s'il quittait son nom pour
prendre celui ou du donateur ou du testateur, il lui faudrait
nécessairement des lettres-patentes du roi, enregistrées
qu'au Parlement[1]. » Or La Roque nous apprend qu'à moins
de volonté contraire clairement exprimée par le disposant,
« l'adoption » n'entraînait pour l'institué ou le donataire que l'obligation d'ajouter à son nom celui de son
bienfaiteur[2].

119. — Dans notre droit, qu'il s'agisse d'addition ou de
changement de nom, l'autorisation du Gouvernement est
toujours exigée. La condition de changer de nom, apposée
à une libéralité, peut être conçue en termes tels que l'ob-

---

(1) *Dictionnaire de droit et de pratique*, à l'article : *Institution d'héritier à charge que l'héritier institué portera le nom du testateur.*

(2) *Traité de l'origine des noms*, chap. XXVI. — Il est difficile de vérifier
l'exactitude de la distinction proposée par Ferrière, d'abord parce qu'on en
usait assez librement autrefois avec la règle prohibitive des changéments de
noms; en outre parce que, quand l'adoptant laissait à l'adopté la terre de son
nom, l'addition de nom était de droit.

tention de cette autorisation soit expressément prévue. Mais la libéralité peut aussi être subordonnée purement et simplement à la condition de changer de nom. La nature de la condition ainsi formulée a été l'objet de graves discussions. On a dit que le fait de changer de nom n'étant pas laissé à la volonté des particuliers est légalement impossible que la condition de changer de nom étant elle-même impossible, doit, comme telle, dans les actes à titre gratuit, être réputée non écrite (art. 900, C. civ.). Cette thèse a été défendue par Merlin, dans une dissertation qui n'est pas exempte d'amertume ; il commente longuement dans son *Répertoire,* au mot *Promesse de changer de nom,* un arrêt par lequel la cour de cassation a prononcé contre les conclusions qu'il avait prises comme procureur général.

Nous ne nous attarderons pas à prouver que la condition de changer de nom imposée à un donataire est possible ; cette démonstration ne nous entraînerait à rien moins qu'à faire la théorie de l'impossibilité juridique en droit romain et en droit français : et cela sans aucun intérêt pratique, puisque tout le monde s'accorde à déclarer possible la condition qui nous occupe. La jurisprudence y voit une condition mixte, dont l'accomplissement dépend à la fois de la volonté du donataire ou du légataire, et d'un tiers qui est le chef de l'État [1]. Tel semble être également le sentiment de M. Bartin, dans son récent ouvrage sur les *Conditions impossibles : illicites et immorales.* « La condition, dit-il, n'est pas impossible, car le légataire, le donataire a la ressource de s'adresser au gouvernement : *elle peut le devenir à raison du refus du gouvernement*

---

(1) Cass., 16 nov. 1824 : S., 25, 1, 148 ; 4 juillet 1836 : S., 36, 1, 642. Cf. arrêt du 13 janvier 1813, commenté par Merlin (Aff. Musnier-Folleville).

d'accorder l'autorisation demandée ; c'est alors une condition possible défaillie. »

Cette manière d'envisager comme possible un fait prohibé par la loi, sauf autorisation, ne nous satisfait pas. On peut traduire l'opinion de M. Bartin en une formule qui fait ressortir ce qu'elle a de défectueux dans les termes : « Changer de nom est un fait possible, tant que le gouvernement n'y met pas obstacle par le refus de son autorisation. » Nous préférons donc nous attacher à l'intention de celui qui a dicté la condition, pour en déterminer la nature ; et nous admettons avec MM. Aubry et Rau qu' « une condition ne rentre dans la catégorie des conditions impossibles qu'autant que l'empêchement qui s'oppose à son accomplissement n'est pas de nature à disparaître par suite d'un changement à prévoir dans les circonstances dont il dépendait. On peut, en effet, supposer qu'un pareil changement, par cela même qu'il était plus ou moins probable, est entré dans les prévisions de celui qui a imposé la condition [1]. » Le changement de nom a été prescrit, en supposant levé l'obstacle qui l'entravait.

120. — Les arguments invoqués par Merlin à l'appui de la thèse contraire sont empruntés à des lois romaines ; mais la valeur de ces textes est nulle, parce qu'ils sont relatifs à l'impossibilité de l'objet d'un legs ou d'une stipulation : or, en ces matières, l'impossibilité juridique s'appréciait d'une façon bien plus rigoureuse qu'en matière de condition [2]. En outre Merlin, en présence d'un

_____

(1) Tome IV, pp. 64 et 65, § 302. — Mais d'ailleurs, d'après une tradition ininterrompue depuis le droit romain, le disposant ne peut utilement envisager la disparition de l'obstacle qui s'oppose à l'accomplissement de la condition, qu'autant que sa réalisation n'est pas subordonnée à un changement de législation (Loi 137, § 6, Dig. *de. verb. oblig.*, 45, 1).

(2) Aujourd'hui, il n'y a plus à faire de différence, au point de vue de l'impossibilité juridique, suivant qu'un fait est l'objet d'une promesse, ou forme

arrêt du Parlement de Paris du 4 juin 1579, d'où il résulte que le fait de changer de nom était possible sous
l'ancien droit, en est réduit à prétendre que l'édit de
mars 1555, faute d'enregistrement, avait toujours été
dénué de force légale, et que les changements de noms
ne sont devenus impossibles que depuis la Révolution1.

L'opinion qui déclare impossible la condition de changer
de nom, et la tient pour non écrite dans les actes à titre
gratuit, a ceci d'injuste qu'elle assure au donataire ou
légataire le bénéfice de la libéralité, en le dispensant
d'ailleurs de solliciter l'autorisation du Gouvernement, de
chercher à remplir le vœu de son bienfaiteur. Toutefois
cette conséquence choquante pourrait être écartée dans
un système qui voit dans la condition, dont un disposant avait particulièrement à cœur la réalisation, la cause
impulsive de sa libéralité, et qui déclare qu'en cas d'impossibilité du fait prescrit, la donation ou le legs ne produit pas son effet. En pareil cas, l'acte n'a de la gratuité
que l'apparence, l'intérêt qu'a le disposant à l'accomplissement de la condition étant considéré comme un équivalent suffisant de son appauvrissement. Quant à nous qui
déclarons possible le fait de changer de nom, nous n'avons
pas à prendre parti sur le bien fondé de cette théorie,

---

la matière d'une condition (Voy. aff. Musnier-Folleville : le donataire avait
pris l'engagement de changer de nom).

(1) Nous ne citons que pour mémoire un système produit à l'appui d'un
pourvoi en Cassation (Sirey, 1836, 1, 642) qui déclare le fait de changer de
nom possible ou impossible suivant que l'autorisation du Gouvernement a été
ou non accordée. Dans cette opinion très favorable au donataire, la condition
ne peut être qu'accomplie, ou impossible et réputée non écrite. Mais n'est-il
pas évident que le caractère d'un fait, objet d'une condition, s'apprécie au
moment où il a été imposé par le disposant, ou arrêté par les parties, et n'est
plus susceptible de varier. Si la condition est possible, le refus d'autorisation
la fait défaillir : elle ne devient pas impossible.

qui assigne aux actes à titre gratuit une autre cause que l'intention généreuse du disposant.

122. — La condition de changer de nom se trouve défaillie quand l'autorisation gouvernementale est refusée. Si le disposant n'a pas fixé de délai dans lequel le changement doit être effectué, la condition ne peut être considérée comme défaillie qu'à la mort de celui auquel elle est imposée. La cour de la Guadeloupe a cependant pu décider, dans une hypothèse spéciale, que « bien que le testateur n'eût pas fixé de délai dans lequel la condition devrait être accomplie, sa volonté était qu'elle fût accomplie dans un court délai [1] », et déclarer la condition défaillie du vivant de celui qui devait l'exécuter.

123. — Si raisonnable, si bien motivé que puisse être un changement de nom, l'autorisation du gouvernement ne peut être sollicitée que par celui qui doit en profiter. Le Conseil d'État a décidé le 18 août 1839, qu'un tuteur, même autorisé, était sans qualité pour demander au nom d'un mineur une substitution de nom. De même, un père peut bien être autorisé à changer de nom, auquel cas son nouveau nom passera à ses enfants déjà nés ; mais sa requête tendant au changement du nom de ses seuls enfants ne serait pas admise (Conseil d'État, 26 déc. 1839). Si bien établie que puisse être sa jurisprudence, le Conseil d'État s'en départirait sans doute, si l'intérêt du requérant l'exigeait, si, par exemple, un mineur était gratifié d'une libéralité, à charge de prendre le nom de son bienfaiteur à bref délai, avant son arrivée à la majorité. Sans même qu'un délai de rigueur eût été fixé, le changement de nom devrait être poursuivi sans retard, pour procurer au donataire le bénéfice immédiat de la

---

(1) Sirey, 1836, 1, 642.

libéralité, et empêcher que sa mort survenue avant son arrivée à la majorité ne fît défaillir la condition[1].

Nous avons dit ailleurs que, si légitimes motifs qu'on pût avoir de changer de prénoms, la loi n'ouvrait aucun moyen d'atteindre ce but [2].

SECTION II

DE L'AUTORISATION DE CHANGER DE NOM.

§ 1. — *Obtention du décret d'autorisation.*

124. — La faculté d'autoriser les changements de noms depuis longtemps exercée par le roi, lui a été législative ment reconnue par l'édit d'Amboise de 1555 ; depuis lor elle a appartenu au chef de l'État presque sans interrup tion. On a pu, sous l'ancien régime, se passer maintes fo' de lettres du prince pour changer de nom ; l'autorisation d roi n'en était pas moins le plus sûr moyen d'acquérir u nouveau nom. A cet égard, et bien que l'édit de 1555, q réprimait les changements de noms et d'armes, tendît sur tout à prévenir les variations des noms nobles, la règle éta générale et s'appliquait aux roturiers. La cour de cassa tion a eu occasion d'en décider ainsi par arrêt du 1 novembre 1824 : un légataire domicilié à la Guadeloup auquel avait été imposée l'obligation de prendre le no

(1) Dans l'espèce d'un arrêt précité de la cour de la Guadeloupe (S. 18 1, 642), le changement de nom avait été sollicité par le tuteur de l'intéress et la cour a déclaré : « Que l'intention du testateur était que la condition f' accomplie dans un court délai, puisqu'il avait chargé les parents du léga taire encore mineur de lui faire prendre ses noms et prénoms. »

(2) Voy. n° 39.

du testateur, s'était contenté d'agir en rectification de son acte de naissance; les héritiers naturels du testateur firent déclarer la condition défaillie, en invoquant, non point la loi du 11 germinal an XI, qui n'avait pas été promulguée à la Guadeloupe, mais l'édit de 1555.

L'autorisation du chef de l'État fut assurément inutile pour la régularisation des changements de noms, dans l'intervalle du 24 brumaire au 6 fructidor an II, alors qu'ils étaient laissés à la fantaisie des intéressés. La loi du 6 fructidor an II, qui abrogea rétroactivement le décret du 24 brumaire, ne réservait pas au gouvernement le pouvoir d'au‑ toriser les changements de noms. La cour de cassation le lui a néanmoins reconnu 1. Quelques mois avant la promulga‑ tion de la loi du 11 germinal an XI, le 3 brumaire, un futur époux s'engageait par contrat de mariage à pren‑ dre et à transmettre à ses enfants à naître le nom de son beau-père. Cette promesse pouvait-elle être valablement faite sous l'empire de la loi de fructidor, qui n'ouvrait aux particuliers aucun moyen de changer de nom? Ou bien la survenance de la loi de germinal, qui permettait les chan‑ gements de noms autorisés par le gouvernement, était-elle de nature à la valider? Cette seconde question doit cer‑ tainement être résolue par la négative : l'impossibilité légale d'un fait est absolue quand, au moment où il devient l'objet d'une condition, un changement de législa‑ tion peut seul en permettre la réalisation. Mais la cour de cassation valida la promesse, en déclarant que, sous l'empire de la loi de fructidor, changer de nom était déjà

(1) S. 1825, 1, 148. — Nous avons dit que Merlin (*Promesse de changer de nom*) a contesté le caractère obligatoire de l'édit d'Amboise (Voy. n° 19). Dans son opinion, le légataire, en se mettant en possession du nom du testa‑ teur, avait suffisamment rempli la condition prescrite.

(2) Cass., 13 janvier 1813 ; S., 13, 1, 97 (Affaire Musnier-Folleville).

possible; que le Gouvernement était resté investi du pouvoir de donner à cet effet l'autorisation nécessaire, bien qu'aucun texte ne le lui conférât; qu'il y avait là comme un attribut de la souveraineté. Ces assertions sont difficilement conciliables avec les termes de la loi de fructidor, et sont directement contredites par les travaux préparatoires de la loi de germinal an XI : « Rien dans la législation actuelle, disait le Tribun Challan au Corps législatif, n'autorise la suppression de leur nom en faveur de ceux auxquels, dans ce même acte (l'acte de naissance), on a imposé un nom que la raison ou les convenances désavouent ».

125. — C'est la loi du 11 germinal an XI, corrigée et complétée par quelques dispositions de détail, qui régit encore la matière des changements de noms (Titre II, art. 4 à 9) : « Toute personne qui aura quelque raison de changer de nom, en adressera la demande motivée au Gouvernement (art. 4) ».

C'est au ministre de la Justice que l'intéressé présente sa requête [1]. Elle doit avoir été précédée d'insertions dans les journaux, destinées à provoquer les réclamations des légitimes porteurs du nom sollicité : mieux vaut ne pas accorder l'autorisation que d'être obligé de la rapporter. Cette publicité est proscrite par l'article 9 du décret du 8 janvier 1859, portant rétablissement du conseil du sceau des titres : « Les demandes en addition et changement de noms sont insérées au Moniteur et dans les

---

(1) Le ministère des référendaires au sceau de France n'est pas obligatoire, les référendaires n'étant chargés que « de l'instruction des demandes soumises au conseil du sceau ». Mais il est prudent de recourir à leurs lumières, pour ne pas commettre, dans la rédaction de la requête et l'énoncé de ses motifs, des erreurs ou des maladresses qui entraîneraient le rejet de la demande.

journaux désignés pour l'insertion des annonces judiciaires de l'arrondissement où réside le pétitionnaire et
de celui où il est né. Il ne peut être statué sur les demandes que trois mois après la date des insertions [1]. « Comme
l'observait d'ailleurs M. E. Royer, dans son rapport à
l'empereur, « l'article 9 ne faisait que consacrer une
règle administrative créée par les deux décisions du
ministre de la Justice des 26 octobre 1815 et 10 avril
1818 ».

La requête contient l'énonciation des motifs invoqués
par le réquérant, et l'énumération des pièces justifica-
tives par lui produites : ce sont notamment les exemplaires des journaux contenant les insertions prescrites ;
l'acte de naissance du requérant, et ceux de ses enfants,
s'il y a lieu.

Une circulaire du ministre de la Justice, du 25 juin
1828, encore en vigueur dans ses dispositions principales,
nous apprend à quel examen la requête est soumise,
comme aussi les motifs qui permettent de l'écarter de
prime abord : « Les demandes à fins de changements,
substitutions ou additions de noms, seront, après examen [2], sur la proposition du directeur des affaires civiles [3], et de l'avis du secrétaire général de notre département, classées sans autre suite : 1° Si elles n'ont pas été
précédées des publications prescrites ; 2° si elles n'énon-

---

(1) Voyez article 10 qui donnait au garde des sceaux la faculté de dispenser
des insertions prescrites (disposition transitoire). Mais le décret autorisant le
changement de nom restait soumis à la publicité organisée par la loi de
germinal.

(2) Le dossier est envoyé au Procureur de la République de l'arrondissement où le requérant est domicilié : il le transmet avec ses observations au
Procureur général, qui le retourne au ministère avec son avis.

(3) Le directeur des affaires civiles ne s'occupe plus des changements de
noms.

cent aucun motif grave et.légitime ; 3° ou enfin si elles ne sont pas accompagnées de pièces nécessaires pour jus. tifier l'intérêt des réclamants, et il en sera donné pure- ment et simplement avis aux parties. » Duvergier con- teste au garde des sceaux le droit d'arrêter ainsi les demandes [1] : aux termes de l'article 5 de la loi de germi- nal, le gouvernement *doit prononcer.* Quelle que puisse être la légalité de la circulaire, il est indéniable que le garde des sceaux est autorisé par la loi de germinal elle- même à rejeter une demande qui n'est pas du tout moti- vée (art. 4). Toutefois, quand une personne demande à délaisser un nom grotesque ou obscène, il va sans dire qu'elle n'a pas besoin d'énoncer de motifs à l'appui de sa requête, encore moins de produire des pièces justifica- tives . En outre, depuis que le décret de 1859 a rendu obligatoires les publications, point de doute que leur omission n'entraîne une fin de non recevoir très régu- lière.

« Celles des demandes, ajoute la circulaire du 25 juin 1828, qui auront été précédées des publications prescrites, qui seront accompagnées des pièces nécessaires, et qui énonceront des motifs graves, plausibles et de nature à être pris en considération, nous seront présentées par le directeur des affaires civiles, avec un rapport à l'appui, accompagné de l'avis du secrétaire général ; elles seront par nous renvoyées, avec les pièces jointes, à l'examen du Conseil d'État. » La demande est aujourd'hui trans- mise à la section de justice, de législation et des affai- res étrangères du conseil d'État, qui la soumet à un exa- men préparatoire. L'examen définitif a lieu soit dans cette section, soit dans l'assemblée générale, l'affaire n'étant

---

(1) *Recueil des lois et décrets,* note sous la circulaire de 1828.

pas de celles qui, aux termes de l'article 7 du décret réglementaire du 2 août 1879, doivent nécessairement être portées à l'assemblée générale. Pour donner son avis sur l'admission ou le rejet de la demande, le conseil d'État doit tenir compte tant de l'intérêt du postulant, c'est-à-dire des motifs par lui allégués, que de l'intérêt des tiers, des oppositions que les insertions prescrites par le décret de 1859 ont. eu pour effet de susciter.

126. — Le chef de l'État ne peut en aucun cas statuer sans l'avis du conseil d'État [1]. En outre, le décret du 8 janvier 1859 appelait le conseil du sceau des titres à donner son avis sur certains changements de nom : « Il peut être consulté sur les demandes en changement ou addition de noms ayant pour effet d'attribuer une distinction honorifique (Art. 6, *in fine*). »

Les noms nobiliaires visés par ce texte sont les mêmes dont l'usurpation entraîne l'application de la loi de 1858 [2] : « Le conseil du sceau, disait M. E. Royer, dans son rapport à l'empereur sur le décret de 1859, pourra être consulté sur les changements et les additions de noms qui auraient le caractère d'une qualification nobiliaire ou d'une distinction honorifique, et qui rentreraient ainsi dans l'ordre des faits qu'a voulu prévoir l'article 259 du code pénal. » L'avis du conseil du sceau n'était pas obligatoire [3] : le garde des sceaux était juge de la nécessité de recourir à ses lumières, avant de soumettre au chef

(1) Loi de germinal an XI, art. 5 : « Le Gouvernement prononcera dans la forme des réglements d'administration publique . »

(2) Voy. n° 149.

(3) S'agissait-il de la collation d'un titre, l'avis du conseil du sceau était obligatoire et non pas facultatif (art. 6).

de l'Etat le projet du décret autorisant le changement de nom [1].

Le décret du 10 janvier 1872, qui a supprimé le conseil du sceau, en a transporté les attributions au conseil d'administration du ministère de la justice; mais il ne semble pas que la disposition du décret de 1859, dont nous venons de nous occuper, trouve encore son application. Le Gouvernement est maître d'autoriser le port des noms décorés de la particule, mais ces autorisations ne sont plus précédées d'aucune formalité particulière.

Quant à la particule considérée isolément, nous avons dit, en étudiant la simple noblesse [2], que, sous la Restauration, les familles gratifiées par Louis XVIII de lettres d'anoblissement, et même quelques personnes pourvues de titres impériaux, l'appliquèrent à leur nom sans autre formalité ; le roi d'ailleurs, comme plus tard Napoléon III, se reconnaissait le droit de la conférer sans prendre l'avis du conseil d'Etat. Le Gouvernement de juillet ne délivra pas de lettres de noblesse et n'accorda jamais la particule ; la jurisprudence de la chancellerie se forma en ce sens, que la particule isolée n'était pas susceptible de concession, même par décret rendu en la forme des réglements d'administration publique, sous prétexte que la loi de germinal, n'admettant que les changements et les additions de noms, excluait les simples

(1) L'avis du conseil du sceau était d'ailleurs le seul que prît l'empereur, s'il le jugeait à propos, avant de concéder la particule isolée ; on sait, en effet, qu'il se reconnaissait le pouvoir de l'accorder sans consulter le conseil d'État. Il usa de ce droit notamment au profit de M. Royer, qui devint M. de Royer. Les concessions de la particule isolée, et les autorisations d'ajouter aux noms patronymiques des noms précédés de la particule, furent si fréquentes sous le second Empire, qu'une pétition, repoussée d'ailleurs par l'ordre du jour du Sénat, tendit à y mettre un terme (Moniteur du 14 août 1861, p. 879).

(2) Voy. n° 44.

adjonctions de la particule [1]. C'était oublier que la trans-position, l'addition ou le retranchement d'une seule lettre suffisent à constituer un changement de nom. Avec le second Empire reparurent, sinon les lettres d'anoblissement, du moins les concessions de la particule conférée par l'Empereur, sans l'avis du Conseil d'Etat. De nos jours, l'adjonction de la particule à un nom patronymique ne pourrait s'effectuer qu'en observant les prescriptions de la loi de germinal. Il semble toutefois qu'en la forme, et par un souvenir de l'ancienne jurisprudence de la chancellerie, les intéressés ne sollicitent pas directement la concession de la particule ; mais que, recourant à un détour puéril, ils demandent, par exemple, à changer le nom de « Beaumont » en celui de « de Beaumont [2] ».

127. — Supposons que les formalités prescrites ont été remplies, que les avis nécessaires ont été donnés : « L'avis du Conseil d'Etat nous sera présenté, dit la circulaire du 25 juin 1828 (art. 3), et il sera préparé un projet d'ordonnance tendant à proposer au roi, suivant les circonstances, d'accueillir ou de rejeter la demande ». On ne

---

(1) Borel d'Hauterive, *Annuaire* de 1860, p. 286 ; *La procédure nobiliaire* (ouvrage anonyme), p. 18. — Bien que Louis-Philippe n'ait pas, à notre connaissance, consenti de simples concessions de la particule, M. Dupin, dans un réquisitoire célèbre prononcé sous son règne, admet que les autorisations de prendre la particule échappaient aux règles de la loi de germinal : « L'ordonnance de 1819 ne faisant qu'ajouter la particule *de* au nom patronymique, on aurait donc pu très bien soutenir que la loi de Germinal an XI n'avait en aucune manière été faite pour ce cas. » (Affaire Terray-Morel de Vindé, Cass., 22 avril 1846 : D. 1846, 1, 173.)

(2) Borel d'Hauterive, *Annuaire de* 1874, p. 253. — Les requêtes tendant à l'adjonction de la particule à un nom patronymique ne peuvent guère être accueillies favorablement sous le régime actuel : de fait elles ne sont jamais dictées que par la vanité. A ceux qui prétendent avoir droit à la particule qu'ils réclament, il reste la ressource de saisir les tribunaux civils d'une action en rectification.

prépare plus de projet de décret quand l'avis du Conseil d'Etat est défavorable: cette pratique est difficilement conciliable avec les termes de la loi de germinal, article 5 : « Le gouvernement *prononcera*. » Le Président de la République n'est pas tenu de suivre l'avis du Conseil d'Etat: il suffit qu'il l'ait consulté pour que le décret soit rendu en la forme des réglements d'administration publique.

Le décret ne peut être rendu que trois mois après les insertions prescrites par l'article 9 du décret du 8 janvier 1859. C'est un délai minimum qui, dans la pratique, est toujours dépassé. On vise dans le décret la demande adressée au garde des sceaux et par lui soumise à l'examen du Conseil d'État ; les états de service de l'impétrant; son extrait de naissance ; les autorisations données par les tiers intéressés (s'il y a lieu) ; les avis du Procureur de la République et du Procureur Général ; les exemplaires légalisés du *Journal Officiel*, et des journaux locaux dans lesquels ont été faites les insertions; la loi de germinal an XI. Le décret qui accorde l'autorisation comprend généralement trois articles : le premier qui fait droit à la demande ; le second permettant aux impétrants de faire rectifier leurs actes de l'état civil, pour y faire figurer le nom concédé, après l'expiration d'une année depuis l'insertion du décret au Bulletin des lois, et à charge de justifier qu'il n'a pas été fait opposition à l'autorisation ; le troisième prescrivant l'insertion du décret au Bulletin des lois (cf. loi de germinal, art. 6). La rectification d'état civil n'est pas seule tenue en suspens : il résulte de l'article 6 de la loi de germinal que tous les effets du décret sont différés pendant une année; l'impétrant ne peut porter le nom à lui concédé qu'à l'expiration de ce délai. Quand l'autorisation est conditionnelle, le délai d'un an ne commence à courir qu'au

jour de l'arrivée de la condition (Ordon. du 16 déc. 1831 :
S. 32. 1. 103). L'insertion au Bulletin des lois n'est d'ailleurs pas différée.

Quand une demande d'autorisation est rejetée, le
requérant n'a aucun recours au Conseil d'État par la
voie contentieuse : car il sollicitait une faveur et ne faisait pas valoir un droit. Il se peut, à la vérité, qu'il prétende à la propriété du nom dont il sollicitait la concession ; mais il n'appartient pas au Conseil d'État de reconnaître et de proclamer cette propriété, mais bien aux
tribunaux civils. Une circulaire du garde des sceaux, du
22 novembre 1859, indique nettement dans quelles hypothèses on peut utilement s'adresser aux tribunaux, et
quand il faut solliciter une autorisation de changer de
nom. Mais celui qui s'est vu refuser cette autorisation
est encore à temps pour recourir aux tribunaux [1].

§ 2. — *Des oppositions.*

128. — La publicité donnée au décret d'autorisation
tend à susciter les oppositions des tiers, admis à en poursuivre la révocation s'il leur porte préjudice. On sait que
les effets du décret d'autorisation sont tenus en suspens
pendant l'année qui suit sa publication au Bulletin des
lois : c'est dans ce délai que les oppositions peuvent utilement se produire [2].

(1) De même quand l'autorisation d'abord accordée a été rapportée sur l'opposition d'un tiers (Voy. n° 132, *in fine*). Le fait d'avoir sollicité une faveur du
chef de l'État n'est pas, de la part du requérant, un aveu qu'il était sans droit
au nom réclamé : des difficultés de preuve, et le désir d'obtenir *erga omnes*
le droit de faire usage de ce nom, ont pu le détourner de saisir les tribunaux
civils.

(2) Loi de germinal, art. 7. — Cons. d'État, 3 juin 1818 : Sirey 18. 2. 305.

Nous avons déjà signalé les oppositions qui sont adressées au garde des sceaux, et qui tendent à prévenir le
décret. Si graves qu'elles soient, leur recevabilité ne saurait
faire l'objet d'un débat; elles ne peuvent être portées à
la section du contentieux du conseil d'État. Ainsi en a
décidé une ordonnance du 21 août 1816[1]: « Jusqu'à ce qu'il
ait été prononcé sur la grâce qui nous est demandée, les
réclamations adressées à notre garde des sceaux ne sont
que des renseignements de forme gracieuse qui ne saisis-
sent pas la juridiction contentieuse. » Le conseil d'État,
le président de la République peuvent les prendre en considération, ou n'en tenir aucun compte. Elles n'arrêtent
pas nécessairement la procédure; encore moins entraî-
nent-elles le rejet de la demande. L'article 4 de la circulaire du 25 juin 1828, aux termes duquel, en présence d'une
opposition de ce genre, il était sursis à toute instruction
jusqu'à ce que les tribunaux civils eussent statué sur son
bien fondé, était illégal, comme nous l'expliquerons plus
loin.

129. — L'opposition des tiers qui se prétendent lésés
par le décret d'autorisation, se produit au contraire en la
forme contentieuse; leur réclamation est portée à la section du contentieux du Conseil d'État. Ils se plaignent,
disent les interprètes, de la violation d'un droit, de la mé-
connaissance de la propriété de leur nom. Cette formule
commode est assez inexacte: les opposants doivent établir
qu'ils subissent un préjudice nettement défini et suffisamment grave[2].

Étudions donc les conditions de recevabilité des oppositions.

(1) Sirey., coll. nouv., 6. 2. 188.

(2) Bathie., *Droit public et admin.*, Tome IV, p. 35 et note.

Ceux-là seuls ont à souffrir du décret, qui sont porteurs du nom concédé. S'il leur suffit, pour obtenir le retrait de l'autorisation, d'établir qu'ils font légitimement usage de ce nom, on pourra dire que le droit d'opposition est destiné à sauvegarder la propriété du nom, protégée en elle-même et pour elle-même. Leur faut-il démontrer que la concession du nom à un tiers est de nature à causer une confusion préjudiciable à leurs intérêts matériels ou moraux, on devra convenir que, sous prétexte de maintenir l'intégrité d'un nom, le retrait du décret donne satisfaction à des intérêts variés.

La jurisprudence du Conseil d'État est bien établie en ce sens, que la seule possession du nom concédé à un tiers n'est pas suffisante, en principe, pour obtenir le retrait de l'autorisation. Les Durand et les Duval n'ont guère à souffrir de voir s'augmenter le nombre de leurs homonymes; l'opposition des porteurs d'un nom très répandu [1] doit donc être appuyée de l'articulation de faits précis : la similitude des noms est de nature à faire naître des confusions, eu égard à la profession de l'impétrant, à la ville où il est domicilié, etc. Que si le nom concédé, d'ailleurs illustre, n'appartenait qu'à une seule famille, ce serait, croyons-nous, la seule hypothèse où le décret d'autorisation devrait être rapporté, sans que les opposants eussent à articuler de motifs particuliers. On peut citer en ce sens une ordonnance du 3 juin 1818 (S. 18, 2, 305), en lui opposant un décret du 6 août 1861 (S. 62,

---

(1) Un arrêt du Conseil d'État, du 24 mai 1851 (S., 51, 2, 665), a décidé qu'un nom en usage dans les calendriers n'est pas de ceux qui peuvent motiver, de la part de la famille qui les porte, une opposition à ce qu'il soit porté par une autre famille. Cette décision repose sur cette considération, que de tels noms sont exposés à une diffusion inévitable.

2, 351), qui repousse au contraire une opposition formée
à la concession du nom de Goncourt, en observant qu'il
y avait deux familles de Goncourt, deux terres de Goncourt. De ces deux décisions on peut induire sans témérité que quiconque n'a pas la possession exclusive d'un
nom, ne peut utilement faire opposition à un décret d'autorisation, s'il ne justifie d'un intérêt précis et sérieux.
Vainement alléguerait-il son désir de prévenir la diffusion de son nom [1].

Aux personnes qui peuvent s'opposer à la concession
de leur nom à des tiers, il faut ajouter les communes [2].
Les noms de lieux sont plus que tous autres faciles à usurper : on les porte pour indiquer son adresse ; à la longue, ils s'incorporent aux noms patronymiques, et l'on fait
consacrer par un jugement les usurpations ainsi commises, on fait figurer ces noms d'emprunt dans l'état civil
de sa famille par voie de rectification. C'est cet abus
qu'une circulaire déjà signalée du 22 novembre 1859 a
cherché à réprimer : une autorisation gouvernementale
peut seule régulariser l'emploi d'un nom de lieu indûment
porté. Mais quand ce nom n'est pas celui d'un domaine
privé, quand il appartient à une commune, le décret d'autorisation peut rencontrer l'opposition de cette commune.

---

(1) Les simples additions de noms sont, bien moins que les changements
proprement dits, susceptibles d'être attaquées par la voie de l'opposition : car,
l'impétrant se distinguant par son nom originaire des tiers dont le nom lui a
été concédé, ceux-ci n'ont pas à craindre des confusions, qui rendraient recevable leur opposition au décret d'autorisation. Voy. aff. Belloc de Chamborant contre de Chamborant de Périssat : Conseil d'État, 18 juillet 1873, Sirey,
73, 2, 160. Cf. décret du 6 août 1861 : S., 62, 2, 351 ; décret du 7 juin 1866 :
S., 67, 2, 269.

(2) Une décision ministérielle du 30 déc. 1856 décide que le nom d'une
commune ne peut être l'objet d'une concession.

La lecture d'une ordonnance du 27 décembre 1820 (S., coll. nouv., 6, 2, 341), qui rapporte une autorisation contenue dans un décret du 14 avril 1810, donnerait à penser que les communes n'ont pas à motiver leur opposition : « Considérant qu'il s'agit du nom d'une commune et que le maire s'oppose au décret d'autorisation. » Au contraire, un décret du 16 août 1862 (S., 1863, 2, 182), qui rapporte un décret du 15 décembre 1860, autorisant le littérateur Rosselly à ajouter à son nom celui de la commune de Lorgues, nous apprend que les motifs allégués par la commune étaient suffisants, sans d'ailleurs les relever. Il est impossible, en bonne logique, de dispenser les communes de motiver leur opposition. Voici l'intérêt le plus sérieux qu'elles peuvent invoquer : quand un industriel ou un commerçant veut prendre le nom d'une localité réputée par ses produits, la commune s'oppose à la concession à ce tiers d'un nom qui le recommanderait aux consommateurs, et lui permettrait de faire concurrence aux habitants de la localité.

Le maire, en cette qualité, et en vertu d'une délibération du conseil municipal, pouvait seul, avant 1837, faire opposition au décret d'autorisation : la preuve en est dans une ordonnance du 8 janvier 1817 (S. coll. nouv., 5, 2, 223), qui rejeta l'opposition formée par le maire de la commune intéressée, agissant comme simple particulier, pour faire révoquer une autorisation qu'il désirait solliciter pour son propre compte ; tandis qu'il fut fait droit à l'opposition formée par le même maire, en vertu d'une délibération du conseil municipal. Mais, aux termes de l'article 49 de la loi municipale du 18 juillet 1837 (formant l'art. 123 de la loi du 5 avril 1884), « tout contribuable inscrit au rôle de la commune a le droit d'exercer, à ses frais et risques, avec l'autorisation du conseil de préfecture, les actions qu'il croit appartenir à la commune ou section, et que la commune ou section, préalablement appelée à en délibérer, aurait refusé d'exercer. » A ces conditions, il exercera le droit d'opposition qui nous occupe : il agira au nom de la commune, mais rien ne l'empêchera de s'inspirer de considérations d'intérêt personnel.

Les femmes mariées ou veuves, quoique faisant usage dans les actes de la vie ordinaire du nom de leur mari, sont admises par la jurisprudence à faire opposition au décret qui concède à un tiers leur nom patronymique [1]. Nous verrons plus loin qu'elles peuvent également poursuivre les usurpateurs de ce nom. C'est à propos de cette dernière faculté, que nous étudierons l'étendue et la raison d'être du droit pour les femmes de maintenir l'intégrité et de prévenir la diffusion d'un nom sous lequel elles ont cessé d'être connues [2].

130. — Le droit d'opposition ne peut être exercé qu'autant qu'on n'y a pas renoncé. Les renonciations peuvent être antérieures ou postérieures au décret qui autorise le changement de nom ; le décret les vise si elles lui sont antérieures. Ces renonciations, quand elles n'ont pas été données par erreur ou extorquées par dol, sont définitives et ne peuvent être révoquées. On lit dans le recueil de Sirey (coll. nouv. 6. 2, 69), à propos d'une ordonnance du 12 mai 1819 [3], dont les termes ne sont d'ailleurs pas

---

(1) Cass. 16 mars 1841 : S., 41, 1, 532 ; Cass. 15 juin 1863 : S., 63, 1, 281.

(2) Voy. n° 155.

(3) A cette date, au Bulletin des lois, figure une ordonnance révoquant l'autorisation, antérieurement accordée au sieur Brétenet, d'ajouter à son nom celui de « de Caumont ».

reproduits, les lignes suivantes : « Lorsqu'un particulier prétend avoir droit acquis à conserver un nom qu'il lui avait été permis de porter par une autorisation de celui qui se trouvait déjà en possession du même nom, la contestation qui s'élève à ce sujet est du ressort des tribunaux ordinaires. » Il est manifeste que le Conseil d'État n'a pu statuer en ces termes : on n'a pas « droit acquis à conserver un nom », parce qu'un particulier, possesseur de ce nom, vous a autorisé à le porter ; cette autorisation ne peut valoir que comme renonciation au droit de faire opposition au décret qui le concède à un tiers. D'ailleurs, la contestation qui peut s'élever au sujet de la valeur d'une telle renonciation, est du ressort des tribunaux ordinaires, et le Conseil d'État n'en peut pas connaître.

La renonciation ne lie que celui dont elle émane. Une ordonnance du 26 juin 1822 (S., coll. nouv., 7, 2, 92) a cependant déclaré non recevable l'opposition formée par le porteur d'un nom, parce que plusieurs membres de sa famille avaient renoncé à leur droit d'opposition. Dans l'espèce, un mari, du consentement de son beau-père et d'un frère de ce dernier, avait obtenu l'autorisation d'ajouter à son nom celui de sa femme : « Considérant, dit l'ordonnance, que l'opposition du sieur Joseph Halligon, *qui n'est que cousin de la dame Trois-Œufs* (la femme de l'impétrant), n'est pas recevable. » Cette façon d'argumenter est étrange ! Il fallait uniquement consulter l'intérêt de l'opposant. Comment pouvait-on rejeter son opposition, sous prétexte qu'il n'était qu'un parent éloigné de la femme de l'impétrant ? La renonciation des proches alliés de l'impétrant à leur droit d'opposition est au contraire suspecte. A notre avis, la renonciation d'un père à son droit d'opposition ne prive même pas ses enfants de la faculté d'exercer ce droit qui leur appartient personnellement, quand ils sont d'âge à l'exercer [1].

131. — De l'intérêt invoqué par l'opposant pour faire rapporter le décret d'autorisation, il faut rapprocher les motifs allégués par l'impétrant pour obtenir le changement de nom. Il importe de les peser exactement. On se méfiera surtout des oppositions formées contre un décret qui autorise un donataire ou un légataire à prendre le nom de son bienfaiteur : le plus souvent, les possesseurs de ce nom, héritiers *ab intestat* du disposant, sous prétexte d'empêcher la vulgarisation de leur nom, cherchent à faire défaillir la condition opposée à la libéralité [2].

Quand les parties ont des titres analogues à la possession du nom litigieux, l'opposition n'est pas admise : le conseil d'État a déclaré en substance que, « lorsque, depuis une époque antérieure à 1789, deux familles, *descendant par les femmes d'un auteur commun*, ont constamment joint à leur nom celui de cet auteur, et qu'une de ces familles n'est plus représentée que par une femme, le gouvernement peut autoriser son fils à ajouter ce même nom à son nom patronymique, et qu'il n'y a pas lieu d'accueillir l'opposition faite par les représentants de

---

(1) En résumé, le nom n'est pas à la disposition de ceux qui le portent : la concession qu'ils en font équivaut seulement à la renonciation au droit de faire cesser l'usurpation dont il est l'objet, ou de faire rapporter le décret qui le confère à des tiers. On se fait à cet égard, dans le monde, d'étranges illusions : témoin un conflit survenu entre différents membres de la famille d'Hautepoul, et rapporté par M. Borel d'Hauterive (*Annuaire* de 1878, p. 337).

(2) Nonobstant la condition de changer de nom apposée à une libéralité, les héritiers du porteur de ce nom peuvent s'opposer à ce qu'il soit transporté dans une autre famille (Conseil d'État, 23 décembre 1815 : S., coll. nouv., 3, 2, 87). Ce qui revient à dire qu'on ne peut disposer du nom de sa famille au préjudice de ses héritiers, en les privant de leur droit d'opposition.

l'autre branche, quand même le droit de ceux-ci à porter ce nom aurait été reconnu par l'autorité judiciaire [1]. » M. Bouvy [2] généralise cette décision, en l'aggravant singulièrement : il déclare que l'opposition n'est pas recevable, quand l'opposant tient le nom en litige d'une autorisation antérieure à celle qu'il **veut faire rapporter** ; car, ce que le Gouvernement concède à l'un, rien ne l'empêche de le concéder à l'autre. A ce compte, on ne pourrait jamais se réserver l'usage exclusif d'un nom conféré par le Gouvernement, et l'on assisterait impuissant à sa diffusion indéfinie, quelque préjudice qu'on en éprouvât.

132. — Il est, peut-il sembler, un cas où l'opposition au décret d'autorisation ne saurait être utilement formée : c'est quand l'impétrant avait droit au nom qui lui a été concédé. Il a sollicité néanmoins l'autorisation de le porter, dans la crainte que ce nom, quelque temps délaissé par ses auteurs, ou récemment acquis à sa famille, par exemple par la possession d'une terre avant 1789, ne lui fût contesté. Nous verrons qu'il aurait pu, en pareil cas, agir en rectification de l'état civil de sa famille, ou même se mettre directement en possession du nom auquel il prétendait, et le donner à ses enfants [3] : il lui était bien plus avantageux d'obtenir un décret d'autorisation, qui, devenu définitif, aurait *erga omnes* une autorité indiscutable : car l'effet relatif de la chose jugée s'applique aux jugements de rectification.

Bien que le Gouvernement, investi par la loi de germinal de la faculté de conférer aux particuliers des noms nouveaux, n'ait pas mission de reconnaître et de déclarer

(1) 2 août 1870 : D., 72, 3, 53.
(2) *Des noms de personnes*, Thèse de doctorat.
(3) Voy. n° 169.

les droits préexistants qu'ils peuvent avoir sur certains noms, il est inévitable que les décrets d'autorisation aboutissent parfois à ce résultat. La possession de fait du nom réclamé étant le titre le plus sérieux qu'on puisse invoquer pour obtenir d'en faire un usage légitime [1], il arrivera fréquemment que le chef de l'État croira confirmer une possession illégale, alors que l'impétrant avait réellement droit au nom sollicité. Nombre d'ordonnances et de décrets ont été rendus dans des circonstances semblables. Tantôt c'est un nom additionnel dont la possession incontestée, antérieure à 1789, est consolidée par une autorisation gouvernementale, que des tiers ne peuvent faire révoquer (Ordonn. 1er mai 1822, S., coll. nouv., 7. 2, 64 ; décret du 16 août 1860 : S., 61, 2, 314) ; tantôt c'est un nom additionnel, délaissé depuis la Révolution par une famille qui en faisait un légitime usage, et qu'un décret lui restitue en dépit de l'opposition des tiers (décret du 10 avril 1860 : S., 61, 2, 106).

Le Conseil d'État peut bien prendre en considération les droits préexistants de l'impétrant au nom concédé, pour,

---

(1) Cons. d'État, 17 mars 1864: D. 64,3, 89. Ce décret maintient au sieur Marquet le nom de Vasselot, à lui précédemment concédé, « attendu qu'il est connu sous le nom de Marquet-Vasselot ; qu'il a été habituellement désigné sous ce nom dans les emplois administratifs qu'il a remplis. » M. Balbie (*Droit public et adm.*, IV, p. 35 note) généralise cette décision et déclare, « qu'il n'y a pas intérêt suffisant pour justifier l'opposition…, quand l'impétrant avait une possession que l'autorité ne fait que confirmer. » C'est excessif: la possession de fait d'un nom peut bien constituer un intérêt suffisant pour obtenir l'autorisation de porter ce nom; mais elle ne saurait faire échouer dans tous les cas l'opposition des tiers, qui souvent ne sont instruits de l'usurpation de leur nom que par la publicité donnée à la demande de changement de nom ou au décret d'autorisation. De ce que les légitimes possesseurs d'un nom ont ignoré ou même toléré une usurpation de leur nom, il ne s'ensuit pas que le décret qui concède à l'usurpateur le nom dont il faisait un emploi abusif, ne soit pas de nature à leur nuire.

sur l'opposition des intéressés, maintenir ou rapporter le décret d'autorisation. Mais, quoi qu'il décide, il ne déclare pas le droit ; il est incompétent pour statuer sur les questions de propriété du nom. Le décret d'autorisation, s'il est maintenu, reste toujours une faveur, une concession gracieuse. S'il est rapporté, le requérant est maître de saisir les tribunaux civils, pour faire proclamer son droit.

133. — Toutefois, quand l'impétrant, pour combattre une opposition, excipe de son droit au nom litigieux, le Conseil d'État ne devrait-il pas renvoyer les parties devant les tribunaux civils, qui trancheraient la question de propriété du nom, déclareraient les droits respectifs des parties[1] ? Ce renvoi ne nous semble pas nécessaire. Le décret d'autorisation étant une faveur, le Conseil d'État n'a pas besoin, pour écarter les oppositions, de reconnaître *le droit* de l'impétrant ; il peut statuer en ne s'inspirant que *des intérêts* en présence. Il ne renverra donc les parties, que s'il ne préfère d'ores et déjà prononcer sur le maintien de l'autorisation. L'impétrant peut d'ailleurs prétendre purement et simplement qu'il a droit au nom litigieux ; il peut aussi soutenir qu'il appartient à la famille même de l'opposant. Qu'il soulève une simple question de propriété du nom ou une question d'état, le renvoi aux tribunaux chargés de connaître de ces questions, quand elles se posent principalement, n'est pas nécessaire. A la vérité, l'article 9 de la loi de germinal vise expressément le cas où la question de propriété du nom se lie à une question d'état : « Il n'est rien innové, par la présente loi, aux dispositions des

---

(1) Ainsi fut-il fait dans l'affaire d'Adhémar : Ordonn. du 2 juin 1819 (S. coll. nouvelle, 6, 2, 82), rapportant une ordonn. du 18 juin 1817 : « Les parties, porte l'article 2 de l'ordonnance, se pourvoiront, si bon leur semble, devant les tribunaux ordinaires, pour y faire valoir leurs prétentions respectives. »

lois existantes relatives aux questions d'État entraînant changement de nom, qui continueront à se poursuivre devant les tribunaux dans les formes ordinaires. » Mais ce texte dispense seulement celui qui veut reprendre le nom qui lui appartient en vertu de son état, de sa filiation, de recourir à l'autorisation gouvernementale ; il n'empêche pas celui auquel est ouverte l'action d'état de recourir à cette autorisation.

134. — Il est rare que l'impétrant ait la propriété du nom qu'il a sollicité : chez l'opposant, au contraire, le droit au nom litigieux est la condition nécessaire de la recevabilité de son opposition. Quand, pour la faire rejeter, le requérant conteste à l'opposant la propriété du nom litigieux, le conseil d'État ne peut se faire juge de cette question ; mais il n'est pas tenu non plus de renvoyer les parties devant les tribunaux civils. Ce renvoi est inutile, en ce sens que, le droit de l'opposant fût-il prouvé, le bien fondé de son opposition ne serait pas certain, ni le retrait de l'autorisation nécessaire. Mais si, eu égard aux seuls intérêts en présence, le conseil d'État incline à rapporter le décret d'autorisation, il nous paraît nécessaire que la question de propriété du nom soit tranchée : car le décret serait assurément maintenu, si l'opposant était reconnu sans droit au nom concédé. Le conseil d'État devra donc surseoir jusqu'à la décision du tribunal civil.

(1) « L'art. 9 de la loi de germinal, dit parfaitement le commentateur d'un arrêt de Cassation (Ch. civ., 9 avril 1872, Sirey, 72, 1, 117), ne se réfère pas aux contestations surgissant à l'occasion de la procédure de la loi de germinal, et n'a trait qu'aux instances judiciaires engagées entre particuliers au sujet d'une question d'état ou de rectification des actes de l'état civil. » L'art. 9 de la loi de germinal ne prévoit que l'hypothèse de l'exercice d'une action d'état ; il aurait pu réserver également l'action en rectification.

Si le conseil d'État retirait purement et simplement l'autorisation accordée, le requérant resterait sans défense vis-à-vis de l'opposant. On verra plus loin que le désir, l'intention, d'obtenir l'autorisation de porter un certain nom, ne constitue pas un intérêt qui permette de poursuivre les usurpateurs de ce nom [1]. Le requérant n'étant pas admis à poursuivre son adversaire en suppression de nom, n'aurait donc pas la ressource de solliciter une nouvelle autorisation, après avoir fait interdire à l'opposant l'usage du nom par lui usurpé.

135. — Bien que, dans cette hypothèse spéciale, le conseil d'État doive surseoir à statuer, il n'en est pas moins vrai que lui seul peut prononcer sur la recevabilité des oppositions ; comme l'a dit la cour de cassation, à propos d'une difficulté voisine [2] : « Les dispositions des articles 4 et suivants de la loi du 11 germinal an XI constituent, dans leur ensemble, une instance unique, exclusivement administrative, qui n'admet à aucun moment le concours ni l'intervention de l'autorité judiciaire. » Il y a sans doute quelque exagération dans ces mots : mais on aperçoit clairement que le tribunal civil, qui prononce, après renvoi, sur le droit de l'opposant au nom litigieux, ne prononce pas sur l'opposition elle-même ; il ne pèse pas les intérêts respectifs des parties, ne statue pas sur le maintien ou le retrait du décret, mais fournit seulement au Conseil d'État un élément de décision.

S'agissant cependant des oppositions adressées au garde des sceaux à titre de simples renseignements, le tribunal et la cour d'Aix ont décidé qu'il appartenait aux

---

(1) Voy. n° 154, *in fine*.

(2) A propos des oppositions adressées au garde des sceaux (Ch. civ., 9 avr. 1872 : D. 72, 1, 299).

tribunaux civils de statuer sur leur recevabilité (Dalloz, 1870, 2, 42). Sans se reconnaître le droit de prononcer main-levée de l'opposition, la cour d'Aix la déclara mal fondée et enjoignit à l'opposant d'en fournir main-levée. La compétence des tribunaux civils, en matière d'oppositions adressées au garde des sceaux, peut paraître fondée sur l'article 4 de l'arrêté du 25 juin 1828 : « Il sera donné avis aux réclamants des oppositions qui seraient parvenues dans les bureaux de notre département à leurs demande, durant les trois mois postérieurs à la publication qu'ils en auront faite par la voie des journaux. Dans cet état de choses, il sera sursis à toute instruction et à toute décision, jusqu'à ce qu'il ait été statué sur ces oppositions en justice réglée : le tout sans préjudice de l'article 7 de la loi du 1er avril 1803 (11 germinal an XI). » Ainsi, tant qu'elle n'avait pas été levée, l'opposition adressée au garde des Sceaux était une fin de non-recevoir opposée à la demande de changement de nom. On ne s'explique pas pourquoi le requérant devait, dans tous cas, appeler les tribunaux ordinaires à statuer sur la valeur de l'opposition. C'est seulement quand le requérant déniait à l'opposant la propriété du nom litigieux, et lui contestait le droit même d'opposition, qu'on aurait compris l'ingérence des tribunaux civils.

Et cependant c'était dans tous les cas et sans distinction que l'arrêté de 1828 faisait intervenir les tribunaux ordinaires. Pour donner un sens acceptable au texte qui nous occupe M. Lévesque [1] prétend que le garde des Sceaux ne proclamait pas la compétence exclusive des tribunaux ordinaires, en matière d'opposition antérieure au décret d'autorisation, qu'il se déchargeait seulement sur eux du

(1) *Droit nobil. fr. au XIX° siècle.*

soin d'apprécier le mérite de l'opposition; et qu'il n'était pas lié par leur décision. Ce sont là autant de suppositions. Quant à nous, pour écarter cette dernière exigence de l'arrêté de 1828, nous nous contenterons d'observer qu'elle était illégale autant qu'impraticable ; et qu'en fait il n'y a jamais été donné satisfaction. Dans l'espèce de l'arrêt précité de la cour d'Aix, le requérant avait saisi la justice civile de sa propre initiative, et sans avoir été mis en demeure de faire statuer sur l'opposition en justice réglée. Le garde des sceaux, tout au contraire, avait prévenu le tribunal d'Aix d'avoir à se déclarer incompétent: « L'arrêté du 25 juin 1828 ne reçoit depuis longtemps aucune exécution. Les demandes d'addition de noms sont instruites nonobstant les oppositions. » Le tribunal d'Aix passa outre, et la cour d'appel confirma sa décision ; mais la cour de cassation a condamné cette ingérence des tribunaux ordinaires dans une question purement administrative [1].

136. — Dans la pratique, une opposition n'entraîne pas nécessairement le retrait pur et simple ou le maintien complet du décret d'autorisation. Le chef de l'État s'attribue le pouvoir de restreindre la concession faite par le décret antérieur, sans que les intéressés aient pris aucune conclusion en ce sens [2]. Cette pratique peut être critiquée, car, en matière contentieuse, il doit seulement être fait droit aux demandes des parties, sans qu'il soit possible de leur accorder autre chose que ce qu'elles réclament.

137.— L'opposition est le mode normal de recours contre les concessions de noms régulières, conformes à la loi

(1) Ch. civ., 9 avril 1872 : D. 72, 1, 299. — Dans l'espèce, le requérant déniait à l'opposant la propriété même du nom litigieux: l'ingérence des tribunaux ordinaires n'était pas inexplicable en raison.

(2) Cons. d'État, 17 mars 1864: S. 65, 2, 149.

de germinal, et cependant préjudiciables aux tiers. Cette voie est à plus forte raison ouverte, quand l'autorisation n'a pas été donnée dans les formes et aux conditions prescrites ; quand, par exemple, le décret d'autorisation n'a pas été rendu en Conseil d'État, quand la requête de l'impétrant n'a pas été précédée des insertions prescrites[1].

L'omission des formalités imposées par la loi de germinal s'est plusieurs fois rencontrée dans les concessions de noms titrés consenties au cours de ce siècle. La concession du titre, entièrement laissée à la discrétion du chef de l'État[2], était régulière ; le nom, au contraire, ne pouvait être conféré par lui que dans des conditions spéciales de publicité, et le Conseil d'État entendu. Les pouvoirs du chef de l'État, en cette matière, ont, sous le second Empire, fait l'objet de graves discussions dans une affaire demeurée célèbre. Un décret du 14 mai 1864 avait conféré au comte Adalbert de Talleyrand-Périgord, neveu du dernier duc de Montmorency, le titre de duc *de Montmorency*. Les membres de la famille de Montmorency pouvaient-ils s'opposer à cette concession de leur nom patronymique, et par quels moyens ?

Et d'abord étaient-ils recevables à faire opposition à la

---

(1) Le décret du 8 janvier 1859 permettait, pendant les deux ans qui suivirent sa promulgation, de dispenser les intéressés des insertions préalables à leur demande. Une dispense de ce genre ayant été accordée après l'expiration du délai de deux ans, le décret d'autorisation fut rapporté par suite d'une opposition uniquement basée sur cette violation de la loi (Borel d'Hauterive, *Annuaire* de 1864, p. 238, aff. Ruinart de Brimont-Brassac).

(2) Sauf, sous le second Empire, l'obligation de prendre l'avis du conseil du sceau des titres. — Rappelons que la concession des noms titrés empruntés, soit aux grands fiefs de l'Empire, créés en 1806, soit à des champs de bataille fameux, n'a jamais été critiquée ; si elle n'était pas conforme à la loi de germinal, du moins ne lésait-elle aucun intérêt privé, ces noms n'appartenant à aucune famille connue.

concession au comte de Talleyrand du nom de Montmorency, comme ils l'auraient été, par application de l'article 7 de la loi de germinal, en présence d'une addition de nom régulièrement autorisée ? Cette voie de recours leur fut fermée : le décret de 1864, décida le conseil d'État[1], n'avait pas conféré à M. de Talleyrand le nom de Montmorency, mais seulement le titre de duc de Montmorency ; partant, le nom de Montmorency, au lieu de passer sans distinction à tous les enfants du comte de Talleyrand, ne devait pas être séparé du titre de duc; il devait avec lui se transmettre par ordre de primogéniture dans la descendance du comte de Talleyrand. On était, dès lors, en présence d'une simple collation de titre, absolument laissée à la discrétion du chef de l'État, et qui n'était comme telle passible d'aucun recours.

Peut-il donc dépendre du chef de l'Etat d'éluder les règles de la loi de germinal, en déclarant que le nom par lui conféré s'absorbe dans le titre qui le précède, en forme partie intégrante, et n'en peut être distingué ni détaché ? Si les motifs allégués pour prouver la légalité du décret de 1864 sont valables, dans les cas exceptionnels où, depuis le commencement de ce siècle, la collation des titres a consisté dans la concession d'un nom titré, et non pas d'une simple qualification destinée à figurer en tête d'un nom patronymique, l'usage de ce nom est resté le

---

(1) Décret du 28 mars 1866: D., 66, 3, 49. « Considérant que, par notre décret du 14 mai 1864, relevant le titre de duc de Montmorency, nous avons conféré ce titre au comte Adalbert de Talleyrand-Périgord, pour en jouir lui et sa descendance directe, de mâle en mâle, par ordre de primogéniture ; considérant que notre dit décret n'a eu pour but ni pour effet d'autoriser la substitution ou l'addition du nom de Montmorency au nom patronymique de Talleyrand-Périgord ; que, dès lors, les requérants ne sont pas fondés à nous en demander le retrait par le motif qu'il aurait été rendu en dehors des formes prescrites pour les changements de noms par la loi du 11 germinal an XI... »

privilége exclusif des porteurs successifs de titre ; et c'est
sans droit que tous les descendants de Lannes, de Masse-
na, de Maret, s'attribuent les noms de Montebello, de
Rivoli, de Bassano, qui n'appartiennent qu'au duc de
Montebello, au duc de Rivoli, au duc de Bassano. Comment cependant prétendre que le nom conféré à une personne, en même temps qu'un titre, ne devient pas le
patrimoine commun de tous ses descendants ? N'avons-
nous pas constaté que, dès le xɪve siècle, le nom de fief,
distingué du titre de noblesse réservé à l'aîné des mâles,
passait à tous les enfants de son possesseur ? C'est même
parce que tous les descendants du premier porteur d'un
titre ont droit au nom que ce titre accompagne, que
nous avons pu admettre la dévolution des titres en ligne
collatérale [1]. Nous avons dit également qu'une branche
cadette d'une famille était toujours à temps pour revendiquer l'usage d'un nom conservé seulement par la branche aînée [2].

La transmissibilité du nom qu'un titre décore à ceux-
là même qui ne peuvent prétendre au titre, est affirmé
par un récent arrêt de la cour de Paris. On sait que les
enfants naturels n'ont pas droit au titre de leur père. Un
fils naturel reconnu de M. Quélen, dernier duc de la
Vauguyon, inscrit sur les registres de l'état civil sous le
seul nom de Quélen, avait fait reconnaître, par une action
en rectification, son droit au nom de la Vauguyon. S'étant
mis en possession du titre de duc, il se vit interdire, par
jugement du tribunal de la Seine du 6 avril 1881, et le
titre de duc et le nom de la Vauguyon ; mais la cour de
Paris, par arrêt du 7 août 1884, lui restitua le nom de la
Vauguyon, et lui interdit seulement le titre de duc.

(1) Voy. n° 106 et note.
(2) Voy. n° 21, p. 34, note 1.

C'est donc en méconnaissant un usage traditionnel, que le décret précité du 28 mars 1866, pour justifier la concession au Comte de Talleyrand du nom de Montmorency, et pour maintenir le décret de 1864, en a si étrangement restreint la portée. A supposer d'ailleurs que le chef de l'État fût maître de lier le sort d'un nom à celui d'un titre, et de le soumettre aux mêmes règles de transmission, la violation de la loi de germinal restait entière ; et la concession du nom de Montmorency au comte de Talleyrand et à ses descendants mâles, par ordre de primogéniture, causait aux Montmorency un préjudice, moins grave assurément que si leur nom avait dû passer à tous les descendants de M. de Talleyrand, mais néanmoins très réel.

Le comte de Talleyrand a soutenu que le nom s'incorporait au titre, dans le nom titré, de manière à former avec lui un tout indivisible. Pour prouver qu'un nom titré n'avait rien de commun avec un nom patronymique, il observait que, dans les familles qui n'avaient qu'un nom de fief, décoré d'un titre au profit de l'aîné, ce nom de fief était pris dans une double acception, répondait à une double utilité : « Lorsqu'au xᵉ siècle, l'usage des noms patronymiques s'établit en France, ceux des grandes familles furent généralement empruntés aux fiefs héréditaires dont le chef de la famille était investi ; mais le nom et le titre ne se confondaient pas pour cela. Sous leur identité apparente, ils restaient parfaitement distinct [1]. » Un Montmorency, par exemple, se dénommait « Mathieu de Montmorency, sire de Montmorency » ; on a vu un Chabot, porteur du titre de duc de Rohan, que sa femme lui avait apporté, auquel un Rohan fit défense

---

(1) Voy. Dalloz, 1865, 2, 121 (Arrêt de Paris du 8 août 1865).

de porter le nom de Rohan, sans lui contester le titre de duc de Rohan.

Ces exemples seraient probants si nous étions encore à l'époque où les titres répondaient à une souveraineté territoriale, à l'époque où les noms de fiefs constituaient des noms terriens, et entraient dans la composition des titres. Aujourd'hui que les titres ne reposent plus sur un domaine territorial, ils ne peuvent avoir pour support qu'un nom patronymique, ou un nom additionnel incorporé au nom patronymique : ces noms ne sauraient être soustraits aux règles ordinaires qui président à la transmission des noms. Ajoutons que, si, dans la pratique, les titres appellent nécessairement un nom après eux, pris en eux-mêmes et abstractivement, ils consistent uniquement dans des qualifications nobiliaires, tout à fait distinctes des noms qu'elles précèdent. Quelques exemples suffiront pour nous en convaincre : quand les titres furent abolis en 1848, les noms qu'ils décoraient ne furent pas délaissés avec eux : M. de Noailles, duc de Mouchy, ne devint pas M. de Noailles tout court, mais M. de Noailles de Mouchy. Si Mirabeau, en 1790, devint Riquetti, ce n'était pas parce que l'article 1er du décret des 19-23 juin 1790 avait supprimé les titres : il lui aurait suffi de déposer le titre de comte ; c'était parce que l'article 2 déclarait que nul ne pourrait porter que le vrai nom de sa famille.

En vain prétendait-on que le droit de conférer des titres a toujours compris celui de conférer des noms titrés ; que l'ancienne monarchie s'est toujours attribué ce pouvoir. Ce raisonnement est sans portée, car le roi, maître de conférer des titres et de concéder des noms, exerçait sans contrôle ces deux prérogatives. Mais, des formalités prescrites par la loi de germinal pour les changements de nom, il résulta que le chef de l'État, dans le cours de ce siècle, n'eut plus le pouvoir de concéder des noms comme il conférait des titres. C'est d'ailleurs une erreur de croire que le roi conférait autrefois des noms titrés : ou bien il érigeait une terre en dignité au profit de son possesseur, qui en portait déjà le nom, en qualité de sieur ou seigneur ; ou bien il décorait d'un titre un nom patronymique ; ou bien le nom patronymique du concessionnaire du titre était donné à un domaine érigé en dignité ; ou enfin le roi concédait à un tiers un fief titré confisqué et momentanément réuni à la couronne. Dans toutes ces combinaisons, il n'apparaît pas que le roi concédât un nom en même temps qu'un titre : celui qui bénéficiait de la collation du titre était déjà en possession du nom [1] ; ou bien il l'acquérait comme nom terrien.

On peut citer plusieurs hypothèses où le chef de l'Etat, réglant la dévolution d'un titre près de s'éteindre, se montra respectueux de la loi de germinal, et autorisa seulement l'appelé à décorer son propre nom du titre relevé à son profit, et point à prendre un nom titré. Le marquis de Marmier, substitué à la pairie du duc de Choiseul, devint duc de Marmier. Un décret du 2 mars 1859, transférant au comte Tascher de la Pragerie le titre du duc de Dalberg, le fit duc Tascher de la Pragerie. Si le comte de Pontevès, substitué par ordonnance du 18 juillet 1828 à la pairie du duc de Sabran, put s'intituler duc de Sabran-Pontevès, c'est qu'une adoption lui avait déjà conféré le nom de Sabran [2].

(1) Notamment le marquis de Fosseux, au profit duquel fut relevé, en 1767, le titre de duc de Montmorency, et qui fut la souche de la dernière maison ducale de ce nom, appartenait à la branche cadette de la famille de Montmorency : le nom de cette famille lui appartenait (Voy. n° 21).

(2) Il serait intéressant de rechercher de quelle manière s'effectuent les

Mais il faut reconnaître que nombre d'ordonnances ont méconnu le principe que nous avons mis en lumière Le comte Patron d'Aux de Lescaut fut substitué à la pairie du comte de Lally-Tollendal, son beau-père, par lettres du 13 décembre 1815, aux termes desquelles il devait prendre le nom de comte d'Aux-Lally. M. de Cossé fut élevé à la pairie, en 1814, sous le titre de duc de Brissac ; le marquis de Chapelle de Jumilhac recueillit, en 1822, le nom titré de duc de Richelieu, qui appartenait à son oncle maternel ; M. de Chastellux, substitué le 21 décembre 1825 à la pairie du duc de Duras, son beau-père, prit le titre de duc de Duras ; enfin nous avons déjà parlé d'une ordonnance du 1er mars 1819 décidant que les rang, titre et qualité de pair du royaume, passeraient, avec le titre de vicomte de Morel Vindé, au sieur Terray, petit-fils du dernier possesseur de ces noms et titres. Faute qu'il existât des tiers, porteurs des noms ainsi concédés, aucune opposition ne surgit ; ces conces-

adjonctions de noms titrés. Logiquement, le nom titré concédé à une personne devrait s'énoncer à la suite de son nom originaire, sans qu'il lui fût permis de détacher le titre du nom qu'il décore: c'est à tort que les Dreux, marquis de Brézé, se titrèrent marquis de Dreux-Brézé. En fait, voici l'usage qui semble traditionnel: Ceux des descendants du concessionnaire du nom titré, qui ne doivent pas porter le titre lui-même, ajoutent seulement le nom au leur ; le détenteur du titre l'énonce en tête de son nom. En effet, de tous les descendants d'Henri Chabot, auquel sa femme apporta le titre de duc Rohan, l'aîné seul se dénomma Rohan-Chabot et les autres Chabot-Rohan. De même, M. de la Tour du Pin, Comte de Chambly, fait marquis de la Charce par substitution en 1867, s'intitule marquis de la Tour du Pin la Charce, comte de Chambly ; ses fils et ses frères se dénomment La Tour du Pin-Chambly de la Charce. — Bien souvent l'ordonnance ou le décret qui autorise une adjonction de nom titré, fixe le nom de l'impétrant, en faisant subir à son nom et au nom concédé des retranchements, pour que le nom nouveau ne soit pas démesuré: le Comte Patron d'Aux de Lescaut fut substitué à la pairie du comte de Lally-Tallendal sous le nom de comte d'Aux-Lally.

sions, pour ne porter atteinte à aucun intérêt privé, n'en étaient pas moins irrégulières [1].

Nous arrivons donc à cette conclusion, que l'opposition formée par les Montmorency au décret du 14 mai 1864 était recevable, et qu'il aurait dû y être fait droit.

Nous nous demanderons dans un instant, si les tiers lésés par une concession de nom irrégulière en sont réduits à la voie de l'opposition, et ne peuvent pas s'adresser aux tribunaux civils.

SECTION III

CONSÉQUENCES DE L'AUTORISATION DE CHANGER DE NOM.

138. — Le changement de nom ne résulte pas de plein droit du décret qui l'autorise. Comme dit très justement Merlin (*Répertoire, Promesse de changer de nom*), le Gouvernement, lorsqu'il permet un changement de nom, « n'impose pas à celui par ou pour qui l'autorisation en a été demandée, l'obligation de renoncer à son propre nom et d'en prendre un autre ».

Mais si le réclamant entend profiter de l'autorisation, il ne doit pas se contenter de porter le nom concédé, sous lequel il n'est pas inscrit sur les registres de l'état civil ; il en aurait le droit à la vérité, mais rencontrerait de continuels obstacles dans l'emploi d'un nom que ne lui assi-

---

(1) Voy. Cass., 22 avril 1846 : D. 46, 1, 172. « Nous croyons, disaitdans son réquisitoire le procureur général Dupin, que les Pairs de France, auxquels la pairie avait été transmise avec l'autorisation d'une addition de nom, n'ont pas été dispensés, quant à cette addition, de l'observation des formalités prescrites par la loi de l'an XI... L'ordonnance de 1819 ne satisfait pas aux prescriptions de la loi de germinal. »

gne pas son état civil. Il fera donc mentionner son nom nouveau en marge des actes de l'état civil le concernant.

« L'impétrant, portent tous les décrets d'autorisation, ne pourra se pourvoir devant les tribunaux civils, pour faire opérer sur les registres de l'état civil les changements résultant du présent décret, qu'après les délais fixés par les articles 6 et 8 de la loi du 11 germinal an XI, et en justifiant qu'aucune opposition n'a été formée au Conseil d'État [1]. »

139. — Comme les enfants ont droit au nom de leurs parents, le décret profite aux enfants déjà nés de l'impétrant, alors même qu'ils n'ont été visés ni dans la requête, ni dans le décret d'autorisation. La Chancellerie et le Conseil d'État ont été, sur ce point, longtemps en conflit. La Chancellerie prétendait que l'autorisation de changer de nom, donnée à un père, ne valait que pour lui et pour ceux de ses enfants qui étaient désignés au décret ; et que les enfants qui n'y étaient pas mentionnés, devaient solliciter une autorisation distincte, qui était l'occasion de la perception d'un nouveau droit de sceau [2]. Elle exigeait même que les enfants du requérant, déjà majeurs au moment où la requête était adressée au garde des sceaux, introduisissent une demande distincte. Le Conseil d'État, toutes sections réunies, émit le 1er août 1861 un avis aux termes duquel l'autorisation obtenue par un père profite à ses enfants mineurs. Quant aux tribunaux civils, ils ordonnent aujourd'hui, sans soulever aucune objection, que

(1) A cet effet, il fait lever par un référendaire au sceau un certificat de non opposition.

(2) Les changements et additions de noms sont frappés d'un droit de sceau de 600 francs. Remise totale ou partielle de ce droit peut être faite par le chef de l'État, sur la proposition du ministre de la justice (Loi du 20 juillet 1887, art. 12).

les changements de noms, résultant d'un décret qui leur est représenté, seront mentionnés sur les actes de l'état civil de tous les enfants et descendants de l'impétrant, sans distinction, qu'ils soient majeurs ou mineurs [1].

Il semble toutefois qu'un père ne peut procéder lui-même à cette sorte de redressement des actes de l'état civil de ses enfants, que s'ils sont encore mineurs. Les enfants majeurs sont libres de profiter ou non du décret obtenu par leur père. Il nous paraît plus logique de laisser à chaque intéressé, maître de ses droits, le soin de s'approprier le nom concédé à sa famille, que de réduire les enfants majeurs, qui ne veulent pas changer de nom, au droit de faire opposition, soit à la demande formée par leur père, soit au décret d'autorisation une fois obtenu .

140. — Le tribunal doit-il se contenter d'enregistrer, pour ainsi parler, le décret qui autorise le changement de nom? Il doit, sans conteste, s'assurer que le décret a reçu la publicité prescrite, que les délais fixés par la loi de germinal sont écoulés, et qu'aucune opposition ne s'est produite. Mais peut-il se faire juge des irrégularités et des omissions antérieures au décret? Soit que la demande de l'impétrant n'ait pas été publiée; soit que le délai de trois mois, qui doit s'écouler entre la demande et le décret, n'ait pas été respecté; soit enfin que le conseil d'État n'ait pas été consulté. Le chef de l'Etat n'aurait pas dû rendre le décret d'autorisation : mais appartient-il aux tribunaux de déclarer ce décret irrégulier et inefficace?

Quand un décret illégal leur est représenté, les tribu-

---

(1) Voy. deux arrêts, l'un de la cour d'Orléans, du 17 avril 1866 (S. 66, 2, 210), l'autre de la cour de Grenoble, du 5 juillet 1870 (S. 71, 2, 44), réformant des jugements rendus en sens contraire. Add. Jug. du tribunal de Compiègre, rapporté par Borel d'Hauterive, *Annuaire* de 1881, p. 323.

(2) Tournade, *Des noms de famille et des titres de noblesse.*

naux doivent se refuser à faire mentionner le nom concédé en marge de l'acte de l'état civil de l'impétrant. Les tiers intéressés ne sauraient être réduits au droit d'opposition qui leur appartient en présence d'un décret régulier ; il se peut d'ailleurs qu'ils n'aient pas occasion d'exercer ce droit d'opposition, quand le décret n'a pas été publié [1]. Ils seront donc admis à prévenir le jugement qui consacrerait le changement de nom obtenu. A supposer même que ce jugement ait déjà été rendu, ils pourront contester à l'impétrant le nom par lui obtenu, et le faire rayer des actes de son état civil.

Ce sont là les principes que la Cour de Cassation a consacrés en 1846. M. Terray, autorisé par ordonnance du 1er mars 1819 à succéder au nom titré de Vicomte de Morel-Vindé, appartenant à son grand' père, s'était contenté, à la mort de ce dernier, de faire ajouter ce nom au sien sur les actes de son état civil et de celui de ses enfants (Jug. du Trib. de la Seine du 26 mars 1845). Le ministère public; poursuivant, à défaut de tiers intéressés, l'application de la loi de germinal, se pourvut en cassation contre ce jugement, et fit déclarer par la Cour suprême qu'une ordonnance rendue après avis de Conseil d'État aurait seule pu conférer à M. Terray le nom de son grand'père [2]. On ne songeait pas alors à prétendre que la concession d'un nom titré équivalait à la simple collation d'un titre. C'est en vertu de l'article 80 de la loi du 27 ventose an VIII,

---

(1) Quand les héritiers du duc de Montmorency saisirent le tribunal de la Seine d'une demande tendant à ce que le nom titré de duc de Montmorency fût interdit au comte de Talleyrand, ils ignoraient que celui-ci eût obtenu un décret impérial. Le décret fut publié au cours des débats. Voilà pourquoi les Montmorency recoururent aux tribunaux civils avant d'user du droit d'opposition (Dalloz, 1865, 2, 121).

(2) Cass., 22 avril 1846 : D. 46, 1, 172.

et comme entaché d'excès de pouvoir, que le jugement du
26 mars 1845 fut infirmé par la cour de cassation :
« Il nous paraît démontré, disait dans son réquisitoire le
Procureur général Dupin, que le tribunal de la Seine n'a
pu, sans empiéter sur les attributions de l'autorité administrative, donner force d'exécution à une ordonnance qui
n'a aucun des caractères de l'arrêté prescrit par la loi de
germinal an XI, et en ordonner la transcription sur les
registres de l'état civil. » Et la cour de cassation déclara
en effet que le Tribunal avait empiété sur l'autorité administrative.

Vingt ans plus tard, c'était encore au nom du principe
de la séparation des pouvoirs, que le tribunal de la
Seine s'interdisait de prononcer sur la valeur d'un décret
qui n'avait non plus « aucun des caractères de l'arrêté
prescrit par la loi de germinal ». Les représentants de
la famille de Montmorency, avant de faire opposition au
décret qui disposait de leur nom au profit du comte de
Talleyrand-Périgord, avaient saisi la juridiction civile ;
ils demandaient que l'usage de leur nom fût interdit au
comte de Talleyrand, auquel il avait été concédé par un
décret irrégulier. Le tribunal de la Seine se déclara incompétent [1]. Il estimait, à la vérité, que la teneur du
décret et son préambule impliquaient qu'il n'avait été conféré à M. de Talleyrand qu'un titre, et point un nom ;
mais, ajoutait-il, à supposer qu'un nom eût été concédé,
comme le prétendent les demandeurs, le tribunal serait
incompétent, et les intéressés n'auraient d'autre recours
que la voie de l'opposition, ouverte par la loi de germinal an XI.

Il est impossible de concilier ces décisions contradictoi-

____

(1) Paris, 8 août 1865, D. 65, 2, 121.

res. Quand donc, en définitive, les tribunaux civils commettent-ils un excès de pouvoir ? En sanctionnant un décret irrégulier, ou en lui refusant toute valeur? Ni dans l'un, ni dans l'autre cas. M. Dupin et la cour de cassation, avec lui, sont tombés dans une exagération évidente, en déclarant qu'un tribunal se substitue, pour ainsi dire, à l'autorité administrative, et est censé accorder lui-même l'autorisation de changer de nom, quand il sanctionne un changement de nom accordé par un décret illégal. Par contre, il est impossible qu'un tribunal, appelé à donner à un décret la plénitude de ses effets, ne puisse se faire juge de sa légalité. La décision de la cour de Paris, dans l'affaire de Montmorency, nous paraît donc plus voisine de la vérité que le jugement du tribunal, de la Seine. La cour confirma ce jugement, mais elle se contenta de déclarer qu'il n'avait été conféré qu'un titre au Comte de Talleyrand. Il semble résulter des termes de l'arrêt que, si la Cour avait découvert dans le décret obtenu par M. de Talleyrand la concession d'un nom, elle se serait reconnu le pouvoir de lui interdire l'emploi de ce nom, faute que la loi de germinal eût été obéie [1]. Si elle n'a pas aperçu la véritable portée du décret, du moins n'a-t-elle pas contredit ce principe, que les tribunaux civils sont juges de la régularité des décrets qui confèrent les noms.

---

(1) « Considérant que l'examen du droit de conférer des titres est placé hors l'appréciation des tribunaux ordinaires (et même d'une juridiction quelconque, ajouterons-nous) : *qu'il pourrait s'élever devant les tribunaux une grave difficulté, si l'exécution leur était demandée d'un décret conférant un nom*, rendu en dehors des formes prescrites par la loi du 11 germinal an XI ; *mais qu'il n'en est pas ainsi...* »

CHAPITRE III

Des changements de noms sans l'autorisation du gouvernement. Des usurpations de titres.

141. — Nous exposerons plus loin, en étudiant les conditions de recevabilité de l'action en rectification, la théorie de l'imprescriptibilité du nom [1] : le nom ne s'acquiert ni ne se perd par une possession prolongée, tant que la preuve du droit au nom délaissé peut encore être faite, ou que l'usurpation peut être démontrée. En dépit de ce principe, l'usurpation reste encore le mode le plus pratique de changer de nom, et la source la plus féconde d'acquisition des titres nobiliaires. Ce n'est pas que la loi n'ait accumulé les moyens de prévenir ces usurpations : nous allons étudier les pénalités dont sont passibles ceux qui s'affublent sans droit d'un nom ou d'un titre ; les poursuites auxquelles ils sont exposés de la part des tiers intéressés ; le droit du ministère public de réprimer de semblables usurpations, autrement que par l'exercice de l'action publique et l'application de la loi répressive.

SECTION I

PÉNALITÉS ÉDICTÉES CONTRE LES USURPATIONS DE NOMS ET DE TITRES.

142. — Les changements de noms, depuis longtemps déjà, ne pouvaient régulièrement s'accomplir qu'avec

_____
(1) Voy. nᵒˢ 179, 180.

l'agrément du roi, quand furent édictées les premières
pénalités contre ceux qui y procédaient sans autorisation.
Elles sont contenues dans l'ordonnance d'Amboise du 26
mars 1555 (art. 9) : « Défenses sont faites *à toutes personnes* de changer leurs noms et armes, sans avoir lettres de dispenses et permission, à peine d'être punies
comme faussaires et exauthoréez de tout degré et privilége de noblesse [1] ». Cette prohibition s'adressait aux
roturiers comme aux nobles ; mais ces derniers étaient
menacés de pénalités qui ne pouvaient atteindre les premiers. Nous avons vu que la défense de changer de nom
fut ravivée, à l'égard des gentilshommes, par l'article
211 de l'ordonnance de 1629 [2]. Les États généraux de 1614
avaient demandé que l'usage des noms de seigneuries fût interdit aux gentilshommes « à peine de faux et
d'amende arbitraire » ; mais l'ordonnance de 1629 contient seulement une sanction civile, « la nullité des actes
et contrats » où un nom de seigneurie aurait été pris.
Ajoutons que, dans l'ancien droit, la règle de l'immutabilité du nom comportait nombre d'exceptions, et que sa
violation n'était jamais réprimée.

143. — L'ancienne monarchie ne se montra pas plus
sévère à l'égard des usurpateurs de titres nobiliaires. On
s'y est souvent mépris ; mais c'est une erreur de croire
qu'il existât, dans l'ancien droit, des dispositions analogues
à celles de l'article 259 du Code pénal. Autant la royauté
poursuivait rigoureusement les usurpateurs de la simple

---

(1) D'après la majorité des auteurs, l'édit de 1555 prononçait contre les
auteurs d'un changement de nom une amende de 1000 livres ; c'est à Isambert, qui dit avoir retrouvé le texte exact de cette ordonnance dans les registres de la cour des Aides de Normandie, que nous en empruntons la teneur.
Voy. n° 19.

(2) Voy. n° 25.

noblesse, qui, en s'agrégeant à une classe privilégiée,
s'exemptaient des charges publiques, autant elle était indifférente aux usurpations des titres nobiliaires, quand
elles étaient commises par des nobles. Nous n'en voulons
pour preuve que les édits et déclarations qui se succèdent à de courts intervalles au xvie et au xviie siècles, et qui,
sans réprimer jamais l'abus des titres proprement dits,
sévissent contre l'usurpation de la simple noblesse. Le
sens et le but de ces édits nous sont révélés d'abord par
la nature des faits qu'ils prohibent : ils défendent aux roturiers l'usage des *habillements* et des *qualifications* réservés aux nobles, et l'emploi des *armoiries timbrées*, auxquelles les nobles seuls pouvaient prétendre. Les roturiers,
en usurpant ces costumes, ces qualifications, ces emblêmes,
induisaient les tiers en erreur sur leur exacte condition,
et s'agrégeaient insensiblement à l'ordre de la noblesse.

Les édits sur « la réforme des habits » ne se rencontrent guère qu'au xvie siècle. Un édit de mars 1514 « défendait expressément à toutes personnes roturières, non
nobles ou qui n'auraient pas été anoblies, de prendre et
usurper le titre de noblesse, soit en leurs qualités, soit
en habillements [1] ». Un édit postérieur du 12 juillet 1549
était exclusivement consacré à la réforme des habits. Enfin, un édit de juillet 1576 défendait « aux roturiers de
prendre les titres de noblesse, et à leurs femmes de porter le costume de demoiselles, sous peine d'amendes arbitraires ».

Toutes les autres ordonnances et déclarations, portant
répression des usurpations de noblesse, ont uniquement
trait à l'abus des qualifications nobiliaires et des armoiries
timbrées. Nous citerons seulement les principales : l'arti-

---

[1] Voy. Isambert, t. XIV, p. 305.

cle 110 de l'ordonnance d'Orléans, de 1560, et l'article 257 de l'ordonnance de Blois, de 1579, prononcent contre les usurpateurs des peines arbitraires. Une ordonnance de mars 1583 renouvelle, dans son article 1er, les prescriptions de l'ordonnance de Blois. Puis viennent l'édit de mars 1600 (art. 25) et l'ordonnance de 1629 (art. 189). L'article 2 de l'édit de janvier 1634 substitue aux amendes arbitraires, prononcées par les ordonnances antérieures, une amende fixe de 2000 livres. Les prescriptions de l'édit de 1634 sont ravivées par les déclarations du 15 mars 1655 et du 30 décembre 1656, par l'édit du 8 février 1661 et la déclaration du 22 juin 1666. Une lecture superficielle de ces documents législatifs pourrait induire en erreur sur leur véritable portée ; ils parlent de l'usurpation « du titre de noblesse » ; mais, par cette expression, il ne faut pas entendre les dignités féodales, mais le titre de *noble*. D'une manière générale, les édits et ordonnances précités défendent aux roturiers l'emploi des qualifications distinctives de la simple noblesse, et principalement de celle d'écuyer : c'est ce qu'ils entendent par l'expression « le titre de noblesse, » au singulier.

Les pénalités édictées contre les usurpateurs de noblesse n'ont jamais fait l'objet d'ordonnances spéciales ; elle sont le plus souvent contenues dans des édits portant réglement des tailles. Nouvelle preuve que c'était l'usurpation de la simple noblesse, et non l'abus des titres nobiliaires, qui préoccupait la royauté : on sait que l'exemption des tailles était le plus important des priviléges de noblesse. Parcourons les titres des ordonnances précitées, et recherchons les motifs de leurs dispositions. Nous rencontrons d'abord l'édit de mars 1583, « sur le fait des tailles et l'usurpation des titres de noblesse [1] » ; puis l'édit de mars

(1) L'article 17 de cet édit astreignait les roturiers au paiement des

1600 « portant réglement, général sur les tailles, sur les usurpations du titre de noblesse, etc. ». « La licence et la corruption du temps, lisons-nous dans l'article 25 de cet édit, a été cause que plusieurs.... ont usurpé le nom de gentilhomme, pour s'exempter indûment de la contribution aux tailles... » L'édit de janvier 1634, lui aussi, est à la fois relatif aux tailles et à l'usurpation du titre de noblesse ; et si Louis XIV, par la déclaration du 30 décembre 1656, renouvelle les dispositions de l'édit de 1634 contre les usurpateurs de noblesse, c'est « pour apporter un ordre certain et assuré en l'imposition des tailles ». Il y avait une si étroite corrélation entre l'exemption des tailles et la simple noblesse, qu'un édit de janvier 1598 révoquait par la même disposition les affranchissements des tailles et les lettres d'anoblissement consentis pendant les vingt années précédentes ; et que l'édit de novembre 1750, pour conférer la simple noblesse aux officiers, les déclarait exempts de la taille.

En résumé l'usurpation de la simple noblesse était seule réprimée sous l'ancien droit. Nous avons bien relevé, dans les déclarations du 3 mars et du 8 décembre 1699, des textes qui interdisent à *toutes personnes*, nobles ou non nobles, l'usage des titres usurpés ; mais, aux termes mêmes de ces textes, l'abus des titres proprement dits n'exposait à des pénalités que les non-nobles. C'est qu'en effet, de la part des roturiers, l'envahissement des titres entraînait usurpation de noblesse, et devait dès lors être prohibé comme l'abus du titre d'écuyer. Mais il demeure établi que l'usurpation des titres prise en elle-même, quand elle n'em-

---

tailles qu'ils s'étaient dispensés d'acquitter, en se faisant passer pour nobles.

portait pas usurpation de simple noblesse, n'était pas réprimée sous l'ancien droit [1].

144. — Vienne la Révolution, et les changements de noms vont être plus strictement réprimés. Quant aux titres, les rigueurs de la loi ne s'appliquèrent pas seulement à ceux qui les usurpaient, mais à quiconque en faisait usage. Le décret des 19-23 juin 1790 abolit les titres nobiliaires, et défendit aux particuliers de s'attribuer d'autres noms que le vrai nom de leur famille, sans d'ailleurs prononcer aucune peine contre les contrevenants. La loi des 27 septembre-16 octobre 1791, édictée pour procurer une sanction au décret de 1790, n'a trait qu'au fait de se parer

[1] Pour échapper aux pénalités qui menaçaient les usurpateurs de noblesse, il fallait faire preuve de sa noblesse. S'agissait-il de noblesse acquise, cette preuve résultait de la production des lettres d'anoblissement, ou de la justification de l'exercice d'une charge ou emploi conférant la noblesse personnelle, ou la noblesse héréditaire, soit immédiatement, soit après plusieurs générations. Quant à la noblesse de race, on l'établissait en prouvant la noblesse de ses ancêtres depuis deux générations, sans trace de roture antérieure : était tenu pour noble quiconque avait vécu noblement, et avait porté le titre d'écuyer. Louis XIV, non content d'astreindre à prouver leur noblesse ceux qui étaient soupçonnés d'usurpation, prescrivit, par les déclarations du 15 mars 1655 et du 30 décembre 1656, par l'édit du 8 février 1661 et la déclaration du 22 juin 1664, un recensement général des nobles et une révision des titres sur lesquels ils fondaient leurs prétentions à la noblesse. Des arrêts du conseil, du 22 mars 1666 et du 15 mars 1669, décidèrent qu'il serait fait dans chaque bailliage un catalogue contenant les noms des nobles vérifiés, et qu'il serait dressé « des états contenant les noms, surnoms et demeures des particuliers condamnés comme usurpateurs ». Cette vaste entreprise, suspendue par un arrêt du conseil du 6 janvier 1674, fut continuée en vertu d'une déclaration du 4 septembre 1696. Un arrêt du conseil du 26 février 1697 décida que la noblesse de race, qui s'était jusque-là prouvée par la possession de fait de la noblesse depuis trois générations (y compris l'inquiété), s'établirait désormais « en rapportant des contrats de mariage, partages et inventaires et autres titres justificatifs de noblesse et filiation, depuis 1560 ». La déclaration du 16 janvier 1714 introduisit encore une règle nouvelle, en décidant « que ceux qui se prétendraient nobles ne seraient tenus de prouver qu'une possession de cent années ».

des titres ou qualifications abolis [1], et point aux simples changements de noms. Les peines prononcées par l'édit de 1555, en ce qu'elles n'avaient pas d'incompatible avec le nouvel état de choses, nous paraissent donc être restées applicables, et avoir fourni une sanction au décret de 1790, en tant qu'il prohibait les changements de noms.

Enfin la loi du 6 fructidor an II vint défendre, en termes exprès, les changements de noms, sous une sanction précise [2]. Après avoir interdit aux citoyens l'usage d'autres noms que ceux sous lesquels ils sont inscrits dans les actes de l'état civil, et l'emploi des noms additionnels [3], elle dispose, dans son article 3, que « ceux qui enfreindront les dispositions des articles précédents seront condamnés à six mois d'emprisonnement, et à une amende égale au quart de leur revenu. La récidive sera punie de la dégradation civique ».

Aucune loi n'a abrogé des dispositions de la loi de fructidor, soit expressément, soit tacitement, en prohibant d'une manière générale, et sous une sanction répressive, les changements de noms. Combien de temps est-elle restée en vigueur ? Certains documents législatifs qui datent du Directoire et du premier Empire, et où sont visées les pénalités encourues en cas de changement de noms, se réfèrent expressément ou implicitement à elle. Nous voyons le Directoire, par arrêté du 19 nivôse an VI,

---

(1) La peine encourue était une amende égale à six fois la valeur de la contribution mobilière du contrevenant, sans déduction de la contribution foncière. Le contrevenant, était en outre rayé, du tableau civique, et déclaré incapable d'occuper aucun emploi civil ou militaire (art I⁰ʳ).

(2) Dans l'intervalle de la loi de 1791 à la loi du 6 fructidor, le décret du 24 brumaire an II avait inauguré, en matière de changement de nom, un système de complète liberté.

(3) Voy. n° 30.

charger ses commissaires près les tribunaux et adminis-
trations de dénoncer aux officiers de police judiciaire
toute contravention à la loi de fructidor an II. De même,
l'article 7 d'un décret du 18 août 1811, prescrivant aux
habitants de divers départements réunis à l'Empire, de
faire choix d'un nom de famille s'ils n'en ont déjà,
veut qu'on punisse *conformément aux lois* ceux qui
auraient changé de nom sans s'être conformés aux dispositions de la loi du 11 germinal an XI. La loi pénale
ainsi visée ne pouvait être que la loi de fructidor, qui
resta donc en vigueur pendant tout le premier Empire.
Suivant la jurisprudence, la restauration de l'ancienne
monarchie en aurait entraîné l'abrogation.

On se rappelle dans quelles circonstances la loi de
fructidor a été portée : elle était destinée à mettre un
terme aux abus engendrés par le décret du 24 brumaire
an II ; plus spécialement, elle était dirigée contre les
nobles et les émigrés rentrés en France, qui, à la faveur
du décret de brumaire, se cachaient sous des noms d'emprunt. Par une de ces contradictions fréquentes en ces
époques troublées, on leur faisait un crime d'avoir
quitté des noms dont l'usage était interdit. C'est à raison
du motif secret qui a dicté la loi de fructidor, que les
tribunaux se sont maintes fois refusés à en faire l'application : tel un arrêt de la cour de Lyon, du 30 août
1827, aux termes duquel « la loi du 6 fructidor était une
loi de la Révolution, qui avait pour but d'empêcher les
émigrés de changer de nom...., et qui a été abrogée par
les lois postérieures [1]. » On se demande de quelles lois la

_____

(1) Sirey, 27, 2, 214. — S'agissant de l'abrogation de la loi de fructidor, il
faut faire une distinction essentielle : cette loi fut partiellement abrogée
quand ses pénalités cessèrent d'être applicables aux porteurs des *noms addi-*

cour de Lyon entend parler: des lois qui ont rouvert la
France aux émigrés ; du retour à un état politique qui en
a fait des victimes plutôt que des criminels? Mais ces
lois, ces événements, sont sans portée dans la question;
quel que fût l'objet de la loi de fructidor, et bien qu'elle
visât les émigrés, elle ne les nommait pas. Sa disposition réprimait un fait que l'ancien régime avait prohibé;
ses peines n'étaient ni injustes, ni disproportionnées. Le
retour des émigrés, le rétablissement de l'ancienne
noblesse n'ont pu en aucune façon entraîner l'abrogation
de cette loi, qui cessait seulement d'être une arme contre
les nobles : maîtres de reprendre leurs anciens noms, ils
n'avaient pas intérêt à faire usage de noms empruntés.
Mais les changements de noms restaient prohibés et
punis par la loi de fructidor.

145. — Qu'on ne croie pas d'ailleurs que le Code pénal
contînt, relativement aux changements de noms, aucune
disposition qui abrogeât la loi de fructidor. L'article
259 du Code pénal, dans sa rédaction primitive, visait
uniquement les usurpations de titres. « Toute personne
qui se sera attribué des titres impériaux qui ne lui auraient
pas été légalement conférés, sera punie d'un emprisonnement de six mois à deux ans. »

Napoléon, en instituant de nouvaux titres, avait laissé l'ancienne noblesse sous le coup des lois révolutionnaires qui
lui interdisaient l'usage de ses titres. L'article 15 du statut du 1er mars 1808, relatif aux titres, rappelle et renouvelle les prohibitions de la loi des 27 septembre-16 octobre 1791, quand il défend aux sujets de s'arroger des
titres ou qualifications que l'empereur ne leur aurait pas
conférés, sous les peines portées *par les lois actuellement*

tionnels; mais la disposition dont nous nous occupons ici est celle qui prohibait les changements de noms.

en vigueur [1]. D'après Merlin [2], ces derniers mots se réfèrent à la loi du 6 fructidor an II, qui aurait implicitement abrogé la loi de 1791, en substituant des peines plus graves aux peines qu'elle édictait. Il est manifeste, au contraire, que la loi de fructidor, absolument muette sur les titres et qualifications nobiliaires, n'a trait qu'aux changements de noms et à l'emploi des surnoms ; que, d'ailleurs, les titres et qualifications nobiliaires n'étaient pas compris sous le terme de surnoms ; qu'en conséquence, les titres de noblesse continuèrent à être prohibés par la loi de 1791 jusqu'à la promulgation du Code pénal.

L'article 259 du Code pénal n'enleva pas toute portée pratique à la loi de 1791. Depuis 1808, l'usage d'un titre nobiliaire n'était plus punissable par lui-même, mais seulement l'usurpation d'un titre impérial. Tout noble d'ancien régime, en portant une qualification nobiliaire que la monarchie lui avait conféré, tombait sous le coup de l'article 259, quand il s'agissait d'un des titres que le statut de 1808 avait restaurés. Au contraire, le fait de se parer des titres de marquis ou de vicomte, que l'Empire n'avait pas empruntés à l'ancien régime, tombait toujours sous le coup de la loi de 1791.

La Restauration reconnut les titres anciens et modernes ; dès lors l'usurpation des uns comme des autres tomba sous le coup de l'article 259 du Code pénal, et la loi de 1791 ne fut plus susceptible d'aucune application pratique. L'usage des titres de marquis et de vicomte ne fut plus punissable en lui-même, comme constituant l'emploi de

---

(1) L'institution des titres impériaux changea complétement le sens de la loi de 1791 : de loi abolissant les titres qu'elle était, elle devint une loi répressive des usurpations de titres.

(2) Voy. Répertoire, *Nom*, § IV, II.

qualifications abolies, mais seulement l'usurpation de ces titres par ceux qui n'y avaient pas droit [1].

Lors de la réforme du Code pénal, en 1832, on effaça de l'article 259 les peines qu'il prononçait contre les usurpateurs de titres. L'usage illégitime d'un titre de noblesse trouvait encore un obstacle dans l'opposition que les tiers intéressés étaient maîtres d'y apporter ; mais il ne pouvait plus être atteint par la loi pénale qu'indirectement, et quand il était un élément d'escroquerie. Il était véritablement inouï qu'un gouvernement, qui conférait des titres de noblesse comme la plus éminente des distinctions, fût désarmé vis-à-vis des usurpateurs.

(1) Quand fut faite, en 1816, une édition officielle du Code, on substitua, dans l'article 259, aux mots *titres impériaux*, les mots *titres royaux*. Au fond c'était pure affaire de terminologie. Et cependant on a attaché à cette légère modification du texte une importance exagérée. Par suite de ce changement, disait M. Abbatucci, dans son rapport au conseil d'État, sur le projet d'où est sortie la loi du 28 mai 1858, « l'article 259 réagissait sur toute la noblesse restaurée ». Et l'exposé des motifs : « En faisant ce changement, on n'eut point la pensée de retirer la protection de la loi aux titres de l'Empire ; on voulut qu'elle s'étendît également aux uns et aux autres ». Retirer aux titres impériaux la protection de la loi, c'eût été les exposer aux usurpations. Mais comment les usurpateurs de ces titres auraient-ils pu être exempts de peine, et la protection de la loi être restreinte aux titres royaux, puisque les titres de l'Empire consistent en qualifications identiques aux titres royaux ?

Tout au plus pourrait-on prétendre que la substitution des mots *titres royaux* aux mots *titres impériaux*, dans l'article 259, a permis de faire l'application de ce texte aux usurpateurs des titres de marquis et de vicomte, qui n'étaient pas des titres impériaux. Mais on peut soutenir que, dès le début de la Restauration, les usurpateurs de ces deux titres tombaient sous le coup de l'article 259. Par le seul fait du changment de dynastie, la protection de la loi était étendue des titres jusque-là reconnus par l'Empire à tous les titres consacrés par la charte.

J'avoue toutefois qu'il existait, entre les membres des familles décorées de titres par l'ancienne monarchie, et ceux des familles titrées par l'Empire, une réelle inégalité, au point de vue de l'application de l'article 259 ; les premiers pouvant, en cas d'usurpation, exciper des usages variés et contradictoires admis sous l'ancien régime ; les seconds facilement convaincus du délit, quand ils s'écartaient des règles précises de la transmission des titres impériaux.

Plus logique que le Gouvernement de juillet, la République de 1848, par un décret des 29 février-2 mars 1848, abolit les titres de noblesse. Aucune sanction pénale n'était d'ailleurs prononcée contre ceux qui en feraient usage, et l'application de ce décret ne devait être assurée que par le refus des fonctionnaires et des officiers publics d'insérer dans les actes les titres abolis. Cette abolition fut renouvelée par la Constitution des 4-10 novembre 1848. Mais cette Constitution disparut dès le 2 décembre 1851, et le décret du 29 février 1848 fut rapporté par un décret des 24-27 janvier 1852. L'Empire une fois restauré n'avait plus, pour rendre quelque prix aux titres qu'il conférait, qu'à rétablir des pénalités contre les usurpateurs. Ce fut l'objet de la loi du 28 mai 1858, qui prit place dans l'article 259 du Code pénal. La portée de cette loi fut bien plus large que ne l'avaient d'abord voulu les auteurs du projet : dirigée contre les usurpateurs de titres, elle réprime de simples changements de noms.

146. — La loi du 6 fructidor an II, avons-nous vu, n'avait pas été tacitement abrogée à l'avènement de Louis XVIII. Elle n'a pas cessé d'être applicable jusqu'en 1858 ; mais, en fait, elle était tombée en désuétude. Bien que tout changement de nom, par suite des fraudes auxquelles il peut donner lieu, soit de nature à troubler l'ordre public, il faut reconnaître que les gouvernements ne sont jamais émus que des changements de noms susceptibles de porter atteinte à la constitution de la société, ou de compromettre l'organisation politique du pays : tantôt prohibant l'usage de noms ou de titres qui marquaient entre les particuliers des distinctions de castes ; et tantôt réprimant l'usurpation de ces noms par ceux qui n'appartenaient pas aux classes privilégiées. La loi de fructidor elle-même, malgré la généralité de ses dispositions, était

spécialement dirigée contre les ci-devant nobles, et prohibait expressément l'emploi de noms additionnels ou nobiliaires. Jamais la Restauration ne songea à inquiéter
ceux qui se contentaient d'échanger un nom roturier contre un autre nom sans prétention nobiliaire ; et comment
le Gouvernement de juillet, qui tolérait les usurpations de
titres, se serait-il ému de simples changements de noms?
Personne, jusqu'en 1858, ne fut inquiété pour avoir changé
de nom ; la loi fructidor devint lettre morte. Tout au plus
songea-t-on, sous le règne de Louis-Philippe, à annuler
l'élection d'Emile de Girardin, comme faite sous un faux
nom[1]. On s'explique donc qu'on ait fini par tenir la loi de
fructidor pour abrogée.

C'est dans cette conviction que le législateur de 1858
aborda la réforme de l'article 259 du Code pénal. Le projet
du Gouvernement n'était dirigé que contre les usurpateurs
de titres nobiliaires : « Toute personne qui se sera attribué sans droit un titre de noblesse, sera punie d'un emprisonnement de six mois à deux ans et d'une amende de
500 fr. à 5000 fr. » C'est par l'emploi du mot *noblesse* et
par l'introduction d'une peine pécuniaire[2], que le texte nouveau différait de la rédaction primitive du code de 1810, et,
en outre en ce qu'il ouvrait au tribunal la faculté « d'ordonner l'insertion intégrale ou par extrait du jugement
dans les journaux qu'il désignerait, aux frais du condamné ». Le principe de la réforme, la nécessité de réprimer
les usurpations de titres, fut admis sans difficulté. Toutefois on tomba d'accord pour effacer du texte le mot *no-*

(1) Emile de Girardin était né des relations adultères de Mᵐᵉ Dupuy,
femme d'un magistrat, et du général comte de Girardin. Reconnu par un
domestique nommé Delamothe, dont il aurait dû porter le nom, il prit celui
de son père en vertu d'un acte de notoriété assurément illégal, car il aboutissait à faire la preuve d'une filiation adultérine.

(2) Cette peine avait été ajoutée au projet primitif par le conseil d'État.

blesse, qui ne figurait pas dans l'ancien article 259, ni dans les statuts du premier Empire. Ce mot semblait à plusieurs rappeler et désigner une classe privilégiée ; on voulut marquer, en l'effaçant de la loi, que les titres n'étaient que des distinctions honorifiques, et que la noblesse, en tant que classe, n'existait plus. Mais un amendement signé de vingt-deux députés tendit à étendre singulièrement la portée de la loi : ces députés voulaient qu'on frappât des mêmes pénalités et les usurpateurs de titres et quiconque changeait de nom sans autorisation. Ils n'entendaient pàs rajeunir et raviver une loi existante, mais bien combler une lacune dans la législation : ils ne s'avisaient pas que la loi de fructidor leur fournît la disposition qu'ils proposaient d'insérer au Code pénal.

Cet amendement, d'ailleurs, ne fut pas voté, pour des motifs que nous indique le rapport présenté au Corps législatif par M. du Miral, au nom de la Commission. Il parut excessif de punir des changements de noms « innocents, utiles, inoffensifs et fréquemment involontaires ». Ce n'était plus méconnaître seulement l'existence d'une loi répressive, c'était déclarer qu'il était inopportun d'en faire une. On adopta toutefois un amendement de M. Carteret, qui prohibait sous la même sanction l'usurpation des titres, et l'emploi illégitime de la particule ou de noms décorés de particule. Le texte reçut en définitiv la rédaction suivante :

« Sera puni d'une amende de « 5.000 fr. à 10.000 fr « quiconque, sans droit et en vue de s'attribuer un « distinction honorifique, aura publiquement pris un ti « tre, changé, altéré ou modifié le nom que lui assigne « les actes de l'état civil.

« Le tribunal ordonnera la mention du jugement « marge des actes authentiques ou des actes de l'é

« civil dans lesquels le titre aura été pris indûment ou le
« nom altéré. »

« Dans tous les cas prévus par le présent article, le
« tribunal pourra ordonner l'insertion intégrale ou par
« extrait du jugement dans les journaux qu'il désignera.

« Le tout aux frais du condamné. »

147. — Trois conditions sont exigées pour que le délit
existe : il faut que l'usurpation de titre ou le changement de nom ait été accompli sans droit, — publiquement,
— en vue de s'attribuer une distinction honorifique [1].
Envisageons successivement l'hypothèse de l'usurpation
de titre et celle du changement de nom.

Celui-là seul peut régulièrement se parer d'un titre,
qui en a été personnellement investi, ou l'a régulièrement
recueilli, par application des règles plus haut posées.

On voit combien de gens, par suite des abus que nous
avons signalés, sont aujourd'hui passibles des pénalités
de l'article 259. Une personne peut d'ailleurs, sans les
encourir, porter un titre que son acte de naissance ne
lui attribue pas. Pour savoir si un individu a droit à un
titre, il faut consulter « les actes de l'état civil », c'est-à-
dire, comme l'explique M. du Miral, « l'ensemble des
actes qui constituent la situation de la famille ». Cela n'est
expressément dit que des noms, dans l'article 259, mais
doit s'entendre des titres : le titre, aux termes mêmes de
ce texte, ne doit-il pas avoir été pris *sans droit ?* On
peut donc dire, d'une manière générale, que toute personne, inquiétée à l'occasion d'un titre dont elle se pare,
échappe à la répression pénale en faisant la preuve de
son droit, conformément aux règles qui seront exposées
plus loin [2].

(1) Voy. Faustin-Hélie, *Droit pénal*, Tome III, p. 264 et suiv.

(2) Voy. 3e Partie : De la preuve des titres.— Renvoi également pour la so-

L'usurpation des titres, pour être punissable, doit avoir été accomplie *publiquement*. Cette expression générale a été introduite dans la loi par le conseil d'État ; le projet de la commission exigeait que l'usurpation se fût produite « dans un acte authentique ou sous-seing privé, ou dans un écrit publié ». Par suite des termes très larges de l'article 259, on ne peut porter impunément un titre usurpé que dans la vie privée [1].

Enfin, quand une personne se pare sans droit d'un titre nobiliaire, point de doute que ce ne soit en vue de *s'attribuer une distinction honorifique*. Ce dernier élément du délit ne fera jamais défaut. L'article 259 s'applique aussi bien à l'aventurier qui s'affuble d'un titre, qu'à toute personne, d'ailleurs titrée, qui se pare d'un titre supérieur au sien. Quant au légitime possesseur d'un titre, qui ferait usage d'un titre moins élevé, il serait difficilement punissable. Pourrait-on dire qu'il a voulu s'attribuer une distinction honorifique, puisqu'il avait droit à un titre plus éminent ?

148. — Il s'en faut que la loi de 1858 ait amené les usurpateurs à déposer les titres dont ils s'étaient affublés, ou ait prévenu, par la suite, le retour des mêmes abus. Elle ne fut pas le signal d'une restauration ou d'une révision générale des titres, comme plusieurs s'en étaient flattés, accueillant avec faveur, à quelque parti politique qu'ils

---

ution des questions de compétence que peut soulever, au cours d'un procès pénal, la preuve faite par le prévenu de son droit au titre qu'il porte (Voy. n° 185).

(1). Dijon, 13 juillet 1881 : S., 84, 2, 3. Dans l'espèce, les prévenus avaient usurpé un nom précédé de la particule dans des lettres, cartes de visite et prospectus commerciaux, dans des actes de l'état civil, dans un diplôme délivré à la suite de l'Exposition de 1878. Il est probable que l'usurpation n'aurait pas été punissable, si elle ne s'était produite que dans des lettres missives et des cartes de visite.

appartinssent, une réforme qui devait rendre quelque prix aux qualifications nobiliaires. Il avait été déclaré, dans l'exposé des motifs, « que le projet n'entendait pas conférer aux tribunaux une sorte de révision des titres de noblesse. » En fait, le ministère public n'entreprit pas la recherche des usurpateurs, et ne procéda jamais que par mesures individuelles, toujours avec la plus grande circonspection : « Il ne serait ni prudent, ni juste, disait encore l'exposé des motifs, de remonter à l'origine des possessions plus ou moins anciennes, pour rechercher les abus et en faire retomber le châtiment sur la postérité de ceux qui les auraient commis... Les magistrats comprendront qu'ils doivent poursuivre et punir les usurpations flagrantes, sur lesquelles il n'y a ni erreur, ni illusion possible. » Une circulaire du garde des sceaux, du 19 juin 1858, vint même prescrire aux Procureurs généraux, de ne laisser intenter aucune poursuite dans l'étendue de leurs ressorts, sans lui en avoir référé. La prudence qu'on apporta à l'application de la loi de 1858 fut surtout dictée par la crainte d'aliéner à l'Empire des familles influentes ; et le tableau piquant, qu'a tracé M. Dionys Ordinaire, des motifs qui avaient déterminé le Gouvernement à rétablir des peines contre les usurpateurs de titres, n'est pas exempt de vérité : « L'Empire voulait simplement établir une distinction entre les bons faux nobles qui fréquentaient les Tuileries, et les mauvais faux nobles, qui boudaient et ne les fréquentaient pas. Il voulait rassurer les premiers et intimider les autres. C'était une édition nouvelle de la fameuse menace du coup d'État : « Que les « bons se rassurent et que les méchants tremblent [1]. »

---

(1) *Officiel* 1882, *Doc. parlem.*, Chambre, p. 1302. Rapport de M. Ordinaire sur la proposition Beauquier.

La loi de 1858 fut si loin d'amener les résultats qu'on en attendait, que plusieurs pétitions réclamèrent une répression plus sérieuse des usurpations de titres [1]. L'une d'elles motiva un remarquable rapport d'Amédée Thierry[2], qui, pour remédier aux abus signalés, proposa, soit de procéder à une vérification des titres en usage, pour arriver à la délivrance à chaque intéressé de lettres de confirmation, dont la production seule lui permettrait l'usage de son titre ; soit d'entreprendre la publication d'un vaste recueil, d'une sorte de nobiliaire dans lequel les officiers publics puiseraient des renseignements suffisants pour s'assurer du droit des parties aux titres qu'elles s'attribueraient.

La perspective d'une révision des titres mit en émoi tous ceux qui en faisaient indûment usage. Le nombre eût été si grand des personnes convaincues d'usurpation, qu'on songea à reconnaître expressément certaines possessions, irrégulières sans doute, mais qui n'étaient pas dénuées de tout prétexte. Nous avons déjà signalé une pétition tendant à confirmer, au profit de leurs possesseurs actuels, les titres qui n'avaient pas été rendus transmissibles par la formation d'un majorat [3]. Aucune décision ne fut prise à cet égard ; mais, en fait, l'on continua d'user de la plus grande tolérance envers les détenteurs de titres, dont l'usurpation n'était pas flagrante « sans erreur ni illusion possible ». Et personne, si on en croit M. Borel d'Hauterive, en présence des

---

(1) Voy. au *Moniteur* du 18 mai 1861, p. 542, une pétition en ce sens, qui fut repoussée par l'ordre du jour.

(2) Rapport sur l'usurpation des titres, présenté au Sénat le 4 juillet 1860. — Il contient un lumineux exposé des règles d'acquisition et de transmission des titres tant anciens que modernes.

(3) Voy. n° 99, note.

menaces de la loi de 1858, n'usa de la faculté de faire
vérifier son titre par le conseil du sceau, qui avait été
institué dans ce but.

149. — La loi de 1858 punit, à l'égal des usurpations
de titres, et par la même disposition, les changements,
altérations et modifications de noms opérés, en vue de
s'attribuer une distinction honorifique, c'est-à-dire les
usurpations de la particule dite nobiliaire. L'emploi de la
particule *de*, soit isolée, soit combinée avec l'article (*du*,
de, *la*, *des*), a seul été visé par la loi, et non l'emploi
abusif de l'article *le*, *la*, auquel on n'attache guère de
valeur nobiliaire. La simple adjonction de la particule à
un nom patronymique est punissable, comme l'addition à
un nom d'un surnom précédé de la particule. Tombe
également sous le coup de la loi le fait d'écrire en deux
mots un nom qui commence par la syllabe *de* [2]. Si un
mari ajoute à son nom celui de sa femme, et que ce nom
soit précédé de la particule, il est punissable. Ainsi a
décidé la cour de Paris dans une espèce où le nom de
la femme n'était pas précédé de la particule, mais
où le mari en avait isolé le *d* initial par une apostrophe [3].

Le fait que la loi de 1858 a entendu prohiber est facile
à déterminer : M. du Miral l'a précisé en des termes qui
ne laissent place à aucun doute : « Comme le titre, plus
que le titre même, la *particule* s'ajoute au nom ; elle le
décore dans nos mœurs presque à un égal degré, et fait
croire quelquefois davantage à l'ancienneté de l'origine. »
Mais le motif de cette prohibition est plus difficile à péné-
trer. Dirons-nous que la particule a été envisagée comme

---

(1) *Annuaire* de 1865, p. 344.
(2) Cass., 28 septembre 1863 : S., 66, 1. 230.
(3) Paris, 16 janvier 1862 : S., 63, 2, 45.

un indice de simple noblesse, comme l'accompagnement habituel des noms nobles ; et que son emploi abusif a été réprimé, à l'égal des usurpations de titres, pour maintenir le lustre de la noblesse ? Il est impossible de prêter cette idée aux législateurs de 1858 ? N'avaient-ils pas voulu marquer, en effaçant le mot *noblesse* du projet, que la noblesse, en tant que classe, n'existait plus aux yeux de la loi. Il n'est même pas possible d'établir une connexité quelconque entre la possession des titres et l'usage de la particule, puisque, en principe, les titres modernes précèdent les noms qu'ils décorent sans y être reliés par la particule. Il faut donc décider, et les termes mêmes du rapport de M. du Miral en fournissent la preuve ₁, que l'article 259 réprime simplement certains changements de noms en tant que tels, quand ils sont dictés par la vanité ; il tarit la source la plus féconde des changements de noms. Peu importent les changements inoffensifs ou utiles ; la loi proscrit ceux que rien n'excuse ni ne justifie.

Point de doute dès lors que la loi de 1858, dans sa double disposition, relative aux titres et aux noms, n'ait été inspirée par des considérations différentes. Elle réprime les usurpations de titres, parce qu'elles sont de nature à avilir une distinction que le chef de l'État se réserve de conférer ; elle réprime certains changements de noms, l'emploi abusif de la particule, non pas que la particule ait la valeur ou soit l'indice d'une distinction,

(1) « Si nous n'avons pas prévu distinctement l'usurpation du nom d'autrui, c'est que, sauf le cas où elle se confond avec d'autres délits, *elle n'a jamais lieu que par vanité*, et se trouve forcément atteinte par les termes du projet ». La pensée de M. du Miral est claire, bien qu'il l'exprime en termes inexacts : ce n'est pas de l'usurpation du nom d'autrui, mais de simple changement de nom, qu'il aurait dû parler.

mais parce que son abus constitue le changement de nom
le plus fréquent et le moins justifiable [1].

Il n'est pas inutile de fixer exactement le motif qui a fait
édicter des pénalités contre les usurpateurs de la particule. L'article 259 du Code pénal n'est applicable qu'à
ceux qui s'attribuent sans droit la particule; or, on a vu
des nobles d'ancien régime, ou des anoblis de date
récente, dont le nom n'était pas précédé de la particule,
prétendre, de nos jours, en faire un légitime emploi; ils
estimaient, se disant nobles, ne pas s'attribuer sans
droit une distinction honorifique. En cela ils commet-
taient une confusion manifeste. L'emploi de la particule
n'est pas prohibé comme constituant le signe, la marque
extérieure d'une distinction honorifique, qui serait la
noblesse: il est proscrit en lui-même, à raison du changement de nom qu'il entraîne. Si l'article 259 punit ceux-
là seulement qui, en usurpant la particule, veulent s'attribuer une distinction honorifique, ce n'est pas que la
loi reconnaisse à la particule une valeur intrinsèque,
analogue à celle des titres. Mais le vulgaire lui attribue
cette valeur; c'est par vanité qu'il la prend : or, ce sont
les changements de noms dictés par la vanité que l'article
259 du Code pénal entend réprimer [2]. Vainement celui
qui usurpe la particule prétendrait-il être investi d'une
noblesse que la loi ne connaît pas : ce qui est défendu, ce

(1) C'est donc à tort que M. du Miral déclarait à la Chambre « que la
pensée originaire du projet avait été complétement maintenue ». En fait, dans
sa rédaction nouvelle, la loi réprimait certains changements de noms; or,
cette matière était tout-à-fait étrangère au projet primitif. (Séance du 7 mai
1858, moniteur du 9).

(2) Ainsi donc l'article 259 punit à la fois l'usurpation des titres, comme
constituant l'abus d'une réelle distinction honorifique, et l'usurpation de la
particule, bien qu'elle constitue seulement l'abus d'une distinction factice et
imaginaire, à raison du changement de nom qu'elle entraîne.

n'est pas d'usurper la noblesse, dont la particule n'est d'ailleurs pas le signe ; c'est de changer de nom [1].

Quand donc peut-on dire qu'une personne use d'un droit, en modifiant son nom par l'addition de la particule? Quand la particule lui appartient, bien que ne figurant pas dans son acte de naissance : soit qu'elle ait été omise dans cet acte par suite d'une erreur de l'officier de l'état civil; soit qu'elle ait été delaissée par les ascendants de l'intéressé, pendant la période révolutionnaire. Toute personne a droit au nom de ses ancêtres, et ne saurait être réduite à l'emploi de celui sous lequel elle a été inscrite sur les registres de l'état civil: « L'ensemble du droit et de la vérité, a dit très justement M. du Miral, se puise dans l'ensemble des actes qui constituent la situation de la famille ». On a toujours le droit de reprendre le nom de sa famille [2].

Le changement de nom, pour être punissable, doit avoir été public. Rien à ajouter sur ce point aux observations présentées quant aux usurpations de titres.

Enfin, le changement de nom doit avoir eu lieu en vue de s'attribuer une distinction honorifique. L'emploi de la particule peut n'être pas dicté par la vanité. Quiconque prend accidentellement un nom de lieu, pour indiquer son adresse, ou se distinguer d'un homonyme, n'encourt pas une amende : tel le député qui ajoute à son nom celui de son département ou de la circonscription qu'il repré-

---

(1) « Il n'y a pas lieu de rechercher, a décidé la cour de cassation, si le demandeur est ou non fondé à se rattacher à une origine nobiliaire ; en effet, la disposition de la loi est généra'e ; elle ne distingue pas entre les personnes; l'altération du nom a lieu dès qu'elle est faite en vue de revêtir le signe d'une distinction honorifique. » (5 janvier 1861 : S., 61, 1, 202.)

(2) Mais, à l'inverse, si on a été inscrit sous un faux nom, et que ce nom soit décoré de la particule, on n'est jamais passible d'aucune pénalité pour en avoir fait usage.

sente. L'article 259 n'est pas non plus applicable au littérateur ou à l'artiste qui prend comme pseudonyme un nom décoré de la particule. L'usurpation punissable est celle qui tend à l'addition ou à la substitution d'un nom précédé de la particule à un nom patronymique. C'est ce qu'exprime en très bons termes un jugement du tribunal de la Seine, du 13 décembre 1860, condamnant un sieur Roger pour avoir usurpé le nom de « de Beauvoir » : « Attendu que M. Roger n'a pas pris le nom de Beauvoir seulement dans les rapports de sa vie littéraire, mais dans les rapports de sa vie civile et publique. »

150. — On voit dans quelles hypothèses étroites et à quelles conditions précises, les changements de noms sont aujourd'hui punissables[1]. C'est de la loi de 1858 qu'il faut faire dater l'abrogation de la loi de fructidor an II. Nous ne saurions trop insister sur cette conséquence nécessaire des dispositions du nouvel article 259, car, dans une brochure récente, un ancien magistrat la méconnaît en termes vraiment étranges : « Il est bon de remarquer que Merlin attribuait pleine vigueur au décret de fructidor, à une époque où la rédaction de l'article 259 du Code pénal était, *à peu de chose près*, ce qu'elle est aujourd'hui depuis 1858. L'opinion de ce jurisconsulte peut donc être invoquée à bon droit pour soutenir que la loi du 28 mai 1858, qui punit *l'usurpation des titres de noblesse*, est une disposition visant et réprimant une infraction spéciale, et qui n'a touché en rien au texte répressif du décret de fructidor[2]. »

(1) Rappelons, en passant, que l'emploi par une personne d'un prénom sous lequel elle n'est pas inscrite dans son acte de naissance, n'est jamais punissable.

(2) M. de Neyremand, *Nécessité de réprimer les changements de noms.*

Les menaces de la loi de 1858 furent mieux entendues des usurpateurs de la particule que des usurpateurs de titres. Beaucoup s'adressèrent aux tribunaux pour faire reconnaître et confirmer leur droit de porter la particule, et plusieurs fois les tribunaux couvrirent des usurpations récentes. Aussi M. Delangle, garde des sceaux, dut-il rappeler aux procureurs généraux, par une circulaire du 22 novembre 1859, les limites exactes de la compétence des tribunaux civils, et déterminer les hypothèses où les intéressés devaient faire régulariser, par une autorisation gouvernementale, l'emploi qu'ils faisaient de la particule. Ces autorisations d'ailleurs, qu'il s'agît de la concession de la particule isolée, ou de celle d'un nom précédé de la particule, étaient si facilement accordées, qu'une pétition fut adressée au Sénat, en 1861, pour y mettre un terme [1].

151. — La loi des 27 septembre-16 octobre 1791, et la loi du 6 fructidor an II prévenaient l'emploi des titres et les changements de noms, en défendant aux officiers publics de donner aux parties dans les actes les qualifications abolies, ou de les désigner sous des noms qui ne leur appartenaient pas. Les contrevenants encouraient de sévères pénalités [2]. Ces pénalités ne sont plus applicables. La loi de 1791, d'abord, réprimait l'emploi des titres abolis; ses dispositions ne sauraient être étendues à l'hypothèse très différente d'usurpation des titres. S'il était facile aux officiers publics de refuser aux parties dans les actes toutes qualifications nobiliaires, lorsqu'elles étaient abolies, ils ne peuvent, à leurs risques et périls, se faire juges des prétentions des parties aux titres aujourd'hui

---

(1) *Moniteur* du 14 juin 1861, p. 879.
(2) Loi de 1791, articles 4, 5 et 6. Loi de fructidor an II, art. 4 et 5.

rétablis. Les articles 4 et 5 de la loi de fructidor sont également abrogés. Il serait du reste excessif que les fonctionnaires publics fussent exposés à de plus graves pénalités que ceux qui changent de noms, et restassent même punissables dans des hypothèses où le changement de nom n'est plus atteint par la loi pénale.

Toutefois, qu'il s'agisse d'usurpations de titres ou de changements de noms (dans le cas où ils sont réprimés), les officiers publics qui les favorisent peuvent être punis comme complices.

152. — N'allons pas croire que les changements de noms soient licites dans tous les cas où ils ne tombent pas sous le coup de la loi pénale. Ils demeurent illégaux, et, bien que ne constituant pas des infractions, ils ne sauraient conduire à l'acquisition des noms usurpés [1]. Quand M. du Miral déclarait qu'il n'était pas possible de proscrire des changements inoffensifs, utiles, et spécialement l'emploi des surnoms destinés, dans les cités industrielles ou commerciales, à distinguer les membres d'une même famille, il n'entendait pas que ces surnoms s'incorporassent au nom. Leur usage est seulement toléré dans la pratique des affaires ; mais on ne peut les transmettre à ses enfants, ni les faire figurer dans les actes de la vie civile. A défaut de la sanction d'une loi répressive, leur emploi peut rencontrer les autres obstacles qui entravent les changements de noms, et qu'il nous reste à étudier.

---

(1) Cela en vertu de la loi du 11 germinal an XI. — L'usage d'un faux nom peut constituer une infraction distincte du simple changement de nom, tantôt le crime de faux, tantôt le délit d'escroquerie. Nous occupant de la propriété du nom, nous n'avons à parler ici que des changements de noms permanents et durables, susceptibles de conduire, par une possession prolongée, à la substitution du nom usurpé au nom patronymique de l'usurpateur. Nous pouvons donc ne pas nous arrêter aux pénalités qu'encourent le faussaire et l'escroc.

153. — Un projet de loi, dû à l'initiative de M. Beauquier, tendit à effacer de l'article 259 les pénalités édictées contre les usurpateurs de titres et de noms d'allure
nobiliaire ; le texte de l'article 259 devait être ramené à la
rédaction qu'il avait reçue en 1832 [1]. Ce projet fut l'objet
d'un rapport favorable ; la commission, par l'organe de
M. Dionys Ordinaire, conclut à son admission, tout en
reconnaissant « que cette réforme, d'ailleurs peu impa-
« tiemment attendue, ne remédiait à un mal ni bien grave
« ni bien urgent [2] ». C'était montrer trop peu d'enthou-
siasme. Aussi, pour triompher de l'indifférence de la Chambre, M. Beauquier, qui s'était défendu en 1882 de vouloir interdire l'usage des titres sous une sanction pénale, a
déposé le 26 novembre 1885 un nouveau projet aux termes duquel :

Article 1er. « Les titres nobiliaires sont et demeurent abolis. Le décret de 1858 (?) est abrogé. Est également abrogé l'article 259 du Code pénal. » L'article 259 tout entier?
C'est à croire que M. Beauquier ne l'a jamais lu.

Article 2. « Sera puni d'une amende de 500 à 10,000
francs quiconque, dans un acte public ou officiel, aura pris
un titre nobiliaire, ainsi que tout fonctionnaire ou officier
public qui aurait fait usage d'une semblable qualification. » *Qui aurait fait usage...*, c'est-à-dire, sans doute :
qui l'aurait donnée aux parties. Ce projet n'a pas encore
eu les honneurs d'une discussion publique. Nous aimons
à croire que les termes, tout au moins, n'en seraient pas
conservés [3].

(1) *Officiel* 1882. *Doc. parl.*, Chambre, p. 456.
(2) *Ibid.*, p. 1302.
(3) Si les dispositions de l'article 259, relatives aux usurpations de titres
et aux changements de noms, ne sont pas abrogées, elles ne sont plus guère
appliquées ; le ministère public n'exerce jamais d'office l'action répressive de

SECTION II

DE L'OPPOSITION DES INTÉRESSÉS AUX CHANGEMENTS DE NOMS ET AUX USURPATIONS DE TITRES.

154. — Les légitimes possesseurs d'un nom, qui sont maîtres de s'opposer à la concession de ce nom à un tiers, peuvent, à plus forte raison, mettre obstacle à l'usurpation dont il serait l'objet. Nous avons vu qu'il ne suffit pas d'être propriétaire d'un nom pour obtenir le retrait d'un décret qui le concède à un tiers; il faut, pour réussir dans son opposition, justifier d'intérêts suffisants pour contrebalancer les intérêts allégués par l'impétrant. Celui, au contraire, qui change de nom de sa propre autorité, contrevient à la loi; les tribunaux n'ont pas à apprécier les motifs qui l'ont poussé à s'approprier le nom d'autrui; il leur suffit de constater l'illégalité du changement accompli. L'action dirigée contre l'usurpateur d'un nom réussit donc, sans que le demandeur ait à justifier d'autre chose que de son droit au nom usurpé [1].

l'article 259. Mais, quand le nom ou le titre indûment portés sont usurpés au préjudice d'un tiers, ce tiers peut mettre lui-même l'action en mouvement. Voy. Dijon, 13 juillet 1881 (Sirey, 1884, 2, 3) : « La partie lésée par une usurpation peut, comme le ministère public, saisir le tribunal correctionnel par voie de citation directe. »

(1) Cette justification est suffisante, mais elle est nécessaire : M. Aubertot, propriétaire du domaine de Coulanges, ayant voulu faire interdire à son frère l'usage du nom de Coulanges, échoua dans son action. Ce n'était pas, en effet, qu'il prétendît au nom que son frère portait indûment; mais il voulait seulement éviter à sa famille le ridicule dont cette usurpation la couvrait (Trib. de la Seine, 2 mars 1860, et Cour de Paris, 10 décembre 1861).

Ainsi en ont maintes fois jugé les tribunaux : la Cour de Bordeaux, dans un arrêt du 4 juin 1862 (S., 63, 2, 6) : « Quant au défaut d'intérêt reproché au demandeur : *Attendu que son intérêt dans le procès actuel s'identifie avec sa qualité ;* que, par cela même qu'il porte le nom de C..., il est éminemment intéressé à le maintenir dans son intégrité. » Et le tribunal de Pontoise, dont la décision a été maintenue en appel et en cassation : « *Les demandeurs ne sont pas tenus de justifier de l'intérêt qu'ils peuvent ou croient avoir à former leur action ;* ils sont seulement tenus de déclarer qu'ils n'entendent pas qu'une autre famille porte le nom qui leur appartient [1]. »

Il est bien évident d'ailleurs que celui auquel n'appartient pas le nom usurpé n'en peut poursuivre l'usurpateur. Vainement croirait-il, en sollicitant l'autorisation de porter ce nom, se créer un intérêt suffisant pour rendre son action recevable [2].

155. — Les personnes qui peuvent mettre obstacle aux usurpations de noms commises à leur préjudice, sont d'ailleurs les mêmes que nous avons admises à faire opposition au décret autorisant un changement de nom. Ce droit a notamment été reconnu aux femmes mariées : elles sont reçues à empêcher les usurpations de leur nom de famille, dont elles ont cependant cessé de faire usage (Voy. Cass., 14 mars 1841 : S., 41, 1, 532). Dans cette espèce, pour accorder action à une femme mariée, la Cour de la Martinique s'était contentée d'af-

---

(1) Cass., 14 mars 1865 : S., 66, 1, 435.

(2) « L'intérêt que le premier venu pourrait ainsi se créer, n'est ni un titre, ni un intérêt suffisant. » (Aix, 10 juin 1869 : D., 70, 2, 42 ; Cass., 20 avril 1868 : S., 68, 1, 194). Il est vrai que, l'autorisation de changer de nom une fois obtenue, l'impétrant sera encore à temps pour poursuivre les usurpateurs du nom qui lui aura été conféré.

firmer que les femmes mariées conservaient leur nom patronymique : « Si elles voient substituer le nom de leur mari à celui de leur famille, cela n'a lieu que pour les actes de la vie commune. » Dans cette manière de voir, l'exercice de l'action n'a rien d'anormal : c'est la propriété du nom qui est garantie. La cour de cassation, tout en confirmant l'arrêt de la cour de la Martinique, déclara au contraire que « les femmes, en entrant par le mariage dans une famille étrangère, cessent de porter le nom de leur père » ; si elle accorda néanmoins le droit d'action, c'est parce que « ce nom, les souvenirs d'estime et d'honneur qui peuvent y être attachés, sont un bien qui fait partie de leur patrimoine ».

Ces deux points de vue conduisent à des résultats pratiques un peu différents. Si c'est comme propriétaire du nom de sa famille qu'une femme mariée peut poursuivre les usurpateurs de ce nom, son droit d'action s'arrête à elle, et ne passe pas à ses descendants. Est-ce l'honneur de sa famille qu'on lui permet de sauvegarder, ses enfants doivent également être autorisés à mettre obstacle à la diffusion du nom de leur famille maternelle. Il y a là toutefois, à y regarder de près, deux idées plus voisines qu'on ne pense. Le nom n'a par lui-même aucune valeur ; et celui qui préserve son nom des usurpations conserve uniquement « les souvenirs d'estime et d'honneur qui s'y rattachent. » Les descendants par les femmes doivent donc, au même titre que ces dernières, être admis à défendre le nom de leur famille maternelle. Tel est le principe ; mais, en fait, les descendants par les femmes ne sont reçus à poursuivre les usurpateurs du nom de leurs ascendantes que dans les familles où se perpétue le souvenir d'alliances illustres. C'est à la même condition que des descendants par les femmes sont recevables à faire opposition au décret qui concède à des tiers le nom d'une de leurs ascendantes[1] .

Nous acquérons donc une nouvelle preuve de ce que nous avons maintes fois affirmé : la propriété des noms n'est qu'un mot ; c'est le patrimoine moral des familles que sauvegardent les actions destinées à réprimer les usurpations de noms. La preuve en est qu'elles sont parfois ouvertes à des personnes auxquelles le nom usurpé n'appartient pas.

156.—Les étrangers sont admis en France à s'opposer à l'usurpation de leurs noms. La cour de Paris a décidé que c'était « d'après les principes du droit des gens que devait être régie toute contestation relative à la possession du nom », et qu'il ne s'agissait pas là de l'exercice d'un droit civil [2].

157. — Quelle est exactement l'action par laquelle le légitime possesseur d'un nom en poursuit les usurpateurs ? Il faut distinguer plusieurs hypothèses :

Quand un individu, déposant le nom que lui assigne son acte de naissance, s'affuble du nom d'autrui, les tiers intéressés demandent que l'usage de leur nom soit

(1) Telle semble bien être l'opinion de la jurisprudence. Ce sont des descendants par les femmes des Quelen de la Vauguyon (les duc et prince de Bauffremont et le prince de Carignan), qui disputèrent le nom de la Vauguyon au fils naturel du dernier duc de ce nom : la recevabilité de leur action ne fut point mise en doute (Arrêt de Paris du 7 août 1884). Au nombre des personnes qui firent opposition au décret conférant au comte de Talleyrand le nom de duc de Montmorency, figuraient des descendants par les femmes des Montmorency. Si la cour de cassation (15 janv. 1861 : S., 61. 1. 273) refusa au sieur de Laroche de Lacarelle le droit de s'opposer à l'emploi par un sieur Durieu du nom de Lacarelle, qui n'appartenait qu'à la mère du demandeur, c'est parce qu'il n'avait excipé qu'en cassation, trop tardivement par conséquent, du droit de sa mère à ce nom. La mère du sieur de Laroche réussit dans l'action où son fils avait échoué (Cass., 10 mars 1862 : S., 62, 1, 593)

(2) 28 juin 1859 : S., 62, 1, 25.

interdit à l'usurpateur, en concluant à la fixation de dommages-intérêts qui seront dorénavant encourus par chaque infraction constatée : sans quoi l'interdiction serait illusoire. Il faut d'ailleurs que l'usurpation soit saisissable; que le nom ait été pris dans des circonstances où son emploi puisse être entravé : nous avons indiqué ces hypothèses, en faisant connaître à quelles conditions une femme pouvait se voir interdire le nom de son mari [1]. Quand l'usurpation est commise dans un acte notarié ou un acte de l'état civil, l'action en suppression se complique d'une demande en rectification [2]. Outre l'action en suppression de nom, les intéressés peuvent intenter contre l'usurpateur une action en dommages-intérêts, par application de l'article 1382 du Code civil [3]. Ces deux actions échoueront d'ailleurs si le défendeur établit que son acte de naissance lui attribuait un nom inexact, et qu'il n'a fait que reprendre le véritable nom de sa famille [4].

Supposons au contraire qu'une personne fasse usage d'un nom qui n'appartient pas à sa famille, mais sous lequel elle a été inscrite dans son acte de naissance. Nous sa-

---

(1) Voy. n° 113.

(2) Le demandeur conclut à ce que le jugement soit transcrit sur les registres de l'état civil et mentionné en marge de l'acte où le nom a été pris indûment. Mais la demande ne s'introduit pas en la forme spéciale de l'action en rectification (Voy. affaire Rochechouart-Mortemart contre Mortemard de Boisse, Paris, 30 mai 1870 : D., 79, 2, 137).

(3) « Le fait d'abréger un nom composé de plusieurs mots, de façon à établir une confusion entre son nom et celui d'une autre famille, peut donner lieu à des dommages-intérêts. » (Rennes, 20 avril 1830 : S., 1831, 2, 30) Dans l'espèce, il n'y avait pas précisément usurpation de nom, mais modification de nom susceptible de produire entre deux familles une confusion fâcheuse : c'en était assez pour que des dommages-intérêts fussent alloués. Sous l'usurpation du nom, il faut voir en effet l'usurpation de la personnalité.

(4) Cass., 29 juin 1825 : S. 26, 1, 405.

19

vons que l'emploi de ce nom n'expose à aucune pénalité celui auquel il a été attribué : il ne le rend passible non plus de dommages-intérêts. L'action en suppression de nom est seule ouverte contre celui qui a reçu dans son acte de naissance un nom inexact : elle revêtira, suivant les circonstances, la forme de l'action en rectification d'état civil ou celle de l'action en contestation d'état [1].

On verra plus loin que, par suite du principe de l'imprescriptibilité du nom, on est toujours libre de reprendre le véritable nom de sa famille, depuis si longtemps qu'il ait été délaissé ; l'imprescriptibilité du nom entraîne cette autre conséquence, qu'on est toujours maître d'interdire à un tiers l'usage d'un nom usurpé, depuis si longtemps qu'il figure dans les actes de l'état civil de sa famille. Ce sont là deux corollaires d'un même principe, qui ne peuvent être séparés [2].

L'usurpateur poursuivi peut alléguer que le demandeur à l'action en suppression de nom est irrecevable en ses prétentions, vu qu'il n'a pas droit lui-même au nom litigieux [3] ; il peut même former une demande reconventionnelle, et conclure à ce qu'il soit fait défense au demandeur à l'action principale de faire usage de ce nom. Le tribunal est juge des droits respectifs des parties ; mais, s'il ne reconnaît ni à l'une ni à l'autre la propriété du nom litigieux, il n'en peut interdire l'emploi à l'une ni à l'autre : car, aucun des plaideurs n'ayant qualité pour contes-

---

(1) Ch. Req., 22 février 1841 : S., 41, 1, 532. Voy. 3e Partie, *De la preuve des noms et des titres*, la théorie de l'action en rectification et de l'action d'état, intentées soit par celui qui veut faire reconnaître et déclarer son droit à un certain nom, soit par les intéressés qui veulent contraindre un tiers à déposer un nom dont ils prétendent se réserver l'usage exclusif.

(2) Voy. nos 179, 180.

(3) Cass., 15 janv. 1861 : S., 61, 1, 273.

ter à l'autre l'usage de ce nom, aucun d'eux ne saurait se voir adjuger le bénéfice de ses conclusions. Mais, en pareil cas, comme nous le verrons plus loin, le ministère public prend des conclusions tendant à interdire aux deux parties le nom dont elles font indûment emploi.

158. — L'usurpation des titres nobiliaires est, de la part des tiers intéressés, l'occasion des mêmes poursuites que l'envahissement des noms. Quand nous parlons d'usurpation des titres, nous devrions dire plutôt usurpation des noms titrés : un comte authentique n'a pas d'action contre tous les aventuriers qui se parent de son titre [1] ; il peut poursuivre seulement ceux qui lui empruntent à la fois et son nom et son titre, comme aussi ceux de ses homonymes ou des membres de sa famille auxquels il suffit d'usurper son titre pour porter un nom titré identique au sien. Un usage absolument irrégulier, mais trop répandu dans les plus illustres maisons, consiste à transporter en tête du nom patronymique d'une famille un titre qui appartient à une branche cadette, et qu'elle devrait porter accolé à un nom additionnel. Le chef du nom et des armes, à qui seul appartient de porter décoré d'un titre le nom patronymique de la famille, pourrait faire cesser cet abus. C'est à tort que les ducs d'Estissac, de Doudeauville, de Bisaccia, sont quelquefois désignés sous le titre de duc de la Rochefoucauld : les dénominations de duc de la Rochefoucauld-Doudeauville, duc de la Rochefoucauld d'Estissac, ne sont même pas correctes.

---

(1) Voy. Trib. de la Seine, 19 juin 1878: D., 79, 2, 137 : « Les titres considérés *in abstracto* ne sauraient être l'objet d'une contestation basée sur l'intérêt privé ; mais, envisagés dans leurs relations avec le nom auquel ils se rattachent, les titres font corps avec le nom ; le droit de les porter peut donc être contesté par voie d'action civile, comme le nom lui-même. »

159. — Enfin l'emploi d'un prénom, quand il a lieu sans droit, et qu'il enrésulte, par l'adjonction de ce prénom à un nom, une confusion préjudiciable à autrui, peut être prohibé et entraîner condamnation à des dommages-intérêts. Mais l'usurpation d'un prénom pris isolément ne donne ouverture à aucune action.

SECTION III

DU DROIT DU MINISTÈRE PUBLIC DE POURSUIVRE LA SUPPRESSION DES NOMS ET DES TITRES USURPÉS.

160. — L'action ouverte aux légitimes possesseurs d'un nom, pour en faire cesser l'usurpation, est d'une application plus large que l'action pénale organisée par la loi de 1858. Elle est cependant insuffisante toutes les fois que les intéressés négligent de s'en prévaloir; elle ne peut même pas être exercée, quand le nom usurpé n'appartient à personne. Lorsque le changement de nom ne porte pas atteinte à des intérêts privés, ou que les intéressés restent dans l'inaction, le ministère public peut-il, au nom de la société, intenter contre les porteurs d'un faux nom une action civile en suppression de nom, action singulièrement pratique, quand le changement de nom n'est pas de ceux que réprime l'article 259 du Code pénal? Si ce droit d'action existe, sur quoi se fonde-t-il, et dans quels cas est-il ouvert?

La loi du 16 août 1790 (titre VIII, art. 2) réduisait le ministère public au rôle de partie jointe, et ne lui permettait en aucun cas d'en sortir. Cette loi ne fut expressément abrogée qu'en 1810; mais, longtemps auparavant, l'idée qui en avait inspiré les dispositions était totalement abandonnée. En 1790, on avait donné au représentant du ministère public le rôle d'un magistrat impartial et désintéressé ; sous le Consulat et l'Empire, on en fit un agent du pouvoir. Non seulement des lois spéciales l'investirent du droit d'agir d'office dans des circonstances déterminées ; mais le Gouvernement, dans le silence même des textes, lui reconnut le même droit dans tous les cas où l'ordre public était intéressé. « L'article 2, titre VIII, de la loi de 1790, nous dit M. Alglave [1], paraissait implicitement abrogé aux yeux du Gouvernement, sans doute par le seul fait de l'installation du régime nouveau, et des modifications qu'il avait apportées dans l'organisation judiciaire. » Ainsi s'expliquent des avis du conseil d'État et des arrêtés, rendus de 1800 à 1810, qui supposent chez le ministère public un droit d'agir d'office qu'ils ne pouvaient lui conférer.

L'action d'office du ministère public est consacrée en termes généraux par la loi du 20 avril 1810, article 46 :

« En matière civile, le ministère public agit d'office dans les cas spécifiés par la loi.

« Il surveille l'exécution des lois, des arrêts et des jugements ; il poursuit d'office cette exécution dans les dispositions qui intéressent l'ordre public. »

« L'article 46-2° de la loi de 1810 n'était autre chose, nous dit M. Alglave, que la consécration d'une pensée déjà ancienne, qui s'était réalisée partiellement jusque-là dans des cas spéciaux [2]. »

161. — Les deux dispositions de l'article 46 ont été invoquées pour attribuer au ministère public le droit de pour-

---

(1) *L'action du Ministère public*, p. 362. — Cf. M. Dupin, *Requisitoire*, Dalloz. 1862, 1, 5.

(2) *Ibid.* p. 367.

suivre d'office, au civil, la suppression des noms (ou des titres) indûment portés. Ce droit, d'ailleurs, a une étendue différente, suivant qu'on le fonde sur le premier alinéa de l'article 46, ou sur le second.

Et d'abord, on a cru découvrir dans un avis du Conseil d'État du 12 brumaire an XI un texte conférant expressément au ministère public le droit d'agir d'office en matière d'actes de l'état civil (application de l'article 46-1° précité). A la question de savoir s'il ne conviendrait que les commissaires du Gouvernement près les tribunaux intervinssent pour requérir les jugements destinés *à tenir lieu des actes qui n'auraient pas été rédigés dans les délais voulus*, le Conseil d'État répondit : « Il est plus convenable de laisser aux parties, intéressées à faire réparer l'omission des actes de l'état civil, le soin de provoquer le jugement, *sauf le droit qu'ont incontestablement les commissaires du gouvernement d'agir d'office, en cette matière, dans les circonstances qui intéressent l'ordre public* [1]. »

C'est de ces derniers mots qu'on a conclu à l'existence du droit, pour le ministère public, de poursuivre la rectification *des actes de l'état civil* dans lesquels les parties auraient été inscrites sous des noms inexacts. Dès lors, et si l'on fonde sur l'avis du Conseil d'État, sur une disposition formelle de la loi (par application de l'article 46-1° de la loi de 1810), l'action du ministère public, elle revêt nécessairement la forme de l'action en rectification des actes de l'état civil; elle ne peut pas être dirigée contre quiconque fait usage d'un faux nom ; et, par une bizarrerie inexplicable, celui qui délaisse le nom que lui assigne son acte de naissance, n'est pas menacé de l'ac-

---

(1) Voy. Jugement du tribunal de Colmar du 25 juillet 1828 : D. 29, 2, 33.

tion à laquelle est exposé celui qui se borne à user d'un faux nom que son état civil lui attribue.

Comment cependant, du droit reconnu au ministère public de provoquer des jugements destinés à tenir lieu des actes de l'état civil qui n'ont pas été rédigés, a-t-on pu conclure à l'existence d'une action d'office tendant à la rectification des actes de l'état civil inexactement dressés ? La pratique n'a fait qu'accepter l'interprétation extensive qu'a donnée de notre texte un décret du 18 juin 1811 : l'article 122 de ce décret règle comment sont taxés et recouvrés les frais avancés par l'enregistrement, dans tous les cas où le ministère public poursuit d'office la *rectification des actes de l'état civil*, conformément à l'avis du 12 brumaire an XI. Aussi la cour de cassation a-t-elle déclaré « qu'on ne saurait restreindre l'exercice de l'action conférée au ministère public par l'avis de brumaire an XI à la seule hypothèse d'actes omis à rétablir sur les registres ; qu'en effet, la disposition finale de cet avis proclame, en termes généraux, comme incontestable, le droit du ministère public d'agir d'office, en cette matière, dans les circonstances qui intéressent l'ordre public [1] ». Il est cependant bien vraisemblable, à lire l'avis de brumaire, que les mots « en cette matière » avaient trait à l'hypothèse d'omissions commises dans la tenue des registres de l'état civil, plutôt qu'à la rédaction des actes de l'état civil en général.

Mais voyons de plus près quelle est la portée de l'avis de brumaire : il ne confère pas, en termes généraux, au ministère public le moyen d'assurer la bonne tenue des registres de l'état civil ; mais il rappelle ou consacre le droit qu'ont les commissaires du Gouvernement d'agir

---

(1) 22 janvier 1862 : D., 62, 1, 5.

d'office, en matière d'actes de l'état civil, — ou d'omission d'actes de l'état civil, — *dans les circonstances qui intéressent l'ordre public*. L'avis de brumaire an XI présente donc une particularité remarquable : il consacre par une disposition formelle le droit d'action du ministère public en matière d'actes de l'état civil, fournissant ainsi, par anticipation, une des applications de l'article 46-1° de la loi de 1810 ; mais, en même temps, il subordonne la recevabilité de cette action à l'intérêt de l'ordre public, à une circonstance qui, à elle seule, suffit à motiver l'action du ministère public, par application de l'article 46-2°. Dès lors, l'action d'office ne peut être exercée, en vertu de la disposition expresse de l'avis de brumaire, que dans les cas où elle est déjà ouverte en vertu de la disposition générale de l'article 46-2°.

Pourquoi, pendant longtemps, la jurisprudence a-t-elle fondé l'action du ministère public sur l'avis de brumaire, par application de l'article 46-1°, plutôt que sur l'article 46-2° ? C'est que ces deux dispositions d'un même texte lui parurent d'abord contradictoires ; il lui semblait inadmissible qu'un droit d'action fût ouvert dans des circonstances limitativement déterminées, et dans tous les cas où l'ordre public est intéressé. La teneur restrictive du premier alinéa de l'article 46 passant pour inconciliable avec la formule générale du deuxième alinéa, cette dernière disposition était déclarée sans portée [1].

162. — Ainsi donc, pour baser sur une disposition expresse l'action d'office en rectification, les tribunaux n'en devaient pas moins rechercher si l'ordre public était inté-

---

(1) Cass., 21 nov. 1860 : S., 61. 1, 33, et le rapport de M. d'Ubexi. — Cf. M. Alglave (*Action du ministère public*) qui décrit les variations que subit la jurisprudence dans l'interprétation de l'article 46, de 1810 à 1860.

ressé à la rectification [1]. Des termes mêmes de l'avis de brumaire il résulte que, en matière d'actes de l'état civil, il est certaines règles d'ordre public, dont la violation motive l'action d'office ; mais que toute irrégularité quelconque dans la tenue des registres ne donne pas ouverture à cette action. Or, de l'aveu de la majorité des auteurs, si l'ordre public est intéressé à la rédaction régulière des actes de l'état civil, cet intérêt général ne suffit pas pour que le ministère public puisse faire redresser un acte défectueux : il faut un intérêt plus précis, plus impérieux ; il faut par exemple, dit M. Demante [2], qu'il s'agisse de rétablir le sexe d'un enfant, sexe qui a été dissimulé pour soustraire cet enfant aux obligations du service militaire [3].

Mais l'ordre public est intéressé à la fixité des noms patronymiques. Cet intérêt, distinct de l'intérêt général qu'a la société à la bonne tenue des registres de l'état civil, est-il suffisant pour donner ouverture à l'action d'office, quand l'irrégularité consiste dans l'énonciation d'un faux nom ou l'usurpation d'un titre ?

Jusqu'en 1858, et tant que les changements de noms restèrent impunis, on ne songea guère à prétendre qu'ils portaient atteinte à l'ordre public et motivaient l'action d'office en suppression de nom. On rencontre cependant de rares décisions judiciaires qui rectifient, à la requête du ministère public, des actes où s'étaient glissés des

---

(1) « Le législateur spécifie en une seule fois, dans l'avis de brumaire, toutes les circonstances intéressant l'ordre public en matière d'omission d'actes de l'état civil ; et il faut examiner ensuite, sur chaque espèce particulière, si l'ordre public est bien réellement intéressé. » Alglave, *loc. cit.*, p. 11.

(2) *Cours de droit civil*, Tome I, p. 21.

(3) Voy. différents documents législatifs qui consacrent expressément l'action d'office en rectification dans des cas particuliers : Circulaires du 22 brumaire an XIV et du 27 nov. 1817 ; décret du 18 juin 1811, art. 122 ; circul. du 6 brumaire an XI et loi du 25 mars 1817, art. 75 ; loi du 10 juillet 1850 (article 76, § 10, C. civ.).

noms inexacts, et notamment un arrêt de la cour de Paris du 26 juin 1824, qui semble même fonder sur l'article 46·2° le droit d'action du ministère public. Mais cette décision fut cassée, et, pendant vingt ans, le second alinéa de l'article 46 ne reçut plus aucune application [1].

Des peines une fois édictées contre les changements de noms et les usurpations de titres, les tribunaux déclarent avec raison que l'ordre public n'est point indifférent à des faits qui tombent sous le coup de la loi pénale [2]. Mais, si l'ordre public n'est intéressé à la conservation des noms patronymiques que dans les hypothèses où l'article 259 du Code pénal en réprime le changement, on arrive à cette conclusion que l'action civile en rectification ne s'ouvre au ministère public que dans les hypothèses où l'action pénale est à sa disposition. Telle semble bien être l'opinion de M. Batbie [3]. Et de fait, si l'on consulte les arrêts rendus sous le second Empire, on constate que c'est seulement contre les usurpations de titres et de la particule qu'a été dirigée l'action d'office en rectification. A la vérité, elle ne fait absolument pas double emploi avec l'action répressive. Elle est intentée avec succès dans les hypothèses où la bonne foi du prévenu ferait échouer la poursuite pénale. En outre, un individu auquel son acte de naissance attribue un faux nom, et qui n'encourt, en le portant, aucune pénalité, peut être contraint par l'action civile à reprendre le vrai nom de sa famille.

(1) Req., 3 avril 1826 : S., 26, 1, 357. Voy. arrêt de Paris : « Attendu que les questions de propriété de nom sont d'ordre public... La Cour, statuant sur les conclusions du ministère public, fait défense aux parties de prendre et porter le nom d'Auvergne ; ordonne que ce nom sera rayé des actes où il avait été introduit. » — Cf. Bourges, 12 février 1820 : Dal .*Jur. Gén.*, Actes de l'état civil, n° 437.

(2) Metz, 31 juillet 1860 : D., 60, 2, 599.

(3) *Droit public et admin.*, tome II, p. 29-38.

Mais l'action d'office en rectification est bien plus largement ouverte dans une opinion suivant laquelle tout changement quelconque de nom, étant accompli au mépris de la loi de germinal, trouble l'ordre public, même quand il n'est pas punissable. Dans cette opinion, le ministère public pouvait faire rectifier tout acte de l'état civil où était pris un nom inexact, avant même que la loi de 1858 eût été portée ; et, si cette loi était abrogée, la loi de germinal an XI, prohibitive des changements de noms, suffirait encore à motiver l'action d'office en rectification. Nous avons quelque peine à nous ranger à ce système. Sans doute, à l'époque où la loi de germinal fixa les conditions des changements de noms, tout changement effectué sans autorisation tombait sous le coup de la loi pénale : l'intérêt général était alors à la base de la prohibition des changements de noms. Depuis lors, l'harmonie qu'avaient établie en cette matière les règles concordantes de la loi de fructidor an II et de la loi de germinal, s'est trouvée rompue : la loi de fructidor est tombée en désuétude, puis a été abrogée. La stabilité des noms n'est plus assurée que par l'action des particuliers lésés par les mutations irrégulières. On peut donc dire qu'aujourd'hui, comme au début de l'ancien droit, les changements de noms sont surtout prohibés dans l'intérêt des particuliers. Comment dès lors admettre qu'il soit nécessaire d'armer le ministère public contre des changements de noms que la loi répressive épargne, et que M. du Miral, rapporteur de loi de 1858, déclarait inoffensifs, utiles, et fréquemment involontaires ?

163. — En même temps que la loi de 1858 fournissait aux tribunaux une raison décisive d'admettre l'action en rectification du ministère public, en présence de certains changements de noms, la jurisprudence abandonnait l'in-

terprétation, qu'elle avait jusque-là défendue, de l'article
46 de la loi de 1810. Après n'avoir consacré l'action d'office du ministère public que dans les cas spécifiés par la
loi (46-1°), elle reconnut à la seconde disposition de l'article 46 une portée spéciale. Le droit d'action du ministère
public fut déclaré ouvert dans tous les cas spécifiés par la
loi, et dans tous les cas où l'ordre public était intéressé.

La théorie de l'article 46 ainsi transformée, et étant admis que les changements de noms lèsent l'ordre public,
on aperçoit combien l'action d'office du ministère public,
fondée sur l'article 46-2°, va être plus largement ouverte
que quand elle était basée sur l'article 46-1° et l'avis de
brumaire an XI. En vertu de l'avis de brumaire, elle ne
pouvait s'exercer que sous forme d'action en rectification
des actes de l'état civil ; en vertu de l'article 46-2°, l'action en suppression de nom sera dirigée contre tous changements de noms, où qu'ils se produisent. Le ministère
public pourra faire rectifier tous les actes, autres que
ceux de l'état civil, les actes notariés notamment, où un
nom aurait été indûment pris ; faire effacer ce nom des
affiches, des enseignes, etc., où il pourrait figurer [1].

Ne croyons pas d'ailleurs que la transformation de la
jurisprudence sur le sens et la valeur de l'article 46-2°,
et l'admission de l'idée que les changements de noms
lèsent l'ordre public, aient été le résultat de deux mouve-
ments parallèles et indépendants. Une fois reconnu l'intérêt de la société à faire cesser les changements de noms,
l'action du ministère public, qu'on fondait sur l'article 46-1°
et l'avis de brumaire, parut trop étroite, et les cours d'appel, bientôt suivies par la cour de cassation, lui donnè-

---

(1) Ayant admis que les changements de noms réprimés par la loi pénale
lèsent seuls l'ordre public, c'est contre ces changements seuls que nous don-
nerons l'action d'office fondée sur l'article 46-2°.

rent une base plus large. C'est la loi de 1858 qui fut, pour la Jurisprudence, l'occasion de reconnaître une portée pratique à l'article 46-2° : la question du nom fut le point de départ d'une transformation de la théorie de l'action d'office. La preuve en est qu'avant 1860, la Cour de cassation n'avait encore reconnu qu'une seule fois l'action du ministère public, sans qu'un texte formel la consacrât : par arrêt du 21 mai 1856, elle l'avait admis à faire opposition aux mariages dont la célébration eût porté atteinte à l'ordre public. Encore ce droit d'opposition était-il une extension du droit qu'avait le ministre public de faire annuler le mariage une fois célébré, plutôt qu'une application de la seconde disposition de l'article 46.

164. — Nous citerons en terminant les principaux arrêts, rendus de 1858 à 1870, qui ont édifié la théorie dont nous venons de retracer l'évolution.

Quelques cours et tribunaux, après qu'eût été portée la loi du 28 mai 1858, restèrent attachés à l'opinion qui fondait sur l'article 46-1° de la loi de 1810 le droit d'action du ministère public[1].

Mais la grande majorité des cours d'appel, basant désormais l'action du ministère public sur l'intérêt de la société, l'admirent à poursuivre la suppression des noms ou titres indûment pris dans un acte quelconque. C'est ainsi que la cour de Besançon, par arrêt du 6 février 1866, ordonna, sur la poursuite du ministère public, la suppression d'un titre nobiliaire attribué à tort à un témoin dans un acte notarié[2]. Nombre d'autres arrêts, qui ordonnent

(1) Metz, 31 juillet 1860 : D. 60, 2, 137 ; Angers, 5 décembre 1860 : D. 61,2, 46. D'ailleurs on rencontre encore à cette époque, des décisions qui n'admettent aucunement l'action du ministère public en matière civile : Dijon, 11 mai 1860 : D. 60, 2, 144 ; Douai, 18 août 1860 : D. 60, 2, 215.

(2) S., 66, 2,75. Arrêt confirmatif de la Cour de Cassation du 25 mars 1867 : S. 67, 1, 215. — Un arrêt de la cour de la Martinique, du 11 février 1836,

la rectification d'actes de l'état civil contenant l'énonciation de noms inexacts, et que la théorie basée sur le § 1er
de l'article 46 suffirait à expliquer, dénotent, aussi bien
que l'arrêt de Besançon, la transformation qui s'était
opérée dans la jurisprudence : ils sont motivés par l'intérêt public, et l'action du ministère public est déclarée
recevable par application de l'article 46-2° [1].

Tous ces arrêts émanent des cours d'appel. La Cour
de cassation devait moins volontiers sanctionner la théorie nouvelle. Ce n'était pas qu'elle fût attachée à l'ancienne,
basée sur l'article 46-1° de la loi de 1810; car elle ne con-
sacrait pas non plus l'action d'office en rectification d'état
civil. En effet, par arrêt du 21 novembre 1860, rendu
sur le rapport de M. d'Ubexi, la chambre des requêtes
refusa au ministère public le droit d'agir en rectification
des actes de l'état civil, vu qu'aucun texte ne le lui accordait. Un second arrêt, du 19 décembre 1860, consacra la
même opinion [1].

Le désaccord était donc complet entre les cours d'appel et la Cour de cassation. Aussi deux arrêts des Cours
d'Angers et d'Orléans, en date des 5 et 29 décembre 1860,
ayant fait l'objet d'un pourvoi, la chambre des requêtes
les renvoya à l'examen de la chambre civile.

La question qui s'agitait était seulement celle de savoir
si le ministère public pouvait agir en rectification d'actes de l'état civil. Mais M. Laborie, dans son rapport,

déclarait qu'on ne pouvait contraindre les notaires à rectifier les actes
par eux reçus (D. 41, 1, 210).

(1) Montpellier, 10 mai 1859 ; Colmar, 15 mai 1860 ; Agen, 18 juin 1860 (S, 60,
2, 369) ; Angers, 5 décembre 1860 (S. 61, 2, 33) ; Orléans, 29 décembre 1860
(D. 61, 2, 3) ; Paris, 22 février 1861 (S. 61, 2, 202.) ; Rouen, 18 mars 1861 et
Nîmes, 6 mai 1861 (S. 61, 2, 609).

(2) Sirey, 61, 1, 33.

M. Dupin, dans son réquisitoire, non contents d'affirmer le droit pour le ministère public d'agir en rectification, invoquaient l'intérêt public, et la seconde disposition de l'article 46. La cour, plus réservée, tout en consacrant le droit d'action, se borna à invoquer le premier alinéa de l'article 46, et l'avis de brumaire an XI. C'était faire un premier pas. Néanmoins le dissentiment subsistait entre la cour de cassation et la majorité des cours d'appel. Il ne devait pas être de longue durée. La cour de cassation, le 25 mars 1867, confirmait un arrêt précité de la cour de Besançon, dont la décision ne pouvait être appuyée que sur l'article 46-2° [1]. En moins de dix années, la jurisprudence de la cour de cassation avait subi une complète évolution.

165. — Voyons rapidement comment le droit d'action s'exerce, se manifeste dans la pratique. Il est rare que le ministère public soumette lui-même aux tribunaux une question de propriété de nom : mais il peut se faire qu'au cours d'une instance en suppression de nom introduite par un particulier, il ait à requérir l'interdiction d'un nom. Nous ne supposons pas qu'il prenne simplement des conclusions comme partie jointe : nous nous plaçons dans l'hypothèse où, ni l'un ni l'autre des plaideurs n'ayant droit au nom litigieux, l'interdiction en est prononcée contre l'un et l'autre sur les seules conclusions du ministère public [2].

(1) S., 67, 1, 215. — Add. Cass., 25 mai 1869 : (S, 69, 1, 308): « Attendu qu'il est maintenant de jurisprudence constante que le ministère public peut agir d'office dans les questions qui intéressent l'ordre public. »

(2) En sens contraire, arrêt de Cass. du 3 avril 1826 (S., 26, 1, 357), rendu à une époque où la Cour de Cassation n'admettait pas l'action d'office en suppression de nom.

On lit dans le recueil de Dalloz (Usurpation, n° 122) que, devant le tribunal correctionnel, la production par un inculpé d'un acte établissant son

Le droit reconnu au ministère public d'introduire une
action principale en suppression de nom, ou de prendre,
au cours d'une instance en suppression de nom, des conclusions auxquelles il ne pourrait être fait droit, si elles
étaient prises par les parties, implique-t-il à son profit le
pouvoir de soulever, dans un débat ayant un tout autre
objet, une question de propriété de nom? C'est douteux :
et la Cour de Colmar, par deux arrêts très rapprochés,
lui a successivement reconnu, puis refusé ce droit : « Il
doit, décide le second arrêt, se renfermer strictement
dans son rôle de partie jointe, ayant soin de ne pas faire
dévier le procès des questions dont les conclusions des
parties ont saisi le juge [1]. » En tous cas, un tribunal ne
peut, à l'occasion d'une instance quelconque, statuer sur
une question de propriété de nom, et notamment ordonner
la radiation d'un nom de toutes les pièces de la procédure,
s'il n'en a été au moins requis par le ministère public [2].

droit à un nom ou à un titre, qu'il est accusé d'avoir usurpé, met le ministère
public dans la nécessité de poursuivre la rectification de cet acte : sans quoi,
dit-on, « il pourrait requérir indéfiniment l'application de la loi spéciale, et
il ne pourrait pas demander une seule fois qu'on changeât l'acte sur lequel
l'usurpateur s'appuie faussement pour prendre un nom qui n'est pas le sien. »
(*Ibid.* n° 123, et Dalloz périod. 60, 2, 137). C'est oublier que mention de la
condamnation obtenue est faite, par ordre du tribunal, en marge des actes
authentiques ou des actes de l'état civil, où le titre a été pris indûment ou
le nom altéré (259 pén.) ; cet acte ne servira donc pas de prétexte à une nouvelle usurpation. A la vérité, si c'est son acte de naissance lui-même que
produit le prévenu, une condamnation est impossible : c'est alors seulement
que l'action civile en suppression de nom peut être utilement intentée.

(1) Colmar, 29 déc. 1859 : D. 60, 2, 171 ; 6 mars 1860 : D., 60, 2, 169. —
Le ministère public fut admis par le premier arrêt à appeler d'un jugement
dans lequel un tribunal avait désigné une des parties sous un faux nom :
or, le droit pour le ministère public d'appeler du jugement sur ce point spécial impliquait à son profit le droit de soulever, en première instance, un
incident au sujet de l'usage du nom usurpé, et de faire interdire l'emploi
de ce nom.

(2) Ch. civ., 6 avril 1830 : S., 30, 1. 122.

On aperçoit toute la gravité d'un jugement provoqué par le ministère public, dans un intérêt d'ordre public : le principe de l'autorité relative de la chose jugée ne peut pas s'y appliquer.

Mais il est bien entendu que l'appel est possible de la part de celui qui, sur l'action principale du ministère public, ou sur ses seules conclusions, s'est vu priver de l'usage d'un nom ; cet appel est dirigé contre le ministère public [1].

Enfin, de l'action civile en suppression de nom ouverte au ministère public, on a déduit le droit de faire appel d'un jugement de rectification rendu à la requête d'un particulier, et ordonnant le redressement d'une erreur de nom dans un acte de l'état civil [2]. C'est même en vue de lui reconnaître ce droit d'appel, que les tribunaux ont le plus souvent affirmé l'existence de son droit d'action. Point de doute, en effet, que le ministère public ne puisse faire appel d'un jugement où il a été partie principale. Que s'il n'a été que partie jointe dans une instance introduite par un particulier, l'appel n'est possible de sa part, qu'à supposer qu'il eût pu être partie principale : mais ne compromet-il pas son droit d'appel, en se réduisant au rôle de partie jointe ? M. d'Ubexi, dans son rapport qui a précédé l'arrêt du 24 novembre 1860 (S. 60, 1, 33), répond par une

___

(1) Colmar, 6 mars 1860 : D., 60, 2, 169. Si l'on suppose, que dans un procès étranger à toute question de propriété du nom, le ministère public ait fait interdire à une des parties l'usage d'un nom par elle pris dans la procédure, il est évident que cette partie ne peut interjeter appel que contre le ministère public, et non contre son adversaire au principal, resté étranger à ce débat accessoire. — Mais il a été jugé que le demandeur à une action en rectification d'un acte d'état civil. ne pouvait, sur l'appel, intimer le ministère public (Bruxelles, 6 frimaire an XII ; cf. art. 838, C. pr. civ).

(2) Voy. une circul. du 22 nov. 1859, adressée par le garde des sceaux aux Procureurs généraux, qui suppose ce droit d'appel.

distinction peu acceptable : Fonde-t-on le droit d'action sur l'intérêt social (art. 46-2°), il n'y a pas lieu d'admettre le droit d'appel. Si, nous dit M. d'Ubexi, l'ordre public est intéressé à ce que les usurpations flagrantes soient poursuivies, il ne demande pas que le ministère publique puisse contester aux particuliers des noms que les tribunaux leur ont reconnus : « Ce serait se placer en défiance contre les tribunaux que de supposer que l'intérêt de la société peut être gravement compromis, si, pour le cas qui nous occupe, le ministère public n'est pas armé du droit d'appel d'une sentence émanée d'eux ».

Que si le droit d'action est ouvert par une disposition expresse (art. 46-1°), M. d'Ubexi accorde sans difficulté le droit d'appel ; il déclare même que le ministère public ne le compromet pas, ne l'abdique pas, en concluant, en première instance, dans le sens de la demande. Le vice de cette distinction est visible. C'est à tort que M. d'Ubexi fait directement dériver le droit d'appel, soit de l'intérêt public, soit d'une disposition légale : il faut n'y voir qu'une conséquence et comme une dépendance du droit d'action. Ainsi compris, le droit d'appel ne peut être séparé du droit d'action, d'où qu'il procède.

Voici les principaux arrêts qui ont consacré le droit d'appel du ministère public : on remarquera la progression suivie par la jurisprudence dans cette question [1].

Un arrêt de Dijon, du 11 mai 1860 (S. 60, 2, 373), déclare non recevable l'appel du ministère public, sans lui dénier le droit d'action ; d'après cet arrêt, en se portant partie principale ou intervenante en première instance, il

_____

(1) Je ne cite que pour mémoire un arrêt de la Cour de cassation du 21 nov. 1860 (S., 61, 1, 33), et un arrêt de la Cour d'Amiens du 11 décembre 1860 (S., 61, 2, 38), qui dénient le droit d'appel, en se basant sur l'inexistence du droit d'action.

se serait réservé le droit d'appel, qu'il n'a pu conserver par de simples conclusions (Cf. arrêt de Montpellier, 10 mai 1859, S. 60, 2, 369, subordonnant aux mêmes conditions l'ouverture du droit d'appel).

De nombreux arrêts reconnaissent le droit d'appel au ministère public, quand il s'est contenté de conclure en première instance (Colmar, 15 mai 1860, et Agen 18 juin 1860 : S. 60, 2, 369; Orléans, 29 décembre 1860 : D. 61, 2, 23).

Enfin la cour de Paris (22 février 1861, S. 61, 2, 202); celles de Rouen et de Nîmes (18 mars 1861 et 6 mai 1861, S. 61, 2, 609) [1] ont admis le ministère public à appeler d'un jugement rendu conformément aux conclusions par lui prises en première instance, et dont il avait laissé exécuter la disposition.

Toutes ces décisions émanent des cours d'appel. La cour de cassation s'était d'abord refusée à consacrer le droit d'action du ministère public; quand elle le lui eut reconnu, elle en fit découler à son profit le droit d'appel (Cass., 22 janvier 1862 : S. 62, 1, 257 ; 24 novembre 62 : S. 63, 1, 30).

(1) Cf. Metz, 31 juillet 1860 : D. 60, 2, 137.

CHAPITRE IV

Des pseudonymes.

166. — L'usage des pseudonymes, que la loi reconnaît et protége, se concilie aisément avec la prohibition des changements de noms. Celui qui recourt à un pseudonyme ne masque pas sa personnalité sous un nom d'emprunt ; il conserve, dans tous les actes de la vie civile, et dans la vie ordinaire, son véritable nom [1] , dont il s'abstient seulement de signer une pièce de théâtre, un article de journal, une œuvre d'art. Prendre un pseudonyme n'est, en définitive, qu'une façon de garder l'anonyme.

Les motifs qui peuvent déterminer à prendre un pseudonyme sont multiples : soit qu'on hésite à livrer au public, en s'avouant pour son auteur, une œuvre pour laquelle on redoute un insuccès ; soit que la situation sociale d'un écrivain, d'un artiste, ne lui permette pas de signer certains ouvrages, ou l'expose particulièrement à la critique. Enfin, comme dit M. Ch. de Joliet [2], « il y a des noms contre lesquels le public se cabre, qu'il ne veut pas entendre ; d'autres qui lui entrent comme un accord parfait. Il faut donc considérer un nom de convention, un pseudonyme, comme une nécessité pour qui veut lancer un livre dans le public ».

(1) Voy. n° 149, un jugement du Tribunal de la Seine (13 décembre 1860), appliquant l'article 259 du Code pénal à une personne qui faisait usage, « dans les rapports de sa vie civile et publique », d'un pseudonyme littéraire précédé de la particule.

(2) *Les Pseudonymes du jour*, Paris 1867.

Encore ne faut-il pas, à titre de pseudonyme, prendre le nom patronymique d'un tiers : si l'intérêt public n'est jamais lésé par l'emploi des pseudonymes, l'intérêt privé peut l'être. En pareil cas, le légitime porteur du nom ainsi envahi en fera interdire l'usage. Ainsi a décidé un jugement du tribunal civil de la Seine, du 30 mars 1882 [1]. Il s'agissait dans l'espèce d'un individu nommé Morin qui, sous l'anagramme de Miron, publiait des ouvrages dont un tiers, porteur de ce nom, ne se souciait pas d'assumer la responsabilité. Morin n'entendait point d'ailleurs attribuer à Miron la paternité de ses écrits, et c'est innocemment qu'il avait pris ce pseudonyme. La situation est très différente, et l'on n'est plus en présence d'un pseudonyme, quand un individu public, sous le nom d'un tiers, un ouvrage qu'il lui impute : c'est ainsi qu'un nommé Lerouge avait fait paraître, sous la Restauration, « les Mémoires de Joseph Fouché, duc d'Otrante, ancien ministre de la police générale ». Il n'aurait pas suffi, dans ce cas, d'effacer du titre de cet ouvrage le nom de Fouché, puisque l'ensemble et les moindres détails de ces mémoires apocryphes les lui attribuaient. Les héritiers de Fouché obtinrent donc la suppression de l'ouvrage, avec allocation, à titre de dommages-intérêts, d'une certaine somme par exemplaire qui ne serait pas représenté [2].

167. — L'usage prolongé d'un pseudonyme finit par en conférer la propriété à celui qui en a fait le choix [3]. L'écrivain, l'artiste, qui s'est approprié un pseudonyme, peut donc en interdire l'usage aux tiers qui prétendraient

(1) S. 1884, 2, 22.

(2) Trib. de la Seine, 20 mars 1823 : S., 27, 2, 175.

(3) Jug. de la Seine du 24 janvier 1889 (*Gaz. des Trib.* du 25 janv.) : « Attendu qu'un droit de propriété peut, par un usage exclusif, se constituer sur un pseudonyme au profit de l'écrivain qui s'en sert... ». Cf. pseudonyme commercial, n° 217.

s'en servir. Il y a plus : un pseudonyme une fois répandu dans le public, les tiers dont il constituerait le nom patronymique, ne sauraient contraindre son possesseur à le délaisser. En effet, tandis que le nom n'a par lui-même qu'une valeur morale, due à l'estime dont jouit la personne qui le porte, le pseudonyme, à l'égal du nom commercial, a presque une valeur pécuniaire, par suite de la vogue et du succès qui s'y attachent. Il serait injuste de réduire un artiste ou un écrivain à abandonner une dénomination sous laquelle il a conquis l'estime du public. Mais, comme bien on pense, le porteur d'un nom pseudonyme serait mal venu à chercher querelle à ceux dont il forme le nom patronymique. La presse s'est récemment égayée des disputes de deux actrices connues sous le nom de Cléry : l'une d'elles, qui le portait en guise de nom de guerre, trouvait mauvais qu'une débutante fît usage de ce nom, qui était cependant celui de sa famille. L'affaire se borna à l'échange de lettres assez plaisantes.

Le pseudonyme est absolument personnel. Celui qui a acquis un pseudonyme ne le transmet pas à ses enfants, au moins comme nom patronymique ; encore moins ses parents, ses frères par exemple, y ont-ils droit [1].

168. — A côté de ces pseudonymes personnels, il existe des pseudonymes qui appartiennent à un journal, et sous lesquels un membre quelconque de la rédaction publie des articles. On les a appelés « pavillons neutres ». A supposer qu'un même chroniqueur ait, pendant longtemps, écrit pour un journal des articles parus sous cette signature, il ne se l'approprie pas, et ne peut pas s'en servir en dehors du journal, encore moins la porter à un

---

(1) Paris, 12 déc. 1857, et Cass., 8 juin 1859 (Pataille, 58, 83 et 59, 214, affaire Nadar-Tournachon).

autre journal. On se rappelle le récent procès soulevé au sujet du pseudonyme de Colombine, en usage dans le *Gil Blas*. Ce pseudonyme avait autrefois appartenu à M. de Boissière, qui signait ainsi des chroniques parues dans le *Figaro* ; mais, comme il en avait lui-même fait choix, et ne l'avait pas trouvé au *Figaro*, en entrant à sa rédaction, il put le porter plus tard à la *Gazette de France*.

En 1880, le *Gil Blas* s'en empara, « et en fit comme une enseigne pour une série d'articles de caractère humoristique, dont la rédaction fut d'abord confiée à plusieurs personnes ». Mais, à partir de 1882, il fut exclusivement affecté à Henri Fouquier, « qui lui donna un certain relief ; et, grâce à ce relief, la personnalité réelle d'Henri Fouquier finit par se dégager du pseudonyme[1] ». Ce pseudonyme n'en était pas moins demeuré la propriété du journal qui l'avait pris et entouré déjà d'une certaine notoriété, avant de l'attribuer à Henri Fouquier.

Quand celui-ci, en 1888, quitta le *Gil Blas* pour passer à la rédaction de l'*Écho de Paris*, il transporta dans ce journal le pseudonyme sous lequel il avait conquis la faveur du public. Poursuivi par le directeur du *Gil Blas*, il se retourna contre lui, revendiquant la propriété exclusive du nom en litige ; il demanda en outre des dommages-intérêts, se plaignant de ce que les articles parus au *Gil Blas* sous une signature qu'il considérait comme sienne, contredisaient ses opinions et attaquaient ses amis, compromettant ainsi sa réputation et son caractère. Loin de faire droit à sa double réclamation, le tribunal de la Seine le condamna à délaisser un nom que le *Gil Blas* lui avait quelque temps prêté, mais qui ne lui avait jamais appartenu.

(1) Jugement de la Seine du 24 janvier 1889 : *Gazette des trib.* du 25.

TROISIÈME PARTIE

De la preuve des noms et des titres.

CHAPITRE PREMIER

De la preuve des noms.

169. — Toute personne a droit au nom de ses parents : pour établir qu'on fait légitimement usage d'un nom, il faut donc prouver qu'on appartient à telle famille, qu'on est issu de telle personne, et que ce nom est bien celui de cette personne ou de cette famille. Cette double preuve, les intéressés pourront le plus souvent la faire par la seule production de leur acte de naissance. On sait que la filiation s'établit par les actes de naissance : or, aux termes de l'article 57 du Code civil, « l'acte de naissance énonce les prénoms qui sont donnés à l'enfant, les prénoms, noms profession et domicile des père et mère ».

L'enfant ne reçoit donc que des prénoms et point de nom ; il prend celui de ses auteurs : de telle sorte que les parents, pour donner à leur enfant un nom qui ne soit pas le leur, en sont réduits à prendre un faux nom dans son acte de naissance. L'article 57 du Code civil, qui règle dans quelle forme doivent être rédigés les actes de naissance, combiné avec les lois prohibitives des changements de noms, assure donc l'exacte conservation des noms dans les familles.

En dépit de cette réglementation, un faux nom peut avoir été pris par des parents dans l'acte de naissance de leur enfant ; ou bien cet acte peut attribuer à l'enfant une filiation inexacte. Il importe de bien établir qu'en pareil cas, le nom auquel cet enfant a droit n'est pas celui que lui prête son acte de naissance, mais bien celui qui lui appartient en vertu de sa filiation : l'enfant ne puise pas, dans son acte de naissance, de droit au nom sous lequel il est inscrit ; il n'est pas davantage dans l'obligation de le porter. Il peut donc directement et sans aucune formalité, prendre le nom de la famille à laquelle il prétend appartenir, ou le nom qu'il prétend être celui de la famille à laquelle il appartient sans conteste. Mais ce procédé ne sera par pour lui sans inconvénients : il rencontrera de continuels obstacles dans l'emploi du nom dont il se sera ainsi emparé ; dans tous les actes importants, il ne sera désigné que sous le nom que les registres de l'état civil lui confèrent, car les officiers publics ne voudront pas lui en donner d'autres. Quand donc nous disons que l'intéressé peut *de plano* se mettre en possession du nom auquel il prétend, nous entendons seulement que, si sa prétention est reconnue fondée, il ne sera pas exposé à l'application de la loi pénale, et que les tiers ne pourront utilement le poursuivre en suppression de nom et en dommages-intérêts. Mais le mieux est pour lui de rechercher et de rétablir sa véritable filiation ou le véritable nom de sa famille. Il n'aura pas besoin, pour faire l'une ou l'autre de ces preuves, de recourir à la procédure de l'inscription de faux ; car l'énonciation d'un acte de naissance, relative à la filiation de l'enfant et au nom de ses auteurs, n'est pas de celles dont l'officier de l'état civil ait pu vérifier et garantir l'exactitude.

170. — Et d'abord une personne peut agir pour faire

reconnaître et proclamer un état de filiation auquel elle a droit, mais qui ne lui appartient pas en fait : elle exerce une action en réclamation d'état. Son état une fois reconnu sera pour elle une source de droits multiples ; il lui permettra notamment de prendre le nom de la famille dans laquelle elle se sera introduite.

171. — A l'action en réclamation d'état, on oppose l'action en contestation : elle tend à priver une personne de l'état dont elle jouit, et conséquemment à lui retirer le nom de la famille qui l'a rejetée de son sein. La question est seulement de savoir si une action en contestation d'état peut être intentée dans le seul but de priver un tiers du nom que son état lui attribue. Point d'intérêt, point d'action. Est-ce là un intérêt suffisant pour motiver une action d'état ? Car, en principe, les actions en contestation d'état se justifient par un intérêt pécuniaire, et, notamment, tendent à priver de droits successoraux ceux contre lesquels elles sont dirigées La question ne semble pas avoir préoccupé les auteurs ; les arrêts sur la matière sont peu nombreux et contradictoires. La Cour de Grenoble, par arrêt du 22 mars 1843 [1], n'a pas admis les parents d'un adoptant, porteurs de son nom, à invoquer, de son vivant, la nullité d'une adoption, dans le seul but d'interdire à l'adopté le nom de l'adoptant : un intérêt suffisant, c'est-à-dire un intérêt successoral, ne devait naître à leur profit qu'à la mort de l'adoptant. De telle sorte que ce dernier, en écartant par testament ses parents de sa succession, pouvait empêcher de naître leur intérêt à faire annuler l'adoption.

La Cour de Grenoble, pour motiver sa décision, argu-

---

(1) S., 43, 2, 505. Dans l'espèce, l'adopté n'avait pas reçu pendant six ans des secours de l'adoptant, comme l'exige l'article 354 du Code civil.

mente par analogie, et déclare qu'on ne peut non plus, en vue de priver un enfant naturel de son nom, attaquer la reconnaissance intervenue à son profit, du vivant de l'auteur de cette reconnaissance. Cette affirmation est sujette à caution, et la Cour de cassation a au contraire décidé, le 17 mai 1870, « qu'en l'absence d'une définition dans l'article 339 du Code civil, l'intérêt auquel cet article subordonne le droit de contester une reconnaissance d'enfant naturel, peut s'entendre même d'un intérêt fondé sur les liens et rapports de famille et *sur l'honneur du nom* ».

A l'égal de l'action en nullité d'une reconnaissance d'enfant naturel, l'action en contestation d'état de filiation légitime peut être motivée par le seul désir de priver un enfant du nom de son prétendu père [2].

Toutefois, l'action en contestation de légitimité, dans le cas où elle revêt la forme d'une action en nullité de mariage, ne peut, aux termes de l'article 187 du Code civil, être intentée par les parents collatéraux des époux ou par leurs enfants nés d'un autre mariage, qu'après la mort de l'un des époux et seulement lorsqu'ils ont *un intérêt né et actuel* [3]. La jurisprudence et la doctrine tiennent que cet intérêt, qui n'est susceptible de naître au profit des enfants et des parents collatéraux des époux qu'après la dissolution du mariage, ne peut être qu'un intérêt pécuniaire, un intérêt successoral. Que si la mort d'un des époux n'ouvre à ses parents collatéraux aucune vocation successorale, aucun

---

(1) D., 70, 1, 241.

(2) L'action en contestation de légitimité, quand elle est basée sur la nullité de la reconnaissance antérieure au mariage, ou sur le défaut de reconnaissance, peut être fondée sur un intérêt purement moral (Nîmes, 7 mai 1879 : D., 79, 2, 133).

(3) Comparez les termes de l'article 187 à ceux de l'article 339 C. civ.

intérêt pécuniaire à l'annulation du mariage, ils ne peuvent la poursuivre.

La Cour de cassation a cependant prononcé la nullité d'un mariage dans les circonstances suivantes [1].

Le comte de Cibeins avait épousé en Angleterre une femme dont il avait eu un enfant naturel : cet enfant n'avait pas été reconnu. Les époux se trouvant dans l'impossibilité de le légitimer par mariage subséquent, cachèrent leur première union, et en contractèrent une seconde en France.

L'enfant, qui avait été reconnu dans l'intervalle des deux mariages, ne pouvait se voir contester le nom de son père. Mais, dans l'espèce, une question de transmission de titre était en jeu. En faisant tomber le second mariage de M. de Cibeins, ses parents collatéraux réduisaient son fils à la condition d'enfant naturel : il devenait incapable de recueillir un titre nobiliaire. L'intérêt des parents de M. de Cibeins, même après la mort de ce dernier, n'avait rien de pécuniaire [2], car les époux de Cibeins avaient eu, depuis leur mariage, une fille, assurément légitime, qui primait certainement les collatéraux de son père [3]. La Cour de cassation a cependant prononcé la nullité de ce mariage, sur la demande de collatéraux sans intérêt pécuniaire,

(1) 20 avril 1835 : D., 86, 1, 23.

(2) L'article 184, auquel se réfère l'article 187, ne prévoit pas, au nombre des causes de nullité qu'il vise, l'existence d'un précédent mariage entre les deux mêmes personnes (Voy. art. 147 C. civ.); mais la règle formulée dans l'article 184, et suivant laquelle des parents collatéraux ne peuvent faire annuler un mariage qu'en invoquant un intérêt né et actuel, se trouve reproduite dans l'article 191, et on admet qu'elle est générale.

(3) D'après les règles que nous avons posées, le titre du comte de Cibeins aurait dû passer à sa fille. Il est vrai que ce titre devant nécessairement s'éteindre en la personne de Mademoiselle de Cibeins, les parents de son père avaient intérêt à empêcher qu'il se fixât sur la tête du fils, pour assurer la dévolution ultérieure de ce titre à leur profit.

en raisonnant d'une façon assez subtile, mais néammoins très logique. L'action en nullité, dans l'espèce, n'aboutissait qu'à faire tomber le mariage célébré en France, non pas à faire déclarer que les époux de Cibeins n'avaient pas vécu en état de mariage, puisque la validité du mariage anglais était la condition et la cause de la nullité du mariage français. Les parents de M. de Cibeins poursuivaient moins l'annulation du second mariage que la validation du premier.

En résumé, il se dégage de cette jurisprudence, et notamment de l'arrêt du 17 mai 1870, qu'un simple intérêt moral, l'intérêt consistant à priver une personne d'un nom usurpé, est suffisant, en principe, pour rendre recevable une action en contestation d'état : sauf toutefois s'il s'agit d'une action en contestation de légitimité, qui doive aboutir à l'annulation d'un mariage, ou, plus exactement, à faire déclarer que deux personnes n'ont pas vécu en état de mariage : auquel cas un intérêt pécuniaire seul peut motiver une action en contestation d'état.

Concluons donc en observant que les actions d'état, qu'il s'agisse de réclamation ou de contestation d'état, ont toujours, ou presque toujours, de l'importance au point de vue du nom [1].

172. — Nous supposons maintenant qu'une personne appartienne sans conteste à une famille, mais qu'elle ne porte pas le nom de cette famille : soit qu'elle ait été ins-

---

(1) Nous disons *presque toujours*, car le demandeur à l'action en réclamation peut parvenir à établir qu'il existe un lien de filiation entre lui et un tiers dont il était dès auparavant l'homonyme ; et, à l'inverse, l'action en contestation d'état peut réussir contre un individu qui, à la faveur d'un nom qui lui appartenait réellement, était parvenu à s'introduire dans une famille de ce nom.

Il est bien évident qu'une personne, après avoir échoué dans une action en

crite dans son acte de naissance sous un autre nom que
celui de ses auteurs ; soit que, l'erreur remontant à une
date plus éloignée, la famille, depuis plusieurs générations, fasse usage d'un nom d'emprunt.

En pareil cas, il ne peut être question de mettre en
mouvement une action d'état, puisque la filiation de l'intéressé n'est pas en jeu. Celui-ci fera seulement reconnaître le véritable nom de sa famille : il intentera à cet effet
une action en rectification de son état civil. Le véritable
nom du réclamant une fois fixé par jugement, les actes de
son état civil seront rectifiés dans le sens du jugement inter-
venu : « Les jugements de rectification seront inscrits sur
les registres par l'officier de l'état civil, aussitôt qu'ils lui
auront été remis ; et mention en sera faite en marge de
l'acte réformé [1] ». Dès lors, l'intéressé ne se heurtera pas
aux difficultés qu'il aurait rencontrées, s'il avait voulu
prendre *de plano* un nom que ne lui assignait pas son état
civil.

L'action en rectification, qui sert aux particuliers à re-

réclamation d'état, après avoir vainement cherché à se rattacher à une famille dont elle révendiquait le nom, peut borner ses prétentions à ce nom seul,
et n'intenter plus qu'une action en rectification (Aff. d'Adhémar).

(1) Art. 101 C. civ. — Add. 857 pr. civ. : « L'acte ne sera plus délivré
qu'avec les rectifications ordonnées, à peine de tous dommages-intérêts
contre l'officier qui l'aurait délivré ». — Les articles 101 et 857 ne parlent que
des jugements de rectification : leurs dispositions doivent être étendues aux
jugements statuant sur une question d'état. Comme le dit très bien M. Demante : « Toutes les fois que l'état attribué à une personne par un acte de
l'état civil est mis en question, celui qui conteste cet état ou qui réclame un
état contraire, demande virtuellement que l'acte soit rectifié » (*Cours anal.
de droit civil*, tome I, n° 122 *bis*, III). M. Demolombe, au contraire, suppose qu'au cours d'un procès relatif à une question d'état, une demande en
réctification est incidemment formée (tome 1er, p. 334). Cette demande est
inutile.

vendiquer leur véritable nom, est la même qui est ouverte aux tiers pour faire cesser les usurpations de noms commises à leur détriment dans les actes de l'état civil, et au ministère public, admis à poursuivre la suppression des noms usurpés dans ces mêmes actes [1].

173. — On aperçoit la différence capitale qui sépare l'action d'état de l'action en rectification, et leur portée respective en matière de nom : la première tend à faire reconnaître et déclarer, au profit du demandeur (ou à l'encontre du défendeur), un état de filiation en vertu duquel un certain nom lui sera attribué ; la seconde a pour but de faire reconnaître et déclarer quel est le nom qui appartient à une personne, en vertu de son état d'ailleurs incontesté. Le domaine de nos deux actions est donc bien tranché, et elles ne peuvent être employées l'une pour l'autre. Ce n'est pas là pure question de mots : car ces deux actions ne diffèrent pas seulement par leur objet, mais par des conditions de forme, de compétence et de recevabilité.

L'action en rectification est introduite par voie de requête présentée au président du tribunal de première instance ; il est statué en Chambre du conseil (art. 855 et suiv. C. de pr. civ.). Le tribunal compétent est celui de l'arrondissement dans lequel a été reçu l'acte à rectifier [2].

---

(1) Il suffit de prouver qu'une personne prend un nom autre que celui sous lequel elle a été inscrite dans son acte de naissance, pour que l'usage lui en soit interdit : à moins qu'elle n'établisse que ce nom lui appartient et que c'est à tort qu'elle ne l'a pas reçu dans son acte de naissance. Si c'est dans cet acte même qu'un faux nom lui a été attribué, les tiers ou le ministère public doivent prouver que ce nom n'appartient pas à sa famille.

(2) S'il y a plusieurs actes à rectifier, un seul tribunal prononce : celui du lieu où a été reçu l'acte le plus ancien en date, l'acte qui contient l'erreur originaire, d'après MM. Chauveau et Glandaz (*Proc. civ. et comm.*, tome II, p. 686) ; un tribunal quelconque saisi par l'intéressé, pourvu qu'un des actes à

Enfin l'action n'est soumise à aucune condition spéciale de recevabilité.

L'action d'état, au contraire, suppose toujours un contradicteur et s'introduit par voie d'assignation. Le tribunal compétent est celui du domicile du défendeur. Enfin, la recevabilité de cette action, au fond et quant aux modes de preuve, est subordonnée à des conditions multiples (art. 312, 318, 323, 329, 340, 341 C. civ.) [1].

Comment donc MM. Aubry et Rau enseignent-ils que la procédure spéciale, organisée par les articles 855 et suivants du Code de procédure civile, peut être suivie, « sans distinguer entre le cas où la demande en rectification aurait uniquement pour objet la réparation d'erreurs matérielles, sans influence sur l'état de la personne que concerne l'acte à rectifier, et le cas où la demande tendrait à attribuer à cette personne un état différent de celui que lui assigne l'acte dont la rectification est réclamée [2] ? » Comment peuvent-ils à ce point méconnaître les différences qui séparent nos deux actions ? A la vérité, ils corrigent eux-mêmes les conséquences les plus choquantes de leur système.

L'action en rectification, quand elle ne constitue au fond qu'une action en réclamation d'état, est refusée dans tous les cas où cette dernière action ne serait pas recevable comme telle ; en d'autres termes, l'action en rectification, quand elle est employée en guise d'action d'état, est subordonnée aux conditions de recevabilité des actions d'état.

rectifier ait été reçu dans son ressort, suivant d'autres auteurs. Si une demande en rectification est incidente, le tribunal saisi de la contestation principale peut statuer sur elle.

(1) Cf. Demolombe, tome Ier, n° 334.

(2) Tome Ier, § 63.

L'action en rectification ne suppose pas nécessairement de contradicteur et s'introduit par requête [1] : comment suivre cette voie pour exercer une action d'état nécessairement dirigée contre un tiers? MM. Aubry et Rau rappellent que les juges, s'ils le croient opportun, ordonnent que les parties intéressées seront appelées (art. 99 C. civ. et 856 C. pr. civ.) : ainsi sont suscités les contradicteurs qu'un débat sur une question d'état suppose. Que si les intéressés n'ont pas été mis en cause, qu'importe, « puisque le jugement de rectification ne peut jamais être opposé à ceux qui n'y ont pas été appelés ».

Reste la question de compétence, qui ne semble pas avoir préoccupé les savants auteurs ; et cependant, à supposer même que les personnes intéressées à contredire la réclamation d'état intentée sous forme de rectification, soient mises en cause, n'est-il pas déjà excessif qu'elles soient appelées devant le tribunal compétent en matière de rectification, et non devant celui de leur domicile [2].

Il n'est donc pas vrai que, de nos deux actions, l'une puisse, sans inconvénients, être exercée pour l'autre. Si MM. Aubry et Rau ont commis cette confusion, c'est faute d'avoir nettement aperçu l'objet précis de nos deux actions; c'est pour avoir cru que toute question de rectification, ne tendît-elle qu'à « la correction d'un nom mal orthographié, impliquait souvent une question d'état. » Il n'en est rien. Quand, à la place du nom de Paul, j'entends porter celui de Pierre, il ne s'ensuit pas que je renie Paul pour mon père ; mais je prétends qu'il a été, à tort, dénommé

(1) Voy. n° 178.

(2) Voy., dans l'affaire d'Adhémar, renvoi au tribunal de la Seine par le tribunal d'Alais saisi, par voie d'action en rectification, d'une véritable question d'état.

Paul, alors qu'il s'appelait Pierre. Le redressement du nom, dans l'acte de naissance du requérant, n'aboutit même pas à lui attribuer un autre nom que celui de son père, et à faire naître ainsi un doute sur sa filiation : car l'intéressé doit faire rectifier tous les actes de l'état civil de ses auteurs depuis, et y compris celui dans lequel s'est glissé un nom inexact.

Les autorités qu'invoquent MM. Aubry et Rau ne sont nullement concluantes : Un avis du conseil d'État des 8-12 brumaire an XI déclare que les actes de l'état civil, qui n'auraient pas été rédigés dans les délais prescrits, ne pourront l'être qu'en vertu d'un jugement obtenu à la suite d'une procédure analogue à celle de l'action en rectification ; un arrêt de la Cour de Limoges, du 16 juillet 1832 [1], admet qu'un acte de l'état civil isolé, omis sur les registres de l'état civil pourra être rédigé, aux conditions prescrites par l'article 46 du Code civil, comme s'il n'avait pas existé de registres ou qu'ils eussent été perdus : or, le jugement qui autorise cette rédaction tardive d'un acte de l'état civil est rendu en chambre du conseil et sur simple requête. Mais ces deux exemples ne prouvent pas que les actions d'état puissent s'introduire dans la même forme, puisque, dans ces deux cas, ce n'est pas d'une question d'état qu'il s'agit [2].

Enfin, MM. Aubry et Rau invoquent un arrêt de la Cour d'Agen, du 27 novembre 1866 [3], qui, bien loin de

(1) Dalloz, 32, 2, 182.

(2) L'état des personnes ne saurait être confondu avec l'acte de l'état civil qui sert habituellement à l'établir. Telle personne, dont l'acte de naissance n'a pas été rédigé ou a été détruit, peut néanmoins avoir une filiation certaine ; quand elle fait procéder à la rédaction tardive ou à la reconstitution de son acte de naissance, elle n'exerce nullement une action d'état.

(3) Sirey, 67, 2, 138.

venir à l'appui de leur thèse, va nous servir à édifier celle que nous lui opposons.

Cet arrêt est résumé en ces termes dans le recueil de Sirey : « La demande qu'un enfant naturel a formée, à l'effet seulement de faire substituer au nom de sa mère, sous lequel il est inscrit, un autre nom qu'il dit être celui de son père, mais sans conclure à ce que le tribunal le déclare fils naturel de ce dernier, constitue non point une réclamation d'état, mais une simple demande en rectification d'acte de l'état civil, qui peut être valablement introduite par voie de requête présentée au président du tribunal. » Et l'arrêtiste ajoute que cette décision est conforme à l'opinion de MM. Aubry et Rau, laquelle n'est pas généralement suivie : « On admet d'ordinaire que, toutes les fois que, de l'acte rectifié, doit résulter pour le réclamant *un état autre que celui qu'il possède*, la demande en rectification soulève une question préjudicielle qui ne saurait être décidée par la Chambre du conseil : en pareil cas, en effet, la rectification n'est demandée que par voie de conséquence. »

L'arrêtiste n'a pas exactement saisi la portée de la décision qu'il analyse. Comment un individu peut-il réclamer le nom qu'il dit être celui de son père, sans conclure à ce que le tribunal le déclare fils naturel de ce dernier ? Ce n'est assurément pas qu'il prétende au nom d'une personne à laquelle il ne se rattacherait pas par le lien de la filiation. S'il ne demande pas à être déclaré fils naturel de son père, c'est qu'il estime cette déclaration inutile, c'est qu'il prétend que cette filiation lui appartient d'ores et déjà. Il n'intente qu'une action en rectification, parce qu'il conclut seulement à ce qu'on reconnaisse à son profit une conséquence de l'état qui lui appartient, son droit au nom de son père. C'est bien ainsi que la Cour d'Agen a compris la prétention du réclamant : elle a déclaré que sa demande, formée par voie de requête, était recevable en la forme, comme ne soulevant qu'une question de rectification ; mais, en même temps, elle l'a débouté, parce que la filiation sur laquelle il entendait asseoir son droit à un certain nom, n'était établie à son profit ni par titre ni par possession.

Comment donc MM. Aubry et Rau ont-ils pu appeler à l'appui de leur thèse, cet arrêt ainsi compris ? Comment, pour établir que l'action en rectification est recevable dans des cas « où la demande tend à attribuer au requérant un état différent de celui que lui assigne l'acte à rectifier » invoquent-ils une décision rendue dans une espèce où la Cour n'avait qu'à prononcer sur une question de rectification, en s'inspirant de l'état actuel du demandeur ? La méprise des savants auteurs est d'autant plus inexplicable que l'espèce de l'arrêt de 1866 est de celles où, de leur aveu même, une réclamation d'état ne peut se produire sous forme d'action en rectification, vu que l'action d'état est irrecevable comme telle, par application de l'article 340 du Code civil : « La recherche de la paternité est interdite. »

174. — On peut, en généralisant la décision de la Cour d'Agen, déterminer de la manière suivante le champ respectif d'application de l'action d'état et de l'action en rectification. Une action en réclamation d'état doit être intentée par toute personne qui prétend à une filiation que ne lui attribue ni son acte de naissance, ni sa possession d'état. Que si, au contraire, une personne est en possession d'un état de filiation que son acte de naissance ne lui attribue pas, elle n'a pas besoin de réclamer un état qu'elle a déjà ; elle agira seulement en rectification, pour mettre son acte de naissance en conformité avec

sa possession d'état, pour faire de cet acte la constatation d'un état qui n'y est pas porté [1].

Parcourons les applications pratiques de cette double idée.

175. — Les hypothèses dans lesquelles l'action en réclamation d'état trouve son application, sont précises et étroites : en matière de filiation légitime, nul ne peut réclamer un état contraire à celui que lui donnent et son acte de naissance, et une possession d'état conforme à ce titre [2]. Un individu ne peut donc agir en réclamation d'état d'enfant légitime, que s'il n'a ni titre ni possession d'état ; ou bien s'il a seulement un titre ou une possession d'état isolés ; ou bien enfin si son titre et sa possession d'état se contredisent. Encore, dans ces deux dernières hypothèses, l'action en réclamation d'état ne lui est-elle ouverte que si, n'acceptant pas l'état que lui attribuent son titre ou sa possession d'état (isolés ou contradictoires), il en fait abstraction, et se retrouve ainsi sans état. Quand donc un enfant, par la preuve testimoniale, aura établi à son profit une filiation autre que celle que lui attribuaient son titre ou sa possession d'état, ou aura, avec succès, revendiqué un état de filiation, alors qu'il n'en avait jusque-là aucun, il prendra le nom de la famille à laquelle il aura prouvé appartenir.

En matière de filiation naturelle, un enfant non reconnu agira en réclamation d'état, soit contre sa mère, conformément à l'article 341 du Code civil, soit même contre son père, dans le cas exceptionnel où l'article 340 admet la

---

(1) Soit que cet acte n'attribue aucune filiation à celui qu'il concerne, soit qu'il lui prête un état autre que celui qui lui appartient : car, si les actes de naissance sont le mode principal de constatation de la filiation, ils n'en sont pas le mode unique.

(2) Article 322 du Code civil.

recherche de la paternité [1], et il prendra le nom de celui de ses auteurs à l'encontre duquel il aura établi sa filiation.

176. — En toutes autres hypothèses, et pour établir son droit à un certain nom, une personne n'a besoin d'exercer que l'action en rectification.

Plaçons-nous d'abord en matière de filiation légitime.

Nul ne peut mettre en mouvement une action en réclamation d'état, pour faire confirmer à son profit un état qu'il possède déjà de par son titre ou sa possession d'état : on ne peut réclamer ce qu'on a déjà. A la vérité, cette possession est fragile : quiconque ne fonde pas sa filiation sur un titre et une possession d'état concordants, est exposé de la part des tiers à l'action en contestation d'état. Mais, tant qu'il n'a pas succombé dans cette action, il peut jouir des droits et avantages attachés à une filiation qui lui appartient, encore qu'elle soit précaire : en particulier, il peut prendre le nom de celui dont il est le fils. Rien de plus naturel, si c'est son acte (non confirmé, par hypothèse, par la possession d'état) qui lui attribue cette filiation ; il ne fait alors que porter le nom sous lequel il est inscrit. Que s'il ne peut invoquer qu'une possession d'état, son droit au nom de son père n'est pas moins certain ; mais, pour ne pas rencontrer de continuels obstacles à l'emploi d'un nom sous lequel il n'est pas inscrit, il recourra à l'action en rectification [2].

---

(1) Sous l'empire de la loi du 12 brumaire an II, article 8, les enfants naturels étaient admis à établir leur possession d'état, c'est-à-dire leur filiation, vis-à-vis de leur père. Cette preuve pouvait résulter d'actes publics ou privés du père. Le 11 floréal an XII, la Cour d'Amiens a reconnu le nom de son père naturel à un individu qui établissait sa filiation à l'aide d'une transaction passée entre son père et lui (*Dalloz, alph., Noms*, n° 46).

(2) Si la rectification met l'acte de l'état civil de l'intéressé d'accord avec sa possession d'état, il est bien évident qu'elle ne lui procure pas une possession d'état et un titre conformes, en ce sens qu'il ne soit plus désormais

Prenons quelques exemples : un enfant, inscrit comme étant né de père et mère inconnus, a la possession d'enfant légitime de deux personnes mariées : il fait rectifier son acte de naissance, pour y faire figurer le nom de ses auteurs, et n'être pas réduit, dans les actes les plus importants, à l'emploi des seuls prénoms sous lesquels il a été déclaré. Il n'est pas inutile de remarquer que nous sommes ici, en apparence au moins, bien près d'un cercle vicieux. Le nom est un des trois éléments essentiels de la possession d'état; or, c'est la filiation de l'enfant, son état, qui lui donne droit au nom. N'est-il pas illogique et abusif d'établir la filiation de l'enfant par l'usage qu'il fait du nom, pour ensuite prouver son droit au nom en invoquant sa filiation ? Le vice de notre argumentation n'est qu'apparent; car c'est le *fait* de porter le nom qui révèle la filiation; tandis que la filiation une fois établie donne *droit* au nom.

La rectification sera à plus forte raison admise dans l'hypothèse où l'acte de naissance, bien que ne mentionnant pas le nom auquel a droit l'enfant qu'il concerne, n'en est pas moins la constatation exacte de sa filiation. Un enfant a été inscrit comme né de telle femme, alors mariée, et de père inconnu ; ou de telle femme mariée et d'un père autre que le mari. En pareil cas, si l'action en désaveu n'a pas été intentée, et qu'elle ne puisse plus l'être, l'enfant, de par son acte de naissance, est enfant légitime du mari de sa mère ; s'il a possession d'état conforme, sa filiation est même établie d'une manière irréfragable. L'action en rectification lui est certainement ouverte pour faire rétablir le nom de son père dans son

exposé à une action en contestation d'état de la part des tiers : cela vu l'effet relatif du jugement de rectification.

acte de naissance. La jurisprudence est cependant d'un avis contraire : deux arrêts, l'un de la Cour de Bordeaux, du 11 juin 1828 [1], l'autre de la Cour de cassation, du 9 janvier 1854 [2], ont refusé la rectification tendant au rétablissement du nom du père dans l'acte de naissance d'enfants inscrits comme nés d'une femme, d'ailleurs mariée, et, soit d'un père inconnu, soit d'un individu autre que le mari de la mère. La voie de l'action en réclamation d'état est déclarée obligatoire [3] ! Comment donc un enfant réclamer a-t-il un état qu'il a déjà, et qu'il ne peut pas ne pas avoir ? L'action en rectification, destinée à attribuer à l'enfant le nom qui lui appartenait en vertu de son état, avait seule sa place ici. La Cour de Douai nous paraît, au contraire, avoir appliqué les vrais principes dans l'espèce suivante : un enfant adultérin reconnu par son père, et institué par lui légataire universel, se voit disputer la succession de son auteur par un de ses oncles paternels ; il exclut sans peine son compétiteur, en observant que la reconnaissance lui attribue un état qu'il ne peut pas avoir, et qu'il est pour son père un étranger. Son oncle alors lui fait interdire l'usage du nom de son père, sans soule-

(1) S., 29, 2, 29.

(2) S., 54, 1, 689 et note : « Sur la question de savoir si l'enfant qui, d'après son acte de naissance, a pour mère une femme mariée, peut invoquer la présomption de paternité du mari, même lorsque l'acte de naissance indique pour père un autre que le mari, voyez, dans le sens de l'affirmation : Marcadé sur l'article 319 ; Demolombe, V, n° 195 et suiv., Bonnier, *Des preuves*, n° 423 ; Massé et Vergé, sur Zachariæ, § 163, note 3 ; et, en sens contraire, Delvincourt, sur l'article 319. » Quant à MM. Aubry et Rau, ils citent l'arrêt du 9 janvier 1854 (S., 54, 1, 689) comme exemple de l'hypothèse où l'action en rectification ne peut être employée pour arriver à la reconnaissance d'un état, « parce qu'on est dans un cas où l'action d'état ne serait pas recevable comme telle ». C'est assez dire qu'ils ne font pas bénéficier l'enfant de la présomption de paternité du mari de sa mère.

(3) Or, justement, l'action en réclamation d'état est, en ce cas, irrecevable.

ver non plus de question d'état, sans lui contester un état qu'il ne pouvait pas avoir [1].

Enfin et le plus souvent, la question de rectification se présentera sans être compliquée d'aucune difficulté relative à l'état du réclamant. Le père de l'enfant, dans l'acte de naissance de ce dernier, a été désigné sous un faux nom : plus simplement, le nom a été mal orthographié. L'état de l'enfant n'en est pas moins régulièrement constaté, car le nom du père n'est qu'un des éléments de son identité. L'action en rectification a ici sa place : nous verrons plus loin à quelles conditions elle réussira.

Si nous envisageons maintenant la filiation naturelle, nous verrons qu'un enfant naturel peut avoir un état certain, sans que son acte de naissance le constate.

Nous n'admettons pas toutefois que la possession d'état puisse, à défaut de titre, faire preuve suffisante de la filiation naturelle, soit vis à vis du père, soit vis à vis de la mère. C'est donc à tort qu'une décision judiciaire, en date du 7 germinal an XII, a refusé à un individu le nom de son prétendu père naturel, vu qu'il ne justifiait de sa filiation ni par titre *ni par possession* [2] : la justification d'une possession d'état insuffisante pour établir la filiation ne saurait fonder le droit au nom. Mais le titre dont peut se prévaloir un enfant naturel n'est pas nécessairement son acte de naissance [3] : il peut notamment avoir été reconnu par acte notarié. En pareil cas, l'enfant natu-

---

(1) Douai, 26 déc. 1835 : S., 37, 2, 188.

(2) Dalloz, *Repert. alph., Noms,* n° 46, note 1. — Nous adressons la même critique à l'arrêt précité de la cour d'Agen, du 27 nvembre 1866 : S., 67, 2. 138.

(3) Un enfant naturel peut être reconnu dans son acte de naissance même, au moment où il est déclaré ; s'il est reconnu ultérieurement devant l'officier de l'état civil, mention de la reconnaissance est faite en marge de l'acte de naissance (Art. 62. C. civ.).

rel peut agir en rectification de son acte de naissance, pour en faire la constatation de sa filiation et de son droit au nom de son auteur.

D'ailleurs, si un enfant naturel peut avoir droit, en vertu de son état, à un nom sous lequel il n'est pas inscrit dans son acte de naissance, à l'inverse, il n'a pas droit au nom sous lequel il est inscrit, quand son état ne le lui confère pas. Etant admis que la simple indication du nom de la mère, dans l'acte de naissance d'un enfant naturel, ne vaut pas reconnaissance, l'enfant n'a pas droit à ce nom ; qu'il établisse sa filiation à l'aide d'une action en réclamation d'état, à la recevabilité de laquelle l'indication du nom de la mère peut n'être pas indifférente [1].

Enfin, aux enfants naturels comme aux enfants légitimes, l'action en rectification fournit surtout le moyen de faire rétablir le véritable nom ou l'orthographe exacte du nom de leur auteur.

L'enfant naturel dont la filiation est établie, ayant droit, à l'égal d'un enfant légitime, au nom de son auteur, nous trouvons étrange un arrêt de la Chambre des requêtes du 22 juin 1819 [2], qui n'admet un enfant naturel à porter, des noms de son père, que celui sous lesquels il avait été inscrit dans son acte de naissance [3].

---

(1) Cf. arrêt de cassation du 16 mars 1841 (S., 41, 1, 532) : Dans l'espèce, un enfant naturel avait pris le nom de son père qui ne l'avait pas reconnu.

(2) Dalloz, 1819, 1, 465 : Aff. Ruffi de Pontevès. En sens contraire, arrêt de la cour de Paris qui reconnaît le nom de la Vauguyon au fils naturel du dernier duc de ce nom, reconnu seulement sous le nom de Quélen.

(3) Nous avons toujours envisagé l'hypothèse de la rectification d'un acte de naissance : c'est par cet acte que s'opère et se constate la transmission des noms de famille. Au contraire, la rectification d'un acte de mariage ou de décès consiste seulement à mettre ces actes d'accord avec l'acte de naissance de celui qu'ils concernent.

177. — Le jugement qui a statué sur une question d'état ou de rectification procure un bénéfice évident à celui qui l'a obtenu vis-à-vis des personnes qui n'ont pas un intérêt personnel à y contredire. Les officiers publics notamment n'hésiteront plus à lui donner le nom qu'il se sera fait reconnaître.

Mais qu'en est-il des tiers, porteurs du même nom, qui n'ont pas été parties au jugement ? Nous abordons la théorie célèbre de l'effet relatif de la chose jugée en matière de questions d'état et de questions de rectification. Un certain état ou un certain nom une fois reconnus par jugement à une personne, vis-à-vis de qui peut-elle s'en prévaloir ? Il y a entre l'état et le nom une différence très visible : l'état est une qualité d'où découlent, au profit de celui qui en est revêtu, des droits et des avantages multiples ; si l'état, en soi, est absolu et indivisible, on comprend qu'on puisse invoquer vis-à-vis de certaines personnes, et non à l'égard de certaines autres, les prérogatives qu'il confère. C'est ce qui permet de ne reconnaître qu'un effet relatif à la chose jugée en matière d'état, effet restreint aux personnes parties au procès. Le nom (et ce que nous allons en dire est vrai du titre), le nom, au contraire, n'est pas une *qualité*, mais une *qualification*, qui porte en elle-même toute sa valeur. Quand on en fait usage, c'est à l'égard de tous sans exception. L'effet relatif de la chose jugée, en matière de noms et de titres, doit donc être entendue avec précaution.

Une personne a obtenu un jugement de rectification qui lui permet de substituer, dans son acte de naissance, au nom de Pierre, le nom de Paul qu'elle dit être celui de sa famille. Demandons à MM. Aubry et Rau quel est l'effet du jugement de rectification : « Le jugement ou l'arrêt de rectification, qu'il ait été rendu sur requête et

sans contradicteur, ou contradictoirement avec les personnes dont la mise en cause aurait été ordonnée, ne peut
jamais être opposé à ceux qui n'y ont pas été appelés
(art. 100). Ces derniers n'ont même pas besoin d'y former tierce opposition, lorsqu'ils *se bornent à en repousser
l'application à leur égard,* sans demander d'une manière
absolue la rectification des rectifications ordonnées par ce
jugement ou arrêt [1]. » Nous admettons en général l'exactitude de cette proposition : nous la croyons inapplicable
en matière de nom.

En principe, quiconque n'a pas été partie à un jugement
de rectification, peut écarter les conséquences de ce
jugement qui lui seraient personnellement opposables s'il
y avait été appelé. Mais un nom est absolument indivisible; quand on le porte, on n'en fait pas usage à l'encontre de celui-ci plutôt que de celui-là. Celui qui a fait
reconnaître à son profit la propriété d'un nom par un
jugement de rectification, ne saurait donc se prévaloir de
ce jugement à l'égard de ceux-là seuls qui y ont été parties. De même du jugement qui prononce sur une question d'état. En principe, les tiers n'ont qu'à s'opposer à
ce qu'il soit exécuté à leur égard ; mais, en tant qu'il a
abouti à reconnaître au réclamant la propriété d'un certain nom, c'est nécessairement à l'encontre de tous les
possesseurs de ce nom que le jugement produit ses
effets. Admettre que toutes personnes, non appelées au
jugement rendu sur l'action en rectification ou l'action

---

(1) Aubry et Rau, tome Ier, p. 214. — Cf. Demolombe, tome Ier, n° 336, et
tome V, n° 310. Dans le premier de ces deux passages, M. Demolombe dé-
clare également que la tierce opposition n'est pas nécessaire aux personnes
qui, n'ayant pas été parties à un jugement de rectification, se contentent d'en
repousser les effets. Mais tome V, n° 310, envisageant le jugement de rectification en tant qu'il confère à une personne l'usage d'un nom, il déclare que

d'état, pourront, de plein droit, interdire à l'intéressé le nom qui lui a été reconnu, c'est supprimer totalement les effets de ce jugement, c'est priver celui qui l'a obtenu de la faculté de s'en prévaloir même à l'égard de ceux dont il a triomphé. Voilà qui serait singulièrement exagérer les conséquences du principe de l'autorité relative de la chose jugée.

Nous réduirons donc les personnes dont le nom a été attribué à un tiers par un jugement de rectification, ou un jugement statuant sur une question d'état, auquel elles n'ont pas été parties, au droit de faire rectifier la rectification prononcée, au droit de contester à l'intéressé l'état qu'il vient de se faire reconnaître. Nous nous trouvons dans une hypothèse où l'exécution d'un jugement, *entre les parties*, porte préjudice à des tiers, auxquels le principe de l'article 1351 n'offre qu'une protection insuffisante. C'est, semble-t-il, en vue de cette situation exceptionnelle, que la tierce opposition a été instituée. N'allons pas croire toutefois, comme les passages de MM. Aubry et Rau et Demolombe le donneraient à penser, que cette voie soit seule ouverte : elle n'est que facultative [1], et a des inconvénients qui lui feront préférer l'action en rectification ou l'action en contestation d'état, également ouvertes aux intéressés ; mais, tant que ceux-ci n'auront pas exercé avec succès l'une ou l'autre de ces

les intéressés doivent recourir à la tierce opposition, pour écarter les conséquences de ce jugement, qui leur sont préjudiciables.

(1) M. Tissier (*Théorie de la tierce opposition*, n° 52) déclare la tierce opposition facultative, en ce sens que ceux auxquels est opposé un jugement qui leur est étranger, n'ont qu'à en repousser l'application à leur égard, sans avoir à prendre l'offensive. Pour nous qui admettons que les tiers qui veulent faire cesser l'envahissement de leur nom, doivent nécessairement prendre l'offensive, c'est en un autre sens que nous déclarons la tierce opposition facultative.

actions, le nom reconnu à un tiers par un précédent jugement sera porté par ce tiers à leur encontre [1].

Supposons que deux actions en rectification, ou deux actions d'état, ont été successivement exercées, et ont abouti à des résultats différents : Primus, qui avait d'abord triomphé à l'égard de son adversaire, échoue dans l'action qu'intentent contre lui des personnes étrangères au premier jugement [2]. Comment observer ici le principe de l'autorité relative de la chose jugée ? Il nous paraît devoir céder. Primus ne pourra plus aucunement faire usage du nom dont il avait obtenu le rétablissement dans son acte de naissance à l'encontre de Secundus, et que Tertius lui a disputé avec succès [3]. Ainsi satisfaction complète est donnée à Tertius, sans que Secundus puisse se plaindre,

(1) Non pas que ce tiers leur oppose précisément le jugement auquel ils n'ont pas été parties : ce jugement ne leur étant pas opposable, c'est comme si celui qui l'a obtenu s'était mis *de plano* en possession du nom auquel il prétendait. N'est-il pas évident qu'en pareil cas, toutes les personnes intéressées à lui disputer ce nom auraient dû distinctement le lui faire interdire ? En conséquence, au point de vue de la preuve, il est manifeste qu'une personne, poursuivant la rectification d'une rectification précédemment ordonnée, n'est pas dans la situation d'un demandeur poursuivant la rectification d'un acte qui, par sa rédaction originaire, attribue un certain nom à celui qu'il concerne. La question se pose comme si aucune rectification n'avait encore été obtenue.

(2) On peut supposer aussi l'exercice de la tierce-opposition. M. Tissier (*loc. cit.*, nᵒˢ 27 et 28), déclare que la tierce opposition est une voie de réformation, de rétractation ou d'annulation des jugements ; qu'elle est donnée contre les jugements eux-mêmes et non contre leur exécution : cela d'après le texte de la loi. Mais, « au point de vue rationnel, ajoute-t-il, la tierce opposition n'a pas d'autre utilité que de protéger les tiers contre l'exécution du jugement ». Donc le jugement attaqué n'est pas absolument anéanti ; il y a lieu désormais, en l'exécutant, de tenir compte de la décision prise sur la tierce opposition. C'est de la combinaison des deux jugements que nous nous occupons.

(3) Comme dit très justement M. Bouvy (*des noms de personnes*, p. 59) : « Si le réclamant triomphe d'un adversaire, son triomphe est relatif ; s'il est vaincu, sa défaite est absolue et générale. »

tout au contraire. Pour avoir un droit absolu, définitif, au nom par lui revendiqué, il aurait fallu que Primus obtînt un jugement opposable à toutes les personnes intéressées à lui contester l'usage de ce nom; son intérêt à susciter des contradicteurs à sa demande était de diminuer le nombre de ceux qui pouvaient lui contester le bénéfice de la rectification obtenue. Le principe de l'effet relatif de la chose jugée n'est cependant pas absolument écarté : car, si Primus continue à porter le nom que Tertius lui a fait interdire, ce dernier seul peut lui en faire grief, et non Secundus [1].

M. Duranton enseigne toutefois [2] que, si un individu, après avoir établi à l'encontre de Primus qu'il était enfant légitime, est réduit par Secundus à l'état d'enfant naturel, la faveur de la légitimité doit l'emporter : en d'autres termes, quand la détermination du nom d'une personne dépend de la solution d'une question de filiation, le nom que l'intéressé portera *erga omnes* est celui que lui attribue sa filiation légitime, établie seulement à l'égard de quelques-uns. M. Demolombe apporte un tempérament à la doctrine de M. Duranton : il déclare que la faveur de la légitimité ne doit l'emporter qu'autant que le réclamant n'avait pas à se reprocher, lors du triomphe de sa réclamation d'état contre l'un de ses parents, de n'avoir pas mis en cause les autres parents qu'il aurait pu y appeler [3].

La solution proposée dans cette hypothèse spéciale n'est pas susceptible d'être généralisée. On peut supposer que

(1) Il est bien entendu d'ailleurs, quand c'est dans une action d'état que Primus a triomphé de Secundu, sque son état est établi d'une façon définitive vis-à-vis de ce dernier, quel que soit le résultat de l'action plus tard intentée par Tertius. C'est seulement en ce qui concerne le droit au nom, que les effets du jugement ne sont pas définitivement acquis.

(2) Tome XIII, n° 527.

(3) Tome V, n° 310.

deux actions d'état successivement intentées aient attribué à la même personne deux filiations différentes, mais toutes deux légitimes ou naturelles. Quel nom portera l'intéressé dans ce cas où la formule de MM. Duranton et Demolombe n'a que faire ? Que décident d'ailleurs ces auteurs, quand ont été rendus deux jugements de rectification attribuant à la même personne deux noms différents, sans qu'une question de filiation se soit posée ? La règle générale que nous avons admise s'impose donc dans la majorité des cas, et l'on n'aperçoit pas pourquoi il y serait fait exception dans une hypothèse particulière.

178. — Nous n'avons pas à étudier ici les actions d'état, qui n'aboutissent que très accessoirement à fixer la propriété des noms : il importe, au contraire, de dire quelques mots de la procédure et des conditions de recevabilité de l'action en rectification, en tant du moins qu'elle a pour objet la détermination du nom.

La demande en rectification s'introduit par requête au président du tribunal compétent : il est statué sur rapport et sur les conclusions du ministère public (art. 99, C. civ., 855 et 856 C. pr. civ.). La voie de la requête peut être suivie, non-seulement quand la demande est formée par un individu qui prétend faire rectifier son propre état civil (auquel cas il se peut que personne n'ait intérêt à contester la rectification), mais même quand elle est dirigée contre un tiers dont le nom est contesté, ce qui suppose nécessairement un conflit entre deux personnes. Mais il est indispensable, en pareil cas, que le tribunal mette en cause l'intéressé : un acte de l'état civil ne saurait être rectifié par un jugement auquel n'aurait pas été partie celui que cet acte concerne [1].

(I) Le sieur Moet-Romont poursuivant la rectification de l'acte de naissance d'un sieur Chandon, indûment appel de Romont, un premier juge-

Quant aux personnes qui peuvent être intéressées à la rectification de l'état civil du requérant lui-même, leur mise en cause n'est que facultative pour le tribunal. Ces tiers sont le plus souvent des parents du requérant; mais, quand la rectification tend au rétablissement d'un nom dans un acte, les parties intéressées peuvent être des porteurs de ce nom, étrangers d'ailleurs à la famille du requérant.

Les intéressés ne peuvent être appelés en cause en vertu d'une ordonnance du président, mais seulement par jugement rendu en chambre du conseil. La procédure s'engage alors contradictoirement, par voie d'assignation, et sans préliminaire de conciliation, quand aucune instance n'est pendante entre le demandeur à la rectification et les tiers ; sinon, par acte d'avoué à avoué (art. 856, C. pr. civ.). Le jugement est rendu en audience publique.

Le demandeur qui, pour éviter les frais et les lenteurs qu'entraîne le jugement ordonnant la mise en cause des tiers, veut les assigner directement, ne peut se dispenser de présenter requête. Il notifie sa requête, avec l'ordonnance du président, en tête de son assignation.

« Dans le cas où il n'y aurait d'autre partie que le demandeur en rectification, et où il croirait avoir à se plaindre du jugement, il pourra, dans les trois mois depuis la date de ce jugement, se pourvoir à la Cour d'appel, en présentant au président une requête, sur laquelle sera indiqué un jour auquel il sera statué à l'audience sur les conclusions du ministère public. » (art. 858, C. pr. c.) Le

____

ment ordonna la mise en cause de ce dernier ; un second jugement du tribunal de la Seine ordonna la rectification (17 février 1854. Voy. Borel d'Hauterive, *Annuaire de* 1855, p. 379). Mais, en fait, l'action en rectification des actes de l'état civil d'autrui, véritable action en suppression de nom, s'introduit directement par voie d'assignation (Voy. n° 157, p. 281, note 2.)

demandeur ne peut, sur l'appel, intimer le ministère public [1].

L'article 99 du Code civil et les articles 855 à 858 du Code de procédure civile nous indiquent la procédure ordinaire de l'action en rectification. Cette procédure est minutieuse et assez coûteuse. Aussi, « pour prévenir les inconvénients résultant pour les personnes qui veulent se marier, de l'obligation de faire rectifier les actes qu'elles sont obligées de produire », un avis du Conseil d'État des 19-30 mars 1808 déclare que, s'il a été commis, dans l'acte de naissance qu'un futur époux doit représenter à l'officier de l'état civil (art. 70 C. civil), une erreur relative, soit à l'orthographe de son nom patronymique, soit aux prénoms de ses parents, il suffit, pour remédier aux conséquences de cette erreur, du témoignage des père et mère ou aïeux de l'intéressé, donné verbalement, s'ils assistent à son mariage et attestent son identité, ou contenu dans leur consentement écrit, s'ils ne sont pas présents. « En cas de décès des père et mère, l'identité est valablement attestée, pour les mineurs, par le conseil de famille ou le tuteur *ad hoc*, et pour les majeurs, par les témoins de l'acte de mariage. » Quand les omissions ou erreurs se trouvent dans l'acte de décès des pères, mères ou aïeux des futurs époux, il suffit de la déclaration sous serment, des personnes appelées à donner leur consentement au mariage, pour les mineurs, ou de celle des parties et des témoins, pour les majeurs. Mais il est bien évident qu'on

---

(1) Bruxelles, 6 frimaire an XIV: S., col. nouv., 2, 2, 93. Quand il y a eu un contradicteur à l'action en rectification, la partie qui succombe intime son adversaire, en appel suivant les règles ordinaires. Le ministère public peut être intimé quand il a été demandeur à l'action en suppression de nom. Quant au droit du ministère public d'appeler d'un jugement de rectification où il n'a été que partie jointe, voy. nᵒ 165.

n'arrive pas par ce moyen à rectifier l'acte dans lequel a
été commise l'erreur, mais seulement à ne pas reproduire
cette erreur dans le nouvel acte de l'état civil, dressé sur
les indications puisées dans l'acte mal rédigé. Aussi, l'avis
du Conseil d'Etat dispense-t-il seulement les intéressés
de former une demande rectification, sans leur interdire
cette voie, s'ils préfèrent y recourir.

179. — Est-on toujours maître de reprendre le nom
originaire de sa famille, de le rétablir dans les actes de
son état civil par voie de rectification, depuis si longtemps
qu'il ait été délaissé ? Cette question se ramène à celle de
savoir si l'on peut changer de nom de sa propre volonté
et sans remplir les conditions de la loi, si le nom s'acquiert par prescription. La non-recevabilité de l'action
en rectification, tendant à restituer à une personne le nom
primitif de sa famille, ne pourrait en effet résulter que de
l'acquisition par le réclamant d'un autre nom, qui lui en
tiendrait lieu. Or, tout changement de nom accompli sans
autorisation constitue une illégalité que le temps ne peut
couvrir ; aucun texte, du moins, ne fixe la durée de la
possession qui ferait acquérir un nom usurpé[1]. Quelques
arrêts, à la vérité, attribuent aux tribunaux, dans le silence de la loi, le soin de fixer, dans chaque espèce, la durée et les caractères de cette possession[2]. D'autres arrêts

(1) De l'imprescriptibilité du nom, il faut déduire non seulement l'imprescriptibilité de l'action par laquelle une famille réclame un nom quelque temps
délaissé, mais celle de l'action par laquelle on poursuit contre un tiers la suppression d'un nom usurpé.

(2) Riom, 2 janv. 1865 (D., 65, 2, 17), confirmé par la cour de cassation
le 15 mai 1867 (D., 67, 1, 241) : « La règle suivant laquelle la propriété des
noms ne peut s'acquérir ni se perdre par la prescription, ne met pas obstacle
à ce que le droit de porter un nom soit reconnu à celui qui en est investi par
son acte de naissance, conforme à un usage et à une possession constante, et
à l'origine desquelles ne se place aucun fait d'usurpation. » La Cour déclare

consacrent l'acquisition du nom par une possession centenaire que l'ancien droit aurait tenu pour suffisante, et qui
conduirait aujourd'hui encore à la propriété du nom [1].

On chercherait vainement dans notre ancien droit les
traces de cette prétendue prescription. Les tribunaux
qui en ont affirmé l'existence se sont laissé abuser par
une analogie : ils ont cru pouvoir appliquer à l'acquisition des noms la théorie qu'ils ont consacrée pour l'acquisition des titres [2]. Or, ce n'était pas la propriété des
titres, mais la *noblesse de race*, qui se prouvait autrefois
par la possession centenaire. Encore cette possession,
bien loin de conférer la noblesse, n'était-elle que
l'indice d'une extraction exempte de roture : la noblesse de race se transmettait et ne s'acquérait pas. Si
donc on venait à prouver contre un prétendu noble de
race, qu'à une époque plus éloignée, ses ancêtres n'a-
vaient pas vécu noblement, il était tenu pour roturier.
On juge si cette théorie peut être invoquée par analogie
dans la question de l'acquisition du nom par la posses-

tardive l'action des intéressés, qui s'opposaient à l'attribution de leur nom à
une autre famille : « Le silence d'un siècle, imputable à ceux qui l'ont gardé,
est un fait dont ceux-ci doivent supporter la responsabilité. » Ce raisonnement est fautif. On ne peut rien induire du silence des intéressés : il ne saurait de leur part valoir cession tacite de leur nom, puisqu'une cession expresse
n'en serait pas possible. D'ailleurs les intéressés ont pu ignorer l'envahissement
de leur nom. Voyez dans le même sens des arrêts qui refusent de consacrer
l'acquisition du nom par la possession, parce que les intéressés « n'ont pas
porté assez longtemps le nom réclamé pour établir une possession suffisante »
(Ch. civ., 16 mars 1841 : D. 41, 1, 210); parce que « la possession exercée par
les appelants n'offre aucun des caractères d'ancienneté, de loyauté et de
bonne foi nécessaires pour la légitimer » (Paris, 30 mars 1879 : D. 79, 2, 139).

(1) Jugement de la Seine du 26 novembre 1869 : D. 70, 3, 25 : « lorsqu'il
s'agit de la possession du nom, la possession elle-même forme le titre : et
le parlement de Paris jugeait que la possession centenaire créait le titre. »

(2) Jugement de la Seine, du 6 mars 1872, apporté par B. d'Hauterive,
Annuaire de la noblesse, 1873, p. 231.

sion prolongée! Une famille ne pouvant prétendre à la propriété d'un nom qu'elle porte depuis cent ans, qu'à la condition de n'en avoir pas porté un autre auparavant.

Ce rapprochement nous révèle le véritable rôle de la possession en matière de nom : c'est moins un titre qu'une preuve. On n'acquiert pas un nom en le possédant, mais il y a toute apparence que le nom sous lequel une famille est depuis longtemps connue, lui appartient. D'ailleurs la preuve du contraire est toujours possible : cette famille est admise à revendiquer un autre nom; les tiers, à lui contester celui qu'elle porte. En vain observerait-on que la possession est le mode originaire d'acquisition, d'établissement du nom patronymique : à cette objection, il a été répondu avec raison que la possession, en tant que mode d'acquisition des noms, n'a pu opérer qu'une fois. Une fois connue sous le nom appréhendé par elle à l'époque où s'est établie la transmissibilité des noms, une famille n'a pu en acquérir un autre, sans violer la règle qui l'obligeait à conserver et à transmettre le nom qu'elle avait déjà : la possession qui tend à lui attribuer un autre nom est inefficace et inopérante[1].

180. — On a protesté, au nom de l'intérêt public, contre cette théorie qui restitue aux familles leur nom primitif, depuis si longtemps qu'il ait été délaissé par elles, et si oublié qu'il soit du public. La fixité du nom patronymique, d'où l'on déduit son imprescriptibilité, est imposée dans un intérêt d'ordre public; or, l'ordre public est surtout lésé par les changements de noms actuels : il est absurde, dit-on, sous prétexte de sauvegarder l'intérêt social, de laisser une personne reprendre un nom abandonné par sa famille

(1) Rapport de M. d'Ubexi sous l'arrêt de cass. du 15 mai 1867: S., 67, 1, 241. Add, Troplong. *Prescript.*, n° 248.

depuis des siècles. C'est là renouveler le trouble social que le changement de nom a occasionné quand il s'est produit autrefois ; c'est induire le public en erreur sur l'identité des individus. « La loi sur les noms est une loi d'intérêt social, disait l'avocat général Paul Fabre, à la Cour de cassation ; mais dans l'intérêt de quelle société est-elle faite ? De la société du xvie siècle ou de la société actuelle [1] ? »

A quoi nous répondons : ce n'est pas de l'intérêt public qu'est née la fixité du nom patronymique. La conservation du nom dans les familles a été primitivement admise dans l'intérêt des particuliers ; les changements de noms furent d'abord surveillés et réglementés bien plutôt à cause des usurpations de noms qu'ils pouvaient constituer, qu'à raison des confusions qu'ils étaient susceptibles de produire dans l'identité des personnes. Par la suite, ils ont été prohibés pour des motifs d'ordre public ; néanmoins l'intérêt privé, en matière de nom, prime toujours l'intérêt social. Voilà pourquoi toute personne peut reprendre le nom originaire de sa famille, depuis longtemps délaissé, ou interdire l'usage de son nom patronymique aux tiers, depuis si longtemps qu'ils le possèdent.

181. — Faut-il conclure de là qu'on doit toujour simposer aux familles leur plus ancien nom connu, le nom qu'elles portaient à l'époque la plus rapprochée de celle ou s'est établie la patrimonialité des noms ? C'est l'opinion de M. Bouvy: « La possession n'étant qu'une présomption de droit, entre plusieurs présomptions contradictoires, c'est la plus

---

(1) D. 67,1, 241. — Cf. Aix, 25 mai 1859 : D. 59, 2, 93: Une altération de nom séculaire ne saurait être du ressort des tribunaux « car le retour à une dénomination oubliée des contemporains, compromet plus qu'il ne favorise la constatation de l'identité des personnes. »

forte que les tribunaux doivent chercher. Or, la possession la plus ancienne étant la plus voisine du nom originaire,qui est le véritable nom de droit, doit être vraisemblablement celle que les tribunaux doivent confirmer[1]. »
Le Tribunal de la Seine, dans l'affaire de Mortemart, semble également considérer la possession comme inopérante
en matière de nom : il compare les actes et documents
produits,les compte et les apprécie,et finit par imposer aux
défendeurs à une action en suppression de nom le nom
qui figure le plus souvent dans les actes les plus anciens
en date[2].

Nous n'hésitons pas à nous ranger à l'opinion qui dénie toute influence à la possession en matière de nom.
Mais, dans la pratique, elle doit être entendue avec précaution. Il ne suffit pas qu'une famille ait autrefois fait
usage d'un nom, pour qu'elle soit autorisée ou puisse
être contrainte à le reprendre. Sans exiger des intéressés
qu'ils prouvent qu'un nom précédemment porté par leurs

(1) *Des noms de personnes.*

(2) D. 79, 2, 139. — Cf. Paris, 4 déc. 1863 : S. 66, 1, 435; Trib. de la
Seine, 24 mai 1878 : S. 89, 2, 203 (Nom de la salle Valentino). La Cour de
Cassation enfin, par un arrêt difficilement conciliable avec l'arrêt précité du
15 mai 1867, a restitué à une famille un nom délaissé par elle depuis plusieurs siècles.Un sieur d'Azémar,voulant rendre à son nom son orthographe
primitive, *d'Adhémar*, avait obtenu, en 1817, une ordonnance de changement
de nom, plus tard rapportée sur l'opposition du comte d'Adhémar. Il porta
alors devant les tribunaux civils une demande en rectification, dans laquelle
il échoua, faute d'avoir pu établir qu'il appartenait à la famille d'Adhémar :
la question de rectification se compliquait d'une question d'état. Le sieur
d'Azémar continuant cependant à porter le nom d'Adhémar, se vit assigner
par le comte d'Adhémar ; c'est alors qu'il démontra que, s'il n'appartenait
pas à la famille de son adversaire, il n'en descendait pas moins d'un d'Adhémar ; que ce nom ayant été porté par ses ancêtres, il devait être autorisé à
le reprendre. Sa prétention fut admise. Or, les titres qu'il invoquait étaient des
contrats de mariage datant de 1477 et de 1520. (Cass., 8 mars 1841 : S. 41,
1, 189).

ancêtres est le nom primitif de leur famille, il faut du
moins les astreindre à établir la vraisemblance de leurs
prétentions par de sérieux indices. La possession qu'ils
invoquent doit être suffisamment longue ; elle doit résulter de pièces et de documents sûrs et concluants.[1] Mais
surtout, les conditions dans lesquelles un nom, autrefois
porté dans une famille, a été abandonné ou altéré, les
motifs pour lesquels il a été délaissé, permettent le plus
souvent de le restituer aux intéressés, quand ils le réclament.

C'est ainsi que les tribunaux admettent sans peine le
rétablissement de l'orthographe ancienne d'un nom, quand
son altération, si lointaine qu'elle soit, s'explique par les
vices d'une prononciation locale : « Le nom d'Azémar, dit
un arrêt précité, n'est autre que celui d'Adhémar, altéré
dans son orthographe et sa prononciation par l'idiôme
languedocien [2]. » De cette décision, nous rapprocherons
des arrêts qui permettent de séparer d'un nom la particule qui s'y est incorporée [3] : rectification d'autant plus
admissible, quand il s'agit d'un d' apostrophe, que l'usage
de l'apostrophe dans les manuscrits est relativement récent.

Les tribunaux ont également autorisé une branche
cadette d'une famille à reprendre le nom primitif et véritable de cette famille, délaissé par elle pour se distinguer,
par l'emploi d'un nom additionnel, de la branche aînée
qui l'a conservé intact [4]. On sait en effet que l'usage était

(1) Voy. n° 182.

(2) Cass., 8 mars 1841 : S., 41, 1, 189.

(3) Douai, 10 août 1852 : S., 53, 2, 102.

(4) Rennes, 4 juin 1878 : S., 79, 2, 10. Cf. Limoges, 20 déc. 1858 ; D. 59,
2, 152 : « Le rétablissement de la particule est possible par voie de rectification, bien qu'il y ait eu dans sa possession une interruption remontant à une
époque antérieure aux lois révolutionnaires, si ce nom, altéré par une erreur

fréquent chez les cadets de famille d'abandonner le nom de leur père qu'ils auraient dû retenir [1].

Mais surtout les tribunaux admettent sans peine qu'un nom soit repris, quand il a été disposé pour obéir aux lois révolutionnaires, à la loi du 6 fructidor an II, en particulier. Nous avons dit que l'usage des noms terriens avait été restitué aux intéressés en 1814 ; ces noms peuvent donc être rétablit dans les actes où ils ont été omis depuis cette époque. Mais peut-on les faire figurer, par voie de rectification, dans des actes rédigés pendant la Révolution, et jusqu'en 1814, alors que la loi de fructidor en prohibait l'emploi ? Cette question, qui est commune aux noms additionnels d'origine féodale et aux titres nobiliaires, a repris, quant aux titres, un certain intérêt d'actualité, par suite de leur suppression sous la République de 1848.

Rappelons d'abord que la loi de fructidor ne prohibait pas l'usage de la particule ; en fait, on ne manqua pas de la déposer ; mais les tribunaux ont pu sans difficulté la rétablir dans les actes rédigés sous la Révolution, car elle aurait pu y figurer régulièrement [2].

S'agissant d'un nom terrien ou d'un titre, comment, a-t-on objecté, les insérer dans un acte qui ne pouvait les mentionner ? *Rectification* veut dire correction, redressement; comment rectifier un acte qui a été bien rédigé?

évidente, *a été conservé intact dans d'autres branches de la famille.* » Voy. cependant, en sens contraire, Cass. 1er juin 1863, S., 63, 1, 387.

(1) Voy. n° 21.

(2) Voy. Henri Beaune, *Gazette des Trib.* du 27 octobre 1861. — Add. Ch. civ., 20 novembre 1866 : S., 66, 1, 419 ; Lyon, 24 mai 1865 : S., 66, 2, 343.— Le *de* ne pouvait être conservé, sous l'empire de la loi de fructidor an II, qu'autant que le nom qu'il précédait ne devait pas être déposé pour obéir à cette loi : mais bien des familles se dispensèrent d'abandonner leur nom en délaissant seulement la particule qui indiquait son origine terrienne, seigneuriale.

D'ailleurs a-t-on ajouté, la rectification est sans intérêt : l'omission d'un nom ou d'un titre dans un acte qui ne pouvait les énoncer, ne sera jamais préjudiciable ; car on ne pourra faire grief aux intéressés de cette omission, ni rien en conclure contre eux [1].

Nous reconnaissons qu'un acte bien rédigé n'est pas susceptible de redressement ; mais la rectification, dans un sens large, est un moyen de faire à un acte des additions autant que des corrections. Quand, sous la Restauration, une personne était gratifiée d'un titre nobiliaire, elle était autorisée à faire ajouter ce titre à son nom tant sur les actes de son état civil que sur ceux de ses enfants ; le titre cependant n'aurait pu figurer dans ces actes lors de leur rédaction. Aujourd'hui encore, les décrets qui autorisent les changements de noms disposent expressément que les intéressés pourront faire mentionner leur nouveau nom en marge des actes les concernant, « faire opérer dans ces actes les changements résultant du décret ».

C'est pour le même motif que nous admettons la rectification dans l'hypothèse qui nous occupe : elle tend à faire figurer dans les actes de l'état civil des intéressés leur véritable nom, un nom qu'ils n'avaient pas le droit de porter, quand les actes sujets à redressement ont été rédigés, mais qui leur a été restitué depuis. N'est-il pas vrai que tout individu doit être désigné, sur les registres de l'état civil, sous le nom qui lui appartient ? Cela est essentiel pour établir exactement l'identité des personnes : l'action en rectification permettra d'atteindre ce but [2].

(1) Paris, 15 avril 1864 : S., 64, 2, 103.
(2) Voy. Pau, 15 nov. 1858 (D., 59, 2, 92). arrêt rendu sur les conclusions du Procureur général Falconnet qui accumule, en faveur de la recevabilité de la rectification, des arguments malheureusement peu probants. Quant au

La rectification est, au contraire, refusée quand les circonstances dans lesquelles le nom revendiqué a été abandonné, donnent à penser qu'il n'appartient pas à la famille des demandeurs ; ainsi en est-il quand un nom a été délaissé sans motif apparent, dès avant la Révolution, surtout quand il s'agit d'un nom terrien, l'usage non interrompu d'un tel nom étant la condition de son incorporation au nom patronymique [1]. La circonspection avec laquelle la jurisprudence accueille, les demandes en rectification, prévient les abus auxquels pourrait donner lieu la règle de l'imprescriptibilité du nom.

182. — Si les circonstances dans lesquelles une famille a délaissé un nom sous lequel elle était précédemment connue, rendent vraisemblable son droit de le rependre, elles ne la dispensent pas absolument de justifier du bien fondé de sa prétention prise en elle-même, de son droit au nom revendiqué. D'ailleurs, quand deux familles se disputent un nom, la question de propriété du nom se pose directement, isolément, et elle doit être résolue en elle-même.

Or, si l'on excepte les hypothèses relativement rares dans lesquelles le droit de porter un nom se fonde sur la concession du chef de l'Etat, la propriété des noms ne peut être établie d'une manière irréfragable ; faute par les intéressés de pouvoir prouver que le nom qu'ils revendiquent est bien celui dont leurs ancêtres se sont emparés à l'époque où s'est établie la patrimonialité des noms, ils en sont ré-

rétablissement de noms ou de titres délaissés pour obéir aux lois révolutionnaires, dans des actes rédigés après l'abrogation de ces lois,il n'a jamais fait de difficulté : nous citerons seulement les arrêts les plus récents qui ordonnent, en pareil cas, des rectifications d'état civil : Angers, 23 mars 1876 : S., 76, 2, 283 ; Limoges, 9 avril 1878 : S., 78, 2, 195.

(1) Douai, 10 août 1852 ; S ,53, 2, 102 ; Douai, 12 août 1863 : S., 64, 2, 103.

duits à justifier de la possession prolongée de ce nom par leur famille. A défaut du droit lui-même, ils établissent une présomption de droit, présomption d'autant plus solide que la possession qui lui sert de base est plus ancienne et mieux établie.

Sur quels actes fondera-t-on cette possession ? Quelles pièces peut-on utilement produire pour établir son droit au nom qu'on revendique, ou repousser l'action des tiers qui vous contestent le nom qu'on porte ? Le tribunal de la Seine a jugé, le 2 juillet 1823 [1], que la possession ancienne d'un nom ne se prouve que par registres, actes et documents publics, et, en général, par tous actes qui n'ont pas été rédigés par les intéressés ou leurs ancêtres ; car on ne peut se créer de titres à soi-même. La Cour de Bordeaux a déclaré le 22 août 1859 [2], que la possession de la particule ne peut être établie par des actes étrangers à l'état civil. Enfin, la Cour de cassation, le 5 janvier 1865 [3], confirmant un arrêt de la Cour de Paris, semble avoir admis que, pour fonder la propriété du nom, il faut faire prévaloir les actes de l'état civil sur tous autres actes et documents. Ajoutons que l'article 259 du Code pénal, dans la rédaction qu'il a reçue en 1858, implique que le nom auquel toute personne a droit est celui que lui assigne, non pas son acte de naissance, mais *l'ensemble des actes de l'état civil* de sa famille.

Nous admettons sans difficulté que ce sont surtout les actes publics, et notamment les actes de l'état civil, qui doivent être produits pour établir la propriété des noms. Nous reconnaissons que les titres qu'une famille

(1) Sirey, 26, 1, 357.
(2) S., 60, 2, 33.
(3) S., 63, 1, 191.

s'est créés à elle-même sont dénués de toute autorité, quand il ne dépendait pas d'elle de s'approprier le nom qu'elle dit être sien. Mais il ne faut pas oublier que les noms qu'on revendique, qu'on se dispute aujourd'hui, sont les noms terriens. Or, l'acquisition de ces noms était laissée à la volonté des particuliers. Dès lors, bien loin de dénier toute valeur probante aux actes émanés des ancêtres de ceux qui réclament aujourd'hui des noms terriens, nous leur reconnaîtrons grande importance. C'est dans ces actes qu'il faut chercher la manifestation de la volonté d'incorporer le nom terrien au nom patronymique : il n'est pas jusqu'aux signatures qui n'aient une portée singulière [1]. S'il est vrai que la propriété des noms ne peut s'établir directement, cela doit s'entendre de celle qui se fonde sur une possession immémoriale. La preuve de l'acquisition des noms terriens, dont nous avons fait connaître en détail les conditions, devra être directement administrée.

(1) La Cour de Bourges, refusant de restituer à une famille un nom de terre délaissé par elle, se base notamment sur cette circonstance que ce nom ne figurait pas dans la signature des ancêtres des requérants (8 janvier 1889 : D. 89, 2, 270).

CHAPITRE II

De la preuve des Titres [1].

183. — Il n'est pas douteux que les titres de noblesse doivent figurer dans les actes de l'état civil. Quelques arrêts en ont cependant décidé autrement. La Cour de Rennes, le 12 juin 1864 [2], a déclaré que les statuts tendant à l'établissement de la noblesse nouvelle et au rétablissement de l'ancienne, n'ont été accompagnés ni suivis d'aucune innovation législative en ce qui concerne la rédaction des actes de l'état civil ; qu'un acte est complet sans contenir mention des titres ; qu'en effet, l'article 34 du Code civil, qui énumère les énonciations que doivent contenir les actes de l'état civil, est muet à l'égard des titres [3].

Nous n'aurons garde de prétendre que les titres font partie des noms ; mais il est indéniable que les titres, à l'égal des noms, servent à préciser l'identité des individus, et que, dès lors, ils méritent de figurer dans les actes de l'état civil [4]. D'ailleurs, Napoléon I et Louis XVIII, en

(1) Nous réunissons ici les question spéciales à la preuve des titres ; tout ce que nous venons de dire de la preuve des noms est d'ailleurs applicable à celle des titres.

(2) Sirey, 64, 2, 195.

(3) Cf. Douai, 10 août 1852 : S., 53, 2, 102 ; Nîmes, 9 août 1860 : S., 61, 2, 276 ; Nîmes, 6 mai 1861 : S., 61, 2, 609 ; Toulouse, 12 juillet 1862 : S., 62, 2, 461.

(4) En ce sens, Colmar, 15 mai 1860 : D., 60, 2, 160 : « On ne saurait soutenir que, à la différence du nom, les titres ne constituent pas l'une des indications essentielles des actes de l'état civil ; dans un pays et sous une constitution qui consacrent les titres, ils deviennent partie intégrante et légale de la désignation des familles. »

instituant ou en rétablissant les titres, ont entendu qu'il en fût fait usage en toutes circonstances ; et il serait absurde d'en proscrire l'emploi dans les actes les plus importants, dans les actes de l'état civil, qui offrent à la fois l'occasion de s'en parer, et le moyen de prouver qu'on les possède. A ceux qui affirment à la légère qu'aucun texte n'autorise à insérer les titres dans les actes de l'état civil, on peut opposer le statut du 1er mars 1808 qui, dans son article 15, prévoit expressément que les titres nouveaux figureront dans ces actes : Défense est faite aux particuliers de prendre des titres qui ne leur auraient pas été conférés, et aux *officiers de l'état civil* de les leur donner. Enfin, plusieurs circulaires ministérielles ont trait à l'insertion des titres dans les actes de l'état civil. Une circulaire du 19 juin 1858 [1] prescrit aux Procureurs généraux de veiller à ce que « les cours, les tribunaux, les *officiers de l'état civil*, n'attribuent désormais aux parties que les titres et les noms qu'elles justifieront être en droit de porter ». Une circulaire du 8 juillet 1874 décide que les lettres-patentes, décrets, brevets et actes d'investiture, les décisions judiciaires, les actes de l'état civil reproduisant les énonciations d'actes antérieurs à 1789, les autorisations spéciales accordées par le chef de l'Etat, établiront suffisamment le droit aux titres nobiliaires, pour qu'ils puissent être admis par les officiers de l'état civil.

Etant donné que les titres doivent figurer dans les actes de l'état civil, nous déciderons qu'ils peuvent y être rétablis par voie de rectification, quand ils y ont été omis [2].

---

(1) Dalloz, 1858, 3, 48.

(2) Les arrêts précités, qui déclarent superflue, sinon illégale, la mention d'un titre dans les actes de l'état civil, ont été rendus dans des espèces où une

On aperçoit toutefois que l'insertion d'un titre dans un acte de l'état civil a bien moins de valeur que l'énonciation d'un nom. A la différence du nom, qui passe sans distinction à tous les enfants de son possesseur, le titre est soumis à des règles de transmission compliquées : l'aîné des enfants mâles héritant seul du titre paternel, la mention de ce titre dans les actes de naissance des puînés est souvent de nature à causer des erreurs et à faciliter des usurpations. Aussi est-il impossible d'établir la propriété d'un titre à l'aide des seules indications contenues dans les actes de l'état civil [1].

Les difficultés spéciales que présente la preuve des titres de noblesse, par suite de la complexité des règles de leur transmission, ont été l'occasion d'attribuer au conseil du sceau, sous le second Empire, la connaissance des questions de vérification des titres. Cette innovation est venue jeter le trouble en notre matière, et rendre quelque temps douteuse la compétence des tribunaux ordinaires dans les questions de propriété des titres.

184. — Le conseil du sceau des titres, institué sous le premier Empire, avait pour principale attribution de prononcer sur les demandes d'érection de majorats. La commission du

---

action en rectification tendait à faire figurer dans ces actes un titre qui n'y était point porté ; ils refusent la rectification, sous prétexte que l'acte est complet et bien rédigé.

(1) M. Borel d'Hauterive (*Annuaire de* 1860, p. 312), pour faire cesser toute incertitude et faciliter la preuve des titres, proposait : 1º que tous les possesseurs de titres fussent tenus d'en justifier devant le conseil du sceau, et de se pourvoir d'un diplôme personnel de reconnaissance ou de confirmation ; 2º qu'à chaque génération ou transmission de titre, l'héritier ou nouveau titulaire se présentât à la chancellerie pour obtenir un brevet ou diplôme personnel, moyennant un faible droit de finance ; 3º qu'aucun officier public ne pût, dans un acte, donner un titre à une partie, que sur la producttion de son brevet ou diplôme.

sceau, qui le remplaça sous la Restauration, en vertu d'une ordonnance du 15 juillet 1814, connaissait de toutes les questions autrefois réservées au conseil du sceau, et devait en outre examiner les demandes à fin d'obtention de titres et d'armoiries. Cette commission fut supprimée par un décret du 30 octobre 1830, qui en transporta les attributions au conseil d'administration du ministère de la Justice. Quand un décret du 8 janvier 1859 rétablit sous son nom primitif *le Conseil du sceau des titres*, ce fut avec une compétence toute nouvelle : « Il a paru nécessaire, est-il dit dans le rapport à l'Empereur [1], d'étendre les attributions de l'ancien conseil du sceau..., de donner au garde des sceaux le droit de soumettre à son examen toutes les difficultés se rattachant à la matière des titres. » Aux termes de l'article 6 de ce décret, le conseil du sceau délibérait et donnait son avis : 1° sur les demandes en collation, confirmation et reconnaissance de titres que l'empereur renvoyait à son examen ; 2° *sur les demandes en vérification de titres ;* 3° sur les demandes en remise de droit de sceau et, en général, sur toutes les questions qui pouvaient lui être soumises par le garde des sceaux. Il pouvait être consulté sur les demandes en changement ou addition de noms ayant pour effet d'attribuer une distinction honorifique. En vertu de l'article 7, toute personne pouvait se pourvoir auprès du garde des sceaux, pour provoquer la vérification de son titre par le conseil du sceau.

Les tribunaux ont autrefois conclu de ce dernier texte à la compétence exclusive du conseil du sceau en matière de titres [2] : tantôt décidant qu'il y avait lieu de surseoir à

---

(1) Dalloz, 1859, 4, 5.

(2) Avant 1859, les tribunaux civils ne se déclaraient pas incompétents en matière de titres ; à la vérité, quand ils étaient saisis d'une demande en rectification tendant à faire figurer un titre dans un acte de l'état civil, ils refu-

statuer, et tantôt se déclarant purement et simplement incompétents, quand était portée devant eux une question de vérification de titres. Ces décisions n'étaient pas contradictoires, car elles intervenaient dans des circonstances différentes.

On peut avoir à prouver que l'on a droit à un titre dans trois hypothèses très distinctes : soit pour le faire reconnaître et en faire déclarer l'emploi légitime, l'action intentée en pareil cas étant le plus souvent une action en rectification destinée à faire rétablir le titre dans les actes de l'état civil ; soit pour défendre à l'action d'un tiers qui vous en dispute l'usage ; soit enfin pour échapper aux pénalités de l'article 259 du Code pénal. Quelle sera dans ces trois hypothèses la juridiction compétente pour reconnaître le titre?

185. — Et d'abord, il est indéniable que le tribunal correctionnel aurait toujours dû être admis à trancher préjudiciellement la question de propriété d'un titre de noblesse, quand un prévenu, poursuivi par application de l'article 259 C. pénal, alléguait que ce titre lui appartenait : le juge de l'action est juge de l'exception . Sinon, quand la prévention porte sur l'emploi d'un nom nobiliaire et point d'un titre, il faudrait imposer au tribunal correctionnel le renvoi devant le tribunal civil, seul com-

---

saient la rectification ; mais, quand était portée devant eux une question de propriété des titres, ils statuaient. Voy. Agen, 28 déc. 1857 : D. 59, **2**, 89 : « Lorsqu'on soutient avoir acquis le droit de porter un titre ou un nom, et que ce droit est contesté, l'autorité judiciaire est nécessairement compétente pour statuer, car il s'agit là d'une question de propriété qui, ainsi que toutes les autres, doit être jugée par les tribunaux. »

(1) Bien entendu, le tribunal de répression ne statue qu'au point de vue de l'application de la loi pénale ; la question de la propriété du titre reste entière, et ne peut être tranchée que par la juridiction compétente, tribunal civil ou conseil du sceau des titres.

pétent, en effet, en matière de propriété des noms [1]. La Cour de cassation, par arrêt du 16 janvier 1864, a consacré la compétence du tribunal correctionnel ; mais il faut reconnaître que sa jurisprudence n'est pas très sûre : un arrêt du 27 mai 1864 a en effet déclaré que, « si la défense de l'inculpé se fondait sur une série d'actes publics ou de famille, sur des possessions anciennes, sur des titres et des usages consacrés par le temps dans la transmission héréditaire des titres..., la possession du titre pourrait devenir alors une *question préjudicielle de propriété*, que le tribunal correctionnel pourrait difficilement apprécier [2] ».

Les mots *question préjudicielle de propriété* doivent fixer notre attention. On sait qu'une note rédigée le 5 novembre 1813 par le président de la Cour de cassation, avec l'adhésion de Merlin, proclamait la compétence des tribunaux de répression, quand une question de droit civil était soulevée incidemment à une question pénale ; mais elle faisait exception pour les questions de *pro-*

---

(1) Telle est, à la vérité, l'opinion soutenue dans le recueil alphabétique de Dalloz (*Usurpation de titres*, n° 121) : « La demande en rectification de nom, devant la juridiction civile, la demande en vérification de titre, devant le conseil du sceau, sont des défenses à l'action publique. » Cf. n° 115 : « *A défaut de possession ou d'acte établissant son droit*, le prévenu d'usurpation ne peut échapper à la condamnation que par le recours au conseil du sceau ; il doit demander un sursis pour se pourvoir dans ce but. » Or, je me demande ce qu'il fera vérifier par le conseil du sceau, puisque, par hypothèse, il n'a ni titre ni possession ? Pourquoi ne pas le condamner sans plus attendre ? Add. n° 111 : « Quand le droit d'une personne à un titre est douteux, le ministère public l'avertit d'avoir à faire vérifier par l'autorité compétente son droit au titre qu'elle s'attribue. Cité directement, l'intéressé obtiendrait un sursis pour faire statuer par le conseil du sceau sur le droit au titre. » A quoi je réponds qu'en fait le ministère public invitait les intéressés à faire vérifier leurs titres, parce qu'il ne poursuivait que les usurpations flagrantes ; mais il ne s'ensuit pas que l'usurpateur directement cité aurait en droit à un sursis.

(2) S., 64, 1, 243.

priété immobilière. La note de 1813 a, sur ce dernier point, été confirmée par des textes postérieurs, tels que l'article 182 du Code forestier, et l'article 59 de la loi du 15 avril 1829, sur la pêche fluviale.

Mais jamais les questions de propriété mobilière n'ont été traitées comme préjudicielles au jugement. Quand donc un prévenu excipe de son droit au titre qu'on l'accuse d'avoir usurpé, il ne soulève pas une question préjudicielle ; car les questions de propriété immobilière sont les seules que les tribunaux de répression ne peuvent trancher. Or, le prévenu, quand il prétend faire légitimement usage du titre qu'on lui conteste, soulève tout au plus une question de propriété mobilière, puisque c'est par un abus de langage qu'on parle de la propriété des titres [1].

Peut-être pourrait-on argumenter de toute autre maniè- re pour soutenir que la question de la propriété d'un nom ou d'un titre, soulevée devant un tribunal correc- tionnel, doit être jugée préjudiciellement. L'article 327 du Code civil déclare que « l'action criminelle contre un délit de suppression d'état, ne peut commencer qu'après le jugement définitif sur la question d'état ». Quelques inter- prètes en ont conclu que les questions d'état sont des ques- tions préjudicielles ; ils soutiennent en conséquence que, quand un individu accusé de parricide prétend n'être pas le fils de sa victime, quand un bigame excipe de la nullité d'un de ses mariages, le tribunal de répression doit surseoir. Dans cette opinion, un prévenu, poursuivi en vertu de l'article 259, soulèverait une question préjudi- cielle, en prétendant que sa filiation lui donne droit au nom ou au titre qu'on l'accuse d'avoir usurpé. Pour

---

(1) Add. arg. de la loi du 23 juin 1857, art. 16.

réfuter cette doctrine, il suffit d'observer que l'article 327, conçu en termes précis, vise uniquement l'hypothèse où une question d'état est soulevée devant un tribunal appelé à connaître d'une infraction spéciale, le crime de suppression d'état.

186. — Quand, sous le second Empire, un particulier, voulant faire reconnaître son droit à un titre, saisissait les tribunaux ordinaires, notamment par voie d'action en rectification, ceux-ci se déclaraient incompétents purement et simplement [1]. Un débat s'élevait-il entre deux personnes se disputant la propriété d'un titre, le tribunal se contentait de surseoir à statuer, en renvoyant les parties devant le conseil du sceau. C'était logique. Celui qui voulait faire vérifier son titre pouvait saisir le conseil du sceau, rétabli à cet effet. A la vérité, il n'appartenait pas au conseil du sceau d'ordonner qu'un titre serait mentionné dans un acte où il avait été omis à tort [2]; mais, une fois le titre vérifié, l'intéressé n'avait qu'à saisir de la question de rectification le tribunal civil, qui devait se borner à enregistrer, pour ainsi dire, la décision du conseil du sceau.

Au contraire, deux familles se disputaient-elles la propriété d'un titre, une déclaration pure et simple d'incompétence, accompagnée d'un renvoi devant le conseil du sceau, aurait rendu impossible la solution de la difficulté, et aurait équivalu à un déni de justice. Le conseil du sceau ne pouvait connaître des questions contentieuses : chacun était libre de se pourvoir auprès du garde des sceaux pour provoquer la vérification de *son titre* (art. 7

---

(1) Nîmes, 9 août 1860 : S., 61, 2, 276 ; Nîmes, 6 mai 1861 : D. 62, 2, 18; Agen, 28 août 1860 : D. 62, 2, 19 ; Toulouse, 12 juillet 1862 : D. 62, 2, 124).

(2) La Cour de Colmar (15 mai 1860 : D. 60, 2, 142) déclare cette objection sans réplique.

du décret de 1859), mais non de lui déférer le titre d'autrui [1]. Dans ces conditions, le système de sursis s'imposait. Le tribunal renvoyait devant le conseil du sceau le défendeur dont le titre était contesté, ou même les deux parties, si le défendeur avait reconventionnellement conclu à ce que l'usage du titre litigieux fût interdit au demandeur : mais il leur fixait un délai passé lequel elles devraient se représenter devant lui. Le tribunal statuait alors, sans pouvoir s'écarter de la décision du Conseil du sceau ; que si, dans le délai imparti, le conseil du sceau n'avait pas été saisi, il était fait droit [2].

187. — L'action combinée des tribunaux ordinaires et du conseil du sceau procurait ainsi la solution de toutes les questions qui se posaient en matière de titres. Mais ces complications n'auraient-elles pas pu être évitées ? Etait-il admissible qu'un simple décret eût supprimé la compétence des tribunaux ordinaires en ma-

(1) *Dalloz alphab.*, *Usurpation de titres*, n° 112 : « Le conseil du sceau n'entre en action que quand une partie lui soumet une demande par requête au garde des sceaux, ou quand le garde des sceaux le consulte sur une question de titres ou de noms nobiliaires. »

(2) Besançon, 6 février 1866 : S. 66, 2, 75. Dans l'espèce, délai est imparti au défendeur à une action en rectification intentée par le ministère public en vue de la suppression d'un titre nobiliaire. Cf. Cass., 14 mars 1865 (S., 66, 1, 435) : S'agissant d'une contestation entre deux personnes sur la propriété d'un titre, la Cour de cassation proclame la compétence exclusive de conseil du sceau, sans appliquer le système du sursis. On se demande, dans ce système, comment le légitime porteur d'un titre pourra jamais en interdire l'usage aux tiers. Cf. un jugement du tribunal de la Seine du 6 mars 1872 (rapporté par M. Borel d'Hauterive, *Annuaire* de 1873, p. 231), aux termes duquel les tribunaux ordinaires « *sont seuls compétents toutes les fois qu'il y a contradiction sur la propriété d'un nom ou d'un titre* ». C'est exprimer en fort bons termes que le Conseil du sceau peut statuer seul, quand le possesseur d'un titre en sollicite la vérification, mais que l'intervention des tribunaux ordinaires est nécessaire, quand deux personnes se disputent un titre.

tière de titres de noblesse ? Assurément non ; et la jurisprudence qui s'était formée par interprétation des articles 6 et 7 du décret de 1859, était le résultat d'une
méprise.

L'article 7 précité mettait seulement à la disposition
des particuliers un moyen plus facile et plus sûr de faire
vérifier leurs titres de noblesse. En effet, cette vérification ne pouvait être poursuivie devant les tribunaux ordinaires que *par voie d'action en rectification des actes de
l'état civil:* n'y avait-il pas lieu à cette action, on ne pouvait directement et sans prétexte apparent, sans nécessité
immédiate, se faire reconnaître un titre que personne ne
vous contestait. En conséquence, celui dont l'acte de naissance énonçait le titre auquel il prétendait, n'avait aucun
moyen de le faire vérifier, de justifier et de consolider
sa possession.

Il y a plus : la faculté de recourir, pour la vérification
d'un titre, à l'autorité investie du droit de conférer les
titres nouveaux, était très avantageuse. On pouvait, devant le conseil du sceau, chargé d'éclairer le chef de
l'Etat [1], produire des titres et des documents, faire valoir
de simples indices, dont l'autorité insuffisante n'eût
pas permis aux tribunaux ordinaires de proclamer l'existence du droit au titre. La vérification par le conseil du
sceau était au contraire possible, car une reconnaissance
accordée mal à propos pouvait en tous cas valoir comme
collation d'un titre nouveau [2]. Enfin, par suite de l'effet

---

(1) Les avis du conseil du sceau revêtaient la forme de décrets.

(2) Rapport à l'empereur sur le décret des 8-12 janvier 1859: « Pour les
temps antérieurs à 1789, à défaut d'un acte régulier de collation, de reconnaissance ou d'autorisation, dont la production n'est pas toujours possible, n'y
aurait-il pas *lieu d'attribuer au Conseil du sceau la faculté d'étendre le cercle
des preuves,* et d'admettre, selon les circonstances, comme justification du

relatif de la chose jugée, un jugement de rectification, ordonnant le rétablissement d'un titre dans un acte de l'état civil, n'était opposable qu'à ceux qui y avaient été parties : un décret de vérification de titre avait autorité à l'égard de tous.

Les termes mêmes du décret de 1859 et du rapport à l'empereur sur ce décret prouvent bien que la compétence du conseil du sceau était purement facultative : « Toute personne *peut* se pourvoir auprès du garde des sceaux pour provoquer la vérification de son titre. » Le garde des sceaux a « le droit de soumettre à l'examen du conseil du sceau les difficultés se rattachant à la matière des titres.» Point de doute en conséquence que les tribunaux eussent gardé compétence en matière de titres ; mais ils ne pouvaient reconnaître aux particuliers la propriété d'un titre que sur la production de pièces et de documents péremptoires.

Ajoutons d'ailleurs qu'à l'époque même où l'opinion qui proclamait la compétence exclusive du conseil du sceau avait le plus de crédit, les tribunaux statuaient parfois directement et sans renvoi au conseil du sceau. D'abord,

droit au titre ou au nom soumis à la vérification, une possession constatée par des actes de fonctionnaires publics ou par des documents historiques ? » C'est en ce sens que s'établit la jurisprudence du conseil du sceau, bien qu'il fût seulement question, dans le rapport précité, de lui donner cette latitude d'appréciation qui ne lui a jamais été expressément reconnue. Cf. Rapport d'Amédée Thierry au sénat (4 juillet 1860):« Il serait équitable, dit-il, de tenir pour bons tous les titres dont l'existence serait démontrée avoir précédé le décret du 19 juin 1790 : *Votre commission n'ignore pas que telle est la marche suivie en beaucoup de cas par le Conseil du sceau...* Mais votre commission voudrait que l'honneur d'une mesure si largement libérale pût remonter au prince auguste qui a relevé l'institution de sa ruine... La règle posée de si haut deviendrait obligatoire *pour les tribunaux comme pour le conseil du sceau.* » Ce qui prouve, soit dit en passant, qu'Amédée Thierry reconnaissait la compétence simultanée du conseil du sceau et des tribunaux.

quand la difficulté qui leur était soumise n'était pas uniquement relative à un titre, abstraction faite d'un nom [1],
mais portait sur un nom titré, les tribunaux retenaient la
question du droit au nom, et ne se déclaraient incompétents que sur la question de propriété du titre [2] : or, s'ils
déniaient le droit au nom, ils tranchaient du même coup
la question de propriété du titre, le titre ne pouvant aller
sans le nom.

En outre, la nature même du décret de reconnaissance ou
de confirmation, rendu sur l'avis du conseil du sceau, ne
permettait pas qu'un même titre fût, par la même personne,
soumis plusieurs fois à la vérification. Une seule vérification intervenue, les tribunaux devaient considérer comme
définitivement établie la propriété de ce titre, au moins
au profit de son titulaire actuel; il ne pouvait donc y avoir
autant de renvois au conseil du sceau qu'il s'élevait de
débats entre le propriétaire de ce titre et les tiers.

De là on en était venu à admettre que le renvoi au
conseil du sceau n'était pas obligatoire pour les tribunaux,
quand il était justifié du droit au titre par la production
d'un acte régulier de collation, de confirmation ou de
vérification. La Cour de cassation, le 1er juin 1863 [3], a
déclaré qu'en pareil cas il pouvait être fait droit à une
demande de rectification, sans vérification préalable, par le
Conseil du sceau, du titre rétabli dans l'acte qui ne le men-
tionnait pas. La Cour de Rouen, allant plus loin, a estimé
qu'il en était de même quand, pour réparer l'omission
d'un titre dans un acte de l'état civil, les tribunaux

(1) Il en était ainsi quand une personne décorait d'un titre, auquel elle
n'avait pas droit, un nom qui lui appartenait sans conteste.
(2) Besançon, 6 février 1866 : S. 66, 2, 75. Cf. Sirey, 66, 1, 435.
(3) S., 1863, 1, 447.

n'avaient qu'à constater une possession constante, à reconnaître des faits ou des titres ne pouvant donner lieu à aucune contestation [1] . Comme si la compétence des tribunaux pouvait jamais dépendre du caractère plus ou moins probant des titres produits devant eux! A défaut de possession constante ou de documents péremptoires, les tribunaux doivent refuser de reconnaître le titre, faute que la propriété en soit suffisamment établie; mais c'est là tout autre chose qu'une déclaration d'incompétence. Il ressort de ces décisions qu'il était impossible de se tenir au système inspiré par les articles 6 et 7 du décret de 1859, et d'accorder au conseil du sceau une compétence exclusive en matière de titres.

Aujourd'hui, le conseil du sceau des titres n'existe plus ; il a été supprimé par décret du 10 janvier 1872. Mais ses attributions ayant été transportées au conseil d'administration du ministère de la Justice, la compétence des tribunaux ordinaires pourrait être contestée aujourd'hui, comme elle l'a été sous l'Empire. En fait, ils ont naturellement repris, en matière de titres, une compétence qui ne leur avait jamais été retirée, mais qu'ils avaient bénévolement abdiquée.

Un arrêt de la Cour de Nîmes du 11 mai 1875 a décidé qu'il appartenait aux tribunaux ordinaires de statuer sur toutes les questions relatives à la propriété des titres, et a admis, à la demande du légitime porteur d'un titre, la rectification d'un acte de l'état civil qui l'attribuait à un tiers [2].

---

(1) 18 mars 1861: S., 61, 2, 609; Colmar, 15 mai 1860 : D., 60, 2, 142 ; Agen, 26 juin 1860 : D., 60, 2, 141. Cf. Metz, 31 juillet 1860 : D., 60, 2, 137.

(2) Sirey. 76, 2, 267. Cf. Paris, 20 mai 1879 : D., 79, 2, 139 ; et jugement précité du Trib. de la Seine du 6 mars 1872. Le conseil d'administration du

188. — Les tribunaux, pour reconnaître la propriété
des titres, devront rechercher si les conditions auxquelles
étaient subordonnées leur acquisition et leur transmission
ont été remplies. Les règles de dévolution des titres doivent aujourd'hui encore recevoir leur application [1]; mais
il sera souvent difficile de constater si elles ont été exactement obéies dans le passé. En outre et surtout, il sera
bien rare que les intéressés puissent justifier, par la
production des lettres de collation, de l'acquisition originaire des titres auxquels ils prétendent. Sur quoi donc
alors les tribunaux baseront-ils leurs décisions?

Amédée Thierry disait dans un rapport au Sénat, le 4
juillet 1860, « qu'il y aurait sage et équitable politique
à prendre pour bons, après un très sérieux et très
sévère examen des pièces produites, les titres dont
l'existence serait démontrée avoir précédé le décret
du 19 juin 1790. » Nous avons relevé dans le rapport
à l'Empereur, préliminaire au décret rétablissant le
conseil du sceau, une proposition presque identique.

On en a conclu qu'une famille, pour établir devant les
tribunaux son droit à un titre, n'avait qu'à prouver
qu'elle en faisait usage, que ce titre lui était officielle-
ment attribué, avant 1789 [2]. C'est une erreur ; le passage
relevé dans le rapport d'Amédée Thierry visait le cas où
l'on aurait procédé à une révision générale des anciens
titres : « Le projet, disait le rapporteur, roule sur deux

ministère de la justice peut vérifier les titres nobiliaires ; mais, avons-nous
vu, sous le gouvernement actuel qui ne peut conférer de titres nouveaux, il
n'a pas des pouvoirs aussi étendus que l'ancien conseil du sceau; il ne peut
reconnaître les titres que quand la propriété en est établie, comme feraient
les tribunaux ordinaires.

(1) Voy. nos 103 à 109.

(2) D'après M. de Coston (Orig., étymol. et signif. des noms propres,
p. 66), « on aurait substitué les preuves de 1789 à celles de 1560 . »

points principaux : 1° Le recensement général des titres de noblesse dans le but de leur vérification ; 2° *l'établissement de règles fixes au moyen desquelles cette révision serait opérée.* » Le rapport préliminaire au décret de 1859 se plaçait dans le même ordre d'idées ; c'était seulement en vertu d'un décret qu'Amédée Thierry réclamait, qu'il devait être possible de procéder à la vérification des titres dont on ne représentait pas les lettres de collation, à l'aide de documents officiels où ces titres étaient mentionnés.

On trouve à la vérité, dans la discussion de la loi du 28 mai 1858, des affirmations qui peuvent paraître significatives : « Je comprendrais, disait M. Rigaud au Corps législatif, que l'on se contentât d'une possession notoire à l'égard des titres antérieurs à 1789 ; pour ces titres-là, une possession par notoriété doit suffire. » Mais, si l'on y regarde de près, cette possession par notoriété n'était pas déclarée suffisante pour fonder la propriété des titres, mais pour décharger de toute pénalité ceux qui les portaient. Il était dit, en effet, dans l'exposé des motifs, « qu'il ne serait ni prudent ni juste de remonter à l'origine des possessions plus ou moins anciennes pour y rechercher des abus, et en faire retomber le châtiment sur la postérité de ceux qui les auraient commis. » Et parlant de l'application de l'article 259 du Code pénal avant 1832. « A-t-on jamais troublé dans leur possession légitime, disait M. Baroche, ceux qui prouvaient avoir hérité de titres réels, sans qu'il leur fût possible de les justifier par des parchemins et des documents perdus au milieu de la tourmente révolutionnaire ? » S'agissant de l'application de la loi pénale, cela est l'évidence même : nous avons dit que nul n'était menacé de l'article 259 du Code pénal, qui faisait usage d'un titre ou d'un nom nobiliaire qu'il tenait de son acte de naissance, fût-il même dans l'impossibilité de justifier de son origine.

Mais quand s'agitera la question même de la propriété d'un titre dont une personne poursuivra le rétablissement dans son état civil, ou que deux familles se disputeront, quels seront pour les tribunaux les éléments de décision, à défaut des lettres originales de collation ou de confirmation du titre ? On a dit que la preuve du droit au titre résultera de la nomination dans certains ordres, de l'élévation à certains emplois, qui supposaient la noblesse ; qu'elle résultera surtout de l'admission des représentants de ces familles, en 1789, à l'élection des députés de la noblesse aux Etats Généraux [1] : « Les titres de l'ancienne noblesse, disait le général Parchappe, lors de la discussion de la loi de 1858, se trouvent dans les cahiers de l'ordre de la noblesse rédigés, en 1789, dans tous les bailliages de France. » Erreur ! La simple noblesse était le plus souvent suffisante pour la promotion dans certains ordres, l'élévation à certaines dignités ; elle a suffi, en 1789, pour être rangé dans l'ordre de la noblesse. Que si, dans les brevets qui leur étaient délivrés, les nobles étaient désignés sous les titres qu'ils s'attribuaient, il n'en résultait pas pour eux reconnaissance de ces titres ; leur noblesse seule était soigneusement vérifiée, et c'est de la simple noblesse seulement que ces documents pourraient faire la preuve aujourd'hui [2]. M. de Coston com-

---

(1) M. de Sémainville, *Code de la noblesse française*, p. 194. — M. Borel d'Hauterive, *Annuaire de* 1857, p. 341. — Dalloz alph., *Usurpation*, n° 45. — M. de Chergé, *Lettres d'un Gentilhomme sur la loi de 1858*, p. 25.

(2) Il ne faut d'ailleurs pas croire, comme le général Parchappe, que les cahiers de la noblesse, rédigés en 1789, fournissent la preuve de la noblesse (sinon des titres) de toutes les anciennes familles ; car tous les nobles qui n'étaient pas propriétaires fonciers, ou qui avaient moins de 25 ans, ne furent pas portés dans ces cahiers.

met la même confusion entre la simple noblesse et la propriété des titres, quand il prétend que les preuves de
1789 semblent avoir remplacé les preuves de 1560 et de
1399 ; car c'est la propriété des titres que certains veulent fonder sur une possession antérieure à 1789, tandis
que c'était la noblesse de race qui, dans l'ancien droit,
se prouvait par une possession centenaire ou une possession antérieure à 1399 ou 1560 [1].

Les seuls documents vraiment péremptoires qu'on puisse
produire, à défaut de lettres de collation de titres ou d'érection de terres en dignité, sont les expéditions authentiques
de ces lettres [2], et les registres des Parlements, des
Chambres des Comptes ou des Cours des Aides, portant
vérification et enregistrement de ces lettres [3]. Cette
production ne saurait toutefois être exigée des familles qui
invoquent une possession immémoriale, en justifiant
d'ailleurs de la transmission régulière de leur titre ; mais
ces familles sont bien rares. Les plus illustres maisons
ont rarement conservé leur titre primitif ; la royauté les a
plus souvent investies, à une époque relativement récente,
de titres plus brillants ; et quant aux titres qui remontent
à des temps reculés, ils ne se sont perpétués jusqu'à nos
jours que pour avoir été plusieurs fois relevés.

Les tribunaux auraient donc le droit, peut-être le devoir,
de se montrer sévères. En fait, ils se contentent de

---

(1) Sur l'acquisition des titres par la possession centenaire, voy. n° 61.

(2) Cass., 25 février 1823 : S., 23, 1, 281 : Des copies de titres ne suffisent
pas à établir le droit d'une famille à un nom et à des armoiries qu'elle réclame ; il faut nécessairement représenter les titres originaux ou des expéditions régulières.

(3) « Un dictionnaire des ennoblissements, ou recueil des lettres de noblesse
depuis leur origine, tiré des registres de la Chambre des comptes et de la
Cour des aides de Paris », a été dressé en 1788. Pareil travail pourrait être
fait pour les lettres de collation de titres.

documents établissant que le titre revendiqué était porté sans conteste par les ancêtres des intéressés avant 1789. Ils consacrent même la théorie de l'acquisition des titres par la possession centenaire, véritable prescription qui pourrait utilement s'accomplir de nos jours [1]. Ils récusent seulement l'autorité des actes émanant des réclamants eux-mêmes, ou passés avec des personnes n'ayant aucun intérêt à contester les qualifications ou les titres pris par les parties à ces actes [2]. Les tribunaux s'attribuent ainsi un pouvoir de reconnaître et de vérifier les titres qui n'appartenait, à défaut de preuve absolue du droit revendiqué, qu'au conseil du sceau des titres, sous un régime politique où les collations des titres étaient possibles. Peut-on leur reprocher d'être trop faciles, si l'on songe que les archives d'un grand nombre de familles nobles ont été détruites pendant la Révolution ?

(1) Jugement de la Seine du 6 mars 1872, rapporté par M. Borel d'Hauterive, *Annuaire* de 1873, p. 231.

(2) Agen, 28 déc. 1857 : S., 58, 2, 97.

QUATRIÈME PARTIE

Protection de la propriété du nom patronymique et du nom commercial.

CHAPITRE PREMIER

Protection de la propriété du nom patronymique.

189. — Le préjudice le plus sérieux, le plus visible, qui puisse être causé au légitime porteur d'un nom, résulte de l'usurpation dont ce nom est l'objet de la part des tiers. Nous avons fait connaître déjà les moyens dont chacun dispose pour préserver son nom de cette atteinte : on peut contraindre les tiers à abandonner le nom indûment porté, si haut que remonte l'usurpation, sans préjudice de dommages-intérêts s'il y a lieu. N'y a-t-il pas eu seulement envahissement d'un nom, mais usurpation d'un état qui donne droit à un nom, une action en contestation d'état sera intentée : cette action, a déclaré la jurisprudence, est recevable alors même que l'intérêt du demandeur se réduit à priver le défendeur du nom que son état apparent lui permet de porter.

Il y a plus: il n'est pas jusqu'aux acquisitions de noms autorisées par le gouvernement qui ne trouvent un obstacle dans l'opposition des tiers, légitimes porteurs du nom concédé.

Lallier   24

Il est donc vrai de dire que nous avons déjà exposé comment est garantie la propriété de nom.

Comme nous l'avons maintes fois observé, les différentes voies de recours, qui conservent aux familles ou aux individus l'usage exclusif de leur nom, sauvegardent en réalité la réputation de ces familles, l'honorabilité de ces personnes, et ne tendent pas seulement à garantir une prétendue propriété du nom que la loi protégerait en elle-même et pour elle-même. La loi fournit le moyen de prévenir ou de faire cesser les confusions préjudiciables ou les rapprochements fâcheux qu'une similitude de noms pourrait occasionner.

190. — Il est d'autres hypothèses où, plus manifestement encore, c'est seulement pour une figure de langage qu'on peut dire qu'un nom a reçu une atteinte, et que la protection de la loi lui est due. On dit d'une personne qui a été attaquée, diffamée, que son nom a été déshonoré, traîné dans la boue. Au fond, ce n'était pas à un nom, mais à une personne, qu'en avait l'auteur de la diffamation ; le nom ne lui a servi qu'à mieux désigner sa victime. Mais une personne peut être diffamée sans être nommée.

Quand une personne, expressément nommée dans un discours ou un écrit, se plaint qu'on l'ait injuriée, qu'on lui ait attribué des actes répréhensibles, ou prêté des intentions coupables, jamais il ne viendra à l'esprit de prétendre qu'il a été fait un emploi abusif de son nom. Comment, en appelant une personne par son nom, ferait-on rien de condamnable ? Le tout est de savoir si les faits imputés à l'individu qu'on a ainsi nommé, clairement indiqué, sont diffamatoires ; la diffamation étant d'ailleurs d'autant plus caractérisée, que celui qui y est en butte est plus nettement désigné.

Ainsi donc, qu'on articule contre une personne des faits précis, de nature à porter atteinte à son honneur ou à sa réputation, soit en la nommant, soit en la désignant par des périphrases transparentes ; ou qu'on accole à son nom des épithètes outrageantes, il n'y a jamais là d'atteinte portée qu'à la personne et point au nom. La loi sur la diffamation est applicable.

De la diffamation, nous rapprocherons le fait analogue, quoique beaucoup moins grave, qui consiste à porter le nom d'une personne, sans son consentement, sur une liste quelconque. Ce peut être d'abord une escroquerie vis-à-vis des tiers ; en tous cas, dira-t-on, c'est abuser du nom d'autrui. Au fond, c'est associer une personne à une entreprise qu'elle désapprouve, la compromettre en une compagnie avec laquelle elle n'entend pas se commettre. Proclamer en pareille hypothèse le respect dû au nom c'est recourir à une formule vide de sens.

Un arrêt de la Cour d'Angers, du 23 mars 1851 [1], nous fournit un exemple très pratique : on ne doit pas faire figurer le nom d'une personne dans un billet de faire-part, sans son consentement. On ne peut d'abord la présenter comme appartenant à une famille à laquelle elle ne se rattache par aucun lien, avec laquelle elle entend n'avoir rien de commun [2]. Mais, s'agit-il même d'un parent du défunt ou des époux que le billet de faire-part concerne, encore ne faut-il pas, en le nommant dans ce billet, l'associer à un acte qu'il désapprouve : des parents qui n'ont pas autorisé le mariage de leur enfant, peuvent se refuser à figurer dans les lettres de mariage ; on peut ne vouloir pas être nommé dans une lettre conviant à des obsèques

(1) S., 55, 2, 506.

(2) On sait qu'au point de vue légal, un enfant naturel n'appartient pas à la famille de ses auteurs.

purement civiles; les parents légitimes d'un défunt refu-
seront de figurer dans le billet de décès à côté de ses
parents naturels. Celui toutefois dont le nom a été inséré
à son insu, ou contre son gré, dans une lettre de faire-
part, ne peut obtenir une réparation pécuniaire que s'il a
éprouvé un préjudice. La Cour d'Angers a refusé d'allouer
des dommages-intérêts à une personne dont le nom avait
été inséré dans une lettre de décès, et qui niait avoir avec
le défunt aucun rapport de parenté, alors que cette parenté
avait été reconnue par les tribunaux.

Publier un ouvrage sous le nom d'un tiers peut également
ment faire encourir à ce tiers une responsabilité morale qu'il
récuse. Que ce nom ait été employé involontairement et
par hasard, ou qu'il ait été pris par calcul, la personne
seule est atteinte et point le nom. Les tribunaux se bornent généralement à ordonner que le nom usurpé sera
effacé des exemplaires qui en ont été indûment revêtus [1].
Toutefois, un individu ayant publié des mémoires apocryphes de Fouché, duc d'Otrante, le tribunal de la Seine
ordonna la suppression même de l'ouvrage : faire apparaître le nom de son véritable auteur eût été une mesure
insuffisante, puisque sa teneur même et sa rédaction l'attribuaient à Fouché.

191. — Nous rapprocherons enfin de la diffamation le
fait, par un romancier ou un auteur dramatique, de
mettre en scène un personnage contemporain, et de lui
prêter un rôle odieux ou ridicule, soit en lui conservant
son véritable nom, soit en le rendant, par certains traits
caractéristiques, facilement reconnaissable. Nous ne supposons pas qu'un écrivain, pour vouer une personne à la

---

(1) Trib. civ. de la Seine, 30 mars 1882; S., 84, 2, 22.
(2) Trib. de la Seine, 20 mars 1826 : S., 27, 2, 155.

haine ou au mépris, en fasse le portrait plus ou moins
chargé ou noirci dans un livre uniquement destiné à
nuire à sa considération ou à son honneur : il y aurait
alors diffamation flagrante et caractérisée. Les écrivains
contemporains s'attaquent rarement aux personnes, mais
ils s'en prennent à des travers, à des vices, personnifiés
en certains individus qu'ils ont observés et qu'ils représen-
tent fidèlement. D'ailleurs sans aucune animosité contre
leur modèle, et sans intention de lui nuire, ils le dépei-
gnent avec une scrupuleuse exactitude, et quelquefois
lui conservent jusqu'à son nom, pour ajouter à la vérité
du portrait. « C'est parfois une de mes faiblesses, dit
Alphonse Daudet [1], de garder leurs noms à mes modèles,
de m'imaginer que le nom transformé ôte de leur intégrité
à des créations qui sont presque toujours des réminis-
cences de la vie, des fantômes fatigants, hantants et seulement apaisés lorsque je les fixe dans mon œuvre, aussi res-
semblants que possible. » Et plus loin : « Des noms propres
s'y rencontrent (dans ses romans), que parfois je n'ai pu
changer, trouvant aux noms une physionomie, l'empreinte
ressemblante des gens qui les portent. Après certains de
mes livres, on a crié au scandale, on a parlé de romans
à clefs..., sans réfléchir que, dans mes autres ouvrages,
des figures vraies avaient posé aussi, mais inconnues,
mais perdues dans la foule où personne n'aurait songé à
les chercher. N'est-ce pas la vraie façon d'écrire le roman,
c'est-à-dire l'histoire des gens qui n'auront jamais d'histoire ? Tous les personnages de Fromont ont vécu ou vi-
vent encore. »

Peut-être Daudet céde-t-il à une illusion ; les noms des
individus qu'il a observés s'associent dans son esprit à

----

(1) *Trente ans de Paris : Jack.*

leur physionomie, et finissent par la compléter ; il en est
pour lui de ces noms comme de tant de prénoms que nous
trouvons ridicules ou charmants, parce qu'ils nous rappellent les personnes qui les ont reçus. Mais je ne puis croire que des noms soient jamais « l'empreinte ressemblante
de ceux qui les portent ». On serait donc, par son nom,
destiné à certaines professions, voué à certains travers, à
certains vices ! J'avoue volontiers d'ailleurs que Daudet, par
la finesse de ses observations et la sincérité de ses portraits,
crée des types originaux que leur nom rappelle et résu-
me ; il communique aisément son illusion à ses lecteurs :
il nous semble qu'à tel et tel type ne pouvait convenir un
autre nom.

Mais si commode que puisse être aux littérateurs le
procédé qui consiste à transporter dans leurs ouvrages ces
portraits, ces photographies de personnages pris sur le
vif ; combien que le roman et le théâtre contemporains
aient gagné en vérité à cette méthode d'observation et
d'analyse, il est certain que tout individu a le droit
« d'interdire la représentation de sa personnalité dans un
roman ou une pièce de théâtre [1] ». Mais là encore, la
protection de la propriété du nom n'a que faire ; c'est une
atteinte portée à la personnalité qu'il s'agit de réprimer ;
car on peut concevoir qu'une personne soit représentée
dans un roman ou une pièce de théâtre sous des traits
caractéristiques, sans que son nom lui ait été conservé.

192. — Un fait, en apparence voisin du précédent, bien
qu'il en diffère essentiellement, consiste à mettre en
scène dans un roman ou une pièce de théâtre un personnage odieux ou ridicule, sous un nom qui appartient à
une famille, sans qu'aucun membre de cette famille soit

(1) Trib. de la Seine, 15 février 1882 : S. 84, 2, 21.

personnellement visé ni représenté. Il ne s'agit plus d'une
personne qui a été transportée vivante, et sous son véritable nom, sur la scène ou dans un roman, mais d'un
personnage purement imaginaire, décrit sous nom réel.
Tandis que, dans les différents faits que nous avons envisagés jusqu'ici (usurpation de nom et diffamation plus ou
moins caractérisée), et dans lesquels on voit d'ordinaire
des violations de la propriété du nom, nous n'avons découvert que des atteintes portées plus ou moins directement à la personnalité, nous voilà en présence d'une hypothèse où le nom seul est amoindri, déprécié, ridiculisé.
Les tiers, porteurs de ce nom, ne subissent aucun préjudice dans leur honneur ou leur réputation ; ils n'ont pas
été visés par l'auteur ; ils peuvent n'avoir aucun rapport
ni par leur condition sociale, ni par leurs qualités ou leurs
travers, avec le type original créé par l'imagination du
romancier. Le nom seul est diminué, avili : il éveillera
désormais le souvenir d'un être infâme, dégradé ou ridicule. Les personnes auxquelles ce nom appartient peu-
vent-elles exiger qu'il soit effacé de l'ouvrage où il figure ?

Daudet raconte, dans *Trente ans de Paris*, que le titre
primitif de *Tartarin de Tarascon* était *Barbarin de Tarascon ;* or, il existait à Tarascon un Barbarin dont notre romancier avait emprunté le nom, très innocemment, nous dit-
il, et par hasard : c'est sur les plaintes et les menaces
de ce Barbarin, qu'il changea le nom de son héros [1]. Mais
Zola qui, dans *Pot-Bouille,* avait représenté un abject personnage sous le nom d'un honorable avocat à la Cour de
Paris, M. Duverdy, ne devait pas céler aux légitimes réclamations de l'intéressé. Le différend fut soumis aux tri-

---

(1) Le titre de la nouvelle pièce, de MM. Ordonneau et Valabrègue, *les Mou-
linard*, est devenu *les Boulinard*, sur la réclamation d'une famille Mouli-
nard.

bunaux. Il se présentait avec une certaine complication.
Il y avait, entre le personnage de *Pot-Bouille* et M. Duverdy,
analogie de situation sociale, de profession, et presque
identité d'adresse. M. Duverdy n'avait garde de se reconnaître sous les traits du personnage qui avait été affublé
de son nom ; mais, à la rigueur, il aurait pu prétendre
avoir été personnellement visé, et se plaindre d'une véritable diffamation. Il ne commit pas la maladresse de porter
la question sur ce terrain. Zola, de son côté, bien loin
d'avouer qu'il procédait en littérature à la manière de
Daudet, prétendait que le Duverdy de *Pot-Bouille* était un
personnage imaginaire ; il se défendait de connaître
M. Duverdy, et soutenait qu'ayant voulu mettre en scène
un magistrat, il l'avait fait habiter dans un quartier, dans
une rue, que les magistrats semblent rechercher, et où,
par hasard, habitait M. Duverdy ; quant au nom même de
Duverdy, il l'avait rencontré dans *l'Almanach des adresses*
et s'y était arrêté comme convenant parfaitement à un magistrat. De simples coïncidences avaient fait tout le mal.
Aussi l'avocat de M. Zola, M. Davrillé des Essards, s'é-
cartait-il du système de défense adopté par son client, et
faisait-il en quelque sorte un aveu imprudent, quand, pour
montrer que les écrivains les plus corrects n'avaient pas
reculé devant l'emploi des noms propres, il citait le vers
de Boileau :

J'appelle un chat un chat et Rollet un fripon.

A s'en tenir aux déclarations de Zola, et à les croire
sincères, la question qui se posait au tribunal était celle
de savoir si une personne, qui n'avait été ni visée ni atteinte par un écrit, pouvait se plaindre que son nom eût
été donné à un personnage imaginaire, représenté dans

un roman sous des traits ignobles. Le tribunal donna gain de cause à M. Duverdy, en observant que le lecteur pouvait être amené à faire un rapprochement entre Duverdy, avocat à la Cour d'appel, et le Duverdy du roman, conseiller à la Cour d'appel. Non pas qu'il estimât que M. Duverdy était victime d'une diffamation : la question a été résolue par le tribunal, telle que nous venons de la poser. Rapprochant les deux hypothèses que nous avons distinguées, le tribunal a en effet déclaré « qu'on n'a pas le droit seulement d'interdire la représentation de sa personnalité dans un roman ou une pièce de théâtre ; ... mais qu'on a juste sujet de considérer la mise en action d'un personnage imaginaire comme susceptible de rendre son nom odieux et ridicule. »

En passant, le tribunal de la Seine n'a pas manqué d'affirmer l'existence de la propriété du nom : « Le nom patronymique est *une propriété* que chacun a le droit de défendre contre toute atteinte, *dans la limite de ses intérêts.* » Cette formule a suscité des critiques diverses ; nous y voyons, quant à nous, la preuve que le nom n'est pas l'objet d'une propriété : car toute atteinte portée à cette propriété devrait être réprimée, sans que les tribunaux eussent à se demander, dans chaque espèce, si l'intérêt lésé est suffisamment grave et respectable.

C'est parce que cette prétendue propriété est la résultante d'intérêts divers que l'abus du nom peut compromettre, qu'il y a lieu, quand un conflit s'élève en pareille matière, de rechercher quel est l'intérêt lésé. Nous avons montré par une observation identique, que le droit de faire opposition à une autorisation de changer de nom ne se fondait pas sur la propriété des noms : car il ne suffit pas de faire légitimement usage d'un nom pour empêcher qu'il soit concédé à autrui ; il faut établir que cette concession, eu égard aux circonstances, lèse un intérêt déterminé [1].

Faisant l'application de cette idée à la difficulté qui nous occupe, nous dirons que toute personne dont le nom est voué à l'opprobre ou au ridicule, peut obtenir qu'il soit effacé du roman ou de la pièce de théâtre où il a été donné à un personnage abject, odieux ou grotesque ; pourvu toutefois qu'il ne s'agisse pas d'un nom vulgaire et très répandu ; car, étant porté par nombre de gens placés dans les situations les plus diverses, ce nom est presque entièrement soustrait aux influences fâcheuses : il est trop souvent usité dans la vie pratique pour s'identifier à un personnage purement fantaisiste, dont il éveillerait forcément le souvenir. Cette restriction au droit de maintenir l'intégrité d'un nom ne serait pas admissible, si l'on était en présence d'un véritable droit de propriété, qui devrait être garanti contre toute atteinte [2].

---

(1) Voy. n° 129.

(2) Voy. trib. de la Seine, 15 février 1882 : S., 84, 2, 21 ; et la note de M. Labbé, où sont très finement distinguées et nuancées les différentes atteintes que peut recevoir un nom. Dans l'espèce, un Duverdy, domicilié dans une ville du midi de la France, avait autorisé Zola à se servir de son nom : mais les noms n'étant pas à la disposition des particuliers, cette prétendue autorisation équivalait seulement à l'engagement de ne pas poursuivre Zola ; elle laissait intact le droit des autres porteurs de ce nom.

CHAPITRE II

Du nom commercial.

193. — La fixité du nom des commerçants est plus
essentielle que celle de tout autre nom : le crédit est un
facteur si important des opérations commerciales qu'il
importe qu'un commerçant ne puisse pas, en délaissant
un nom déshonoré, faire abstraction d'un passé fâcheux ; il
ne faut pas, en particulier, qu'il puisse, en dissimulant son
identité, se soustraire aux conséquences de la faillite. La
loi cependant ne réprime pas d'une façon plus stricte les
changements de noms opérés par les commerçants, quand
ils ne lèsent que l'intérêt général. Constituent-ils au contraire des usurpations, lèsent-ils des intérêts particuliers,
la loi se montre bien plus rigoureuse : la propriété du nom
commercial est protégée d'une manière spéciale.

Le nom étant la marque de la personnalité, celui d'un
non-commerçant éveille seulement l'idée de qualités
morales ou sociales ; le préjudice causé par l'envahissement d'un tel nom n'a rien de pécuniaire, bien que sa
réparation se ramène à une condamnation en argent. Le
nom d'un industriel, d'un commerçant, au contraire,
rappelle un producteur intelligent, un intermédiaire fidèle
et consciencieux. La bonne réputation d'un établissement
industriel ou commercial faisant la vogue de ses produits,

l'usurpation d'un nom commercial avantageusement connu devient donc un instrument de concurrence déloyale ; elle détourne du producteur ou du commerçant le consommateur qu'elle induit en erreur; elle est la source d'un préjudice évident et essentiellement pécuniaire [1].

Plus grave, plus préjudiciable, l'usurpation est en même temps plus facile. Celui qui, dans les actes de la vie ordinaire et de la vie civile, se sert d'une dénomination empruntée, ne disparaît pas derrière le nom dont il s'affuble; le plus souvent, il est personnellement connu, et ne peut être confondu avec les légitimes possesseurs du même nom. Un commerçant, au contraire, un industriel, n'est connu de la masse des consommateurs que par ses produits marqués de son nom : que si un tiers fait figurer le même nom sur des produits similaires, le consommateur est presque nécessairement trompé.

On s'explique dès lors que l'usurpation du nom commercial soit impitoyablement poursuivie ; il faut à tout prix déjouer la concurrence déloyale qui se produit sous cette forme.

194. — Le nom commercial est soumis, à un autre point de vue encore, à des règles particulières. Ce nom emprunte sa valeur aux aptitudes et à l'intégrité de ceux qui le portent: il n'est, au fond, comme celui des non commerçants, que le reflet de qualités personnelles. Toutefois, quand le producteur ou le débitant ne sont pas personnellement connus du consommateur, le produit se recommande lui-même au public, et le nom du fabricant ou du commerçant, sous lequel il est réppandu, ne sert alors qu'à le désigner. En ce cas, ce nom a une valeur propre

---

(1) Calmels a dit en termes expressifs : « Le nom est le signe de ralliement de la clientèle, le thermomètre du crédit d'un commerçant. »

qu'il communique au produit et reçoit de lui tout ensemble ;
le produit ne vaut que par le nom qui le distingue,
et ce nom porte en lui toute la valeur qu'il donne au produit. Ce que nous disons d'un produit en vogue est vrai
d'un établissement bien achalandé. Dès lors, si l'exploitation du produit, du fonds de commerce, de l'usine, vient
à être cédée, le nom qui sert à le désigner devra être
cédé en même temps.

Ainsi donc, tandis que nous n'avons jamais rencontré
l'hypothèse de la cession du nom d'un non-commerçant,
parce que ce nom a une valeur purement morale, qu'il emprunte à la personne qu'il désigne, et qu'il perdrait s'il
était appliqué à un tiers, le nom commercial a une
valeur propre, intrinsèque, une valeur pécuniaire, qui
rend possible sa cession.

En allant au fond des choses, il faut avouer cependant
qu'il n'est pas si facile d'abstraire un nom propre de la
personnalité qu'il distingue : c'est tromper le public que
de conserver le même nom à un établissement qui change
de mains, à un produit qui n'est plus fabriqué par son
inventeur. A quoi l'on peut répondre qu'avec le produit
ont été cédés et le matériel et les procédés de fabrication ;
qu'en cas de vente d'un fonds de commerce, le successeur
continue à s'approvisionner de la même façon que son prédécesseur. En tous cas, le danger que peut faire courir
aux tiers la cession du nom commercial, est bien moindre
que le préjudice qu'éprouverait le cessionnaire d'une invention déjà lancée ou d'un établissement en renom, s'il devait
en refaire la réputation sous une dénomination nouvelle.

195. — Toutes les observations que nous avons à présenter sur le nom commercial se rangeront sous ces deux
chefs : 1° Protection du nom commercial ; 2° modes spéciaux d'acquisition et de transmission du nom commercial

Nous ne bornerons d'ailleurs pas cette étude au nom patronymique des commerçants et des industriels ; mais nous étudierons également les noms de fantaisie que peuvent avoir reçus, soit des établissements, soit des produits.

Nous rapprocherons des solutions données par la jurisprudence, dans l'état actuel du droit, les textes d'un projet de loi sur le nom commercial, déposé au sénat par M. Bozérian [1].

(1) *Officiel* des 4 juin et 20 juillet 1879.

SECTION I

PROTECTION DE LA PROPRIÉTÉ DU NOM COMMERCIAL.

§ 1er *Du nom patronymique des commerçants.*

196. — Un commerçant, pour mettre son nom à l'abri des usurpations, peut d'abord recourir aux moyens qui sont à la disposition des non-commerçants : il agira en suppression du nom usurpé, et demandera des dommages-intérêts. Cette double action réussira assurément dans tous les cas où un non-commerçant l'intenterait avec succès, c'est-à-dire quand il y a usurpation de nom proprement dite. Nous savons qu'un fils n'a pas droit au nom de sa mère : en conséquence des commerçants, parents d'une femme dont le fils légitime a pris le nom pour tenir un établissement commercial, peuvent interdire à ce dernier l'usage d'un nom qui n'appartient qu'à eux [1].

197. — Mais un commerçant n'est pas armé seulement contre les usurpateurs de son nom ; il peut poursuivre ceux de ses homonymes qui, sans commettre aucune usurpation, se font du nom qui leur appartient un instrument de concurrence déloyale. Les tribunaux, en pareil cas, n'ont pas le pouvoir d'ordonner la suppression du nom dont il est fait un usage abusif ; encore moins peuvent-ils, quand une personne, profitant d'une similitude de noms, vient s'établir à peu de distance d'un homonyme bien réputé, interdire à cette personne d'exercer le même com-

(1) Paris, 18 juillet 1878 : S., 78, 2, 241.

merce [1]. Il leur appartient seulement de prononcer des dommages-intérêts et de prescrire toutes mesures susceptibles de prévenir les confusions entre les porteurs d'un même nom.

La Cour de cassation, par arrêt du 30 janvier 1878 [2], a refusé formellement aux tribunaux le pouvoir d'interdire à un commerçant l'usage de son nom patronymique. Il était utile de fixer sur ce point la jurisprudence: quelques interprètes soutenaient en effet l'opinion contraire, et croyaient pouvoir s'autoriser de plusieurs arrêts de la Cour de cassation. Or, les décisions par eux invoquées n'interdisent pas à des commerçants l'usage de leur propre nom, mais l'emploi du nom d'un tiers, qui avait fait l'objet d'une cession irrégulière, frauduleuse [3]. Tantôt c'est un individu qui est appelé dans une société pour lui prêter son nom et lui permettre de faire concurrence à un établissement connu : la Cour de Paris, dans un arrêt confirmé par la Cour de cassation [4], déclare que « si Louis Clicquot *a le droit de faire le commerce en son nom personnel*, il n'a pas le droit de disposer de son nom pour le prêter à des tiers et leur procurer, au prix d'un bénéfice convenu, le crédit commercial dont est en possession la maison Clicquot-Ponsardin. »

(1) Trib. de Comm. de Paris, 31 mai 1856 : Teulet, *Journal des trib. de Comm.*, 5, 444.

(2) S., 79, 1, 289. Voy. note de M. Lyon-Caen. — Add. Paris, 6 avril 1887 : S., 88, 2, 135.

(3) Un arrêt, à la vérité, a interdit à un commerçant l'usage de son nom (Req., 18 nov. 1862 : S., 63, 1, 17). Vainement la Cour de cassation, pour justifier cette décision, fait-elle valoir que l'interdiction n'est que temporaire! Comme bien on pense, c'est une interdiction temporaire et spéciale aux actes de commerce que nous déclarons impossible. Une interdiction définitive ne serait rien moins qu'un changement de nom ordonné par les tribunaux.

(4) 4 février 1852 : S., 53, 1, 213.

Tantôt c'est un individu qui prête son nom à un tiers, sans former avec lui de société [1], ou même en promettant formellement de s'abstenir de toute ingérence dans les affaires. Dans une espèce soumise à la Cour de Besançon, un charpentier avait pris cet engagement, en cédant son nom à un marchand de montres [2]. Si l'on examine de près ces décisions, on y découvre d'abord qu'elles réservent au possesseur du nom frauduleusement cédé le droit de faire le commerce pour son propre compte et sous son propre nom ; ensuite qu'elles interdisent au cessionnaire du nom d'autrui l'usage d'un nom qu'il n'a pu acquérir, qui ne lui appartient pas. Les arrêts précités ont trait à la cession du nom commercial : ils annulent cette cession parce qu'elle est frauduleuse, et surtout parce qu'elle est irrégulière. On verra plus loin que le nom commercial ne peut être cédé isolément, mais accessoirement seulement à un produit ou à un établissement qu'il sert à désigner.

198. — Toutefois, quand il n'y a pas simple cession de nom commercial, mais société formée avec un tiers dont le nom est un instrument de concurrence, l'interdiction de faire figurer ce nom dans la raison sociale est-elle possible ? Car cette interdiction s'adressera à la société, à tous les associés, y compris le possesseur du nom. Il faut, en pareil cas, examiner si la société est réelle, sérieuse. Quand un individu, moyennant une quote-part dans les bénéfices, met son nom et rien que son nom dans une société, on peut dire qu'il n'y a société qu'en apparence, et que l'article 1833 du Code civil est violé, lequel exige un apport de chacun des asso-

---

(1) Cass., 27 mars 1877 : S., 77, 1, 263.
(2) Besançon, 30 nov. 1861 : S., 62, 2, 342.

ciés. Mais, a-t-on objecté, le nom, c'est du crédit ; apporter un nom dans une société, est aussi naturel qu'apporter de l'argent ou toute autre valeur [1]. Cette opinion est bien hardie en présence de l'article 1833, aux termes duquel chaque associé doit mettre en société « ou de l'argent, ou d'autres biens, ou son industrie [2] .» En tous cas, quand un nom ne représente aucun crédit réel, quand celui qui l'a mis en société est insolvable, la société est nulle, sans discussion possible [3] : or, n'est-il pas évident que, dans la pratique, un insolvable seul consentira à mettre son nom dans une société, à assumer éventuellement la responsabilité de toutes ses dettes, tout en s'interdisant de prendre aucune part à sa gestion [4]?

Que si, en mettant son nom dans une société, un individu y fait en même temps quelque apport en valeur ou en industrie (et il y a apport en industrie suffisant dès qu'il prend une part active aux affaires de la société), on est en présence d'une société régulièrement constituée. Toutefois le nom d'un associé ne peut figurer dans la raison sociale qu'autant que la société est une société en nom collectif ou en commandite, et que cet associé est indéfiniment responsable (art. 22 et 23 du Code de comm.). La loi n'exigeant pas que les noms des associés indéfiniment responsables figurent tous dans la raison sociale, les tribunaux peuvent-ils en exclure le nom

(1) Bouvy, *Des noms de personnes*, p. 101.

(2) En ce sens Troplong, *Sociétés*, n° 115 ; Aubry et Rau, t. IV, p. 543, note 2, § 576 ; Laurent, *Principes de droit civil*, tome 26, n° 143.

(3) D'après M. Colmet de Santerre, *Cours de Code civil*, tome VIII, p. 2, le crédit commercial apporté dans une société, « c'est la réputation de solvabilité et de régularité qui inspire confiance aux tiers et qui peut être très utile à des associés inconnus du public avec qui la société doit entrer en relation d'affaire. »

(4) Cass., 4 février 1852 : S., 53, 1, 213.

dont la société se sert comme d'un instrument de concurrence déloyale? Nous ne le pensons pas : ce serait là priver l'associé, porteur de ce nom, d'une des utilités qu'il en peut retirer. Mais les tribunaux ont la faculté d'ordonner qu'à côté de ce nom, prendront place dans la raison sociale les noms d'autres associés. Ainsi accolé à d'autres noms, un nom ne sera pas un instrument pratique de concurrence.

La cession frauduleuse du nom étant annulée, la formation d'une société étant un moyen trop détourné et trop imparfait de concurrence, les commerçants recourent à la ruse suivante : ils se substituent, pour tous les actes de leur commerce, un tiers, porteur du nom d'un commerçant rival. C'est à son nom que sont loués les magasins, sous son nom que sont faites et reçues les commandes. Le véritable intéressé se dissimule derrière un homme de paille, dont il se présente comme le premier commis. C'est là encore une fraude que les tribunaux déjouent. (Paris, 19 mai 1865 : S. 65, 2, 158). Dans cette espèce, un tonnelier avait prêté son nom à un marchand de pipes, et un dépôt de marchandises avait était effectué dans un magasin loué sous son nom. Défense lui fut faite par le tribunal de la Seine d'apposer son nom sur des produits qu'il ne fabriquait pas.

Il est superflu d'observer que, dans toutes les hypothèses précitées, des dommages-intérêts peuvent être obtenus [1].

(1) Le projet de M. Bozérian punit les acquisitions frauduleuses du nom d'un tiers en vue de faire concurrence à autrui : article 9 : « Sont punis des mêmes peines (peines portées en l'article 8).... 3° Ceux qui, dans un but de concurrence déloyale, ont, au moyen d'acquisition, d'association, ou de toute autre manœuvre frauduleuse, fait un usage illicite d'un nom ou d'une raison commerciale. » Fort bien quand il y a acquisition frauduleuse d'un nom : car il est

199. — Si nul ne peut se voir interdire de faire le commerce sous le nom qui lui appartient, le propriétaire d'un maison bien achalandée, auquel l'établissement dans la même ville d'un concurrent, porteur du même nom, est de nature à préjudicier, n'est pas réduit à l'impuissance: il peut prévenir ou faire cesser une confusion préjudiciable à ses intérêts. Il demandera aux tribunaux d'imposer à son concurrent, sinon un changement complet de nom, du moins une modification, une addition quelconque qui figurera sur les prospectus, les enseignes, les produits du commerçant rival, et distinguera les deux établissements. Il est bien naturel qu'une modification soit imposée au commerçant le plus récemment établi, le moins connu, à celui qui profiterait de la réputation déjà faite d'une maison voisine [1].

Les tribunaux se sont, depuis longtemps, attribué le droit de prescrire des mesures suffisantes pour prévenir toute confusion entre des établissements rivaux (Aix, 8

---

admis, et l'article 4 du projet déclare formellement, que « le nom et la raison de commerce ne peuvent être cédés séparément de la maison qu'ils servent à désigner. » Mais quand une société sérieuse, régulière, est formée, il nous semble bien difficile d'infliger une pénalité.

(1) MM. Lyon-Caen et Renault (*Traité de droit commercial*, tome Ier, nº 194 *bis*), nous signalent l'existence, dans quelques pays étrangers, et notamment en Allemagne et en Suisse, de registres où sont inscrits les noms sous lesquels les commerçants exercent leur négoce, et qui peuvent être, soit leur nom patronymique, soit le nom de leur prédécesseur, quand ce dernier y a consenti (Voy. nº 218 et la note). Ces registres contiennent des mentions diverses et présentent des avantages multiples : mais notamment, ils permettent de prévenir les confusions involontaires ou la concurrence déloyale que la similitude de noms peut faciliter entre deux homonymes texerçant le même négoce. Quand une personne se fait inscrire sur les régistres comme s'adonnant à un commerce qu'un tiers exerce déjà sous le même nom, le greffier invite le nouvel inscrit à faire à son nom telles additions nécessaires pour se distinguer de son concurrent.

janvier 1828: S. coll. nouv. 6, 2, 347 ; cass., 30 janvier 1878: S. 78, 1, 289).

Quelles additions, quelles énonciations ordonneront-ils ? Ils peuvent prescrire l'indication des prénoms du commerçant, du lieu où sont situées ses usines, s'il fabrique luimême ses produits, de la date de la fondation de sa maison. La cour d'Amiens a imposé à un fabricant l'indication de la ville d'où il était originaire, et où il avait d'abord exercé son industrie (2 août 1878 : S., 78, 2, 247). Cet arrêt contient les prescriptions les plus minutieuses sur les dimensions respectives que doivent avoir, dans les enseignes d'un commerçant, les différents noms composant sa raison commerciale.

Le plus sûr moyen pour un commerçant de distinguer sa maison est encore de faire figurer sur ses enseignes et ses produits le nom de son prédécesseur, ou d'ajouter à son nom patronymique celui de sa femme, dont les usages lui permettent de faire emploi [1], au moins pour les actes de son commerce. Les tribunaux pourront donc prescrire de faire apparaître ces noms. Dans la pratique, les commerçants en font volontiers usage, sans même avoir besoin de se distinguer d'un homonyme exerçant le même commerce. Ils conservent le nom de leur prédécesseur pour ne pas dérouter la clientèle. Quant à la coutume bien établie chez les commerçants d'ajouter à leur nom celui de leur femme, elle s'explique d'abord par cette circonstance que beaucoup de gendres succèdent à leurs beaux-pères ; elle a en outre l'avantage de faire participer les gendres au crédit de leurs beaux-pères [2].

(1) Voy. nos 114, 216 221.

(2) J'ai toujours supposé deux commerçants du même nom établis dans la même ville. Que s'ils exercent leur commerce dans deux localités différentes.

Le propriétaire d'un établissement commercial, auquel la survenance d'un concurrent homonyme est susceptible de préjudicier, a seulement le droit de faire introduire quelques modifications de détail dans la raison commerciale de l'établissement rival ; il ne puise pas d'autre avantage dans sa situation acquise. Il ne peut notamment, comme il l'a décidé à deux reprises la Cour de cassation, se faire délivrer par la poste les lettres dont la destination est incertaine : mais ces lettres doivent être ouvertes en présence des intéressés, conformément aux réglements à à ce relatifs [1]. Cela non pas tant pour assurer le secret de la correspondance commerciale que pour empêcher un des établissements de s'emparer des commandes adressées à l'autre.

200. — Le nom des industriels est protégé d'une façon spéciale. Outre les dommages-intérêts auxquels ils donnent lieu, l'abus et l'usurpartion du nom industriel exposent ceux qui les commettent à l'application d'une loi répressive. Aux termes de la loi du 28 juillet 1824, « quiconque aura, soit opposé, soit fait apparaître par addition, retranchement, ou par une altération quelconque, *sur des objets fabriqués*, le *nom d'un fabricant* autre que celui qui

mais que l'un d'eux fasse figurer sur ses produits le nom de la ville où est domicilié son concurrent, ou même fonde dans cette ville un établissement secondaire, pour masquer sa fraude d'un prétexte, il lui est simplement interdit de faire usage du nom de cette ville (Cass., 7 janvier 1884 : S., 86, 1, 254).

On peut supposer en outre qu'un commerçant ou un industriel jouisse d'une réputation si répandue, que l'existence d'un concurrent homonyme, dans une ville même éloignée soit de nature à lui nuire. En pareil cas les tribunaux peuvent prendre les mêmes mesures que s'il s'agissait de commerçants de la même localité : ils ordonneront notamment au propriétaire du nouvel établissement d'indiquer la ville où il exerce son négoce.

(1) Cass. 24 novembre 1846 : S., 46, 1, 829 ; Cass. 7 janvier 1884 ; S., 86, 1, 254.

en est l'auteur, ou la *raison commerciale d'une fabrique* autre que celle où lesdits objets auront été fabriqués, ou enfin le *nom d'un lieu autre que celui de la fabrication,* sera puni des peines portées en l'article 423 du Code pénal, sans préjudice de dommages-intérêts s'il y a lieu [1]. »

Deux faits absolument différents sont réprimés par la loi de 1824. Ou bien un industriel s'empare des produits d'un de ses concurrents, et en efface le nom du fabricant pour y substituer son propre nom : il vise ainsi à se faire, aux dépens d'autrui, une réputation qui lui permettra plus tard d'écouler ses propres produits. Ou bien, tout à l'inverse, sur des produits fabriqués par lui, un industriel appose le nom d'un de ses concurrents, dont la réputation est déjà faite. De ces deux faits qui rentrent également dans les termes de la loi de 1824, le second seul nous intéresse, car seul il constitue un abus, une usurpation de nom.

201 — Le nom industriel, en tant qu'il est protégé par la loi de 1824, est quelquefois appelé *marque nominale,* et opposé aux marques de fabrique et de commerce, ou *marques emblématiques,* que régit la loi du 24 juin 1857. Nous n'avons pas à nous occuper des marques emblématiques en général. Mais les noms, qui forment en tous cas les *marques nominales,* peuvent, sous une *forme distinctive,* servir de *marques emblématiques* [2]. Quand un commerçant ou un industriel appose sur ses produits son nom en

---

(1) Nous ne nous occupons, pour le moment, que du nom patronymique du fabricant.

(2) Projet de M. Bozérian, article 3 : « La propriété du nom et de la raison de commerce est distincte de celle de la marque dont ils font partie. » Cela est déjà reconnu aujourd'hui ; mais nous verrons que M. Bozérian fait de cette idée des applications toutes nouvelles.

certains caractères, en lui donnant dans l'ensemble une certaine forme, une certaine physionomie invariable, ce nom constitue une marque. Un commerçant est propriétaire d'une marque emblématique indépendamment de tout dépôt fait au greffe du Tribunal de Commerce, mais ce dépôt seul lui permet de poursuivre les contrefacteurs de cette marque, par application de la loi de 1857 [1].

Cela posé, voici quelle est l'étendue respective d'application de nos deux lois. Tout légitime porteur d'un nom, qui s'en sert comme de marque nominale, et l'appose sur un produit, même en vue d'une concurrence déloyale, peut encourir des dommages-intérêts, mais ne tombe pas sous le coup de la loi de 1824 [2] : cette loi n'est applicable qu'aux usurpations de noms. Le fait, au contraire, de s'approprier une marque emblématique, un nom, en tant qu'il affecte une forme, une physionomie particulière, expose celui qui en est l'auteur aux pénalités de la loi de 1857, fût-il même légitime possesseur de ce nom.

Autre différence entre nos deux lois : l'usurpation d'une marque emblématique de fabrique ou de commerce n'est punie par la loi de 1857 qu'autant que la marque a fait l'objet d'un dépôt ; l'application de la loi de 1824 n'est

---

(1) Les pénalités de la loi de 1857 sont singulièrement aggravées quand le propriétaire de la marque y a fait apposer le timbre ou le poinçon de l'État, conformément à la loi du 26 novembre 1873.

(2) Jugé cependant qu'il y a délit d'usurpation de nom, dans le sens de la loi de 1824, quand le prévenu, portant le même nom que le plaignant, a frauduleusement apporté ce nom dans une société apparente en vue d'une concurrence déloyale (Paris, 12 janv. 1829 : Gaz. des Trib., 13 janv.). La loi de 1824, en pareil cas, nous semble plutôt applicable au fabricant qui a apposé sur ses produits le nom d'un autre fabricant, en feignant de former une société avec un homonyme de ce fabricant, qu'à la personne même qui a apporté son nom dans une société apparente.

pas subordonnée à la même condition [1]. En conséquence l'usurpation d'un nom pris comme marque emblématique, qui, faute de dépôt, ne peut être réprimée par application de la loi de 1857, tombe sous le coup de la loi de 1824, comme usurpation d'une simple marque nominale. D'où il faut conclure que l'usurpation d'un nom pris comme marque déposée, constitue une double infraction, à la loi de 1824 et à loi de 1857. En pareil cas, et par application de l'article 365 du Code d'instruction criminelle, la peine la plus forte sera seule prononcée.

202 — Nous n'avons pas à insister sur la loi de 1857 qui ne protège qu'indirectement le nom commercial ; mais la loi de 1824 appelle quelques développements. A la différence de la loi de 1857, qui, régissant les marques de fabrique et de commerce, permet aux commerçants comme aux industriels de poursuivre les tiers qui usurpent leurs marques emblématiques, la loi de 1824 ne vise que l'abus du nom d'un *fabricant*. En conséquence, la Cour d'Orléans, par arrêt du 20 février 1882 (S. 82, 2, 193) a déclaré cette loi non applicable à l'apposition sur des objets débités par un commerçant du nom d'un autre commerçant.

M. Lyon-Caen justifie cette décision en argumentant des termes de la loi, et de plusieurs passages de la discussion d'où elle est sortie. Il observe notamment que la loi de 1824 était uniquement destinée à rajeunir, sans nullement

---

(1) Paris, 3 juin 1843 : S., 43, 2, 334. Le dépôt, en matière de marque, est nécessaire pour qu'il y ait infraction, car l'usurpation d'une marque emblématique peut être le résultat d'une rencontre fortuite ; une usurpation de nom n'est jamais commise que sciemment et volontairement. Voilà pourquoi la formalité du dépôt n'est pas une condition d'application de la loi de 1824. Le dépôt effectué d'une marque emblématique ne permet pas de poursuivre les usurpations antérieures à ce dépôt : mais une demande de dommages-intérêts, fondée sur l'article 1382 C. civ., est toujours possible (Paris, 29 juin 1882 : S., 82, 1, 201).

élargir leur portée, les dispositions de la loi du 22 germinal an XI qui, incontestablement ne protégeait que le nom
industriel. L'opinion contraire a cependant été défendue
par M. Pouillet [1], qui ne l'appuie que sur un incident de
la rédaction de la loi de 1857 : pour la protection du nom
en tant que simple marque nominale, le législateur de
1857 a déclaré laisser en vigueur la loi de 1824 : mais de
ce que la loi de 1857 protége également le nom commercial et le nom industriel, il ne s'ensuit pas que ses
auteurs aient voulu ou pu donner la même portée à la loi
de 1824 [2].

On a pu croire en 1824 qu'il était superflu de protéger
le nom commercial ; on a pensé, sans doute, que de simples intermédiaires apposeraient rarement leurs noms sur
des produits qu'ils n'avaient pas fabriqués. L'expérience
a démontré au contraire que le consommateur, le plus souvent indifférent au nom du producteur qu'il connaît rarement, place sa confiance dans son fournisseur immédiat,
simple intermédiaire, et ne connaît que lui ; nombre d'é-
tablissements commerciaux se sont acquis une réputation
méritée par le soin scrupuleux avec lequel ils s'approvi-
sionnent. D'où la nécessité de protéger le nom commercial à l'égal du nom industriel. Le projet de loi présenté
au Sénat par M. Bozérian donne satisfaction à ce besoin [3].

---

(1) *Marques de fabrique*, n° 423.

(2) Comment donc M. Lyon-Caen enseigne-il, dans son *Précis de droit
commercial* (tome II, p. 107), que « la loi de 1824 semble s'applique aux
noms des commerçants comme à ceux des fabricants » ?

(3) Voy. article 3 précité de ce projet. Cf. article 8 : « Sont punis d'une
amende de 50 francs à 3000 francs et d'un emprisonnement de 3 mois à 3 ans
ou de l'une de ces peines seulement : 1° Ceux qui ont usurpé, contrefait ou
frauduleusement imité un nom ou une raison de commerce ; 2° ceux qui en
ont fait un usage frauduleux ; 3° ceux qui frauduleusement ont, soit opposé,

Ajoutons enfin qu'un commerçant est toujours autorisé à conserver à des produits achetés par lui pour les revendre, le nom de leur fabricant; ce dernier ne saurait prétendre qu'il y ait là abus de son nom (Cass., 21 mai 1884 S., 1884, 1, 280).

203 — La loi de 1824 protége-t-elle contre l'usurpation le nom apposé sur des produits naturels ? Le nom du producteur, ou plus exactement, du propriétaire de la chose productrice, n'est ni celui d'un commerçant, c'est-à-dire d'un intermédiaire qui fait profession d'acheter pour revendre, ni celui d'un fabricant. Or, la loi de 1824 étant une loi pénale doit être interprétée restrictivement ; il suffit que le nom envahi ne soit pas celui d'un manufacturier pour que la peine ne soit pas encourue. Ainsi a jugé la Cour de Paris, le 29 juin 1882 [1]. Il s'agissait dans l'espèce d'un nom qui désignait des eaux minérales naturelles, et qu'avait usurpé un fabricant d'eaux artificielles. On estime par contre que les vins, même naturels, sont, au point de vue de la loi de 1824, des produits fabriqués ; car ils sont toujours soumis à une certaine manipulation. Il serait sage d'étendre la protection de la loi aux noms des produits naturels.

D'ailleurs si l'usurpation d'un nom apposé sur des produits naturels échappe à la loi de 1824, elle n'est pas exempte de peines, a décidé le tribunal de la Seine dans l'affaire précitée. On peut faire grief à l'usurpateur, sinon du préjudice qu'il a causé au producteur, du moins de l'erreur dans

---

soit fait apparaître, par addition, retranchement, ou par une altération quelconque, sur des produits, un nom commercial ou une raison de commerce usurpés, contrefaits ou frauduleusement imités. » Cf. *Revue critique de législation et de jurisprudence*, 1878, p. 603 et suiv.

(1) S., 82, 2, 201. et note de M. Lyon-Caen. — En sens contraire, Pouillet, *Marques de fabrique*, n° 124.

laquelle il a induit les tiers : en vertu de l'article
423 du Code pénal, « quiconque a trompé l'acheteur
sur la nature de la marchandise » est punissable. Or,
dit le tribunal de la Seine, « si l'article 423 a pour
but principal de protéger le consommateur, l'application peut en être faite même sur la poursuite de toute
autre partie civile, pourvu que cette partie ait éprouvé
un préjudice quelconque dérivant de l'infraction à l'article
423. » Le propriétaire d'une chose productrice, auquel est
refusée la protection de la loi de 1824, poursuivra l'application de l'article 423. On se rappelle que les peines
prononcées par la loi de 1824 sont précisément celles de
l'article 423. Cependant l'article 423 ne remplace pas absolument la loi de 1824 ; il est telle hypothèse où la loi de
1824 trouverait son application et où l'article 423 ne peut
être invoqué. Si un fabricant désigne des eaux artificielles
sous le nom du propriétaire d'une source d'eau naturelle,
mais en indiquant qu'elles sont factices, le public n'est
pas trompé, et l'application de l'article 423 est écartée ;
le propriétaire de la source, dont le nom est envahi, se
trouve à la fois privé de la protection de la loi de 1824 et
de celle de l'article 423[1]. On ne pourrait d'ailleurs, en argumentant de l'article 423, procurer au nom commercial
la protection que la loi de 1824 lui refuse ; car le changement ou l'altération du nom d'un simple intermédiaire ne
peut constituer une tromperie sur la *nature*, mais seulement sur la *qualité* de la marchandise. Entre une eau naturelle et une eau artificielle, il y a au contraire une différence de nature.

(1) Au contraire le fait par un fabricant d'apposer sur ses produits le nom
d'un autre fabricant, même accompagné des mots « façon d'un tel », destinés à renseigner le public sur la provenance de l'objet mis ne vente, expose
ce fabricant aux pénalités de la loi de 1824 (Cass., 24 déc, 1855 : S., 56, 1,
321).

204. — Enfin, il est de toute évidence que la loi de 1824 ne s'applique pas aux noms des littérateurs et des artistes. La contrefaçon d'une œuvre littéraire, qui consiste pour un plagiaire à publier comme sienne l'œuvre d'autrui, ne touche à aucun égard à la question du nom : et quant au fait de publier un ouvrage sous le nom d'un tiers, c'est une des formes de l'usurpation du nom entre non-commerçants, dont il a déjà été parlé [1].

S'agit-il d'une œuvre artistique, la situation est absolument la même. L'usurpation par un artiste du nom d'un autre artiste plus renommé ne donne pas ouverture à l'action de la loi de 1824, mais à une simple action en dommages-intérêts. Mais la question a été compliquée et obscurcie à plaisir dans l'hypothèse où une œuvre d'art a été reproduite à plusieurs exemplaires par un fabricant [2]. Cette œuvre d'art est susceptible de recevoir deux noms : celui de l'artiste qui l'a conçue et exécutée ; celui du fabricant qui l'a reproduite et vulgarisée. L'usurpation de ce dernier nom permet seule l'application de la loi de 1824. C'est donc à tort que la Cour de Paris, le 12 mai 1855 (*Annales de la propriété industrielle*, 1875, p. 19), a vu une double infraction à la loi de 1824 dans le fait par un industriel d'apposer mensongèrement sur ses produits, et le nom d'un artiste, et le nom d'un fabricant en renom ; à tort également que la Cour de cassation, le 29 novembre 1879 (S., 80, 1, 185), a appliqué la loi de 1824 à un fabricant qui faisait figurer sur des statuettes et objets d'art le nom d'un statuaire, sans d'ail-

(1) Voy. n° 190.

(2) Des difficultés analogues auraient pu être soulevées à propos des œuvres littéraires reproduites par l'impression : mais, en fait, on a toujours distingué l'écrivain de l'éditeur. et l'on n'a jamais prétendu accorder au premier les garanties de la loi de 1824, qui n'appartiennent qu'au second.

leurs usurper le nom d'un autre fabricant. Au contraire, il n'y a rien à reprendre à un arrêt de la Cour de Paris (10 mai 1855 : S., 55, 2, 390), qui a fait l'application de cette loi dans l'espèce suivante : Un objet d'art avait été reproduit sous la signature d'un artiste qui en était l'auteur, mais par un fabricant qui n'était pas l'éditeur habituel des œuvres de cet artiste : l'usurpation n'avait porté que sur le nom du fabricant. En pareille hypothèse, quand l'œuvre d'art reproduite n'est pas encore tombée dans le domaine public, le fabricant se rend coupable d'un double délit en usurpant le nom de l'éditeur auquel appartient le droit de reproduction : sinon on est en présence d'une seule infraction, la violation de la loi de 1824.

Certains fabricants sont en même temps artistes : ils conçoivent et exécutent eux-mêmes les modèles qu'ils reproduisent ensuite à plusieurs exemplaires. On ne saurait prétendre qu'en pareil cas le fabricant disparaît derrière l'artiste, et, sous ce prétexte, écarter l'application de la loi de 1824.

La gravure doit être considérée comme un procédé artistique de reproduction des œuvres d'art : le graveur qui fait œuvre d'interprétation, sinon d'imagination, ne doit pas être considéré comme un fabricant, mais comme un artiste, à l'égal du peintre dont il reproduit la toile.

205. — L'usurpation du nom industriel ne tombe sous le coup de la loi de 1824 que quand elle s'est produite par voie d'apposition de ce nom sur un objet fabriqué [1]. Quand l'usurpation a été commise dans des réclames, des annonces, des prospectus, des enseignes, etc., il n'y a pas délit ; et les industriels en sont réduits aux moyens que

---

(1) Pouillet, *Marques de fabrique*, n° 412.

le droit commun ouvre à toutes personnes : action en suppression du nom usurpé et en dommages-intérêts. Il y a là, dans notre législation, une lacune que comble le projet de M. Bozérian [1].

§ 2. — *Du nom d'un établissement commercial ou industriel, ou raison commerciale.*

206. — Un établissement industriel ou commercial est souvent désigné sous le nom patronymique de son propriétaire ; souvent encore sa dénomination est empruntée au genre de commerce ou d'industrie qui y est exercé ; ou bien elle est purement fantaisiste. Nous ne supposerons pas qu'un établissement soit connu sous le nom de son propriétaire ; nous retomberions alors, en cas d'usurpation de ce nom, dans les hypothèses que nous venons d'envisager.

En principe, le choix du nom d'un établissement est entièrement laissé à la volonté de son propriétaire. Toutefois, quand ce nom n'est pas purement imaginaire, ne doit-il pas répondre à la réalité des choses ? Il est assurément de l'intérêt du propriétaire d'une maison de commerce de lui donner une désignation exacte. C'est à lui à indiquer d'une façon précise la nature du commerce qu'il y exerce. Si c'est à la situation de sa maison, à un établissement public ou à un édifice du voisinage, qu'il emprunte son enseigne, il fera bien de se rapprocher le plus possible de la réalité des choses pour ne pas dérouter la clientèle. Mais s'il donne à sa maison une dénomination inexacte, c'est à ses risques et périls.

Toutefois, et sous réserve des distinctions qui seront présentées plus loin [2], le propriétaire d'un établissement

(1) Voy. les termes généraux de l'article 8 précité.
(2) Voy. n° 207.

commercial ou industriel ne peut lui donner une dénomination qu'aurait reçue déjà un établissement similaire. Il ne peut non plus emprunter son enseigne ou le nom de sa maison à une propriété privée située dans le voisinage, hôtel ou château.

Enfin il est certains noms qui, à raison de leur signification précise, ne sauraient être pris par le premier venu. Un procès est actuellement pendant devant le tribunal de commerce au sujet du nom de l'hôtel Terminus de la gare Saint-Lazare. Une brasserie située à peu de distance avait été dénommée *Brasserie du Terminus*, quelques mois avant que l'hôtel et les magasins qui en occupent le rez-de-chaussée fussent ouverts. Puis, quand un café fut installé dans les galeries de l'hôtel sous le nom de *Café Terminus*, l'établissement voisin prétendit lui interdire l'usage de cette dénomination. Or, il semble que le nom de *Terminus*, appliqué à un hôtel ou à un café, ne convient, étant données sa signification même et la manière dont il a été usité jusqu'ici, qu'à un établissement mis en communication directe avec une gare *Terminus*, avec la station extrême d'une ligne de chemin de fer; cet hôtel, ce café doit former comme une dépendance de la gare et être exploité par la compagnie de chemin de fer elle-même ou par son locataire.

C'est donc avec raison que la Société des magasins du Louvre, qui exploite l'hôtel Terminus et les diverses boutiques qui en dépendent, a appelé en cause la compagnie des Chemins de fer de l'Ouest, pour repousser les prétentions du propriétaire de la *Brasserie Terminus*, et même le contraindre à abandonner une dénomination dont elle entend se réserver l'usage exclusif.

Il est facile de déterminer, par l'application des règles ordinaires du nom commercial, la solution que doit rece-

voir la double question posée au tribunal de commerce.
Les commerçants peuvent acquérir, par un long usage, à
titre de nom ou de pseudonyme commercial, le nom patronymique d'autrui [1] : il faut donc admettre qu'un hôtel,
un café, situé dans le voisinage d'une gare, auquel on a
donné, même sans droit, le nom de *Terminus*, peut le conserver, si, par une possession prolongée, il a acquis sous
ce nom une certaine vogue. Mais le jour où la compagnie
de chemin de fer voudra ouvrir dans une dépendance de la
gare un hôtel ou un café, elle sera sans aucun doute en
droit de leur donner le nom qui leur convient par leur
situation même. Interdire à la compagnie de chemin de
fer de donner ce nom aux établissements qu'elle ouvre,
serait aussi abusif, aussi illogique, que de défendre à
une personne d'exercer le commerce sous son nom patronymique, sous prétexte qu'un autre commerçant est déjà
connu sous le même nom. Le nom de *Terminus* doit donc
être conservé à l'hôtel de la gare Saint-Lazare et à toutes
les boutiques qui en forment les dépendances. Quant à
savoir si un établissement antérieurement fondé n'a pas
acquis le droit de porter concurremment le même nom,
c'est une question de fait qu'il appartient au tribunal de
trancher [2].

207. — Le fait par un commerçant ou un industriel de
donner à son établissement un certain nom, lui confère
un droit exclusif à l'usage de ce nom [3], pourvu qu'il soit

(1) Voy. n° 217.

(2) Ce que nous venons de dire de la dénomination d'*Hôtel Terminus*, serait
également vrai des dénominations, *Restaurant de la Gare*, *Café du théâtre*,
etc., auxquelles prétendraient simultanément un établissement installé dans
une dépendance de la gare, du théâtre, et un établissement ouvert dans le
voisinage.

(3) Le nom d'un établissement commercial ou industriel forme ce que la
loi de 1824 appelle « la raison commerciale d'une fabrique ». Cette expres-

purement imaginaire, et ne se tire pas du genre de commerce ou d'industrie exercé dans l'établissement. Il faut en dire autant des dénominations choisies par les sociétés anonymes. On ne peut en effet priver les tiers qui veulent se livrer au même commerce ou à la même industrie, du droit d'indiquer, de recommander leur maison au public de la façon la plus claire et la plus précise. La Cour de Bordeaux a jugé, le 19 avril 1853 (S. 53, 2, 452), que « la dénomination de *propriétaires de vignobles* est une qualification générique appartenant de soi à un nombre indéfini de propriétaires qui ne peuvent pas, parce que d'autres en avaient fait usage avant eux, se voir priver d'une manière absolue des avantages attachés au titre nécessaire pour faire connaître leur qualité. »

Tout établissement, toute société, peut donc recevoir la dénomination qui répond le mieux à son but, à la nature de ses opérations, cette dénomination fût-elle déjà celle d'un établissement antérieur. Toutefois les confusions doivent être prévenues. A cet effet, le propriétaire d'un établissement nouveau devra lui donner un nom quelque peu différent de celui sous lequel est connu un établissement plus ancien [1]. Les énonciations destinées à faire

---

sion a été conservée par M. Bozérian dans son projet. Article 4 : « La raison de commerce est assimilée au nom. » — Par *raison commerciale*, dit M. Pouillet (*Marques de fabrique*, n° 376), on entend non seulement la *raison sociale*, mais la désignation quelle qu'elle soit d'un établissement commercial. »

(1) Il y a là quelque chose d'identique à ce qui se passe quand deux commerçants homonymes se font concurrence sous le même nom patronymique. — La question de savoir lequel des deux établissements est le plus ancien est parfois délicate. On admet, dans la pratique, que de deux maisons, la plus ancienne est celle qui, la première, a ouvert ses portes au public : sans qu'il y ait à s'inquiéter du point de savoir quel est celui des deux commerçants rivaux qui, le premier, a manifesté l'intention de donner à l'établissement qu'il montait ou aménageait la dénomination dont son concurrent s'est emparé.

connaître la nature de l'industrie ou du commerce exercé dans les deux établissements, pourront être les mêmes ; mais il faudra introduire entre elles des différences de détail.

Au contraire, un commerçant acquiert la propriété exclusive du nom de fantaisie qu'il a donné à son établissement, et peut en interdire l'usage aux tiers qui prétendraient s'en emparer. La Cour de Paris, par arrêt du 6 janvier 1880 (S., 1881, 2, 182), a décidé que « les mots *Petites voitures* étaient caractéristiques dans le nom de la compagnie générale des voitures à Paris », et qu'ils ne pouvaient figurer dans le nom d'une autre compagnie [1]. Mais c'est seulement entre deux maisons où est exercé le même commerce qu'une similitude de dénomination peut être une cause de confusion ou un instrument de concurrence. En conséquence, deux établissements différents peuvent avoir le même nom, quand il n'y a pas entre eux de concurrence possible. Cela s'impose d'autant plus quand leur nom n'est pas purement imaginaire, mais est emprunté par exemple au voisinage d'un monument public, dont l'indication sert à faire connaître leur situation. A côté d'un *Café de l'Hôtel-de-Ville*, pourra s'ouvrir un magasin de nouveautés ayant pour enseigne : « *A l'Hôtel-de-Ville.* »

Quand une maison de commerce jouit d'une réputation très répandue, d'une confiance presque universelle, ce n'est pas seulement dans la ville où elle est située qu'un

---

(1) Il n'est pas inutile d'observer que le nom véritable de la Compagnie des *Petites voitures* est : *Compagnie générale des voitures à Paris*. Mais le public et les journaux lui avaient donné un autre nom sous lequel elle était connue et dont la Cour de Paris lui a assuré l'usage exclusif. C'était là pour cette compagnie comme un pseudonyme qu'elle avait acquis par un long usage.

établissement similaire ne peut se fonder sous le même nom. MM. Chauchard et Cie, propriétaires des magasins du Louvre, ont obtenu l'application de la loi de 1824 à un nommé Benoît qui avait ouvert à Tours un magasin de nouveautés sous le nom de *Grands magasins du Louvre*[1].

208. — L'usurpation du nom d'un établissement industriel ou commercial donne lieu à des dommages-intérêts. En outre, lorsqu'il s'agit d'une fabrique, d'un établissement industriel (non d'une maison de commerce), l'usurpation de la dénomination qu'il a reçue tombe sous le coup de la loi de 1824, quand elle résulte de l'apposition de ce nom sur un produit manufacturé[2]. La loi de 1857 protége aussi le nom de tout établissement tant *commercial* qu'*industriel*, qui revêt la forme d'une marque emblématique, quand cette marque a été l'objet d'une usurpation[3].

§ 3. — *Du nom donné à un produit.*

209. — Un inventeur est maître de donner à ses produits un nom distinctif. Un produit peut tirer son nom de circonstances diverses : il l'empruntera à sa composition, à son mode de fabrication, à sa destination ; parfois son nom sera purement fantaisiste ; souvent ce sera le

(1) Orléans, 20 février 1882 : S., 82, 2, 193.
(2) Orléans, 20 février 1882 : S., 82, 2, 193.
(3) Le projet de M. Bozérian protège la raison *commerciale* à l'égal de la raison *industrielle*, dans le cas même où elle ne constitue pas une marque emblématique, mais seulement une marque nominale : elle la protège d'ailleurs en toute circonstance et non pas seulement quand l'usurpation se produit par apposition du nom sur des objets fabriqués (art. 3 et art. 8, al. 1er et 2e précités).

nom même du producteur, celui du lieu où le produit est fabriqué, ou celui du lieu d'où il est tiré, si c'est un produit naturel [1].

Un inventeur ou un fabricant peut-il se réserver l'usage exclusif du nom qu'il a donné à ses produits, ou est-il loisible aux tiers d'appliquer ce nom à des objets analogues, à des produits similaires? Cette question ne peut être résolue qu'à l'aide de distinctions.

210. — Un produit doit-il son nom à sa destination, à sa composition, à son mode de fabrication, ce nom, qui est la dénomination générique du produit, ne peut être pour l'inventeur l'objet d'un droit exclusif. Quiconque fabriquera des objets analogues pourra leur donner le même nom qui, par hypothèse, en constitue la désignation nécessaire. Toutefois, si l'inventeur a pris un brevet, qui lui assure pour plusieurs années le droit exclusif de fabriquer l'objet inventé, il aura par suite, pendant le même temps, un droit exclusif au nom; il aura, suivant une heureuse expression de la Cour de Nancy [2], le monopole du nom et de la chose. Le brevet expiré, le

---

(1) Nous supposons bien entendu que le nom de l'inventeur, ou celui de la fabrique ou du lieu de la fabrication, est devenu la désignation courante du produit. Mais quand on appose sur un produit le nom du fabricant ou de la fabrique, dans le seul but de renseigner les tiers sur sa provenance, l'usurpation qui résulte de l'apposition de ce nom sur des produits similaires ne constitue pas l'abus du nom même du produit : il y a usurpation du nom patronymique d'un fabricant, ou d'une raison commerciale; nous retombons dans une des hypothèses précédemment envisagées.

Nous ne faisons pas une étude principale du nom du lieu de la fabrication, dont la loi 1824 prévoit distinctement l'usurpation, parce que, à la différence du nom d'un fabricant et du nom d'une fabrique, il n'est pas susceptible de propriété privée. Nous l'envisageons surtout dans l'hypothèse où il est devenu la désignation nécessaire d'un produit.

(2) 7 juillet 1855 (S., 55, 2, 581): il s'agissait dans l'espèce de *corsets sans couture.*

monopole du nom lui conserverait injustement le monopole de la chose.

211. — Un produit a reçu un nom de fantaisie. En
pareil cas, le monopole du nom subsiste assurément pendant tout le temps de la durée du brevet, s'il en a été
pris un. Quand prend-il fin ? Trois opinions sont en présence :

1° Le nom tombe dans le domaine public à l'expiration
du brevet [1]. Ce système est le résultat d'une confusion :
si, à l'expiration du brevet, les tiers ont le droit de fabriquer un objet dont la fabrication était jusque-là réservée
à son inventeur, il ne s'ensuit pas qu'ils puissent, en le
vendant sous le nom que son inventeur lui a donné, in-

(1) Blanc, *Invent. brevetées*, p. 423; *Traité des contrefaçons*, p. 723. Dans
cette opinion, les noms des produits pharmaceutiques doivent immédiatement
tomber dans le domaine public, puisque les inventeurs de ces produits ne
peuvent pas prendre de brevets. Ils y tombent en réalité, mais pour un autre
motif, et parce que les pharmaciens qui préparent un remède doivent le
mettre en vente sous le nom que lui a donné son inventeur : sans quoi ils s'exposeraient aux pénalités des articles 32 et 36 de la loi du 21 germinal an XI,
prohibant la vente des remèdes secrets (Ch. civ., 16 avril 1878 : S., 79,
1, 251). M. Pouillet (*Marques de fabrique*, nos 387 et suiv.) conteste que le
nom des produits phramaceutiques tombe nécessairement dans le domaine
public. Il faut s'entendre : le nom qui tombe dans le domaine public est celui
que l'inventeur a donné au produit, et sous lequel ce produit figure au codex.
Mais ce nom peut être fantaisiste ; ce n'est pas nécessairement celui de l'inventeur (Paris, 12 janvier 1857 : Pataille, 60, 86. *Papier épiplastique*). Le
nom de l'inventeur ne tombe dans le domaine public que quand il a été
donné au produit (Dijon, 3 août 1866 : Pataille, 67, 169. Rob *Boyveau-Laffecteur*). Il y tombe encore quand, au nom de fantaisie donné au produit, le
public substitue le nom même de l'inventeur, dont il fait la dénomination
nécessaire du produit (Cass., 16 avril 1878, S., 79, 1, 251 : *la pâte pectorale
balsamique* inventée par Regnault est devenue la *pâte Regnault*). C'est cette
distinction entre le nom du produit et le nom de l'inventeur, que M. Pouillet
semble n'avoir pas faite ; elle est cependant capitale. Le nom d'un produit
pharmaceutique tombe toujours et sans délai dans le domaine public : mais
ce nom n'est pas toujours celui de l'inventeur.

duire les acheteurs en erreur sur la provenance de l'objet vendu.

2° Le nom du produit tombe dans le domaine public à l'expiration du brevet, à moins que l'inventeur ne se soit réservé l'emploi exclusif de ce nom par son dépôt comme marque emblématique [1]. A cette condition, l'usage de cette dénomination reste interdit aux tiers ; il les expose même aux pénalités de la loi de 1857, quand ils ont usurpé la marque elle-même, la dénomination sous une certaine forme. Cette opinion n'est pas plus satisfaisante que la précédente. Le dépôt de la dénomination comme marque met obstacle à ce que cette dénomination, sous sa forme distinctive, soit accessible aux tiers ; mais la dénomination, en tant que telle, ne saurait être réservée à celui qui en a fait choix par la seule formalité du dépôt.

3° La dénomination de fantaisie ne tombe dans le domaine public, une fois le brevet expiré, que si elle est devenue la désignation usuelle et nécessaire du produit [2]. Peu importe d'ailleurs que la dénomination ait fait ou non l'objet d'un dépôt comme marque, sauf, bien entendu, que l'usage de la marque elle-même reste toujours interdit aux tiers. Cette troisième opinion, que nous n'hésitons pas à adopter, consiste à appliquer au nom de fantaisie, de pure invention, les règles du nom générique, quand l'usage en a fait un véritable nom générique. Elle a été consacrée le 8 février 1875 par la Cour de cassation (S., 77. 1, 161, note de M. Lyon-Caen).

Une lecture superficielle de cet arrêt pourrait donner à penser qu'il est une application du second sys-

---

(1) Rendu, *Traité pratique des marques de fabrique*, n° 39.

(2) Pouillet, *Brevets d'invent.*, n° 327 ; *Marques de fabrique*, n° 54.

tème ; dans l'espèce, le dépôt de la dénomination comme marque emblématique n'avait eu lieu que plusieurs années écoulées depuis l'expiration du brevet, et cette circonstance est relevée par la Cour. En réalité, le retard apporté au dépôt de la dénomination comme marque n'est invoqué que pour expliquer comment elle s'est vulgarisée au point de devenir la désignation nécessaire de ce produit.

212. — Le nom même d'un inventeur ou d'un fabricant, donné à un produit, est-il susceptible d'en devenir la désignation nécessaire, le nom générique, de telle sorte que les tiers soient admis à donner ce nom aux produits par eux fabriqués ? La logique et l'expérience nous obligent à résoudre cette question par l'affirmative : Bretelle et Quinquet, bien des gens l'ignorent, sont les noms des inventeurs de ces objets. Quand le nom d'un inventeur est devenu la désignation nécessaire d'un produit, les tiers qui s'en servent pour désigner des produits similaires, non pour tromper le public sur leur provenance, ne s'exposent ni à l'application de la loi de 1824, ni à une action en dommages-intérêts.

La Cour de cassation n'a pas admis aussi facilement la vulgarisation du nom donné à un produit, quand ce nom était celui d'une personne, que quand il était purement fantaisiste. Toutefois, suivant quelques décisions, si l'on ne peut se servir du nom d'autrui pour *recommander ses produits* (en donnant à penser qu'ils sont fabriqués par autrui), on peut s'en servir pour les désigner : « Lorsque la fabrication et l'exploitation d'un produit industriel sont entrées dans le domaine public, elles y entrent avec la faculté de l'annoncer et de le débiter sous la dénomination qui sert dans l'usage à le désigner. » Ainsi a décidé la Cour de cassation, le 31 janvier 1860 (S. 60, 1,781), dans une espèce où le nom d'un produit était celui de son inventeur. Un autre arrêt, du 16 avril 1878 (S. 79, 1, 251), déclare que le nom de la pâte Regnault est tombé dans le domaine public.

Enfin deux arrêts de cassation des 15 avril 1878 et 14 mars 1881 (S. 82, 1, 8), et un arrêt de la Cour d'Orléans (arrêt, après renvoi, du 4 août 1881 : S. 83, 2, 213), qui décident que le nom de Bully (vinaigre de Bully) n'est pas devenu la désignation nécessaire et générique d'un produit bien connu, proclament toutefois qu'en principe, le nom d'un inventeur est susceptible de tomber dans le domaine public dans le cas où, « par un long usage ou par suite du consentement, soit exprès, soit tacite du breveté, son nom est devenu la seule désignation usuelle de son invention, et est employé pour indiquer le mode ou le système de fabrication et non l'origine du produit fabriqué. » Bully avait appelé son vinaigre, *vinaigre aromatique et antiméphitique*, et c'est pour ce motif que les arrêts précités défendent à ceux qui préparent une essence d'après la formule de Bully, de donner à leur produit le nom de cet inventeur.

A notre avis, cette considération n'aurait pas dû détourner la Cour de cassation d'appliquer le principe qu'elle proclamait. Le nom d'un produit, comme d'un établissement, est avant tout celui que le public lui donne ; à cet égard, « un long usage » supplée « au consentement exprès » de l'inventeur ou du fabricant. Un arrêt précité, qui reconnaît à la compagnie des voitures à Paris un droit exclusif au nom de « compagnie des petites voitures », que l'usage lui avait attribué, est plus conforme à la vérité des choses [1].

_____

(1) Paris, 6 janvier 1831 : S., 1831, 2, 182. Cf. arrêt de Cassation du 16 avril 1878 (S., 79, 1, 251. — Voy. n° 211, note) qui déclare que la dénomi-

Comment donc la Cour de cassation s'est elle refusée par deux fois à déclarer que le nom d'une liqueur célèbre, *la Chartreuse*, fût tombé dans le domaine public (26 avril 1872, S., 72, 1, 311 ; 10 août 1880, *Ibid.*, 1881, 1, 16) ? Elle motive sa décision dans ces deux arrêts, en observant que « le mot Chartreuse, appliqué comme dénomination à la liqueur fabriquée par les Religieux dont le P. Garnier est le représentant, n'est que l'abréviation et l'équivalent d'une désignation plus complète ; qu'il indique tout à la fois, le nom *du fabricant*, le nom et la raison *commerciale de la fabrique*, et enfin *le lieu de la fabrication*. » C'est là une observation sans portée ; si le nom du fabricant est susceptible de devenir la désignation nécessaire d'un produit (comme la Cour de cassation l'a reconnu par les arrêts précités), le nom de la fabrique et celui du lieu de la fabrication peuvent à plus forte raison le devenir : de ce qu'un même mot rappelle à la fois ces trois idées, il ne s'en suit pas qu'il faille décider autrement que s'il en rappelait une seule.

Nous savons qu'aux termes de la loi de 1824, c'est l'usurpation du nom d'un fabricant, d'une fabrique ou d'un lieu de fabrication, qui tombe sous le coup de la loi répressive. La Cour de cassation déclarant que le nom de *Chartreuse* était demeuré la propriété exclusive des Chartreux, et ne pouvait être donné qu'à leur liqueur, en bonne logique, l'usurpateur de ce nom était trois fois plutôt qu'une seule passible des pénalités de la loi de 1824. Nous verrons, en effet, que, quand un nom n'est pas devenu la désignation nécessaire d'un produit, ceux qui s'en servent pour désigner des produits similaires, sans

---

nation de *pâte Regnault* donnée par le public a un produit bien connu, est devenu sa dénomination nécessaire, bien que ce produit eût reçu de son inventeur le nom de *pâte pectorale balsamique*.

chercher à tromper le public sur leur provenance, tombent sous le coup de la loi répressive[1]. Or, avant d'intenter l'action civile qui aboutit à l'arrêt du 26 avril 1872, le supérieur des Chartreux avait poursuivi l'application de la loi de 1824 ; un acquittement avait été prononcé. Il y a, entre le jugement du tribunal correctionnel et les décisions de la Cour de cassation, une contradiction manifeste ; car l'apposition sur une liqueur du nom de *Chartreuse* aurait dû entraîner l'application d'une peine, si ce nom n'était pas devenu la dénomination nécessaire de cette liqueur ; que s'il en était la dénomination usuelle et nécessaire, son usage aurait dû être permis aux tiers. Aussi bien le fabricant qui s'était servi du nom de la Grande Chartreuse, poursuivi par le P. Garnier devant les tribunaux civils, alléguait-il qu'il y avait à son profit chose jugée, puisque le tribunal correctionnel l'avait acquitté ; sur ce point la Cour de cassation rappela les vrais principes : « Quand un tribunal correctionnel statue sur des questions de propriété de nom, il ne prononce que dans la mesure de l'action pénale dont il est saisi. »

En résumé, il est indéniable que la dénomination de *Grande Chartreuse* est devenue la désignation nécessaire de la liqueur de ce nom. En bonne logique, il y aurait lieu de déclarer que ce nom est tombé dans le domaine public ; et si l'on voulait justifier les décisions de la Cour de cassation, ce serait bien plutôt en observant que le secret de la fabrication de la Chartreuse n'ayant pas été divulgué, les contrefaçons de cette liqueur sont indignes d'en recevoir le nom.

213. — Enfin la dénomination d'un produit peut être

(1) Voy. n° 214. Cass., 24. déc. 1855 : S., 56, 1, 321.

empruntée au nom de la fabrique où il est manufacturé,
ou du lieu d'où il est tiré. Le nom d'une fabrique, c'est-à-
dire d'un établissement privé, est, en principe, la propriété exclusive du fabricant auquel cet établissement
appartient, et ne peut être apposé que sur ses produits.

Le nom de la localité ou de la région d'où un produit
naturel est tiré, où un produit manufacturé est fabriqué,
peut également servir à la désignation de ce produit.
Mais, à la différence du nom emprunté à un établissement privé, dont l'usage est réservé au propriétaire de cet
établissement, un nom de ville ou de province peut être
donné à un produit par tous les fabricants de cette ville
de cette province [1]. « Au cas où des fabricants tirent
leurs matières premières d'un même lieu, ils sont autorisés à donner à leurs produits le nom de ce lieu, sans
que celui qui en a le premier fait usage, puisse prétendre qu'il est sa propriété exclusive [2]. » Mais l'emploi du
nom d'une localité par toute personne qui n'y a pas d'établissement et n'en tire pas ses matières premières, est
abusif [3] et peut même donner lieu à l'application de la
loi de 1824.

Le nom d'une localité, d'une région, et même d'une

---

(1) D'après la jurisprudence, l'expression « lieu de fabrication » doit être
comprise *lato sensu*, et ne doit pas s'entendre par exemple de l'enceinte même
d'une ville manufacturière. On avait proposé, lors de la discussion de la loi
de 1824 et de la loi de 1857, de déterminer, dans des réglements d'administration publique, le rayon dans lequel un établissement pourrait se recommander du nom d'un grand centre industriel. Cette proposition fut rejetée.

(2) Cass., 24 février 1840: S., 40, 1, 612.

(3) Tous les commerçants ou industriels de la localité dont le nom a été
indûment usurpé par un tiers exerçant le même commerce ou la même industrie, peuvent obtenir des dommages-intérêts qui se répartissent entre
eux. Le calcul du préjudice causé à chaque commerçant de la localité, et la
répartition de l'indemnité obtenue, se font en tenant compte de l'importance
respective de chaque établissement.

usine, d'un établissement privé, est d'ailleurs susceptible
de devenir la désignation nécessaire et comme le nom
générique d'un produit [1]. Il pourra alors être appliqué
par des tiers à des produits similaires d'une provenance
différente ; mais il devra être employé seulement pour
désigner ces produits, et non pour les recommander, en
induisant le public en erreur sur leur origine. Pratiquement des noms de lieux sont devenus la désignation
habituelle ou nécessaire de certains produits naturels ou
même fabriqués qui, pendant longtemps, ont toujours
été tirés de la même région, notamment les eaux minérales et les vins. On peut donner à des eaux minérales
artificielles le nom d'une source naturelle, quand c'est
la seule manière de les désigner, mais à la condition de
bien marquer qu'elles sont factices. Sous le bénéfice de
cette réserve, il faut admettre, avec la jurisprudence,
que le débitant d'eaux minérales naturelles n'a pas un
droit exclusif au nom de sa source, « sans quoi la fabrication des eaux gazeuses serait universellement interdite [2]. »

Pour les vins de même : on peut vendre sous le nom
de vins de Bourgogne ou de Champagne des vins qui ne
proviennent pas de ces provinces, pourvu qu'en ce faisant on entende indiquer seulement leur nature et leur mode
de préparation. Mais il est bien entendu qu'on ne saurait
désigner des vins imités ou fabriqués, d'une façon plus
précise, « sous le nom de crûs célèbres, dont des tiers sont
propriétaires ou acheteurs habituels », car les noms de

---

(1) Le nom d'un établissement privé tombera moins facilement dans le domaine public que le nom d'une localité ou d'une région : le nom d'un crû ou
d'un clos célèbre appliqué à un vin deviendra difficilement la désignation de
ce vin ; tandis que le nom de telle ou telle province est, sans conteste, le
nom générique de certaines espèces de vins.

(2) Lyon, 7 mai 1841 : S., 42, 2, 108.

crûs célèbres, à la différence des noms des provinces d'où sont tirées certaines espèces de vins, ne sont pas la désignation nécessaire de ces vins [1].

214. — L'usurpation du nom qu'a reçu un produit donne ouverture à une action en dommages-intérêts. En outre, si ce nom a fait l'objet d'un dépôt comme marque emblématique, qu'il s'agisse de marque de commerce ou de marque de fabrique, les pénalités de la loi de 1857 sont applicables. Enfin, quand le nom donné à un produit est celui du fabricant, de la fabrique ou du lieu de la fabrication, et que l'usurpation de ce nom résulte de son apposition sur des produits similaires, la loi de 1824 prononce contre l'usurpateur les peines de l'article 423 du Code pénal [2].

Quand le nom donné à un produit est devenu, par un long usage, la désignation habituelle et nécessaire de ce produit, quand il est, en un mot, tombé dans le domaine public, l'usage de ce nom est accessible à tous les fabricants et débitants de produits similaires : l'abus de cette dénomination, en tant que marque nominale, n'est plus guère possible, mais seulement son usurpation en tant que marque emblématique. Toutefois, même quand un nom est

(1) Ch. crim., 12 juillet 1845 : S., 45, 1, 842. Des fabricants de vin de Champagne avaient, dans l'espèce, fait emploi de bouchons portant les noms d'Aï et de Verzy. — Cf., Ch. req., 6 juin 1847 : S., 47, 1, 521.

(2) L'usurpation du nom d'un produit ne tombe pas sous le coup de la loi de 1824 quand ce nom n'est pas celui d'un fabricant, d'une fabrique ou d'un lieu de fabrication ; si, par exemple, le nom du produit est tiré de sa composition ou de sa destination, s'il est purement fantaisiste ou imaginaire (Paris, 27 juin 1854 : Le Droit, 28 juin 1854).

Le nom du lieu de la production, quand il s'agit d'un produit naturel, n'est pas protégé à l'égal du nom du lieu de la fabrication. Le projet de M. Bozérian, article 9, accorde la même protection à ces deux noms : « Sont punis des même peines ceux qui ont apposé sur des produits le nom d'un lieu autre que celui de la véritable provenance ou de la véritable fabrication. »

tombé dans le domaine public, les tiers ne peuvent s'en servir que pour désigner leurs produits, non pour les recommander. Ils doivent donc, par une mention complémentaire, une indication de détail, bien marquer que le produit qu'ils mettent en vente ne sort pas des fabriques de son inventeur ou de l'industriel qui, le premier, a donné à ce produit le nom qui est devenu sa désignation nécessaire. Nous avons dit qu'on peut désigner des eaux gazeuses artificielles sous le nom d'une source d'eau naturelle, mais en indiquant qu'elles sont factices [1]. Un marchand de vins peut vendre sous le nom de vins de Bourgogne ou de vins de Champagne, des vins qu'il n'aurait pas tirés de ces provinces : mais il doit s'abstenir de se présenter comme ayant des vignobles dans les provinces dont le vin mis en vente porte le nom. Sinon, la loi de 1824 redevient applicable. L'emploi d'un nom devenu la désignation nécessaire d'un produit est donc abusif, quand ce nom n'est pas usité dans le seul but de désigner le produit, quand il n'est pas accompagné d'indications qui révèlent au public la provenance du produit et son véritable fabricant [2].

(1) Lyon, 7 mai 1841 : S., 42, 2, 108. Cf. Paris, 29 juin 1882 : S., 82, 2, 201. L'omission, par le fabricant d'eaux gazeuses, de la mention qu'elles sont factices, ne l'expose pas aux pénalités de la loi de 1824, mais le fait tomber sous le coup de l'article 423 du Code pénal, car la loi de 1824 ne s'applique qu'à l'usurpation du nom apposé sur un objet fabriqué. C'est ce que nous avons exposé sous le n° 203, dans l'hypothèse où le nom apposé sur un produit naturel, qui avait été usurpé, était non pas le nom même de ce produit naturel ou de la chose productrice, mais le nom du propriétaire de la chose productrice (le nom du propriétaire de la source naturelle, par opposition au nom même de la source).

(2) « Les tiers doivent prendre les précautions nécessaires pour ne pas induire le public en erreur sur l'origine du produit par eux fabriqué. » Ils doivent « joindre au nom générique du produit une mention de nature à empêcher toute confusion sur la provenance du produit » (Ch. civ., 16 avril 1878 : S., 79, 1, 251).

Par contre, le fait d'indiquer expressément la provenance d'un produit, d'annoncer au public qu'il ne sort
pas des fabriques de son inventeur, ne suffit pas pour
préserver de l'application de la loi pénale le fabricant qui,
pour répandre ce produit, se sert d'un nom qui n'en est
pas devenu la désignation nécessaire, qui n'est pas tombé
dans le domaine public. La formule : « tel produit, *façon*
de M. X. » est condamnée par la jurisprudence. La
Cour de cassation a même jugé qu'il y avait lieu, en pareil cas, d'infliger les pénalités de l'article 17 de la loi du
22 germinal an XI, qui n'avait pas, sur ce point, été abrogée par la loi de 1824 [1].

215. — Les actions qui sont ouvertes aux commerçants
français pour protéger contre les usurpations dont ils seraient l'objet leurs noms patronymiques, les raisons commerciales de leurs établissements, les dénominations appliquées à leurs produits, devraient être accordées aux
étrangers. Mais la jurisprudence les a de tout temps re-
fusées même aux étrangers qui ont un établissement en
France [2]. Les droits des étrangers, à cet égard, ont été
fixés par l'article 9 de la loi du 26 novembre 1873, aux
termes duquel « les dispositions des lois en vigueur tou-
chant le nom commercial, les marques, dessins ou modèles de fabrique, seront appliqués au profit des étrangers,
si, dans leur pays, la législation ou des traités internationaux assurent aux Français les mêmes garanties. » Nous
ne pourrions, sans sortir du cadre de cet ouvrage, entrer
dans le détail des difficultés pratiques que soulève l'application de ce texte [3].

(1) Cass., 24 décembre 1855 : S., 56, 1, 321. C'est ce que la loi de l'an XI
appelait la contrefaçon indirecte.

(2) Trib. de la Seine, 1er février 1882 : S., 82, 2, 201.

(3) Voy. M. Mesnil, *Les marques de fabrique et le nom commercial dans
les rapports internationaux.*

SECTION II

MODES SPÉCIAUX D'ACQUISITION ET DE CESSION DU NOM COMMERCIAL OU INDUSTRIEL

216. — Nous n'entendons pas revenir ici sur la communication aux maris commerçants du nom de leurs femmes[1]. Nous parlerons seulement de l'acquisition, à titre de pseudonyme commercial, d'un nom sous lequel a été exercé le commerce, et de la cession dont le nom et le pseudonyme commercial sont susceptibles.

Acquisition et cession qui s'expliquent par la valeur propre du nom commercial, et par la valeur qu'il communique aux établissements qu'il désigne.

217. — Quand un commerçant, un industriel, a pris un nom supposé, un pseudonyme, et que, sous ce nom, il a donné de la vogue à ses produits, de la réputation à son établissement, il en acquiert la propriété exclusive. Toutefois il ne se l'approprie que pour les actes de son commerce.

Le pseudonyme commercial une fois acquis mérite la même protection que le nom lui-même ; et l'usurpation dont il est l'objet donne lieu, suivant les circonstances, à l'application de la loi de 1857, ou de la loi de 1824[2], et, en tous cas, permet d'obtenir des dommages-intérêts.

---

(1) Voy. nos 114 et 199; et Poitiers, 8 déc. 1863: S., 64, 2, 50. Cet usage, qui n'est pas autorisé par la loi, permet aux commerçants de se distinguer d'homonymes, se livrant au même négoce : aussi cesse-t-il d'être toléré par la loi quand, loin de prévenir les confusions, il les occasionne, quand un mari se fait du nom de sa femme un instrument de concurrence déloyale. (Paris, 7 déc. 1889 : Gaz. Pal., 29 déc.)

(2) Trib. de commerce de la Seine, 24 avril 1845 : Le Droit, 25 avril. — Mais certains noms de fantaisie que des fabricants apposent sur leurs pro-

L'acquisition d'un pseudonyme commercial est particulièrement intéressante, quand elle consiste à s'approprier du nom d'autrui. Les tiers qui, par négligence, ou par ignorance de l'usurpation dont leur nom était l'objet, ont laissé un commerçant acquérir sous ce nom une certaine réputation, ne peuvent plus lui en interdire l'usage [1]; car le préjudice qu'ils lui causeraient en écartant sa clientèle, en dépréciant ses produits, n'est pas en proportion avec le dommage qu'ils éprouvent eux-mêmes par suite de l'envahissement de leur nom. Sans qu'il y ait d'ailleurs à examiner si ces tiers sont ou ne sont pas commerçants. A plus forte raison, si un commerçant a pendant longtemps exercé un négoce sous un nom qu'il croyait être celui de sa famille, et que la propriété de ce nom lui soit contestée avec succès, il cesse de le porter dans les actes de la vie civile, mais le conserve pour les besoins de son commerce, tant qu'il reste dans les affaires. Nous avons décidé, par application d'une idée voisine, qu'une femme qui, avant la dissolution de son mariage ou la cessation de la vie commune, a tenu un établissement commercial sous le nom de son mari, continue, une fois divorcée ou séparée de corps, à faire le commerce sous le même nom [2].

Ce que nous disons du nom commercial est applicable au nom industriel, littéraire et artistique.

---

duits, en guise de marque nominale, ne constituent pas des pseudonymes, quand ces fabricants ne les portent pas eux-mêmes dans les affaires; et l'usurpation de ces noms peut donner lieu à des dommages-intérêts, mais n'entraîne pas l'application de la loi de 1824 (Paris, 27 juin 1854: *Le Droit*, 28 juin). —

(1) Pouillet, *Marques de fabrique*, n° 380 ; Trib. de comm. de la Seine, 21 septembre 1852 (*Le Droit*, 30 octobre 1852).

(2) Voy. n° 113.

218. — Le nom commercial peut être cédé accessoirement à un produit ou à un établissement qu'il sert à désigner. Mais il ne saurait être cédé isolément, principalement : une telle cession, qui ne peut guère avoir pour but qu'une concurrence déloyale, est annulée par les tribunaux [1].

Quand nous parlons de la cession du nom qui désigne un produit ou un établissement industriel ou commercial, nous ne faisons pas allusion au nom de fantaisie qu'il a pu recevoir et dont la cession ne souffre aucune difficulté. Mais le nom patronymique de l'inventeur d'un produit, du propriétaire d'un fonds de commerce ou d'une fabrique, peut être cédé accessoirement à l'exploitation de ce produit ou de cet établissement.

La cession du nom d'un inventeur doit être expresse, quand cet inventeur cède son invention avant de l'avoir lui-même exploitée : que s'il vend l'exploitation d'un produit déjà répandu, et réputé sous son nom, la cession du nom est tacite ; elle s'opère de plein droit, à moins de réserve expresse [2].

Au contraire, en cas de vente d'un établissement commercial ou industriel, la cession du nom commercial est toujours de droit et ne peut être prévenue que par une convention formelle. La pratique, sur ce point, est depuis longtemps fixée [3]. Mais le cessionnaire n'a pas le droit de faire le commerce sous le nom de son prédécesseur : il

(1) Voy. n° 197. Cf. article 4 du projet Bozérian.

(2) Quand le nom d'un inventeur est devenu la désignation nécessaire d'un produit, de telle sorte qu'il est tombé dans le domaine public, la cession de ce nom n'est pas dépourvue de tout intérêt ; seul le cessionnaire peut employer le nom de l'inventeur, non seulement pour désigner le produit, mais aussi pour indiquer sa provenance.

(3) Paris, 29 thermidor an IX : Sirey, coll. nouv., 1, 267 ; Cass., 14 janv. 1815 : S., 45, 1, 380 ; Caen, 23 février 1881 : S., 81, 2, 133.

peut seulement se recommander de ce nom, en l'inscrivant sur ses factures, ses enseignes, ses prospectus, ses produits. Mais il doit l'accompagner de son propre nom : « Maison N..., X..., successeur » ; ou bien : « Maison X..., ancienne maison N... ». Autrement il se présenterait comme le gérant, le mandataire de son prédécesseur, et induirait le public en erreur sur la responsabilité de ce dernier [1].

Le cessionnaire d'un établissement a pu se réserver, par une convention expresse, l'usage du nom de son prédécesseur pendant un certain délai fixé d'un commun accord. En l'absence de convention, il se servira de ce nom tout le temps nécessaire pour assurer la transmission de la clientèle [2] ; il pourra même le céder à son tour, mais ces transmissions successives ne sauraient être indéfinies. Quand le cédant ou ses héritiers estimeront que leur nom a figuré sur l'enseigne du cessionnaire assez longtemps pour que la clientèle ne soit pas déroutée, ils s'adresseront à la justice qui leur restituera l'usage exclusif de leur nom, soit immédiatement, soit à l'expiration d'un délai par elle fixé.

---

(1) Dans le cas où un commerçant a cédé à son successeur le droit de faire le commerce sous son nom, cette clause produit son effet, mais la responsabilité du cédant peut être engagée à l'égard des tiers qui traitent avec le cessionnaire (Voy. n° 221).

Dans quelques pays étrangers, en Allemagne notamment, il arrive fréquemment qu'un commerçant fasse le commerce sous le nom de son prédécesseur, quand ce dernier y a consenti, et figure, sous ce nom, dans les régistres de commerce ou *firma*. Ces régistres facilitent singulièrement la transmission du nom commercial et de la clientèle (Voy. Lyon-Caen et Renault, *Traité de dr. comm.*, tome 1er, n° 194 *bis*).

(2) Lyon, 12 juin 1873 : S., 74, 2, 246. Cf. Rendu, *Marques de fabrique*, n° 418, et M. Lyon-Caen, note sous un arrêt de Bordeaux du 17 novembre 1873 : S., 74, 2, 145.

219. — Un commerçant, qui a cédé son nom avec son fonds de commerce, conserve néanmoins le droit d'ouvrir un nouvel établissement sous le même nom [1]. C'est ce qu'exprime, en termes défectueux à la vérité, un jugement du Tribunal de commerce de la Seine du 19 décembre 1888 [2], qui déclare en substance « que la vente d'un fonds de commerce dépendant de l'actif d'une faillite ne *peut comprendre la vente du nom du failli*, ni impliquer pour ce dernier l'interdiction de se rétablir sous son nom. Le cessionnaire peut seulement indiquer sur ses enseignes : *Ancienne maison X...* » Or, la cession tacite du nom, telle que nous la comprenons, n'a jamais ni plus ni moins d'effets. Le tout est donc de s'entendre sur la portée des mots : La vente d'un fonds comprend la vente du nom du cédant.

La cession expresse d'un nom commercial pourrait, au contraire, suivant les circonstances, impliquer l'engagement de la part du cédant de ne pas fonder un établissement similaire.

Est-il besoin d'ajouter qu'en tous cas, le vendeur d'un fonds de commerce doit éviter de faire à son successeur une concurrence déloyale ; il ne pourra s'établir qu'à une certaine distance, et devra marquer sur ses enseignes et ses prospectus qu'il tient une maison nouvelle.

La cession du nom commercial, accessoire à celle d'un établissement, n'impose d'obligations qu'au cédant, et point à ses héritiers, à ses descendants. On ne saurait interdire à ces derniers d'exercer le commerce sous un nom dont leur auteur n'a pu disposer pour eux ; d'ailleurs il peut arriver que les enfants du cédant se soient établis pour leur propre compte avant la vente de l'établisse-

(1) Cass., 17 juillet 1844 : S., 44, 1, 678.
(2) *Gazette du Trib.*, 18 janvier 1889.

ment paternel. Il a été jugé que le fils d'un commerçant qui a vendu son fonds peut faire le même commerce en s'intitulant *N. fils*, surtout s'il était déjà établi avant que son père eût cédé : cette mention *N. fils* n'impliquant pas que c'est le fonds du père que tient le fils (S. 83. 2, 80).

En résumé, un successeur ne peut employer vis-à-vis des héritiers de son cédant que les moyens qui sont à sa disposition pour déjouer la concurrence des tiers, porteurs du nom de son cédant, bien qu'étrangers à la famille de ce dernier. La concurrence des enfants du cédant est cependant plus redoutable ; car ils peuvent plus facilement induire le public en erreur et détourner la clientèle.

220. — Quelques décisions de jurisprudence vont nous fournir des applications pratiques des règles que nous venons de poser.

Un fonds de commerce exploité par deux époux, c'est-à-dire, en droit, par un mari commerçant secondé par sa femme, avait été mis en adjudication après séparation de corps prononcée entre les époux. Celui des époux qui ne se serait pas rendu adjudicataire était autorisé à fonder un établissement similaire. La femme ayant acquis le fonds de commerce, le mari, après s'être établi à peu de distance, vint lui contester le droit de se servir, pour les actes de son commerce, de son nom de femme mariée. A notre avis, une double question se posait : Quel était le nom du fonds de commerce lui-même ? Quel était le nom commercial de la femme qui l'exploitait ? La femme, comme tout acquéreur d'un fonds de commerce, pouvait conserver à son établissement le nom sous lequel il était connu, puisqu'aucune réserve n'avait été faite à ce sujet [1].

_____

(1) Le mari, du reste, aurait-il pu faire des réserves en prévision du cas où la femme se rendrait adjudicataire ? J'en doute, car c'eût été déprécier

Mais, à côté du nom de son prédécesseur, le nom du mari par hypothèse, elle devait faire figurer son propre nom, c'est-à-dire son *nom de fille* [1]. Nous savons bien qu'il est des hypothèses où une femme séparée ou divorcée conserve, comme nom commercial, le nom de son mari; mais c'est dans le cas seulement où, pendant la vie commune, ou pendant le mariage, elle a *personnellement* fait le commerce ; elle acquiert ainsi le droit de continuer le commerce sous le même nom, comme elle aurait acquis le nom d'un étranger, à titre de pseudonyme. Dans l'espèce, la femme n'avait pas été commerçante avant la séparation de corps ; l'établissement était au nom du mari. Nous trouvons donc sujette à caution la décision de la Cour de Caen (20 janvier 1860 : S., 61, 2, 73), qui enjoignit seulement à la femme de mettre sur ses enseignes le mot *Madame* en abrégé « Mme », pour marquer qu'elle avait succédé à son mari. Il est vrai qu'à l'époque où la Cour de Caen statuait ainsi, l'opinion suivant laquelle la femme acquiert par son mariage le nom de son mari, était encore acceptée sans conteste.

La Cour de cassation a décidé, le 28 mars 1838 (S., 38, 1, 304), qu'une veuve remariée ne peut disposer du nom de son premier mari : ce nom ne lui appartient pas ; en outre, il s'agit du nom d'un mort. Qu'il s'agisse du

---

l'établissement que de lui ôter son nom ; et cet établissement, par hypothèse, était bien de communauté. Le nom du mari, comme l'établissement dont il dépendait, était devenu valeur de communauté.

(1) A la vérité, la cour de Paris (18 juillet 1878 : S., 78, 2, 241) a interdit à une femme veuve de faire le commerce sous son nom de fille ; mais il faut observer que l'hypothèse se compliquait d'une difficulté spéciale. La femme, associée avec son fils, se servait de son nom de fille, en le faisant suivre des mots « *et fils* » : or, un fils n'a aucunement droit au nom patronymique de sa mère.

nom d'un mort, voilà qui importe peu 1. Mais est-il vrai qu'une femme remariée n'ait jamais, à aucun titre, droit au nom de son premier mari ? Ce nom peut d'abord dépendre d'un établissement autrefois exploité par le mari : la femme, propriétaire de cet établissement, est maîtresse de céder, avec lui, le nom qui en est l'accessoire, par application de ce principe qu'un successeur peut céder le nom de son prédécesseur, tant que cela est nécessaire pour assurer la transmission de la clientèle. Mais, en outre, une veuve remariée a pu, du vivant de son premier mari et sous le nom de ce dernier, tenir elle-même un établissement commercial ; auquel cas ce nom lui appartient personnellement, en tant que nom commercial : elle peut alors le céder ; elle peut notamment (c'est l'hypothèse de l'arrêt de 1838) former sous ce nom une société avec son second mari. Cette solution s'impose, puisque le mariage ne faisant pas acquérir à la femme le nom de son mari, ne la prive pas du nom qui lui appartenait auparavant, nom patronymique ou nom commercial. La décision de la Cour de cassation n'est cependant pas sujette à critique, car il n'apparaissait pas dans l'espèce que la femme eût acquis, par l'exercice d'un commerce, le nom de son premier mari. Par contre, nous n'admettons pas sans réserve une autre décision de la Cour de cassation, qui permet à une *veuve non remariée* de former une société sous le nom de son mari : fort bien, si elle a acquis ce nom à titre de nom

---

(1) Si le nom d'un mort ne pouvait être cédé, la vente d'un fonds de commerce, après décès, n'emporterait pas cession du nom du défunt. A la vérité, dans l'espèce de l'arrêt de 1838, il s'agissait pour une femme d'entrer dans une société sous le nom de son premier mari : on verra plus loin que, dans l'opinion de M. Lyon-Caen, il importe que le nom sous lequel un associé figure dans une société, soit celui d'une personne vivante (Voy. n° 221).

commercial; sinon, il ne lui appartient pas, et elle n'en peut faire usage que dans la pratique de la vie ordinaire. Dans l'espèce, la femme était admise à continuer, sous le nom de son mari, une société qu'elle avait commencée avec lui [1].

221. — Un arrêt de la Cour de Bordeaux, du 17 novembre 1873 (S., 74, 2, 145), a trait à l'usage adopté par les commerçants d'ajouter à leur nom celui de leur femme. Avant d'envisager l'hypothèse très spéciale de cet arrêt, demandons-nous si un mari peut entrer dans une société sous le nom de sa femme accolé au sien; s'il peut céder son double nom accessoirement à un établissement industriel ou commercial.

Un commerçant entre dans une société à laquelle il apporte son nom : s'il est marié, et porte, dans la pratique des affaires, le nom de sa femme ajouté au sien, c'est son double nom qui figurera dans la raison sociale, sans que la femme personnellement fasse partie de la société et assume la responsabilité de ses dettes. Défendre à un commerçant marié d'entrer dans une société sous son double nom, c'est l'empêcher de porter à cette société tout le crédit dont il jouit sous ce nom. Les tiers d'ailleurs ne sauraient être trompés sur le nombre et les noms des associés indéfiniment responsables; pas plus qu'ils ne se méprennent sur la valeur de la signature d'un commerçant marié, quand elle consiste dans les noms réunis des deux époux [2].

---

(1) En résumé la Cour de cassation s'attache au point de savoir si une femme veuve est ou non remariée, pour décider si elle a droit au nom de son premier mari : quant à nous, nous recherchons seulement si elle a acquis ce nom par l'exercice du commerce.

(2) Poitiers, 8 décembre 1863 : S., 64, 2, 50 : « Chacun, dans le mouvement des affaires de négoce, sait que les noms des époux réunis immédiate-

Un commerçant cède un établissement qu'il a exploité sous le nom de sa femme annexé au sien : en pareil cas, c'est le double nom de son prédécesseur que le cessionnaire pourra faire figurer sur ses enseignes et ses prospectus, afin d'assurer la transmission de la clientèle. La femme ou ses héritiers ne sauraient réduire le cessionnaire à l'emploi du nom du mari, du cédant ; car ce dernier, par l'exercice du commerce, a acquis le nom de sa femme et l'a annexé au sien. Mais on sait que le cessionnaire ne peut faire le commerce sous le nom de son prédécesseur ; il se recommande de ce nom, mais doit se faire connaître au public sous son propre nom. A ce point de vue, il n'y a pas à faire de distinction suivant que le cessionnaire est un simple particulier ou une société. Est-ce une société ? il est manifeste que le nom du cédant ne formera pas sa raison sociale, et ne pourra même pas entrer dans la composition de sa raison sociale; la société rappellera seulement le nom de la maison dont elle continue les opérations ou les affaires : « X..., Y... et Cie, successeurs de N... ».

L'espèce dans laquelle avait à statuer la Cour de Bordeaux était tout à fait anormale ; elle se rattachait à la fois aux deux situations que nous venons d'envisager. Un sieur Paul Princeteau, après avoir formé diverses sociétés avec les sieurs Pierre Leperche et Emile Leperche, ses beau-père et beau-frère, sous la raison sociale « *Pierre*

ment, sans conjonctive, sans différence dans l'économie graphique, ne sont en réalité que le nom du mari ; que dès lors cette signature multiple se conserve une dans sa manifestation, dans son but, ne pouvant compromettre que le nom du mari commerçant, sans danger pour les tiers propriétaires du nom annexé. » On peut d'ailleurs observer que les noms des différents associés, dans la raison sociale, sont séparés par des virgules; tandis que le nom de la femme d'un associé marié est réuni au nom de cet associé par un trait d'union.

Leperche et fils et Paul Princeteau », et la raison sociale
« *Émile Leperche et Paul-Princeteau* », constitua avec le
sieur de Ricaumont, son gendre, une société qui reçut
la raison sociale « *Paul Princeteau-Leperche et C*^{ie} ». Aucun
associé du nom de Leperche ne figurait dans cette société,
mais le sieur Paul Leperche y avait apporté son nom
commercial *Princeteau-Leperche*. M. Leperche ne critiqua
pas cette raison sociale, à notre avis très régulièrement
formée. Mais, quand Paul Princeteau se retira de la société
qu'il avait formée avec son gendre, il céda expressément
à la nouvelle société, dans laquelle le sieur de Ricaumont
devait être principal intéressé, la raison sociale *Paul Prin-*
ceteau-Leperche et Cie . Les effets de cette cession expresse
étaient bien plus graves que ceux d'une simple cession
tacite. La nouvelle société ne devait pas prendre pour
raison sociale « *de Ricaumont et C*^{ie} », en rappelant seulement le nom de la société dont elle continuait les affaires ;
sa raison sociale devait être identique à celle de l'ancienne société, et constituée par conséquent du nom d'une
personne qui n'était plus au nombre des associés.

C'est alors qu'Émile Leperche intervint et demanda
que son nom fût effacé de la raison sociale de la société.
La Cour de Bordeaux fit droit à cette réclamation : Paul
Princeteau-Leperche n'avait pu céder à la nouvelle société
le nom de sa femme annexé au sien.

La Cour de Bordeaux insiste d'abord sur les inconvénients de l'emploi d'un nom par des personnes auxquelles il n'appartient pas : or, ce raisonnement n'aboutirait
à rien moins qu'à l'interdiction de toute cession de nom.
Mais la décision de la Cour de Bordeaux est dictée par
un motif spécial : il s'agissait dans l'espèce d'une cession
de nom consentie à une société en nom collectif ; et la
Cour observe qu'aux termes de l'article 21 du Code de

commerce, les noms des associés indéfiniment responsables peuvent seuls figurer dans la raison sociale : les
parents et, d'une manière plus générale, les homonymes
de celui qui prêtait son nom à une société dont il ne faisait pas partie, avaient donc le droit de faire effacer ce
nom de la raison sociale. M. Lyon-Caen fait clairement
ressortir le vice de cette argumentation : il indique le
sens et la raison d'être de l'article 21, et nous démontre
quelle en est la sanction logique. La loi ne veut pas que
des personnes étrangères à une société puissent lui prêter leur crédit avec leur nom : dès lors celui qui a laissé
insérer son nom dans une raison sociale, est tenu indéfiniment des dettes de la société[1]. Telle est la conséquence nécessaire, mais suffisante de l'article 21 : ce
texte n'autorise point le tiers, porteur du nom cédé à la
société, à s'opposer aux effets de cette cession[2].

Mais il faut reconnaître que M. Lyon-Caen s'est exa-
géré l'utilité pratique et la raison d'être de la cession
de nom qu'il valide. Il critique en ces termes l'argumentation de la Cour de Bordeaux : « Ce système aurait les

(1) Dans l'espèce, le sieur Paul Pinceteau-Leperche assumait la responsabilité des dettes d'une société dont il ne faisait pas partie, rien de plus.

(2) A la manière dont l'arrêt de la Cour de Bordeaux est résumé dans le
recueil de Sirey, on pourrait croire qu'il est relatif à l'étendue des droits d'un
mari sur le nom de sa femme annexé au sien par l'usage du commerce: « Si
un *commerçant cède le nom de sa femme,* sous lequel il fait le commerce, à
une société en nom collectif, les parents de la femme peuvent s'opposer à ce
que la société fasse entrer le nom de la femme dans la raison sociale. » Telle
n'est pas la portée de cette décision, et l'argument que la Cour de Bordeaux
tire de l'article 21 C. comm., conduit à une décision bien plus grave : Nul ne
pourrait prêter son nom à une société dont il ne serait pas membre. Dans
l'espèce qui nous occupe, les parents et homonymes du sieur Princeteau-
Leperche auraient pu, en invoquant l'article 21, faire effacer de la raison
sociale le nom même de Princeteau ; si le nom de Leperche en fut seul supprimé, c'est que seul un sieur Leperche protesta contre la cession.

plus graves inconvénients. La cession des établissements
de commerce ne se ferait pas aussi facilement aux sociétés en nom collectif qu'aux individus. Car, pour ces sociétés, la cession du nom n'aurait pas lieu ; l'article 21
la rendrait impossible. » Quelle idée le savant professeur
se fait-il donc de la cession du nom commercial accessoire
à la cession d'un fonds de commerce ? Suppose-t-il donc
que le cessionnaire fasse le commerce sous le nom de
son cédant ? Et admet-il qu'un commerçant, en vendant son
fonds à une société, consente raisonnablement à assumer la
charge des dettes d'une société dont il ne doit ni surveiller les opérations, ni partager les bénéfices. Nous l'avons
dit, le nom du commerçant qui vend son établissement à
une société ne doit pas figurer dans la raison sociale de
cette société ; et la cession expresse du nom commercial
ne doit pas, en principe, avoir plus d'effet qu'une cession
tacite [1].

Toutefois, quand un commerçant cède en termes formels

(1) L'idée que M. Lyon-Caen se fait de la cession du nom commercial à
une société, et les conséquences qu'il en fait découler, nous paraissent inexac-
tes. Quand la cession de nom est consentie à une société anonyme, dont la
dénomination ne peut être formée des noms des associés, il est bien manifeste que le nom du cédant ne peut figurer dans la raison sociale et doit
être énoncée accessoirement. C'est ainsi que Brébant a cédé son nom à la
société dite des *Bouillons Parisiens*.

M. Lyon-Caen rapproche de l'arrêt de Bordeaux un arrêt précité de la
Cour de cassation, qui n'admet pas une veuve remariée a former une société
avec son nouveau mari sous le nom de son premier mari (28 mars 1838 ;
S., 38, 1, 304). Les deux hypothèses n'ont aucun rapport ; car la veuve remariée entrait dans la société à laquelle elle apportait son nom de veuve ;
tandis que Paul Princeteau-Leperche cédait son nom à une société à laquelle
il restait étranger. M. Lyon-Caen justifie l'arrêt de 1838 en observant que la
veuve cédait le nom d'un mort ; et que cette cession était impossible, parce
que l'article 21 du Code de commerce ne pouvait plus recevoir sa sanction, le
défunt, dont le nom était mis en société, ne pouvant assumer les dettes de
cette société ! Le sens de cette argumentation nous échappe complètement.

à son successeur (simple particulier ou société), le droit
de faire le commerce sous son nom, cette cession produit pleinement ses effets.

Elle est cependant de nature à inquiéter les tiers : s'a-
git-il de ceux qui traiteront avec le nouveau commerçant,
la nouvelle société, nous savons comment M. Lyon-Caen
les rassure. Le cédant sera tenu des dettes de la société
à laquelle son nom tient lieu de raison sociale. Que si le
cessionnaire n'est pas une société, mais un simple particulier qui fasse le commerce sous le seul nom de son prédécesseur, on peut décider sans témérité que le cédant
sera tenu des dettes de son successeur, si le public a pu
croire que ce dernier n'était que le gérant, le représentant
de celui dont il empruntait le nom pour faire le commerce.

Les tiers, porteurs du nom cédé, pourront également se
plaindre de la cession d'un nom qui est parfois à leur
égard un instrument de concurrence ; mais leurs réclamations ne sauraient être entendues. Car nous ne nous
trouvons pas en présence d'une personne qui cède à un
tiers ou à une société le nom sous lequel un commerçant
homonyme jouit de la confiance du public : auquel cas
il y a une cession frauduleuse que les tribunaux annulent [1]. Mais il s'agit d'un commerçant qui, avec un établissement bien achalandé, cède un nom qui fait la valeur
de cet établissement. Les tiers, porteurs de ce nom, ne
sont pas en droit de se plaindre ; il y a cession régulièrement consentie.

Si un mari peut mettre en société le nom de sa femme, ou une femme celui de
son mari, c'est à la condition que ce nom lui appartienne personnellement,
et que personnellement mari ou femme assume la responsabilité des dettes de la
société. A en croire M. Lyon-Caen, c'est de son conjoint qu'un mari ou une
femme engagerait la responsabilité en mettant le nom de celui-ci dans la raison sociale d'une société !

(1) Voy. n° 198.

La cession expresse du nom commercial, entraînant pour le cessionnaire le droit de faire le commerce sous le nom de son cédant, ne doit pas être encouragée. Elle est inutile pour la transmission de la clientèle ; et, si elle est parfois dictée par un motif avouable, elle est le plus souvent consentie dans un but de fraude. Tantôt c'est le vendeur d'un fonds de commerce, qui s'est engagé ne plus se livrer au même négoce, et qui cherche à rentrer dans les affaires sous le nom d'un tiers ; tantôt c'est un marchand en gros, qui s'est interdit de faire le commerce de détail, et qui voudrait se dégager de cette obligation. La responsabilité qu'assume le cédant, en laissant un tiers faire les affaires sous son nom, rendra très rares ces cessions : cette responsabilité peut être diminuée par certaines combinaisons, mais non pas être entièrement supprimée.

222. — Nous ne pourrions, sans sortir de notre sujet, étudier en détail à quelles conditions un élève, un employé, peut se recommander du nom de son ancien maître ou patron, et s'intituler *ancien élève, ancien employé d'un tel*. Nous renverrons seulement sur cette question aux auteurs et à la jurisprudence. M. Blanc (*Traité de la contrefaçon*, p. 715), M. Gastambide (*Traité des contrefaçons*, p. 469, n° 476), refusent dans tous les cas aux élèves et employés le droit de se recommander du nom de leur ancien maître. Au contraire, la Cour de Paris, le 5 mai 1839 (S., 39, 2, 389), leur a accordé ce droit ; mais ils ne doivent pas s'en faire un instrument de concurrence déloyale à l'égard de leur ancien patron ou de son successeur. La Cour de Bordeaux, enfin, a proposé une distinction très judicieuse : on ne peut se prévaloir de l'apprentissage qu'on a pu faire chez un patron en renom, qu'autant qu'on n'a pas été rétribué. Il résulte de là que, dans la pratique, on pourra

s'intituler *ancien élève d'un tel*, mais non pas *ancien employé, ancien commis, ancien ouvrier*, car ces positions sont de leur nature salariées. Cette distinction est d'autant plus logique que les qualifications *d'ancien employé* ou *d'ancien commis* sont de nature à tromper le public ; car on peut avoir été employé sans avoir rien appris de son patron. Le titre *d'ancien élève* pourrait donc seul être pris à bon droit [1].

Un récent arrêt de la Cour de cassation (5 mai 1884 : S. 86, 1, 469) a admis un médecin qu'avait longtemps tenu le cabinet d'un de ses confrères à se dire : *ancien associé d'un tel.*

(1) Bordeaux, 9 février 1886 : S., 87, 2, 9 ; Cf., Paris, 24 avril 1834 : S., 34, 2, 261. Les auteurs sont divisés sur la valeur de cette distinction. (Bédarride, *Quest. de droit comm.*, p. 225 ; Ruben de Couder, *Dictionn. de droit comm.*, au mot *Enseignes*).

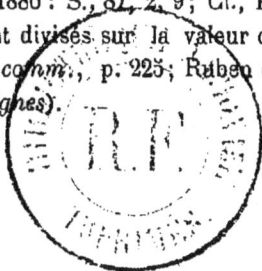

FIN

ERRATA

TABLE ANALYTIQUE DES MATIÈRES

Lallier   28

www.ingramcontent.com/pod-product-compliance
Lightning Source LLC
Chambersburg PA
CBHW060955280326
41935CB00009B/728